貨幣銀行學

白俊男著

學歷：國立臺灣大學經濟學碩士
　　　國家經濟學博士
　　　美國芝加哥大學研究
經歷：交通銀行副總經理
　　　中興銀行總經理
現職：全球商業銀行籌備處副董事長

三民書局印行

國家圖書館出版品預行編目資料

貨幣銀行學／白俊男著. -- 四修訂四
版. --臺北市：三民，民86
　　面；　　公分
參考書目：面
ISBN 957-14-0420-9（平裝）

1.貨幣　2.銀行

561　　　　　　　　　　　　　80001886

國際網路位址　http://sanmin.com.tw

著作人　白俊男
發行人　劉振強
著作財產權人　三民書局股份有限公司
發行所　三民書局股份有限公司
　　　　地址／臺北市復興北路三八六號
　　　　電話／五〇〇六六〇〇
　　　　郵撥／〇〇〇九九九八一五號
印刷所　三民書局股份有限公司
門市部　復北店／臺北市復興北路三八六號
　　　　重南店／臺北市重慶南路一段六十一號
初版　中華民國七十二年十月
增訂初版　中華民國七十六年九月
增訂再版　中華民國七十八年八月
三增訂四版　中華民國七十九年九月
四修訂四版　中華民國八十六年八月
編　號　S 56026
基本定價　捌元陸角
行政院新聞局登記證局版臺業字第〇二〇〇號
著作權執照臺內著字第二三九四六號

有著作權・不准侵害

ISBN 957-14-0420-9（平裝）

增訂版序

　　本書初版於民國六十年，十二年後的民國七十二年增訂一次。如今，十二年又已過去，在這期間雖略作多次增訂，但因客觀金融實況的改變甚大，勢非予以大幅修訂不可。

　　尤其是近兩年來，在國際金融市場上，國際資金的移動遠較過去更為快速，墨西哥的金融風暴引發了世界性匯率不安的窘境，衍生性金融商品交易導致金融機構巨額虧損的事件層出不窮，日本金融機構體質不良，危機頻傳，歐洲貨幣體制前景起伏，金融購併的熱潮風起雲湧，真是令人眼花撩亂。而在國內，基層金融機構的一連串擠兌及國際票券金融公司上百億元的弊案，更是令人怵目驚心。顯然，面對多變的資本主義社會，金融服務的配合已是拙於應付。另一方面，正在力圖開創新局的臺灣，又把建立成為亞太金融中心作為最大的寄託與指望。本書既為大學教材，並供社會人士進修參考之用，自須對於以上種種有所交代。這是此次增訂的最大特色。

　　再者，十二年來，金融機構及金融市場在體制及結構上的變遷之大，中外皆然。本書也在此次增訂之時補充新的資料，俾與現實情況呼應。至於附錄方面，因商業銀行及票券商已經開放設立，本書列出「商業銀行設立標準」及「票券商管理辦法」以供參考。另因海峽兩岸的金融交流進入具體化階段應是指日可待，本書除已對於上海的國際金融中心有所說明之外，並在附錄中列出中共新近公布的「商業銀行法」以供研閱參考。

2　　貨幣銀行學

　　本書曾於民國七十四年獲頒嘉新水泥文化基金會之優良著作獎，筆者自知，鼓勵的成份重於獎勵。謹藉此次增訂付梓之際，對基金會敬致謝意。

白　俊　男　序於
民國八十五年一月二十一日

自　序

　　本書自初版迄今已歷時十二年矣。在此期間，國內外金融環境與銀行制度的興衰變動真不可以道里計，而與之相隨的貨幣理論之發展及金融管理與業務之改革，其速度更是日新月異，相形之下，本書的修訂早已顯得迫不及待。

　　雖經大幅修訂，本書的主旨並未改變：使讀過經濟學的人，在讀完本書之後，對於貨幣銀行學有全面性的了解。本書適合作為大學教材及供社會人士進修參考之用。

　　貨幣雖係我們日常使用之物，但想對其本質深入了解並不簡單，若要進窺貨幣理論之堂奧，更非厚植學術功力不可。而以銀行為中心的金融體系，其對經濟社會的影響日趨複雜而深遠。再者，自一九七〇年代以來，兩次石油危機引發了世界性的通貨膨脹。為了穩定物價，各國的貨幣當局顯得窮於應付，而在開發中國家，由於穩定與成長之抉擇不易，貨幣政策的運作尤感兩面為難。以上所舉，均為貨幣銀行學所牽涉到的主題。為使讀者能夠循序漸進，本書的內容與順序，刻意作了有系統的安排，並且注意保持邏輯結構的完整。

　　本書共分六編：第一編為貨幣與金融體系，介紹貨幣的功能、演進、本位制度、各種金融機構及金融市場。第二編為商業銀行制度，重點在於說明信用創造的原理、資金的來源與運用、並且分析金融革新的趨勢。第三編為中央銀行制度，特別強調其在金融體系中的政策功能。第四、五兩編分別為貨幣理論及貨幣政策。貨幣理論的核心在於探討貨

幣數量變動對於所得與物價的影響；其探討不免介入貨幣學派與凱因斯學派的論爭。貨幣政策部份，在於説明貨幣政策係控制貨幣影響力的關鍵因素。第六編為國際貨幣制度，是從國際觀點，説明各國所面臨的外滙及國際貨幣問題。本書在性質上既為大學教科書，當以學理為主；為使讀者了解國內的實際情形，後面附有我國的主要金融法規、中央銀行總裁及財政部長在全國金融檢討會的講辭，便於隨時查者。

　　本書的修訂工作，自六、七年前就已開始。但因三、四年前，忙於國際經濟學的編撰與出版，工作一度停頓。又因白天上班，全賴夜間執筆，修訂工作倍覺艱辛。所幸，交銀同事呂丹虹、陳春美、賀照岑、段景芳及中國商銀郭恒慶君利用公餘熱心參加編校工作，使本書的改版得以順利完成。玆值付梓前夕，特誌數語，表示由衷的謝意。

白　俊　男

民國七十二年八月十四日

貨幣銀行學　目次

第一編　貨幣與金融體系

第一章　貨幣概論

第二章　貨幣本位制度

第三章　信用與信用工具

第二編　商業銀行

第三編　中央銀行

第十一章　中央銀行概說

第十二章　我國的中央銀行

第十三章　美國的聯邦準備制度

第十四章　中央銀行的準備率及貼現率

第十五章　中央銀行的公開市場操作

第十六章　中央銀行的其他信用管制

第四編　貨幣理論

第十七章　傳統的貨幣理論

第十八章　凱因斯的貨幣理論

第十九章　凱因斯之後的貨幣理論

第二十章　貨幣學派與凱因斯學派的論爭

第二十一章　產品市場均衡與貨幣市場均衡

第二十九章　國際金融市場

第一編　貨幣與金融體系

第　一　章
貨　幣　概　論

第一節　貨幣的起源

在日常的生活中，人們往往把周圍的事物視爲當然，而只注意其表面的現象。事實上，如果深入觀察，就可發現，人們今日之能以極低廉的代價，享用各式各樣的財貨與勞務，無非是因爲現代的經濟社會，具有下列的三大特色：（一）高度的專業化；（二）大規模的生產；（三）有效的交易制度。高度的專業化及大規模的生產，均以分工爲基礎，而有效的交易制度，則是進行高度專業化及大規模生產的前提條件。

遠在社會文明開始發展之時，人們就已發現分工的好處。卽使在初民的狩獵時代，人們也已發現，以一部份人專事箭矛的製造，而其他的人專事野獸的獵取，結果整個社會的武器與食物俱告增加。不過，可以想像，製造箭矛的人如果不能以所造箭矛換取充飢的食物，而獵取野獸

的人如果不能以所獵野獸換取狩獵的武器，這種分工必然無法存在。所以，交換的存在乃是進行分工的條件。為了促成交換過程的順利進行，遂有貨幣的產生。當然，即使沒有貨幣，交換還是能夠進行，不過其情況是非常的複雜。在初民時代，以物易物的直接交換雖已相當普遍，但是費力費時，其中的困難可以想見。

一般說來，物物交換 (barter) 方式的進行，難免遭遇下列的困難：

第一、缺乏表示價值的共通記帳標準：本來一種財貨，可以交換各種財貨，但在物物交換制度之下，既然缺乏共通的單位以表示財貨的價值（一種物品和勞務的價值意指它的財富若干，及它在市場上所能支配的物品和勞務的數量），所以任何一種財貨的交換價值必須以它與多種財貨的交換比率表示。例如，市場上如有種類不同的財貨五十萬種，則每種財貨的價值，須以其他的四十九萬九千九百九十九種財貨加以表示❶。如此繁多的交換比率，不僅使交易之換算標準顯得錯綜複雜，而且費力費時，阻碍了經濟的發展。

第二、缺乏雙方互相對應的慾望：因為交易的成立，乃以雙方之慾望互相一致為前提。但在物物交換制度之下，除了極少的情形，通常在同一時間、同一地點，交易的雙方所願提出的財貨及其數量與品質，很難取得一致。例如，有人願以牛換羊，但有羊的人，未必肯以羊換牛；而且，有人想以一隻牛換兩隻羊，但有羊的人，未必肯按二比一的比例以羊換牛。再者，當交易的物品價值不同，而且在不損失價值之下不能分割時，物物交易顯得更困難。

---

❶華拉斯 (Leon Walras) 在其所著「理論經濟學要義」(*Elements of Pure Economics*) 一書，曾提出 $\frac{M(M-1)}{2}$ 的交易方程式。其中，M 代表商品，如有一百種商品，共有四千九百五十種交換比率。

第三、缺乏令人滿意的記帳單位：交易活動發達以後，交易雙方常會涉及未來支付的契約，卽由現貨交換演成期貨交換。但在物物交換制度之下，未來支付契約的訂立，須以個別的財貨表示，結果，隨着時間的經過，常因財貨品質的異同引起許多爭執。而且在契約有效期間內，用於償還商品之價值將會有所變動，因此債權人債務人雙方均有風險存在，結果，使得債權債務關係難於出現。

第四、缺乏保持商品價值的方法：任何財貨的交換價值，乃取決於交換當時的情況，而在交換完成之後，當前的情況未必能够長久保持，所以下次的交換價值也就發生改變。固然，人們可以保存某種特定的財貨，以儲存一般購買力，但是這種方法仍有許多缺點。例如，該種特定財貨的保存費用可能很大，流動性可能很低，或者易於損毀，以致蒙受相當的損失。

基上所述，物物交換是一種效率極低、費時費力的交易方式。實際上，爲了克服上述的缺點，社會遠在發展初期卽發明了某種貨幣，而使物物交換由直接的方式進入間接的方式，市場交易的範圍因此擴大。最後乃有高度專業化及大規模生產的發展。

第二節　貨幣的功能

貨幣的起源，是因物物交換的不便，爲克服上述物物交換的四種困難，貨幣便應具有下列四種功能：（一）作爲記帳的單位(unit of value)；（二）作爲交易的媒介(medium of exchange)；（三）作爲延期支付的標準 (standard of deferred payment)；（四）作爲價值的儲藏 (store of value)。在這四種功能之中，前兩種有時稱爲貨幣的基本功能 (primary functions)，後兩種稱爲貨幣的引申功能 (derived functions)。

（一）**作爲記帳的單位** 在現代的經濟社會，一切商品與勞務的價值，均以貨幣單位測量並表示。這就好像以公斤表示重量，以公尺表示長度，以公升表示容量一樣。如此一來，某種商品與勞務的價值，不必再以其他商品與勞務表示。此一功能又稱爲「價值的尺度」及「價值的單位」，這是因爲貨幣具有此一功能之後，對於經濟社會可以產生兩項貢獻。第一、便利各種商品價值的比較：有了貨幣之後，各種商品及勞務也就有了具體的價格，所以如要測度這些商品及勞務的價值，只要比較其間的相對價格卽可。第二、便利會計制度的建立：有了貨幣之後，各種資產負債及損益項目，均可利用貨幣單位加以表示及計算。當然，利用貨幣單位測度商品價值，正如利用尺寸單位測度物品長短一樣，這些測度單位本身的長短及價值必須固定不變。

（二）**作爲交易的媒介** 在現代的經濟社會，一切想要參加交換的商品與勞務，均可先行換成貨幣，然後再以所得貨幣，換成所需的商品與勞務。由於貨幣具有這種貢獻，「直接交換」的方式乃能演進爲「間接交換」的方式，從而擴大交易的數量與範圍，節省了交換的時間、精力，也提高了交換的效率，促成財貨勞務生產上分工與專業化的發展。不過，貨幣本身的價值必須相當穩定，才能正常地發揮作爲交易媒介的功能，否則將會招致種種混亂與不公平。

（三）**作爲延期支付的標準** 在現代的經濟社會，大多數的契約均與延期支付有關，而以貨幣作爲這種支付標準以後，將來債務人若以一定數額的貨幣付給債權人，卽可清結所負債務。有些契約之期限很短，僅爲幾天或幾個月，但是有的長達十年，甚至數十年以上，隨着時間的經過，貨幣價值如果逐漸增加，債務人必將蒙受損失；反之，貨幣價值如果逐漸減少，債權人又必蒙受損失。無論是債務人或債權人蒙受損失，均將招致社會的混亂與不公平，所以貨幣價值的穩定，乃是貨幣發

揮此一功能的先決條件。

（四）**作為價值的儲藏**　在現代的經濟社會，貨幣價值不易發生重大的變化，因其體小值大，不虞腐敗變質，所以保管成本極低，加之貨幣的變現能力甚大，隨時隨地均可換成各種商品與勞務以應付急需，所以貨幣成為良好的價值之儲藏手段。當然，儲存的工具並不限於貨幣一種，人們尚可透過對於證券、房屋、土地等資產的保有而儲藏價值，不過這些資產的價值漲跌變動甚大，保管成本既高，變現能力又小，難免招致種種損失。由此看來，貨幣仍不失為優良的價值儲藏工具；但是貨幣如欲有效發揮作為價值儲藏的功能，其購買力必須能維持不變，亦即其價值必須相當穩定。

第三節　貨幣的演進

貨幣進化的過程，從最原始的形態到最現代的形態，其所經歷的時間相當悠長，約有數千年之久，而曾被用為貨幣的物品，種類與形態相當龐雜❷。不過，大體說來，貨幣演進的趨勢，係由商品貨幣階段進入金屬貨幣階段，再由金屬貨幣階段進入紙幣階段，最後又由紙幣階段進入存款貨幣階段❸。貨幣演進的趨勢大體雖係如此，但有兩項事實應該注意：第一、由於世界各國的經濟發展程度不一，同一時期，有些國家雖已進入貨幣的最高形態，但是有些國家的貨幣，却仍處於比較原始的形態。第二、貨幣的演進是一種自然而漸次的過程，在時間上並無絕對

---

❷關於自有人類以來，曾被使用作為貨幣的物品，錢德勒 (Lester V. Chandler) 列有一張比較詳細的清單，見其所著 *The Economics of Money and Banking*, (New York: Harper & Row Publishers, 1969), p. 10.

❸關於貨幣演進之深入說明，可以參閱: George Winder, *A Short History of Money*, (London: Newman Neame Limited, 1959).

確定的劃分，所以各種形態的貨幣，有時可以同時並存並行而不相悖。在貨幣的各種演進過程中，所有被用爲貨幣的物品，都有一個共同的特性，卽在某一社會、某一時期，這些物品均能作爲價值的單位與交易的媒介而被一般所接受。至於這些物品被接受的原因，可能基於法律、習慣，也可能基於這些物品本身的價值，因時因地而有不同。

（一）**商品貨幣階段** 社會進入交換經濟時代以後，最初是採直接交換的方式，其後由於直接交換的不便，開始大多選擇具有實際用途的物品，作爲交易的媒介，於是進入間接交換的方式。這時，人們選擇的物品，因爲具有實際用途，所以除了作爲交易媒介之外，又可直接用於生產及消費，故被稱爲「商品貨幣」(commodity money) 或「實體貨幣」(full-bodied money)，其非貨幣用途的商品價值與貨幣用途的貨幣價值完全相當。至於某一社會將選何種商品作爲貨幣，則係決定於社會之地理位置、氣候、以及文化發展程度等等因素。例如：居住海邊的人民，往往選擇貝殼及魚鈎作爲貨幣；居住山地的人民，大多選擇寶石及象牙作爲貨幣；居住寒帶之人民，使用皮革及獸毛爲貨幣；居住熱帶之人民，使用虎爪、椰子爲貨幣；遊牧民族係以動物爲貨幣；農耕社會則以穀物爲貨幣。不過，使用特定商品作爲貨幣，却有不易儲藏、不易運輸、不易分割等的困難，所以隨着人類社會的進化，交易頻仍以後，逐漸採用金屬作爲貨幣。

（二）**金屬貨幣階段** 金屬因爲具有容易儲藏、容易運輸、容易分割等的特性，並且兼具價值穩定、用途廣泛、數量較少等作爲交易媒介所需的優點，所以逐漸成爲最好的幣材。人類對於金屬貨幣的使用，始自公元前約一千年，大抵是由賤金屬貨幣走向貴金屬貨幣，由秤量貨幣走向鑄造貨幣。在賤金屬貨幣時代，係以銅、鐵、錫等爲材料，製成一定之形狀，作爲交易之媒介。其後由於此類形狀之貨幣體大值輕，携帶

不便，而且分割困難，故在交易繁盛以後，逐漸採用體小值重之金、銀等貴金屬作爲貨幣，遂而進入貴金屬貨幣時代。最初之金銀貨幣，或爲具有實用價值之器皿，或爲特別製造之條塊，使用之時，均須經過鑑定成色及權衡重量之程序，故被稱爲「秤量貨幣」(money by weight)。但在交易頻仍以後，此種鑑定及權衡之程序，自然耗時費事，於是又進一步，將金屬鑄成一定重量及一定成色之貨幣，並在幣面鑴上所含成色及價值。至此，貴金屬貨幣乃由秤量貨幣演進爲鑄造貨幣 (coined money)。在貨幣演進過程上，鑄幣可以說是一種重要的創新，其本身具有效用及價值、容易搬運、不致滅失、品質劃一、容易分割、容易識別、及價值穩定等等特性。但因金銀等貴金屬的產量有限，在經濟活動充分開展以後，便有短缺的現象，而且對於大筆交易及遠地支付，金銀鑄幣有其不便，所以爲了彌補這些缺點，乃有紙幣與近代銀行制度的產生。

　　（三）紙幣階段　紙幣 (paper money) 之使用，可以分成前後兩期；前期使用「兌換紙幣」(convertible paper money)，後期使用「不兌換紙幣」(inconvertible paper money)。兌換紙幣實即貴金屬貨幣之代表，其價值以所代表之貴金屬貨幣爲基礎，所以稱爲「代表實體貨幣」(representative full-bodied money)，實際上是實體鑄幣的流通倉單 (a circulating warehouse receipts)，其發行量是由鑄幣或幣材準備的數額決定。這種紙幣的使用，可以避免鑄造費用的負擔以及鑄幣的磨損，又有容易輸送的優點，故在第一次世界大戰之前，各國大多盛行這種紙幣，有時雖因戰事或其他原因而暫時停止兌現，但若環境許可，均告恢復兌現。至於不兌換紙幣，其價值並不依賴貴金屬貨幣爲基礎，而是全憑發行者之信用或權威，其價值則係利用人爲方法加以管理，貨幣本身並無價值，故又稱爲「命令貨幣」(fiat money) 或「管理貨幣」(managed money)。目前大多數國家的不兌換紙幣，係由中央銀行發

行，其發行數量則視實際需要，在一定範圍之內具有相當的伸縮性，可由中央銀行自行決定。

（四）**存款貨幣階段** 在信用制度發達的國家，銀行存戶往往以其活期存款（demand deposits）爲根據而簽發支票；此種支票往往不經兌換現金的過程，通過銀行帳戶之移轉，卽可直接完成交換的行爲。這種支票因爲擔負交易媒介的使命，具有一般貨幣的功能，所以稱爲「存款貨幣」（deposit money）；又因這種存款貨幣的輾轉流通，完全是以銀行及當事人的信用爲基礎，故又稱爲「信用貨幣」（credit money）。這種貨幣乃爲貨幣演進之最高形態及階段，在信用愈發達之國家流通愈廣，其佔整個交換經濟的比重也是愈大。

（五）**電子貨幣階段** 在未來，「電子現金」（E-cash）的出現，卽將徹底改變現代人的金錢觀，改變消費者的理財習慣及企業界的交易方式，翻新全球的金融體系，這是一種電子數位貨幣，將是日趨電腦網路化的世界裡之最終交易媒介。屆時，只要一張信用卡大小，內含微晶片的卡片，就可存入以傳統貨幣所換購的電子現金，也可經由電話線，從銀行將電子現金存入個人電腦或存入電子皮夾。電子現金可在電腦網路天地裡進行購物與轉帳，並可取代日常生活中的現金與支票。目前，投入電腦資訊網路，開發各種電子現金的企業越來越多，包括微軟、全錄等資訊業巨人及金融業的花旗銀行及威士發卡機構在內。

第四節　貨幣的定義

一、貨幣的定義

　　以上已對貨幣的起源、功能、及其演進作過說明，但是，究竟什麼東西算是貨幣？什麼東西不算貨幣？要對貨幣下一精確定義相當困難，不過，為了研究貨幣及其對於社會發生的影響，至少須對貨幣下一簡單的定義。貨幣的基本功能，是在作為價值的標準及交易的媒介，所以在原則上，只要能夠完成這兩項功能的東西，就可算是貨幣。但因能夠完成這兩項功能的東西，必須是能被一般所接受，而一般之所以接受這種東西，並非因為這種東西能夠用於消費，乃是因為這種東西能夠用於清償債務。根據這一觀點，可就貨幣下一簡單定義如下：所謂貨幣，就是在特定時期及特定地點，能被一般所接受，並能用於清償債務的支付手段❹。例如古代的貨幣，在今天不能被一般所接受，也不能用於清償債務；美國的貨幣，在中國不能被一般所接受，也不能用於清償債務，所以必須加上特定時期及特定地點的限制。這是一種貨幣功能上的定義。另外，亦有人以純粹法律的觀點來定義貨幣，由法律賦予之法償權利，具有強制性，其在社會上之一般收受地位，並未有困難，但若貨幣不能維持相當穩定的購買力，則在支付時要得到一般可接受性是不容易的。同時，我們可發現今天的經濟社會，活期存款雖未被法律指定為貨幣，但是一般人不但樂於使用，甚至已發展成為主要的流通工具，因此從法律的觀點來定義貨幣，顯然有違事實。

二、近似貨幣

　　如上所述，貨幣之所以為貨幣，乃因其能發揮貨幣的功能，亦即可以作為價值的單位、交易的媒介、延期支付的標準、及價值的儲藏。這

---

❹關於貨幣之定義，羅柏特遜 (D.H.Robertson) 曾謂：(Money is) anything which is widely accepted in payment for goods, or in discharge of other kinds of business obligations. 頗值參考。見其所著 *Money* (New York: 1948.)

些貨幣功能的發揮程度，就是所謂「貨幣性」(moneyness) ❺。很顯然，能夠發揮這些貨幣功能的，除貨幣外尚有其他資產；只是，其他資產的貨幣性不及貨幣之大，亦卽其他資產對於貨幣所具有的這些功能，不是有無的問題，而是程度多少的問題。所以，有些學者認爲如把貨幣的定義限於包括鑄幣、紙幣、及活期存款，未免過於狹隘，以致將許多貨幣性甚大，亦卽能夠發揮相當貨幣功能的其他流動資產，例如各種定期存款、儲蓄存款、及其他隨時可在證券市場變賣的債券，排斥於貨幣定義之外。實際上，一個人如果擁有這些流動資產 (liquid assets)，與保有活期存款並無多大差異，因在急需之時，仍可設法由此獲得所需現款。由於這些流動資產具有高度的貨幣性，對一般消費習慣之影響與活期存款無異，所以有人主張歸入貨幣。

　　不過，這些流動資產本身，不能隨時當作貨幣支用，而是須經某些手續或一定時間才能變成貨幣。例如，定期存款必須轉爲活期存款之後，才能簽發支票加以使用；又如儲蓄存款必須到期，或者犧牲部份存款利息提前提取，才能作爲現金使用。換句話說，這些流動資產必須首先換成貨幣之後，才能完全發揮貨幣的各種功能，而且，保有貨幣不能產生收入，保有這些流動資產，却能產生或多或少的收入。由於這些原因，一般學者仍然不把這些流動資產歸入貨幣之內❻；不過，由於這些流動資產的性質與貨幣極爲接近，所以特別稱爲「近似貨幣」(near money) 或「準貨幣」(quasi-money)。

❺關於「貨幣性」的討論，可以參閱：
Albert G. Hart, Peter B. Kenen & Alan D. Entine,*Money, Debt and Economic Activity; 4th ed.*, (New Jersey:Prentice-Hall Inc., 1968) p. 5.
❻不把定期存款及儲藏存款等若干流動資產歸入貨幣的原因，可以參閱：
Lester V. Chandler, op. cit., pp. 12-13 之說明。

第五節　貨幣的種類

貨幣的定義已如上述❼，至於貨幣分類的標準，可有下列三種：①根據貨幣所使用的原料本身擁有之特性來區分，例如其爲金屬，或是紙張；②以發行機構的性質來區分，如政府、中央銀行、商業銀行、或其他的機構；③根據貨幣作爲貨幣或作爲商品價值間的關係來區分，例如當作貨幣用的價值是等於或大於當作商品用的價值。

根據以上的分類標準，大致可將貨幣分爲三大類：

一、實體貨幣 (full-bodied money)

實體貨幣係指貨幣當作商品的價值完全等於其當作交換媒介的價值，亦卽商品用價值與貨幣用價值相等，例如金幣的實際價值等於其面值。在現代的貨幣制度中，實質貨幣主要是金本位、銀本位、或複本位制度下，以本位金屬所鑄成的本位幣。例如，1933年以前數年間，美國聯邦政府規定每一美元含金量爲 23.22 厘 (grains) 的純金，等於規定每盎斯純金的價格是 20.67 美元，槪因每盎斯的黃金（480厘）是 23.22 厘的 20.67 倍。又如民國三年至民國二十四年間，我國發行的銀本位幣等均爲實質貨幣的代表。

二、代表實體貨幣 (representative full-bodied money)

---

❼對於貨幣定義的討論與歸納，可以參閱：

Harry G. Johnson, "Monetary Theory and Policy," *American Economic Review*, Vol. 52, (June 1962) pp. 351–354.

Edgar L. Feige, "The Demand for Liquid Assets: Temporal Cross-Section Analysis," (1964) Chap. 1.

代表實體貨幣（或稱代用貨幣）是以紙幣的方式來發行，但其背後却指保有十足代表存在發行機構的實質鑄幣或等值的本位金屬。代用貨幣最早出現於英國，約在近世紀時，英國的金匠爲顧客保管金銀幣，所開出本票形式的收據，足可作爲代用貨幣的代表。而美國於1879年建立金本位制以後，爲減少公衆持有大量黃金或金幣的不方便，乃發行黃金憑單，此種憑單十足代表存於財政部金庫中的實質鑄幣及等值的黃金，並可在市場上流通，一直到1933年美國放棄金本位制，實施黃金國有化，黃金憑單由財政部收回，代用貨幣因而消失。

三、信用貨幣（credit money）

信用貨幣意指當作貨幣用之價值大於當作商品用之價值，且無十足準備的貨幣。信用貨幣的起源相當的早，遠自歐洲中古時代寺院盛行之滙兌業務，以及我國宋、元、明等各朝代所發行的各種紙幣卽均具有近代信用貨幣的意義，然最具體的發展可溯自英國金匠所發行的金匠券。

事實上，在貨幣本位爲金屬本位之時，信用貨幣卽配合實體貨幣而存在並發展，當金屬本位消失之後，尤其是各國人民在貨幣的流通及兌換上，已經和過去的本位金屬完全斷絕後，各國貨幣制度中所包含的貨幣種類，已完全成爲信用貨幣。以當前美國的情形而言，其貨幣可說是以信用貨幣爲主，雖然亦有鑄幣存在，但其重要性已大減，主要供找零使用。

首先，就鑄幣而言，目前美國共有各種用以找零的鑄幣：一分的銅幣（copper pennies）、五分的鎳幣（nickel five-cent pieces）、一角的銀幣（silver-looking dimes）、二角五分的銀幣（quarters）、半元鑄幣（half dollar）、以及西部所用的一元鑄幣（Far West dollar）。這些就是所謂「輔幣」（fractional currency）。小孩認爲這些輔幣重要，但是這

些輔幣的總額並不很多，事實上，輔幣的總額不及社會現金的十三分之
一。這些鑄幣的金屬價值，不及面值之大，所以稱為「象徵貨幣」
(token money)。這些貨幣的價值，所以遠在金屬價值之上，是因這些
鑄幣可以隨時兌成其他貨幣，例如二十個五分的鎳幣，可以兌成一元等
等。鑄幣雖只含有價值甚低的金屬，但不強迫大家使用。

其次，就紙幣而言，遠比鑄幣重要。大多數的美國人民，除了知道
一元或五元美鈔上面，印有某一美國政治家的肖像，某一兩個政府官員
的簽字，以及最重要的每張鈔票上面印有表示面值的數字以外，其他所
知極少。

觀察一下十元的美鈔或其他面額的美鈔，就可發現其上印有「聯邦
準備紙幣」(Federal Reserve Note) ❶的字樣，同時宣稱這種紙幣是

---

❶美國有些一元鈔票總是印有「白銀庫券」(Silver Certificate) 字樣。熟悉美
國政治和歷史的人就會知道，某些紙幣所以稱為「白銀庫券」，只是因為少數
來自西部採礦各州的參議員，能夠說服美國國會，使其通過法案，購買大量白
銀以供貨幣使用，藉以繼續補貼銀礦業者。否則，白銀絕無貨幣方面的重要
性。很多國家都已放棄白銀的貨幣用途，卽使小額鑄幣也是如此。而且，白銀
在東方國家的地位，也在喪失之中。一九六三年，由於牙醫、電子器材、以及
照相用銀的價格劇烈上漲，所以鎔化銀幣，以及把鈔票兌成銀幣，變成有利可
圖。結果，美國國會終於不再規定部份貨幣必須採取白銀庫券的形式，因而大
家不能再向美國政府請求兌換白銀。面值二元的鈔票，很久以來就被認為不
利，稱為「合眾國紙幣」(United States Notes)，這是當時為了支持南北戰
爭而發行的綠背紙幣 (greenbacks) 之遺跡。一九六六年以後，這種鈔票已經
停止發行。有些面額五元的鈔票，也是合眾國紙幣。大家偶而也會遇到印有
「聯邦準備銀行紙幣」(Federal Reserve Bank Note) 字樣的鈔票，甚或遇到
印有「國法銀行紙幣」(National Bank Note) 字樣的鈔票，上面並且印有附
近某一國法銀行的名稱，這些鈔票也在逐漸退出流通過程。參閱 Paul A.
Samuelson, *Economics. An Introductory Analysis*, (New York: McGr-
aw-Hill Book Company, Inc., 8th ed., 1970) p. 259.

「對於各種公私債務的無限法償」(legal tender for all debts, public and private)。最近這種紙幣，進一步印有毫無意義的聲明：「可在美國財政部或任一聯邦準備銀行兌換爲法定貨幣」(is redeemable in lawful money at the United States Treasury or at any Federal Reserve Bank)。何以特別強調「法定貨幣」？因爲三十年來，除了上述的「無限法償」通貨，亦即除了聯邦準備紙幣之外，根本沒有所謂法定貨幣。總之，就是表示破舊的十元鈔票，可以兌換一張嶄新的十元鈔票，或兩張五元鈔票。但是，一切僅止於此而已。

今天，美國所有的紙幣和鑄幣，本質上都是「命令貨幣」(fiat money)。這些貨幣之所以爲貨幣，是因美國政府宣告其爲貨幣，且被大家接受。至於金屬的背後支持，已無實質意義。

最後，就活期存款而言，就是一種支票帳戶的銀行存款貨幣(check-ing-account bank-deposit money)。這是因爲擁有這種支票帳戶的人，可以隨時簽發支票，以支付所購商品及勞務。這種活期存款與其他各種交易媒介相同，而且隨時可以請求付款，因此可以作爲「價值的標準」或「記帳的單位」，既然具有貨幣的基本功能，當然也就視爲貨幣。事實上，目前在信用制度發達的國家，大多數的交易都以支票完成，所以，在數量上活期存款遠比紙幣重要。而且，支票可以郵寄，可以支付精確數額的款項，支票註銷以後，可以做爲收據，支票不論背書已否，可在被竊或遺失後請求掛失，由於這些顯而易見的優點，支票乃被廣泛使用。

第六節　貨幣與物價水準

在貨幣經濟之下，商品及勞務之交易皆取買賣之方式，而其交換價

值則以貨幣單位表示，稱爲「價格」(price)。各個商品價格相互之間的比率，稱爲「相對價格」(relative price)；與此對照而言，其以貨幣單位表示之個別商品價格，稱爲「絕對價格」(absolute price)。但在單稱「價格」時，一般皆指「絕對價格」而言。

各個商品之價格時有變動，其原因有二：第一、由於個別商品本身之供需變動所引起；第二、由於全體商品之供需變動所引起。在前一情形，可能只是發生個別商品價格之單獨變動，此時，絕對價格之變動完全等於相對價格之變動。在後一情形，可能就會發生全體商品價格之比例變動，至於各個商品價格相互之間的比率可能完全不變，此時，全體商品絕對價格之變動，並不牽涉相對價格之變動。上述兩種情形都是極端的場合，在實際上，個別商品價格之變動，往往波及其他商品價格，同時，全體商品價格的普遍變動，往往也會引起各個商品價格相互之間比率的變動。雖然如此，在各個商品價格參差不齊的變動中，仍可利用物價指數 (price index) 之編製等方法，探求全體商品價格之平均變動方向及平均變動程度。此卽所謂「物價水準」(price level) 之變動，亦卽通常所說的物價變動。在總體經濟分析方面，一般所關心的問題，不是個別商品價格之變動，而是物價水準之變動。

物價水準之變動，若從貨幣方面來說，也就等於貨幣購買力 (purchasing power) 之變動。因爲，物價水準無法以絕對值表示，所以，貨幣購買力也無法以絕對值表示，亦卽，只能利用相對值（各期物價指數之倒數）來間接表示貨幣購買力之變動。依此看來，貨幣數量與物價水準之間，自應存有一種函數關係。固然，以因果分析觀點來說，物價水準之變動是由全體商品之供需變動所引起，但全體商品之供需變動，並不全係來自貨幣數量之變動，其他諸如天災、戰爭、生產技術創新、經濟循環、以及預期心理變化等因素，都會招致物價水準之變動。雖然

如此，物價變動旣爲貨幣購買力的倒數，也就不能否認貨幣數量與物價水準之間的函數關係。

貨幣數量有貨幣存量與貨幣流量之分。存量係指某一時點 (a point of time) 的數量是靜態的量，流量係指某一期間 (a period of time) 的數量是動態的量。在觀念上，貨幣存量又可分爲實際的貨幣存量 (actual stock of money) 與希望的貨幣存量 (desired stock of money)；前者就是所謂「貨幣供給」(supply of money)，後者就是所謂「貨幣需要」(demand for money)。至於貨幣數量與物價水準之關係，就是貨幣供給及貨幣需要對於物價水準變動的反應情形。但是，貨幣供給及貨幣需要這兩變數，在每一物價水準下應有之數值及其變動情形亦應了解，才能具體決定物價水準。所以，爲求物價水準之具體決定，須進一步探討那些決定貨幣供給及貨幣需要的各種因素。

簡單說來，決定貨幣供給的因素有二，一爲國內信用的擴充與收縮，一爲國際收支的盈餘與逆差。至於決定貨幣需要的因素，可分「活動餘額」(active balances) 及休閒餘額 (idle balances) 兩方面來說。對於活動餘額的需要，包括消費者所得支出上及生產者營業交易上之需要；這種需要之大小，在短期決定於國民生產之多少，在長期決定於分工程度及交易習慣。對於休閒餘額的需要，包括爲準備不時之需的預防需要及爲把握有利交易機會的投機需要，這種需要之大小，在短期決定於利率之變動及預期心理之變化，在長期決定於一國之富裕程度及信用組織之發達階段。

基上所述可知，貨幣供給及貨幣需要，均受各種因素之影響而發生變動。所以，必須先行確定這些影響貨幣供給及貨幣需要的因素，才能了解在每一物價水準下的貨幣供給額及貨幣需要額，然後，物價水準才能具體決定於貨幣供需的均衡水準。

　　透過對於物價水準的觀察，我們可以分別貨幣的「名目價值」 (nominal value) 與「實質價值」 (real value)。貨幣供給的實質價值就是它的購買力 (purchasing power)，也就是它支配財貨與勞務的能力。貨幣的實質價值之變動與物價之變動方向相反；在物價上漲時，一定數量的名目貨幣，所能買到的財貨與勞務減少。貨幣餘額實質價值之變動，是以貨幣的名目數量除以物價指數 (price index) 表示：

$$m = \frac{M}{p}, \ \text{及}$$

$$M = m\,p$$

其中，m 為貨幣的實質價值，M 為名目的貨幣供給，p 為物價指數。

第七節　貨幣供給的計算方式

　　貨幣與銀行息息相關，所以兩者常同時研究。在現代的各種經濟活動中，貨幣之使用必須透過複雜的機構網路 (network of institutions) ──包括存款機構（商業銀行及儲蓄銀行等）、中央銀行及國庫才能完成。

　　如何定義貨幣，可謂見仁見智，故在統計上如何計算貨幣供給，也有很多方式。美國自一九八〇年以後，聯邦準備理事會正式採用下列五種計算貨幣供給的方式：

　　M-1A❾　包括銀行體系之外的通貨（鑄幣及紙幣）及商業銀行的活期存款（支票存款）。商業銀行體系之中的通貨並不包括在內，因為它是作為存款的準備之用。中央銀行及國庫所持有的通貨也不包括在內，因為大眾無法加以使用。

　　商業銀行中凡是個人、企業及各級地方政府所持有的活期存款均包

─────────────

❾舊的 M-1 並不排除外國存款，其餘與 M-1A 相同。

含在 M-1A 之內。但中央政府、外國銀行與官方機構及國內銀行所持有的活期存款則不包括在內。計算 M-1A 時必須把交換過程中的支票數額加以調整。

M-1B 以 M-1A 加 NOW 帳再加 ATS 帳卽是 M-1B。所謂 NOW 帳是指可以開發支票又有利息收入的帳戶 (negotiable order of withdrawal accounts)。所謂 ATS 帳是指「自動轉換的儲蓄帳」 (automatic transfer savings accounts);亦卽支票帳低於某一數額以下可以把儲蓄帳的數額轉入。M-1B 不只包括商業銀行的 NOW 帳及 ATS 帳而已,相互儲蓄銀行 (mutual savings bank) 及儲蓄與貸款協會 (savings and loan associations) 的 NOW 帳及 ATS 帳也包括在內,甚至於信用組合 (credit union) 中的股金提款帳 (share draft account) 也包括在內。M-1B 的總額僅略大於 M-1A 的總額。M-1A 及 M-1B 都是用以計算交易用的貨幣總額。

M-2⑩ M-1B 加上大多數的附有利息之存款 (interest-earning deposits) 卽是。這些存款是由商業銀行及儲蓄機構所辦理的,這些存款的存款人在提款以前,依法須先通知銀行。至於這些存款中,凡可以開發支票的部份都是包含在 M-1B 內。最普遍的儲蓄存款是存摺存款 (passbook deposit)。儲蓄存款是定期存款 (time deposit) 的一種。M-2 也包括「貨幣市場共同基金」(money market mutual fund) 的股份、外國人所持有的極短期之歐洲美元 (Eurodollar) 存款及商業銀行中極短期的買回協定 (repurchase agreements;RPs) 在內。事實上,所謂「流動資產」(liquid assets) 或「近似貨幣」是指定期存款及 M-2 中的部份項目而言。就像通貨及活期存款一樣,其名目價值 (nominal

---

⑩舊的 M-2 包括舊的 M-1 加上商業銀行的所有定期存款,但爲數龐大的存單 (CDs) 則不包括在內。

value) 是固定的。

M-3　M-2 加上商業銀行及儲蓄機構的定期存款卽是；這些定期存款的每筆金額在十萬美元以上，其到期日嚴格限制，不能隨時兌現，故不列入 M-2 之內。

L　M-3 加上儲蓄債券、中央政府短期證券、商業本票(commercial paper)、銀行承兌匯票(bankers acceptances) 及美國居民持有之歐洲美元定期存款在內。至於銀行持有者則不包含在內。L 所包含的貨幣存量很廣，幾乎包含絕大多數的流動資產在內。

我國貨幣供給的計算方式

目前我國中央銀行採用的貨幣供給計算方式如下

M_1A　包括通貨淨額、支票存款淨額及活期存款（但不包括銀行行員存款）

通貨淨額＝央行通貨發行額－全體銀行（包括央行）與信用合作社之庫存現金

M_1B　以 M_1A 加活期儲蓄存款（不含政府機關存款）

M_2　以 M_1B 加準貨幣

準貨幣包括定期存款、定期儲蓄存款、可轉讓定期存單淨額、農漁會信用部存款、郵政儲金存款、外幣存款（不含政府機關存款）、外滙存款及外滙信託資金與外幣定期存單

M_1B 和 M_2 都是重要的貨幣供給指標，不過，由於兩者涵蓋層面不同，解釋亦有不同。

M_1B 是指貨幣機構以外各部門持有通貨、支票存款、活期存款及活期儲蓄存款，一般稱之爲「狹義的貨幣供給額」。M_2 則涵蓋較廣，包括 M_1B 加準貨幣（準貨幣包括銀行定期存款、定期儲蓄存款、外幣存款及信託資金等定期性存款），是「廣義的貨幣供給額」。

M_1B 可以反映活期性資金的變動狀況，和股票市場、房地產市場及物價變化有極為敏感的互動關係。民國 75 年及 76 年間，M_1B 的成長率達到高峯，為50%以上，帶動股市及房市的飆漲。正因 M_1B 的變化與國內經濟環境密切相關，故自民國 73 年起，中央銀行乃選擇以 M_1B 作為貨幣供給的主要指標，據以操作貨幣政策。

至於 M_2，因係涵蓋活期性及定期性的存款，反映整體的貨幣供給狀況，不因資金的短期移動而忽高忽低；M_2 與貿易收支、財政收支及資本移動的連動變化較為一致。但因 M_2 涵蓋層面較廣，對資金流動的反映亦較遲鈍，金融市場及物價變化的測試效果不如 M_1B 靈敏。

但自民國 79 年以後，由於股市、房市及地下投資公司風潮已過，活期性資金大量流回定期性存款，使得反映活期性資金的 M_1A 及 M_1B 快速萎縮，而漸失去指標作用，中央銀行乃自當年 7 月份起，採用較為穩定的 M_2 作為貨幣政策的中間指標。

而在行政院經建會方面，在編製經濟景氣指標之時，決定仍採 M_1B，其理由：

(1)民國 78 年開始，特別是 79 年以後，雖然 M_2 對景氣變動也有反應，但 M_1B 的反應更為敏感。

(2)民國 75 年 12 月為同時指標的高峯，M_1B 也跟着向上跳升，但 M_2 却走錯方向，不上反下。

(3)民國 74 年景氣低迷之時，M_1B 也隨景氣亦步亦趨，但是，M_2 却無動於衷，毫無反應。

討論問題

1　經濟社會如果缺乏貨幣，對於經濟活動的進行有何影響？物物交換制度有何不便？
2　試述貨幣的四大功能，並加以比較。

3　試述貨幣的演進過程。各個貨幣階段遞嬗的原因何在？

4　試對貨幣下一定義。

5　如果其他情況不變，個人持有的貨幣較多是否有利？整個社會持有的貨幣較多是否有利？

6　試以美國的情形爲例，說明貨幣的種類。

7　任何資產均具或多或少的「貨幣性」，作何解釋？何謂「近似貨幣」？近似貨幣何以不宜歸入貨幣？

8　貨幣數量與物價水準之間何以存有某種函數關係？

9　貨幣存量與貨幣流量有何不同？貨幣存量之種類有幾？

10　分別說明貨幣供給及貨幣需要的決定因素。

11　比較 M-1A, M-1B, M-2, M-3 及 L。

12　L 包括那些項目？

第 二 章
貨幣本位制度

第一節　本位制度概説

　　上章已經介紹貨幣的各種功能。然則，一個社會究竟如何選擇一種貨幣單位 (monetary unit) 以實現這些功能？其選擇的方式，有的由於習慣，有的由於客觀環境，有的由於政府的決定。基本上，貨幣制度的選擇方式有二：一爲「金屬基礎制度」(metallic-based system)；一爲「紙幣通貨制度」(paper currency system)。

　　在任一貨幣制度之中，均有多種貨幣同時流通，但是，商品勞務之交換以及債權債務之處理，則以其中之一種貨幣單位作爲計算單位或基本單位。此種作爲計算單位或基本單位之貨幣，卽被稱爲「本位貨幣」(standard money)。美國之「美元」、英國之「英鎊」、法國之「法郎」、及德國之「馬克」，均爲各該國家之本位貨幣。

　　本位貨幣是比較近代的觀念。在商品貨幣階段，各種商品貨幣之間，並無固定的交換比率，直到貴金屬成爲幣材，並由秤量貨幣演進爲鑄幣

之後，才開始以金銀爲中心而形成本位制度。此後，國家鑄造含有一定成色及重量之某種貴金屬貨幣，而以法令稱之爲本位貨幣，並以無限制兌換之方法，維持其他各種貨幣之等價流通，藉以確立該國本位貨幣之價值，及各種貨幣價值之聯繫。本位貨幣價值以一定數量黃金爲基礎者稱爲「金本位」(gold standard)；以白銀爲基礎者稱爲「銀本位」(silver standard)；同時以金銀爲基礎者稱爲「複本位」(bimetallic standard)；至於不以一定數量金屬爲基礎，而以其他人爲方法維持本位貨幣之價值者，稱爲「不兌換的紙幣本位」(inconvertible paper standard)。

第二節　貨幣本位制度的種類

一、金本位制 (Gold Standard)

金本位制或稱金單本位制，在此制度之下，一國的基本貨幣單位與一定成色及重量之黃金維持固定聯繫。若就基本貨幣單位兌現黃金之情形而言，又可分爲三類：(一)有金幣流通之金幣本位(gold coin standard)；(二)不鑄金幣，但其紙幣可以兌換金塊之金塊本位 (gold bullion standard)；(三)旣無金幣流通，亦不可以兌換金塊，但其紙幣可以兌換金幣本位國家貨幣之金滙兌本位制 (gold exchange standard)。

(一) **金幣本位制**　一個完整的金幣本位，應該具備四項條件：(一)貨幣單位應與黃金發生聯繫；(二)人民可以無限制地提出黃金請求鑄成金幣，只需負擔少許鑄造費用，並可無限制地鎔毀金幣；(三)黃金可以自由輸出及輸入；(四)一切法償貨幣均可依其面值兌成金幣。

　　上述四個條件是完整金幣本位順利運作的基礎。首先，貨幣單位與黃金發生聯繫是金本位制的基本定義。其次，金幣的自由鑄造，可以保證黃金的價格不會低於黃金的貨幣價值。一個國家的貨幣單位，例如一美元，如果等於十分之一盎司的黃金，則一盎司黃金的價格，也就不能低於十美元。設若價格跌至九‧九美元，則美國的人民不會在市場出售黃金，而會以黃金向貨幣當局兌成十美元的金幣。至於金幣的自由鎔毀，可以保證黃金的價格不會高過十美元。設若價格漲至一〇‧一美元，則美國的人民可以十美元向貨幣當局換得一盎司黃金，而後加以鎔毀。再次，黃金的自由輸出與輸入，可使國內的黃金價格與國外的黃金價格維持同一水準。最後，各種貨幣的自由兌換，可以保證這些貨幣均可依照彼此之間的平價流通。

　　金幣本位制有其困難：(1)黃金數量的增加不能滿足貨幣供給增加的需要。(2)金幣在流通以後，往往會使重量減損。(3)黃金常被轉爲非貨幣用途 (nonmonetary uses)，諸如商業、工業及藝術方面。

　　但有一點不可否認：卽使在完整的金幣本位制下，一國的貨幣供給還是可能超過該國的黃金存量。例如在1933年，美國仍係處於金幣本位制的時候，其貨幣供給爲二百億美元，但其全部黃金存量只有四十億美元。如果當時美國人民均以所持紙幣，請求兌成黃金，美國必然引起黃金危機，而且事實也是如此。

　　（二）金塊本位制　如果一國的人民對其本國紙幣喪失信心，則絕大部份的黃金將被人民窖藏。許多國家雖想採取某種金本位制，但又恐怕人民無限制地窖藏黃金之後，政府會因黃金之減少而陷於國際收支的困難。此卽，如果採取金塊本位，便可節省黃金的使用。美國的金幣本位雖然遲至一九三四年才告放棄，但是早在第一次世界大戰之後，大多數的金本位制國家就已紛紛改採金塊本位。

　　金幣本位與金塊本位的最大區別，就是在金塊本位之下，金幣並不參加流通，所流通的是可以兌成黃金的紙幣。貨幣當局按照固定價格購買黃金，所以黃金的價格便無下跌可能。此時，對於黃金的購買乃以紙幣或銀行存款支付，不以金幣支付。貨幣當局雖然亦對任何人民出售黃金，但僅限於某一最少數量以上。這一數量以上的黃金，則可自由輸出。

　　有時，實施金塊本位制的國家，也會加上若干限制。例如，該國可能禁止人民持有黃金及買賣黃金（某些特定用途例外），或者禁止黃金輸出。如此，一旦一國的人民不能私自持有黃金，或將黃金輸出國外，該國是否仍係金本位制國家，不無商榷餘地。對於這一問題，貨幣學者之間的見解至今仍未一致。

　　（三）**金滙兌本位制**　有些國家雖想採取金本位制，但却苦於缺乏足够的黃金。此時，該國可將貨幣單位與黃金固定聯繫，但不直接兌換黃金，而是可以直接兌成某種可以兌換黃金的外國通貨，此卽金滙本位。實施金滙本位的國家有一好處，卽因該國的貨幣準備並非黃金，而是對於外國通貨的債權，故可獲取利息。例如，某一實施金滙兌本位制的國家，是以美國的政府證券作爲貨幣準備，該國如果需要美元，便可出售若干證券，兼可收到若干利息。

　　不過，**實施金滙兌本位制的國家**，同時帶有相當風險。萬一該國所持作爲準備的外國通貨國家，亦卽所謂「中心國家」（center country）違背義務之時，該國就會招致損失。例如，中心國家可能放棄金本位制，可能實施通貨貶值，或者根本停止黃金的兌換。在1931年，英國放棄金本位制之時，若干實施金滙本位的國家，卽曾遭遇損失。雖然如此，在金滙本位之下，作爲中心國家也有若干困難存在。因爲金滙本位國家對於中心國家的債權，乃以黃金、證券、或商業銀行存款等方式持有，而

且對於各種資產的持有比率有其自由。金滙國家如果減少存款而增加黃金的持有,將使中心國家的貨幣供給減少。而且,中心國家保有的黃金減少以後,對於本國通貨的黃金兌換能力便受影響。另一方面,如果金滙國家增加存款餘額而減少黃金的持有,將使中心國家的貨幣供給增加。此時,中心國家可能承受通貨膨脹的壓力。

二、銀本位制 (Silver Standard)

銀本位制或稱銀單本位制,在此制度之下,一國的基本貨幣單位與一定成色及重量之白銀維持固定聯繫。若就基本貨幣單位兌現白銀之情形而言,又可分為三類:(一)有銀幣流通之銀幣本位(silver coin standard);(二)不鑄銀幣,但其紙幣可以兌換銀塊之銀塊本位 (silver bullion standard);(三)既無銀幣流通,亦不可以兌換銀塊,但其紙幣可以兌換銀幣本位國家貨幣之銀滙本位 (silver exchange standard)。這種分類標準乃與金本位制相同,但是銀本位制實施的情形並不十分普遍。事實上,曾被實施的銀本位制只是銀幣本位而已。白銀在貨幣上的地位究竟不如黃金,其被普遍接受的程度亦與黃金相去甚遠。白銀在貨幣方面被廣泛使用的時代,主要是複本位制時代,而非銀本位制時代。

三、複本位制 (Bimettalic Standard)

在複本位制之下,一國的基本貨幣單位與一定成色及重量的黃金及白銀兩種金屬維持固定聯繫。實施複本位制的必要條件與實施金本位制的必要條件相同,只是這些必要條件中的鑄造自由、鎔毀自由、輸出輸入自由、及兌換自由,同時適用於黃金及白銀兩種金屬。所以,複本位制的維持,其結果亦就等於金本位制及銀本位制的同時維持。根據擁護複本位制者的看法,複本位制的優點,在於複本位制下的貨幣價值比之

金本位制或銀本位制更爲穩定。因爲複本位制下的貨幣價值，是以兩種金屬的價值作爲基礎，所以貨幣價值的波動自亦趨於兩種金屬的平均價值。如果黃金的價值上升，則複本位制下貨幣價值的變動較金本位制下貨幣價值的變動爲小；如果白銀的價值上升，則複本位制下的貨幣價值亦較銀本位制下的貨幣價值穩定。

在複本位制發生重大困難的時期，這種「雙軌本位」(double standard) 的機能停止作用，而成「金銀交替使用的單一本位」(alternating gold and silver standards)。美國過去在實施複本位制時期，曾經規定一美元含有純金一三‧七一四喱，或者含有純銀四八〇喱，貨幣當局並且規定黃金一盎司爲三十五美元，白銀一盎司爲一美元。此種黃金價格與白銀價格的關係，可以「鑄造比率」(mint ratio) 表示。在上例中，鑄造比率爲三五比一。

兩種金屬如果能在公開市場亦以同一比率（三五比一）進行交換，複本位制便可順利運行。但是，如果白銀的生產增加，以致供給亦告增加，引起白銀市場價格的下跌，於是黃金不會再被送至貨幣當局，請求兌換紙幣，或用黃金繳稅。反之，人民會把白銀送至貨幣當局，請求依照鑄造比率兌換黃金。這種兌換的過程勢將不斷進行，直至貨幣當局的黃金存量完全耗盡爲止。不過一旦黃金存量完全耗盡，該國事實上又再走上銀本位制之路。

反之，黃金的價值如果下跌，無異等於白銀價值的相對上漲。於是，人民盡量窖藏白銀，而把黃金送至貨幣當局，請求兌換白銀。這種兌換過程勢將持續進行，直至白銀完全退出流通爲止。

四、不兌換的紙幣本位制 (Inconvertible Paper Currency Standard)

一國的紙幣如果不能兌成金屬，便是不兌換的紙幣本位制。在這種制度下，政府仍對各種不同的貨幣維持固定平價 (parity)，但是該國貨幣與黃金或白銀之間却無聯繫。此時，所謂兌換只是國內各種不同紙幣之間的兌換而已。

在歷史上，人們對於複本位制比對於不兌換的本位制具有較大的偏好。事實上，不兌換的本位制祇在戰爭或金融危機時期，複本位制崩潰之後才告實施。所以，實在也就不能據此指出，過去不兌換本位制的實施效果並不理想。有人曾把不兌換的紙幣本位稱爲「管理本位」(managed standard)，事實上並不恰當。因爲時至今日，不管是採用金屬本位或紙幣本位，都是實施高度管理。按在純粹金屬本位制之下，一國的貨幣供給乃是決定於該國貨幣用金屬的存量。貨幣供給的變動，對於一國的經濟將會產生重大影響，此不待言。但在金屬本位制之下，一國貨幣用金屬的存量，並無配合經濟情勢自動調節的機能。一國貨幣用金屬存量之變動，是否能與穩定經濟之要求同一方向，更無確切之保證。既然貨幣供給如此重要，一國的貨幣供給自然不能任由金屬的生產與投機決定。所以，在金屬本位制之下，貨幣當局出而實施管理，自屬必然之勢。

第三節　美國貨幣本位制度的發展

若與其他歐洲國家相比，美國的歷史可謂甚爲短暫。雖然如此，在

貨幣本位制史上，美國所曾經歷的各種制度，却是頗值借鏡。在美國立國之時，金銀之作爲貨幣已在歐洲大陸流通好幾世紀之久。當時美國財政部長漢彌爾頓(Alexander Hamilton)，鑒於歐洲所鑄金幣價值失之過小，但是所鑄銀幣價值却又失之過大，逐而決定同時鑄造金幣、銀幣，並且同時流通美國。於是，一七九二年的鑄幣條例 (The Coinage Act of 1792) 規定每一美元含有純金二四‧七五喱，同時規定每一美元含有純銀三七一‧二五喱。銀幣與金幣均爲實體貨幣，兩者之比率爲一五比一；亦卽，十五盎司白銀所鑄成的銀幣，與一盎司黃金所鑄成的金幣，兩者之幣值相等。當時的法律並且規定，金幣銀幣均可自由鑄造、自由鎔化、及自由輸出輸入。

金幣銀幣旣然均爲實體貨幣，則兩者之市場比率 (market ratio) 必須等於鑄造比率，才能維持幣值的穩定。一七九二年鑄幣條例所訂的金幣銀幣鑄造比率爲一五比一，這種比率與當時的市場比率極爲接近。但是不久，由於白銀的生產大量增加，白銀相對於黃金逐告貶值，而在一八〇三年，拿破崙宣告新法郎的鑄幣比率爲一五‧五比一。如此一來，黃金在法國可以交換更多的白銀；例如，以一萬五千盎司白銀在美國換成一千盎司黃金，再把一千盎司黃金運往法國，可以換得一萬五千五百盎司白銀。結果，黃金流出美國，白銀流入法國。

白銀的市場價值如果低於鑄造價值，則爲白銀的「高估」(over-valuation)；同理，黃金的市場價值如果高於鑄造價值，則爲黃金的「低估」(undervaluation)。美國在一八〇三年至一八三四年間以及一八七九年以後，白銀對黃金的市場比率就曾高於鑄造比率。如此一來，如非金幣以實體貨幣流通，就是銀幣以實體貨幣流通；但是，兩者不能同時流通。

如果金幣以實體貨幣流通，則銀幣的實際價值小於面值而成象徵貨

幣。於是，人們在市場購買大量白銀鑄成銀幣成爲有利可圖。經過一段時期之後，白銀的市場價格又告回升，致使銀幣又成實體貨幣爲止。此時，白銀的高估現象卽可消失。但在美國，銀幣却以實體貨幣流通，而金幣的實際價值大於面值。於是，金幣退出流通，或被鎔化、或被輸出，此卽所謂「惡幣驅逐良幣」(Bad money drives out good) 的葛來興法則 (Gresham's Law) ❶。第一種情形就是金本位制，其中之銀幣成爲象徵貨幣。第二種情形就是所謂「跛行複本位制」(limping bime-tallism)，事實上乃是銀本位制，也是美國從一八〇三年至一八三四年間所處的情況。當時，由於黃金作爲金屬比作爲貨幣的價值更大，所以黃金完全退出流通，而使美國面臨單一白銀本位之趨勢。

爲使黃金與白銀並駕齊驅，重新流通，國會遂於一八三四年把鑄造比率由一五比一改爲一六比一。亦卽，重新規定每一美元含有的純金由二四‧七五喱減爲二三‧二二喱，但是所含的白銀不變。但因當時的市場比率似無明顯變動趨勢，所以從前雖然黃金低估，現在則是白銀低估。結果，金幣雖又重新流通，銀幣却見消失，卽使五分的銀幣亦告無影無踪。如此一來，找零的鑄幣奇缺，直到一八五三年的鑄幣條例通

---

❶葛來興 (Sir Thomas Gresham, 1519-1579) 爲當時英國政府之財務代表。當十六世紀中葉，葛來興上女王伊利莎白一世之奏摺中，指出當時鑄幣流通的現象：同一種金屬鑄幣，其重量或成色有高低之不同，而按同一面值及同樣的無限法償資格同時流通，則重量或成色較高者，被重量或成色較低者所驅逐，前者或被鎔化或被輸出。英國皇家宣告前者爲良幣，後者爲劣幣，並使用「惡幣驅逐良幣」一語，而被稱爲「葛來興法則」。這一法則的提出，對於現代實體貨幣制度的建立，具有決定性的影響。因爲在此以前，歐洲各國的政府，盛行以鑄幣改惡 (debasement)，卽降低鑄幣的金屬重量或成色，作爲解決財政收入的手段。每次改惡的結果，必爲物價的上漲。要使貨幣單位對於物價不產生擾亂作用，惟有鑄造並流通實體貨幣，絕對避免鑄幣改惡，這是葛來興法則顯示的積極意義。

過，白銀鑄成的象徵貨幣問世以後，問題才告解決。

一八七〇年代初期，美國西部各州的白銀大量增產，加之德國、瑞典、丹麥、及挪威等國改行金本位制，將其貨幣用銀大量在國際市場拋售，影響所及，銀價開始下跌。故在一八七四年間，市場比率均在一六比一以上，於是，人們在市場購買大量白銀鑄造銀幣又成有利可圖，結果便是銀幣充斥。迫不得已，美國乃於一八七九年停止銀幣之鑄幣，又在事實上走上金本位之路，並於一九〇〇年的金本位法案 (the Gold Standard Act o f1900) 中，正式宣告金本位制的建立。但是到了一九三二年，由於美國銀行倒閉風潮的發生，一九三三年四月五日，美國政府明令禁止人民窖藏金幣、金塊以及金證券，至此，美國可說是放棄金本位制，雖然一九三四年美國總統羅斯福重新訂定美元的金平價為每盎司三十五美元，使美國再度恢復金本位制，不過，其規定對內不准私人持有黃金，對外則僅對外國中央銀行與政府機構所持有之美元兌換黃金，因此並非完整的金本位制。但到一九七五年，美國終於又准人民購買黃金。

第四節　黃金與白銀的貨幣地位

就美國的情形來說，自從一九三四年放棄完整的金幣本位制以後，其貨幣制度，計有下列各種稱法：

（一）高度嚴密的國際管理金塊本位制

（二）修正的金塊本位制

（三）限制的國際金塊本位制

（四）黃金準備本位制

（五）國內不能兌換的國際金塊本位制

（六）金滙本位制

（七）以黃金爲基礎的不兌換管理紙幣本位制

以下擬以美國情形說明黃金與白銀在貨幣制度中所佔的地位：

一、黃金的貨幣地位

在美國當前的貨幣制度中，黃金所佔的地位並不重要。目前一美元所含的黃金爲一三‧七一喱，所以黃金可以說是美國的本位貨幣，但却不是交易媒介。黃金雖可輸出及輸入，但僅限於首飾商人、牙醫、及其他合法交易才能獲准。美國財政部則按每盎司三十五美元的價格，購買新採黃金及其他一切流入美國的黃金。當然，美國財政部也是按照每盎司三十五美元的價格出售黃金，但僅售予外國政府或外國中央銀行。

美國財政部曾以貸記存款帳戶的方式，對聯邦準備銀行發行黃金庫券 (gold certificates)。事實上，目前黃金最重要的功能，就是作爲國際準備 (international reserve)。黃金可被普遍接受，故可用於商品與勞務的支付；如此，黃金也就成爲清算國際收支餘額的理想工具。如果美國對德國的貿易發生順差，美國可以黃金清算此一貿易差額。固然，美元雖亦普遍作爲國際之間的清算工具，但是究其根本，仍然不及黃金理想。目前雖亦有人主張以國際貨幣基金發行的「特別提款權」(Special Drawing Rights)，作爲國際之間的清算工具，但是衡之現況，仍無取代黃金之可能。

在美國過去的貨幣制度中，黃金曾有顯著的貢獻。即使時至一九三四年以前，黃金仍爲美國貨幣供給的一部份，實際參加流通，並且一切貨幣均與黃金保持兌換關係。可是，後來隨着美國經濟的發展，貨幣供給不斷擴張，貨幣供給總額超出黃金存量數倍以上，所以美國貨幣當局對於兌換黃金的承諾，已有事實上的困難。可是對於貨幣供給的擴張，並無有效的貨幣紀律 (monetary discipline) 加以限制，所以隨着事實

的進展，對於黃金兌換的承諾，已是名存實亡。時至今日，黃金在美國
國內的貨幣制度中，已無重要地位可言，近年來，美國更積極的推行黃
金非貨幣化。

二、白銀的貨幣地位

在美國當前的貨幣制度中，白銀已無重要地位。但是，白銀貨幣地
位的喪失，主要是由市場的供需關係所引起，而非美國政府有計劃的決
定使然。一九三四年，美國為了增加貨幣供給，曾經通過一種類似一八
七八年至一八九三年間採行的購銀計劃。國會授權財政部，在每盎司不
超過一‧二九美元的價格下購買白銀 ❷。一九三四年，美國規定白銀一
律收歸國有，並依每盎司等於五十美分的價格加以補償。而在一九三三
年，世界的白銀價格平均每盎司僅為三十五美分。

上述的白銀收購過程繼續進行，直至白銀的貨幣存量等於黃金的貨
幣存量之三分之一為止，此時，白銀的價格每盎司亦達一‧二九美元的
水準。此後，美國財政部改以每盎司六四‧五美分收購國內新採白銀，
但此價格失之過低，銀礦業者無利可圖。因之，國會乃於一九三九年規
定最低的收購價格為七一‧一美分，並於一九四六年提高至九〇‧五美
分。

多年以來，美國的白銀政策可謂相當照顧銀礦業者。有人認為，美
國財政部對於白銀的不斷收購，固然可以增加貨幣供給，對於經濟恐慌
時期裨益甚大。但亦有人指出，若干東方國家當時乃是實施銀本位制，
所以白銀價格的提高，勢將增加東方國家通貨的購買力，以致提高東方
國家的生活水準。 但是， 美國白銀政策的結局， 却是葛來興法則的出

---

❷此一白銀的貨幣價值，遠在一七九二年就已訂定。當年規定，每一美元含有純
　銀三七一‧二五喱 (480/371.25＝$1.29)。

現。因爲，就東方這些實施銀本位制的國家來說，白銀售予美國財政部乃比白銀作爲國內貨幣更爲有利，所以白銀大量流向美國，最後這些國家已無白銀流通，並使白銀存量趨於枯竭。這些國家由於白銀的喪失，國際貿易的進行大受阻碍，終於被迫紛紛放棄銀本位制。所以，美國的購銀政策非但沒有提高東方國家的生活水準，反而摧毀了這些國家的貨幣制度❸。

戰後數年，美國國內的白銀生產，已經不敷消費之需。而在當時，美國財政部則已不再購買白銀，反而出售白銀。此後，白銀的工業需要大見增加；而在一九六一年以後，白銀的鑄造用途亦告大幅擴張。雖然銀幣不斷鑄造，但在一九六四年間，却有鑄幣短缺現象出現，推其主要原因，則是銀幣的收藏風靡一時所致。例如，一九六四年曾鑄紀念甘迺迪的半元銀幣二億美元，但不旋踵之間，幾被收藏殆盡。

由於美國的白銀存量日趨減少，白銀價格日漸上漲，爲了節省白銀的使用，財政部乃進一步促使白銀庫券 (silver certificates) 退出通貨之外。過去的白銀庫券曾以財政部所持的白銀作爲後盾，並允依照每盎司一・二九美元的價格予以兌換。可是後來，這種白銀庫券終由聯邦準備券 (Federal Reserve Notes) 加以取代。而財政部亦於一九六五年下一結論：「按照白銀的供給與生產情況作一展望，白銀不能繼續大量作爲美國的鑄幣。」根據一九六五年的鑄幣條例，半元銀幣所含白銀已由九〇％降爲四〇％，至於一角銀幣及二角五分銀幣，已經不再含有白銀。再由最近的種種跡象看來，白銀在美國貨幣制度中的地位，終將完

---

❸關於美國當時提高白銀價格對於我國貨幣制度的影響，可以參閱：顧翊群著「危機時代國際貨幣金融論衡」，一五五頁至一九三頁，民國六十年十一月；三民書局印行。

全喪失❹。

第五節　美國的通貨發行制度

　　根據以上的說明，美國當前的貨幣制度，雖是一九三四年放棄金本位制改採不兌換紙幣本位制以來的產物。不過，貨幣的發展可以說是一種長期演進的動態過程，一九三四年的法案，只不過是近兩世紀來，貨幣進展之中的一個里程碑而已。若就美國當前的貨幣發行制度而言，情況遠比其他國家複雜。以下進而加以介紹，俾作本書以後討論的基礎。

　　美國當前的貨幣發行制度，約有下列幾個特點：

　　第一、所有貨幣均為信用貨幣 (credit money)，或稱債務貨幣 (debt money)；亦即，貨幣的面值遠大於貨幣的材料價值，其面值甚且大於材料價值的數千百倍。這種貨幣之被接受及流通，實際上是一種授受信用的關係或債權債務的關係。美國自一九三三年以後，已無實體貨幣或代表實體貨幣流通。

　　第二、活期存款約佔貨幣供給的四分之三以上，紙幣約佔五分之一，鑄幣僅佔百分之二。除去活期存款之外，上述的各種貨幣均具完全的法償權力。

　　第三、貨幣供給之中，鑄幣、紙幣、及活期存款構成的比例，可以反映大眾對於貨幣形態持有的偏好。貨幣供給的總額雖由財政部與聯邦準備制度共同決定，但是其中各類貨幣所佔的比例却由大眾共同決定。

---

　　❹關於多年以來的白銀價格以及未來白銀價格趨勢的預測，可以參閱：白俊男：「世界白銀價格問題」，臺灣經濟金融月刊，第六卷第七期，民國五十九年七月。

　　第四、貨幣發行機構共有三個：財政部、聯邦準備制度、及商業銀行。財政部所發行的「財政部通貨」（Treasury currency）所佔比例最小，僅約貨幣供給的百分之三；財政部並且擁有鑄幣的特權，亦可發行小額輔幣。聯邦準備制度所發行的「聯邦準備券」（Federal Reserve notes），構成紙幣的最大部份，約佔貨幣供給的百分之二十二。商業銀行目前共約一萬三千七百家，均係私人所有、私人經營的牟利機構，均可創造活期存款。

　　第五、在各種貨幣之中，財政部通貨所佔比例雖然最小，但此比例未來將更降低。鑄幣的絕對數額，將因經濟更趨發展，交易更趨頻仍而趨增加。合衆國券（United States notes）或稱綠背紙幣（greenbacks）自內戰結束以來，數額均甚固定，約為三・四七億美元，將來不致有所變動。至於財政部紙幣中的白銀庫券（silver certificates），則漸退出流通，而由聯邦準備券加以取代。

　　茲將美國當前各種貨幣之發行機構、貨幣形態、及貨幣名稱列表如

表 2-1　美國的貨幣發行

發行機構	貨幣形態	貨幣名稱
財　政　部	象徵貨幣	鑄　幣
	代表象徵貨幣	白銀庫券
	實體貨幣	——
	代表實體貨幣	黃金庫券
	象徵貨幣	銀元
	流通券	合衆國券
	流通券	聯邦準備銀行券
	流通券	國法銀行券
聯邦準備制度	流通券	聯邦準備券
商業銀行	支票存款	活期存款

38 貨幣銀行學

下❺。

第六節　我國的新臺幣發行制度與種類

一、新臺幣發行制度 ❻

民國三十八年大陸撤守，政府遷臺，政府於該年六月十五日宣佈實行改革幣制，發行新臺幣，由中央撥付黃金八十萬兩作爲改革幣制基金，另撥供美金一千萬元作爲臺灣省進出口貿易運用資金。此次新臺幣發行之要點如下：（一）新臺幣發行總額以二億元爲限；（二）新臺幣之單位爲一元，新臺幣券面額分一元、五元、十元、百元四種；（三）新臺幣對美金之滙率爲新臺幣一元兌美金二角（現已不適用），新臺幣以黃金、白銀、外滙、及可以換取外滙之物資十足準備，並設新臺幣發行準備監理委員會，專責監督保管；（四）新臺幣在省內得透過黃金儲蓄存款辦法（三十九年後停辦）兌換黃金，在省外透過進出口貿易，兌換進口所需外滙；（五）新臺幣一元折合舊臺幣四萬元，限於三十八年十二月三十一日前無限制兌換新臺幣（後延至三十九年十一月十四日止）。

新臺幣之發行可分爲限內發行、限外發行、省外發行、及輔幣發行等四種，茲分述如下：

（一）**限內發行**　新臺幣發行之初，原定總限額爲二億元，嗣因供不應求，乃另訂限外發行辦法，以應實際需要，於是原定限額二億元，

---

❺Eli Shapiro, Ezra Solomon & William L. White, *Money and Banking*, 5th ed, (New York: Holt, Rinehart & Winston, Inc.,) p. 30.
❻中華民國建國六十年紀念國家建設叢刊，第五册. 頁一三四～一三六。

即稱爲限內發行。

（二）**限外發行**　新臺幣自三十八年六月十五日公佈發行後，截至三十八年十二月底，其發行數額已接近限額二億元。在短期內雖可拋售外幣及透過黃金儲蓄存款辦法予以調節運用（後來該兩辦法均停止辦理），但貨幣之供求漸難相互配合。政府乃於三十九年七月七日公佈限外臨時發行辦法，初定發行額爲五千萬元。嗣因需要而陸續增加，計糧食貸款五千萬元，電力工程貸款九千五百萬元，收購餘糧三千萬元，收購黃麻一千八百萬元，砂糖墊款五千萬元，購糖及製糖墊款五千萬元，皆以黃金或可換取外滙物資之棧單作爲準備。及至四十一年八月間，糧食局及臺糖公司續需貸款生產，復經核准以臺銀所存外滙三分之二作爲準備，再增加限外發行。嗣又修正爲以全部外滙抵充準備，惟如遇外滙頭寸不裕時，得以庫存黃金（未抵充準備部份）或可換取外滙之物資棧單抵充準備。自此案通過後，新臺幣之發行額實已與臺銀所存外滙黃金或可換取外滙物資之多寡隨同增減。換言之，即由硬性之發行制度，一變而爲彈性之發行制度。（到了五十年七月中央銀行復業前夕，限外發行已爲限內發行額的十三倍）

（三）**省外發行**　新臺幣之流通，原定以臺灣省境內爲範圍，但自大陸淪陷後，由於事實需要，政府乃於三十八年十二月頒發金門行使新臺幣辦法。四十年初，政府爲防止馬祖、白犬、大陳等外島金銀外幣流出，並便於軍公款項撥付起見，乃又核准新臺幣可在上列各島自由流通。同時核准發行額福建地區爲三千萬元（金門、馬祖、白犬各一千萬元），浙江地區（大陳）一千萬元，共四千萬元，合稱省外發行，以黃金爲準備，繳存中央銀行保管，並將前頒金門行使新臺幣辦法予以廢止。

（四）**輔幣發行**　新臺幣之輔幣發行，在改制之初原係包括在新臺

幣之發行額內。三十八年十二月一日開始發行一角、五角硬輔幣，均經提充準備。至三十八年底，發行額已接近發行限額二億元；為維持限額，於三十九年一月十六日起將輔幣劃歸省庫發行，至三十九年十二月二十九日始由省庫轉回，仍由臺銀發行。三十九年十一月間因事實需要，另頒新臺幣輔幣發行辦法，其要點為發行總額不得超過新臺幣核定發行總額之二○％，分硬輔幣及輔幣券二種。

新臺幣發行業務，原由臺灣省政府負監督指揮之責。嗣因政府為使臺灣銀行之發行新臺幣不受財政收支影響，俾建立其本身制度起見，乃於四十年五月五日頒佈中央銀行監督指揮臺灣銀行發行業務辦法，於四十年六月一日付諸實施。

五十年七月一日，中央銀行為適應金融需要及配合國家經濟政策在臺復業，並公佈「中央銀行在臺灣地區委託臺灣銀行發行新臺幣辦法」。自此以後，關於新臺幣發行之權責乃由中央銀行收回自理，臺灣銀行僅以代理發行之地位從事發行業務工作。至於原設之新臺幣發行準備監理委員會及新臺幣限外臨時發行準備監理委員會則予撤銷，另行成立新臺幣發行準備監理委員會，繼續負責監督新臺幣之發行。

二、新臺幣發行種類

（一）**本位幣** 民國三十八年六月政府公告「新臺幣發行辦法」，進行幣制之改革。根據該辦法之規定，新臺幣券面額共分為一元、五元、十元以及百元四種，實際上在民國四十年代也只有一元券、五元券及十元券在市面上流通；一直到民國五十年六月才發行五十元券（民國四十一年增列之規定）以及百元券。

嗣後，為了因應社會交易上的實際需要，政府當局於是在民國六十九年二月二十五日開始發行新臺幣千元及五百元大鈔，大鈔發行的情形

至爲良好，社會大衆對大鈔的需求也極爲殷切，但由於千元券及五百元券的大小幾乎相同，色彩亦極類似，故當局乃於七十一年另版發行有浮水印的千元券及紅色的五百元券在市面上流通。

（二）**硬幣、輔幣**　新臺幣發行之時，除本位幣外，亦發行硬輔幣。民國三十八年發行一角硬輔幣與五角硬輔幣兩種，一角硬輔幣重量爲四・五公克，成色爲銅九五、鋅五；五角硬輔幣重量爲五公克，成色爲銀七十二、銅二十八，民國三十九年發行二角硬輔幣，其重量一・八公克，成色鋁一○○，歷年來硬輔幣無論在重量或成色方面均有若干次的變動（貶值），一角硬輔幣最後一次發行是在六十三年，而二角硬輔幣則只在三十九年發行一次。

一元硬幣至民國四十九年才發行，其重量六公克，成色銅五十五、鎳十八、鋅二十七。民國五十九年發行五元硬幣流通，重量九・五公克，成色銅七十五、鎳二十五。在六十年代以後，由於國民所得不斷大幅提高，而且物價長期持續上漲之趨勢，社會上各種交易額均大幅提高；同時一元及五元硬幣的幣材及其鑄造成本均已大幅上漲，與鑄幣面值不成比例；他如十元券之流通量極爲可觀，而破損率高、印製成本亦高。鑑於以上通盤之考慮，政府當局乃於七十年發行新版之五角硬輔幣、一元硬幣、五元硬幣，以及增發十元硬幣，以降低發行成本，同時便利小額的收付。

討論問題

2.1　金本位制之主要特色何在？缺點何在？美國當前之貨幣制度是否具有這些特色？

2.2　在金滙兌本位制下，金滙兌本位制國家及中心國家，各有何種風險存在？

2.3　黃金開採大量增加以後，對於複本位制有何影響？對於金本位制有何影

響？

2.4 在不兌換的紙幣本位制下，貨幣供給的增減決定於何種因素？不兌換的紙幣本位又稱管理本位，此種稱法是否恰當？何故？

2.5 何謂葛來興法則？這一法則有何積極意義？

2.6 假設某一數量的鑄幣之金屬價格上漲，以致金屬的價值大於鑄幣的貨幣價值。此時，葛來興法則將發生何種作用？

2.7 簡單敍述美國貨幣本位制度的發展經過。

2.8 試述黃金及白銀的貨幣前途。

2.9 美國在一九四〇年代的購銀政策與我國銀本位制的崩潰有何關係？

2.10 美國當前的貨幣發行制度有何特點？

2.11 列表說明美國貨幣的發行機構、貨幣形態、及貨幣名稱。

2.12 試述我國新臺幣的發行制度。

第 三 章
信用與信用工具

第一節　信用的本質

　　貨幣與信用 (credit) 兩者息息相關, 在本質上, 信用是貨幣的延長。因為現代經濟社會乃是貨幣經濟社會, 所以藉着貨幣與信用在各個經濟部門之間的流通, 各項經濟活動乃能圓滑運行。至少, 透過貨幣與信用的中介, 社會個體與社會本身才能達成資源的最適分配。

　　貨幣具有作為延期支付之標準的功能, 信用既係貨幣之延長, 信用自然也是具有這種功能, 所以貨幣與信用都能促使目前的商品及勞務與未來的購買力進行交換, 某人如果放棄目前的商品及勞務, 換成貨幣, 俾便將來能再換成商品及勞務, 此時, 某人所接受的貨幣就是一般購買力, 可在任何時間或任何地點, 購買該社會的商品及勞務。在此情形之下, 貨幣是一種相當特殊的信用工具, 代表着社會的承諾, 可以隨時用於支付。但在另一方面, 其他各種信用工具, 雖亦代表一種承諾, 可以用於支付, 但並不以整個社會作為後盾, 亦非隨時可以用於支付。 要

之，其他各種信用工具是以特定當事人的承諾作爲後盾，可在未來的特定時期用於支付。

今日世界各國的幣制，已無實體貨幣存在，所包含者全係信用貨幣。這種信用貨幣之面值，遠較材料價值爲高，其被接受及流通，實際上是一種信用授受的關係，是一種債權債務的關係。在信用貨幣中，紙幣及鑄幣是中央銀行資產負債表上的負債，活期存款則是商業銀行資產負債表上的負債，故整個看來，一國幣制中的一切信用貨幣，就是該國整個銀行體系的債務 (debt)。所以，信用貨幣又可稱爲債務貨幣，而信用與債務可以說是一物之兩面，兩者相需而生，相輔而成。所以有人常說:「債務是壞的，信用是好的。」(debt is bad and credit is good) 這話實在不合邏輯。

在現代經濟社會中，信用至少具有下列三種功用: 第一、可以達成延期消費的目的，亦卽社會的某些個體，必需延期目前的消費，保留部份的所得，以便累積購買力作爲將來的用途，此卽授予信用。第二、可以協助生產資金的籌措，亦卽社會的某些個體或企業，必需獲得大量的資金，俾能進行大規模的迂廻生產，這些龐大資金已非自己所能融通，因此借入資金，此卽接受信用。第三、可以促進交易，亦卽社會的個體或企業，對於商品及勞務的買賣，雙方同意以將來付款爲條件而使交易完成，因此發生信用的授受關係。所以，正如上面所說，透過信用的中介，社會個體與社會本身才能達成資源的最適分配。

信用授受關係的成立，必須具備下列兩項要素: (一) 信任的要素 (element of confidence)；(二) 時間的要素 (element of time)。所謂信任要素，是指授信人對於受信人的信賴，因在不同時間進行購買力的相對移轉，授信人必須認爲對方可資信賴，始願先行給付；反之，如果認爲對方不甚可靠，將來未必能够履行承諾，必然不肯先行給付。所

謂時間要素，是指信用授受雙方購買力的相對移轉不在同一時間，而有
先後之別；反之，雙方的給付如在同一時間進行，卽不構成信用交易。
若從雙方的觀點來看，信用乃是授信人要求別人未來履行給付的債權，
是受信人未來必須履行給付的債務。

第二節　信用的基礎

信用交易的雙方，旣在不同的時間進行給付，受信人自然必須具有
可資信賴的基礎，而使授信人相信其有能力、且有意願履行未來給付的
承諾。授信人爲了瞭解受信人履行未來給付承諾的能力 (ability) 與意願
(willingness)，授信人在授予信用之前，必須考察受信人的信用基礎
(credit standing)。信用基礎的構成因素有四：（一）品格 (character)；
（二）能力 (capacity)；（三）資本 (capital)；（四）抵押 (collateral) ❶。
以上稱爲「四C」。

（一）**品格**　在個人方面，品格是指人的品質與人格而言，是由先
天稟賦與後天習慣而來，其中包括智慧、心性、氣質、及社會觀感等等
範疇，通常可由個人習慣、生活方式、家庭背景、及社會關係方面加以
觀察。在國家方面，品格通常可由政治及社會的安定情況、政府及人民
的奮發程度、經濟及科學的成就方面加以觀察。當然，受信人不管是個
人或國家，最爲重要的品格，還是在於履行承諾的意願與決心，故就授
信人而言，這是一種道德方面的風險 (moral risk)。

（二）**能力**　在個人方面，能力是指賺取所得的能力。這種能力的
大小，是由個人年齡、職業經驗、敎育程度、管理才能、專業智能以及

---

❶Eli Shapiro, Ezra Soloman & William L. White, *Money and Banking*
5th edition, (New York: Holt, Rinchart & Winston, Inc.,) pp. 47-48.

其他足以賺取所得的能力決定。在企業方面,能力是指賺取利潤的能力。
這種能力的大小, 是由企業的信用比率、營業場所、企業性質、及一般
經濟情況決定。在國家方面, 能力是指財政收入的能力。這種能力的大
小, 亦由政治及社會的安定、政府及人民的奮發程度、經濟及科學的成
就決定。

(三) **資本** 資本是指資產減去負債以後的淨值, 所以必須就其資
產與負債同時加以觀察, 並且瞭解淨值對於資產及負債的比率。受信人
信用基礎的好壞, 常隨資產價值的穩定程度及流動程度而定。 一般而
言, 如果其他條件一樣, 資產價值既很穩定, 又能迅速變現而不損失價
值的人, 較易獲得信用。當然, 資本並非獲得信用的唯一條件, 事實上
僅有資本而品格及能力欠佳的人, 不一定容易獲得信用; 反之, 許多具
有品格及能力的人, 即使缺乏資本, 也很容易獲得信用。

(四) **抵押** 品格、能力、及資本如果不能完全令人滿意, 可以提
出相當的抵押, 俾能獲得信用。可以提出作爲抵押的資產很多, 股票、
債券、提單、倉單、動產、及不動產, 均可作爲抵押, 但是總以價值穩
定、流動程度又高的資產最受歡迎。這是因爲如果一旦受信人屆時無法
履行給付的承諾, 授信人可就所提抵押資產加以變賣, 所以必須價值穩
定, 流動程度高的資產, 變賣以後才能避免損失。通常, 爲了避免事後
變賣抵押資產引起的損失,通常只能按照抵押資產的市價打折授予信用。

第三節　信用的形態

信用之形態, 乃隨分類標準之不同而異。以下按照比較普遍使用的
分類標準, 說明信用的形態。

一、按照用途分類

投資信用 (investment credit) 是指企業廠商及政府機構爲了購置機器設備及建造廠房等固定資產而借入的信用。這種信用的償還期間,約與生產設備的存續期間相當, 故亦屬於長期信用的一種。又因這種信用乃以生產設備的生產能力作爲償債基金的可靠基礎, 所以期限雖然較長, 自償性 (self-liquidating) 却是最高。

商業信用 (commercial credit) 是指企業廠商爲了融通生產、製造、及銷售而借入的信用。這種信用的償還期間, 約與商品生產至銷售的期間相當, 屬於短期信用的一種。這種信用乃以當期銷售的成功, 作爲償債基金的基礎。

消費信用 (consumption credit) 是指消費者爲了購買各種消費財而借入的信用。這種信用乃以借款者之未來所得作爲償債基礎, 而與所借款項之運用無關。自第一次世界大戰以來, 消費信用之地位日趨重要, 尤以分期付款 (installment) 最爲盛行, 目前已被認爲是影響經濟安定的重要因素。

二、按照期間分類

長期信用 (long-term credit) 係指期限在七年以上的信用。這種信用大多用於融通耐用期限較長, 並且不易在短期之內賺取償債基金的各種固定設備。企業廠商爲了購置機器設備、建造廠房、及政府機構爲了交通建設及水力設施等而借入的款項, 均屬長期信用。

中期信用 (intermediate credit) 係指期限在一年以上七年以下的信用。這種信用大多用於購買能在信用存續期間至少產生同額收入之資產。例如, 農人購買牲畜、廠商購買半耐久性機器、以及商人購買倉儲

設備等而借入的款項，均屬中期信用。

短期信用 (short-term credit) 係指一年以下的信用。這種信用大多用於購買原料、半製成品及製成品等存貨、支付工資、融通商品運銷、以及其他類似的營利活動。

活期信用 (demand credit) 係指並無固定償還期限，而由授信者之收回通知決定償還日期之信用。這種信用大多用於商業銀行的活期存款，以及金融市場的拆款 (call loan)。由於信用收回的通知何時到來無法確定，所以企業廠商很少使用這種信用。

三、按照受信對象分類

私人信用 (private credit) 係指政府以外單位接受的信用。這種信用包括營利信用、商業信用、消費信用、個人信用、零售信用等等。

公共信用 (public credit) 係指政府單位直接借入，或由政府單位保證全部償還或部份償還的信用。這種信用包括中央政府信用及地方政府信用。

第四節　信用工具的種類

信用交易之成立方式有三：(一) 口頭約定 (oral agreements)；(二) 帳簿信用 (book credits)；(三) 書面信用 (written credits)。

口頭約定是由信用授受雙方當事人以口頭約定，債務人須於約定日期償還債務之承諾。這種信用交易的方式，除非留有證據或有證人在場，否則完全依賴雙方當事人的記憶與誠實。因此，這種信用之缺點如下：第一、雙方對於信用授受之條件如有不同意見，無法判斷其中之對錯；第二、債權人對於債務人應該履行之債務，不易提出證明；第三、

債權人如果需要資金，不易將其債權轉讓。

　　帳簿信用是由信用授受雙方當事人互在對方帳戶開一戶頭，用以記載彼此之間的信用交易方式。這種信用交易的方式，因有記錄可查，已較口頭約定爲佳，且能促使雙方的信用交易，迅速而簡單地進行。並且，帳簿信用還能提供現金折讓的方便。但是，由於過度簡化，帳簿信用亦有下列缺點：第一、雙方帳簿對於信用條件的記載可能不同，因而引起爭執；第二、雖有現金折讓的規定，但仍不能強制提前付款，卽在急需現金之時，不易轉讓債權，而且，收帳亦不容易；第三、由於缺乏債權債務的正式憑證，且無強制力量，因此容易發生壞帳或損失。

　　書面信用是由信用授受雙方當事人將其債權債務關係，作成書面文件，用以證明彼此之間存有債權債務關係的信用交易方式。根據這種書面文件，卽可克服口頭約定與帳簿信用的缺點；這種足以證明債權債務關係之存在的書面文件就是信用工具 (credit instruments)。

　　信用工具可依所定時間之長短，分爲長期信用工具及短期信用工具兩類。前者包括債券及股票兩種，統稱證券 (securities)，在資本市場 (capital market) 流通；後者包括本票、滙票、及支票三種，統稱票據 (bill) ❷，在貨幣市場 (money market) 流通。資本市場與貨幣市場共同構成金融市場 (financial market)，而長期信用工具與短期信用工具

---

❷短期信用工具的種類，在美國「票據法」(The Negotiable Instruments Law) 中包括滙票、本票、及支票。至於其他各國之票據法，亦以支票、本票、及滙票爲其內容；卽如「日內瓦國際統一票據法」(Uniform Law on Bill of Exchange and Promissory Notes and Uniform Law on Cheques) 亦是如此規定。但自存款貨幣之觀念普及以後，亦有另立「支票法」者，例如日本曾於一九四七年及一九五二年分別修訂「票據法」與「支票法」；英國在一八八二年的票據法(Bills of Exchange Act)中，本有支票的規定，但於一九五七年却又另訂支票法 (Cheques Act) 作爲補充。

均為金融工具。

一、長期信用工具

（一）**債券** (**bond**) 是指承諾於指定日期照付固定金額的長期信用證券。這是屬於債的契約，由發行者簽署，訂明按期付息若干，並於一定期限後還本的。債券由政府發行者稱為政府公債 (government bond)，由公司發行者稱為公司債 (corporate bond)。

政府公債是政府對持有公債者所負的債務，可分為記名式及不記名式兩種。公債之還本方法也有多種；每半年或一年還本一次者稱為分期公債 (serial bond)，到期後一次還本者稱為定期公債 (term bond)，至於只是按期付款永不還本者稱為永續公債 (perpetual bond)。

公司債是一般公司企業對持有債券者所負的債務，通常分為下列四種：

(1)、**無抵押公司債** (debenture) 係由債權人及債務人雙方訂立正式契約，由債權人推舉受託人 (trustee) 負責保管契約並監督債務人之業務經營；契約上對於償債辦法、發行最高限額、募集資金之用途及其他有關事項，均有明文規定。

(2)、**抵押公司債** (mortgage bond) 係由債務人以有形資產 (tangible assets) 作為抵押而發行；亦由債權人推舉受託人負責保管作為抵押之資產，並且監督債務人之業務經營。

(3)、**證券擔保公司債** (collateral trust bond) 係由債務人以證券作為抵押而發行；而且通常係由投資公司 (investment company) 或握股公司 (holding company) 所發行。

(4)、**保證公司債** (guaranty bond) 係由其他公司出面保證而發行；這種債券之性質，介于無抵押公司債與擔保公司債之間。

（二）股票 (stock) 此係持有人對於公司所有權 'ownership) 的一種憑證。股票原本不能自由轉讓，但可申請過戶，故在證券市場上亦可買賣，並在申請借款時作為抵押之用。股票可分普通股和優先股兩種。依照一般規定，普通股之權利計有：盈餘分配權、資產分配權、股東移轉權、優先承購新股權、出席股東年會權、公司管理權、控告董事權、及檢查帳冊權。至於優先股，其性質與普通股相同，不過在分配盈餘及分配資產方面，享有優先權。但是，優先股必須放棄若干數額以上之股息，並且不能選舉執行公司業務之董事。優先股又有累積與非累積 (cumulative vs non-cumulative) 之分，更有參加分紅與不參加分紅 (participating vs non-participating) 之別。所謂累積的優先股，係在普通股分配之前，即已派定應得股利，過去年度如未分紅，以後應予補足。至於參加分紅的優先股，除按發行章程分配各項利益外，遇優先股與普通股股息付清之後，如果尚有額外盈餘，得依發行章程所訂辦法與普通股共同分享這些額外盈餘。

二、短期信用工具

（一）本票 (promissory note) 是由發票人「承諾」即刻或在一定日期無條件支付一定之金額給予受款人或持票人的信用憑證。本票又稱期票。本票的發票人即為付款人，亦可同時為受款人。受款人與發票人為同一人者稱為單名本票，非為同一人者稱為雙名本票。本票尚有下列三種區別：第一、有息或無息；第二、見票即付或到期才付；第三、有擔保或無擔保。本票經過受款人背書之後可以轉讓。歐美商家通常開出本票，持向商業銀行貼現，以換取短期貸款。

（二）滙票 (draft bill of exchange) 是由發票人「命令」付款人於見票後或到期時無條件支付一定之金額給予受款人的信用憑證。滙

票包括三個當事人，卽發票人、付款人、及受款人。三方皆在同一國境以內者稱爲國內滙票 (domestic bill)，有一方在國外者稱爲國外滙票 (foreign bill)。

滙票的種類，尙可區分如下：第一、以發票人爲標準，分爲銀行滙票 (banker's draft) 及商業滙票 (commercial bill of exchange)；第二、以滙出滙入爲標準，分爲順滙滙票 (admittance bill) 及逆滙滙票 (draw bill)；第三、以付款日期爲標準，分爲卽期滙票 (sight draft; demand draft) 及定期滙票 (time draft; usance bill)；第四、以有無擔保爲標準，分爲光票 (clean bill) 及跟單押滙滙票 (documentary bill)。

所謂銀行滙票，係由銀行簽發，並由另一銀行付款；所謂商業滙票，係由商號簽發，並由另一商號付款。所謂順滙，係由銀行售出滙票收進本國貨幣，而由外地分行或通滙銀行付出外國貨幣；所謂逆滙，係以商業滙票持向銀行貼現，銀行墊付本國貨幣，而由外地分行或通滙銀行收進外國貨幣。所謂卽期滙票，就是見票卽付的滙票；所謂定期滙票，就是一定日期付款，或簽發日後若干日期付款，或見票日後若干日期付款；無論卽期滙票或定期滙票，均須經過付款人簽字承兌 (accept) 始爲有效，由銀行承兌之滙票稱爲銀行承兌滙票 (bankers' acceptance)，由商號承兌之滙票稱爲商業承兌滙票 (trade acceptance)。所謂光票，就是不附任何附屬單據的滙票；所謂跟單押滙滙票，就是須附有關附屬單據的滙票。跟單押滙滙票又可分爲兩種：第一、跟單押滙承兌滙票 (documentary acceptance bill; D/A)，就是付款人一經承兌，卽可取得附屬單據，先行報關提貨，到了指定日期再行付款；第二、跟單押滙付款滙票，就是付款人付清款項，才能取得附屬單據，憑以報關提貨。至於附屬單據所應包括之種類，係由進口商往來銀行對出口商所開之信用狀 (letter of credit; L/C) 加以規定，通常包括提單 (bill of lading;

B/L)、商業發票 (commercial invoice)、領事簽證單(consular invoice)、保險單 (insurance policy)、及包裝單 (packing list) 等。

（三）**支票 (check)** 是由發票人以書面指示付款人立即無條件照付指定金額給予受款人或持票人的信用憑證。支票包括三個當事人，卽發票人、付款人、及受款人。但是，發票人須在商業銀行保有活期存款帳戶，付款人須爲商業銀行或銀錢業者。

支票可以按照發票人爲標準，分爲：第一、一般商業銀行或銀錢業者活期存款存戶簽發的普通支票 (general check)；第二、政府機構憑其政府存款簽發的國庫支票 (Treasury check)；第三、銀行基於本身需要簽發的銀行支票 (bankers' check)。

上述各種支票，又可因其具有某種特定性質而爲：第一、抬頭支票 (order check) 與不抬頭支票 (bearer check)，前者係於支票上面記載受款人之姓名或商號，所以此類支票之提款或轉讓，須由受款人加以背書，後者則無此類記載，故可不經背書而加轉讓。第二、劃線支票 (crossed check)，亦卽支票正面上方劃有兩道直線，或於線內記載「銀行」字樣的支票，表示付款銀行僅對銀行或其他銀錢業者付款。第三、保付支票 (certified check)，亦卽執票人認爲這一支票或有問題，可以請求付款銀行在支票上面記載「保付」或「照付」字樣之支票。支票經過銀行「保付」之後，卽由銀行承擔付款責任。第四、旅行支票 (travellers' check)，亦卽旅行者以紙幣或銀行存款向銀行換取之定額支票。此類支票係由銀行印發，印發支票之銀行卽爲付款人，持票人可在旅行途中以此類支票提現或轉讓。但是，購買此類支票須於每張下端預留簽字式樣，簽發時在上端空格另行簽字，必須上下式樣相符，銀行才允付款。

總結而言，能够轉讓流通之信用工具，必須具備下列條件：（一）必須爲書面憑證；（二）必須由發票人簽蓋；（三）必須是無條件支付一

定數額款項的承諾或命令；（四）必須隨時照付，或於將來某一指定日期照付；（五）必須付予受款人或持票人。具有以上（一）、（二）、（四）、（五）條件，而爲無條件支付一定數額款項之「承諾」者爲本票；具備此四條件，而爲無條件支付一定數額款項之「命令」者爲滙票。具體言之，本票係由債務人對債權人簽發，隨時或於指定日期，無條件照付一定數額款項的書面承諾；滙票係由債權人對債務人簽發，隨時或於指定日期，無條件照付一定數額款項的書面命令。至於支票，就是以商業銀行或銀錢業者爲付款人的滙票 ❸。

第五節　信用制度的發展

信用工具除可作爲債權債務存在的憑證以外，最大的好處就是債權與貨幣之間的轉換非常方便。由於債權極易換成貨幣，所以擁有多餘資金的人樂於提供資金換取債權，並可獲取利息或紅利等的收益，而在需要資金之時，復可將其所持債權換成貨幣。由於債權與貨幣之間的轉換

---

❸支票在本質上係根據「銀行活期存款」簽發的一種信用憑證、一種流通工具 (negotiable instrument)，因其屬於「存款貨幣」的表徵，所以常被誤認支票卽爲貨幣。事實上，支票與貨幣兩者，固有相似之處，但是亦有甚多不同之處。相似之處：（一）兩者同爲銀行之負債憑證；（二）兩者皆爲支付工具，可以用來淸償其他債務。不同之處：（一）貨幣爲中央銀行的負債憑證，且其債務數額係屬固定，並已印妥，支票則爲商業銀行的負債憑證，且其債務數額尙未固定，可由存戶在存款額度之內塡寫；（二）貨幣本身就是貨幣，活期存款雖然亦爲貨幣，但是作爲存款貨幣表徵的支票本身則非貨幣；（三）以貨幣支付，作爲淸算債權債務之工具，不需經過背書，且在貨幣移轉當時，支付過程卽告結束，但以支票支付，作爲淸算債權債務之工具，則需經過背書，且在支票移轉當時，支付過程並未結束，須至活期存款變動以後，支付過程才算結束；（四）以貨幣淸算債權債務，貨幣移轉之後雙方卽無任何關係，但以支票淸算債權債務，支票移轉之後，持票人對於支票債務人仍有追索權。

非常方便，信用工具遂而成爲社會資金供需之間的橋樑，而信用制度的發展，亦以提高信用工具的轉換程度爲主要方向。信用工具所具有的這種轉換非常方便之性質，稱爲「流動性」(liquidity)；流動性兼具「轉讓性」(negotiability)、可逆性 (reversibility)、及市場性 (marketability) 三種特質。

轉讓性是指票據轉讓的方便程度。構成票據轉讓之主要障碍有二：一爲票據到期之後，付款人拒絕將款付予受款人以外的執票人；一爲執票人及其轉讓之是否合法不易證明。爲了排除票據轉讓之主要障碍，各國均有票據法之訂定，以促進票據之轉讓流通。例如，票據雖已指定以特定的個人或機構爲受款人，但是如經該被指定的個人或機構背書 (endorsement)，卽可改由執票人受領款項❹。

可逆性是指票據轉讓之時收回原來投資金額的能力。票據之轉讓愈快，損失愈少，則其可逆性愈高。一般而言，如果其他條件不變，信用工具之期限愈短，市場價格之變動幅度也就愈小，所以轉讓速度愈快，損失金額愈少。

市場性是指特種信用工具的正常交易情況。交易數量及交易次數愈多的信用工具，持有人在轉讓時所負的風險損失較小。有些信用工具的市場已經相當發達，買賣非常方便。但是，亦有若干未上市股票及質押貸款，因爲交易數量及交易次數不多，其轉讓可能耗時很久，甚或負擔部份損失。

爲着增進各種信用工具的流動性，整個信用制度已漸演進成爲一個

---

❹背書之種類有三：（一）空白背書，卽受款人只在票據背面簽名，此種票據可不再經他人背書繼續流通；（二）指定背書，卽受款人在背書時指定以特定的個人或機構爲受款人，此種票據必須再經被指定之受款人背書才能繼續流通；（三）禁止背書，卽指明該票據之特殊用途，禁止背書轉讓。

由許多互有關聯機構組成的複雜結構。整個信用制度的功能，乃在鼓勵儲蓄，並把儲蓄導入生產投資之途徑。如此，信用制度的功能充份發揮之後，經濟成長與進步的目標也就易於實現。

如欲早日實現經濟成長的目標，生產力的提高乃是必須採取的主要途徑，而爲提高生產力，必須大量增加優良機器的使用。至於社會資本存量增加的來源，一方面是靠社會大衆的儲蓄，一方面須把大衆的儲蓄導入投資途徑。此即資金融通的問題。

在經濟發展的初期階段，資金的融通乃是採取所謂自我融通 (self-financing) 的方式。在此方式之下，投資資金之來源，全靠本身之儲蓄，資金既然有限，投資規模自亦很小。以後隨着信用制度的發展，投資單位開始進行赤字融通 (deficit-financing)，即在某一期間之內，投資單位的投資資金超過本身的儲蓄。這種赤字融通的進行，最初是由借貸雙方直接商討，稱爲直接外部融通 (direct external financing)，直接外部融通雖可採取實物、貨幣等方式之移轉，但與物物交換一樣，具有許多缺點。例如：第一、不易找到合適對象，資金的供給與需要難以達成一致；第二、即使找到合適對象，融通條件也是不易談妥；第三、借款人的信用情況不易瞭解；第四、這種信用缺乏流通性，不易轉讓或變現。

爲了克服上述直接外部融通的困難，現代信用制度之主要特色，便是許多專業金融媒介機構 (financial intermediaries) 的同時並存，共同擔負儲蓄與投資的媒介任務，稱爲間接外部融通 (indirect external financing)。簡單地說，在現代的信用制度之下，儲蓄者將其剩餘資金交給金融機構，而由此類金融機構給予償付的承諾；金融機構則將此項資金貸予需要資金的投資者，換取償還的承諾。此時，金融媒介機構乃是處於中間的地位，作爲資金供需的橋樑。

　　這種間接外部融通方式的主要優點有三：第一、現代的專業金融機構較爲健全，可以鼓勵儲蓄；第二、金融機構可以滙集大量資金，進行巨額資金之融通；第三、金融機構係由專家負責經營，對於借款者的信用狀況及其資金用途，均可進行深入的調查與分析。

　　在各種金融媒介機構發展的過程中，商業銀行一向佔有最爲重要的地位，卽使時至今日，商業銀行的任務仍然如日中天。不過，七十年來，其他諸如相互儲蓄銀行 (mutual savings banks)、儲蓄與貸款協會 (savings and loans associations)、人壽保險公司 (life insurance companies)、以及投資公司 (investment companies) 等的積極發展，也能發揮資金供需的媒介功能；且因各該機構有其特殊的資金來源，頗能適應現代經濟社會的需要，所以，近年以來發展更快，其在整個信用制度中所佔的地位日益重要。

討論問題

1　信用與債務有何關係？有人常說：「債務是壞的，信用是好的。」這話對否？

2　試述信用基礎的構成要素。

3　試以用途、期間、及受信對象作爲分類標準，說明信用的各種形態。

4　何謂口頭約定？何謂帳簿信用？各有那些缺點？

5　列舉長期信用工具之種類，並加說明。

6　列舉短期信用工具之種類，並加說明。

7　支票在本質上係根據銀行活期存款簽發的一種信用憑證，銀行活期存款旣爲貨幣之一，支票是否卽爲貨幣？理由何在？

8　何謂信用工具的流動性？其所兼具的轉讓性、可逆性、及市場性三種特質，意義何在？

9　試述資金融通方式之演進。

10　試述票據背書之種類。

第 四 章
美國的金融體系

　　任何企業的商品，均有其獨特的交易市場；金融業所經營的商品，可以說就是貨幣或其他金融資產，而貨幣或其他金融資產進行交易的市場，就是所謂「金融市場」(financial　market)。金融市場包括進行短期信用交易的「貨幣市場」(money market)，以及進行長期信用交易的「資本市場」(capital market)。以下先就美國上述兩種市場分別加以介紹，然後討論美國的金融機構。金融市場與金融機構兩者共同構成金融體系 (financial system)。

　　金融機構與金融市場的交互作用，發揮了許多相當重要的功能。最重要的功能是促使「資金流量」(flows of funds) 從剩餘 (surplus) 部門流向赤字 (deficit) 部門。資金的有效流動有助於經濟的成長、社會財富的增加及生活水準的提升。

第一節　資金的需求與供給

　　美國的資金流量矩陣，分成四大部門：私人國內非金融部門、政府部門、金融部門、其他部門。

首先，在資金的需求方面:

聯邦政府是貨幣市場需求面最重要的構成部門，因為聯邦政府的債務負擔很重，且有四分之一的債務係在一年之內到期。因為依賴租稅收入無法籌措足夠的資金以償還債務，所以必須發行政府證券再度融通其中的部份債務，聯邦政府的債務,大部份為國庫券 (Treasury bills),在三個月或六個月之內到期。每週到期之國庫券約為二百億美元。

企業也是需要短期信用的重要部門，其資金的需要大部份係由商業銀行或其他金融機構融通，部份大規模企業則自公開市場自行籌措所需資金。若干信用卓著的企業，並且發行短期的商業票據 (commercial paper)，透過票據交易商在公開市場出售，至於經營國際貿易的企業，則以銀行承兌票據作為商品輸出輸入的融通工具。

銀行通常係資金的供給部門，但有時由於意外的存款損失或資金調撥關係，必需吸收資金。此時，銀行大多以出售證券或收回到期放款等方式籌措資金。

地方政府的稅收，有時處於青黃不接時期，但為諸如修路、造橋、設立學校及醫院等的需要，亦需籌措相當資金。

其次，在資金的供給方面:

商業銀行是短期信用的最主要供給部門，其供給資金的主要方式，係購買短期政府證券，放出資金，到期收取利息。

其他金融機構也對貨幣市場供給大量的貨幣。這些機構主要包括保險公司 (insurance companies)、年金基金 (pension funds)、儲蓄銀行 (savings banks)、儲蓄與貸款協會 (savings and loan associations) 等，但是這些機構主要是進行比較長期的投資。當然，有時基於流動性的需要或長期投資機會的缺乏，這些機構也會購買大量的短期證券，消極地避免保有休閒資金的損失。

企業有時會有短期的剩餘資金，此時往往用以購買國庫券，因而亦為資金供給的一種來源。

聯邦準備當局有時為了擴張信用起見，會在公開市場購買證券，因而形成資金供給的一大來源。當然，有時為了收縮信用，便又形成資金的需要因素。

以上僅就資金供需方面的重要部門略作說明。事實上，經濟社會中的一個「部門」，就是一組經濟方面的決策單位(a group of decision-making)。在國民所得帳中，是把經濟社會分成家計、企業、及政府三大部門；但在資金流量中，金融機構須從企業部門分離出來，單獨構成一個部門。部門劃分的基礎只要一致即可，部門總數究應多少並不重要。當然，最少須有兩個部門，才能分析部門之間的資金流量；但也不能太多，否則資料之處理與分析，必然相當困難。總之，部門劃分的原則是每一部門合併之後，須能代表整個經濟體系，既無遺漏，亦不重複。

企業向金融機構借款以供營運，並不一定能夠順利獲得利潤，故其借款也不一定能夠全部清償。因此，辦理放款的金融機構，事實上是「風險的承擔者」(risk bearers)。在金融機構的生利資產 (income-earning assets) 中，最重要的就是「放款」(loans)。

為使不良放款儘量減少，金融機構必須僱用並訓練專業人員辦理放款。

第二節　美國金融機構的成長

在美國的金融體系中，有許多形態的金融機構 (financial institutions)，從事貨幣及其他金融資產 (portfolio) 的交易。在美國的各種

金融機構中，財政部、聯邦準備制度及商業銀行，具有創造及消滅貨幣
的特性。除此之外，在美國的金融市場中，尚有為數衆多，但無創造及
消滅貨幣能力的金融機構，近年以來的發展更是一日千里。對於這些機
構的討論，可以依其發揮功能的形態，分為三個主要集團。第一、次級
證券市場 (secondary securities markets)：這種市場的若干主要機
構，為股票交易所 (stock exchanges)、店頭市場 (over-the-counter
markets)，以及在這些市場中進行業務的經紀商 (broker) 及自營商
(dealer)。這種市場稱為「次級市場」，乃是因其重要業務，並非銷售
新發行的證券，而是便利已發行的證券之買賣。至於銷售新發行證券之
市場，稱為「初級證券市場」(primary securities markets)。第二、
證券商：是指出售他人發行之新證券的機構，例如投資銀行。這些機構
取得公司及政府機構所新發行的證券，而售予廣大地區的買主。應該注
意的是，這些機構售出的證券，就是這些機構向外購入的證券。第三、
金融媒介機構(financial intermediaries)：是指發行對其自身之請求
權 (claims) 以收集大衆儲蓄，並運用由此獲得之資金，以購買所有權
或請求權之各種機構，如儲蓄銀行、儲蓄與貸款協會、保險公司等是。
這些機構的功能，並不限於媒介作用，而是在媒介過程之中，同時創造
了高度的安全性及流動性。

上述三個主要集團之中，乃以金融媒介機構的發展最為迅速，影響
最為重大。這種發展，主要係因美國最近數十年來，「儲蓄機構化」
(institutionalization of savings) 的現象日趨普遍，其產生的途徑
有二：

第一、個人或家庭並不直接決定儲蓄，亦不直接處分儲蓄資金，而
由某些機構決定儲蓄，並且決定儲蓄資金之用途。其中的情形很多，例
如：(一)公司的儲蓄計劃：公司保留利潤淨額之目的，在為所有股東儲

蓄，但是這種儲蓄，不由個別股東決定，並且不由個別股東決定儲蓄資金之用途。(二)政府的社會安全及年金計劃：這些計劃有的具有強制性質，有的至少吸引大衆參加。這些計劃的融通，主要來自租稅，或是來自個人、僱主、或個人及其僱主的強制捐獻。這種儲蓄，雖是基於個人的利益而進行，但是，任何個人對此儲蓄，並不直接決定，亦不決定這些儲蓄資金的用途。(三)私人的年金及保險計劃：這些計劃包括退休、年金、養老金、保險等，係由私人僱主爲其僱用人員提供之計劃，而由僱主、被僱人員、或由僱主及被僱人員的共同捐獻融通。這些計劃之中，若干係由僱主及工會聯合管理，若干則係各種形態的工會福利計劃。無論如何，任何個人對此儲蓄，並不直接決定，亦不決定這些儲蓄資金的用途。

上述各種儲蓄形式的儲蓄，爲數頗鉅，且在不斷增加之中。這種「儲蓄機構化」日趨普遍的結果，首先便是增加儲蓄的供給總額，其次便是如此產生的儲蓄，在由政府、僱主、及工會等集中儲存以後，用途大致亦不相同，這種資金之中，有些用於直接購買企業及政府的證券，有些流入銀行的信託部門、辦理年金業務的公司或保險公司等。

第二、個人或家庭並不直接決定儲蓄，亦不直接處分儲蓄資金，係將儲蓄資金存入某些金融媒介機構，而由這些機構決定儲蓄資金之用途。個人或家庭如此進行儲蓄之目的有二：(一)換取對於金融媒介機構的請求權；(二)償還對於金融媒介機構所欠的債務。

吸收大衆儲蓄資金，並在金融市場運用這些儲蓄資金的金融媒介機構，種類很多。主要可以分爲銀行性（貨幣性）媒介機構及非銀行性（非貨幣性）媒介機構兩類；前者爲商業銀行及中央銀行，共同構成貨幣體系，並且發行貨幣形態的間接債務。但有若干間接債務不能作爲支付手段，係由非銀行性媒介機構發行。

第三節　美國金融媒介機構的類別

在各種金融媒介機構中，共有四種形態的機構，能夠創造流動性，發行對其自身的請求權，且其所發行的請求權，遠比其購自外面的間接證券更具流動性，這些機構稱爲「存款性的金融媒介機構」（depository financial intermediaries）。

（一）**商業銀行**（**commercial banks**）商業銀行主要是以支票存款（checking deposits）的形式，發行對其自身之請求權；這種支票存款因係見票即付，故爲貨幣供給之構成部份。商業銀行並亦發行通知存款（deposits at call）及定期存款（time deposits）。通知存款可由存戶隨時提取，但在每次提款之前，均須事先通知銀行，至於通知之期限，計有三天、七天、十天、十五天、一個月、及三個月等多種，均由契約訂定，而其利率亦視期間之長短而定，大致係較活期存款（demand deposits）爲高，而較定期存款爲低。但在實際上，通知存款有時不先通知即可提取，不過存戶必須犧牲若干利息。定期存款就是附有一定期限的存款，期限短則一個月，長則一年以上，乃視存戶之需要而定。這種存款是由銀行開給存單（certificates of deposits; CDs）爲憑，此項存單通常不能轉讓，但未到期之存單，可向銀行抵押借款。但有若干存單可以轉讓，存單之持有人可在市場自由出售，換取現款，並且獲得持有期間之利息。又因此項存單之轉讓，成本極低，所以具有甚高之流動性，常被視爲「近似貨幣」（near money）之一，而爲相當有利之金融資產。一九六〇年代，商業銀行之快速成長，即與此種可轉讓存單之大量發行有關。

商業銀行的名稱乃因其發展與商業有關。在早期，商業銀行的主要

放款對象就是企業。近幾十年來的發展則是對消費者的放款不斷增加，特別是信用卡（credit cards）普遍以後更是如此。

美國主要的商業銀行也對海外大量放款。在一九八九年底，對外國的放款餘額超過 5,300 億美元。這些海外放款的主要對象為低度開發國家及石油輸出國家，合計約為 2,650 億美元。前者在面對世界經濟景氣衰退時顯得極為脆弱，後者對世界油價的變動相當敏感，故其還本付息之能力頗受關注。

商業銀行的主要生利資產是放款，但也同時持有大量由聯邦政府、州政府及地方政府發行的證券。

（二）儲蓄與貸款協會（savings and loan associations）儲蓄與貸款協會以前稱為「建築與貸款協會」（building and loan associations），基本上是收受儲蓄，從事於都市居民的不動產貸款。一九三三年以前，所有這種協會均憑州政府所發執照經營；惟自該年以後，聯邦政府制訂一項法律以規定其設立，並由聯邦住宅貸款銀行管理局（Federal Home Loan Bank Administration）發給執照。這種協會，部份是以對儲蓄者發行股份的方法獲得資金。但是，通常是在極短時日通知之後，股份可按面值兌付。若干這種協會，係以發行股份及存款請求權兩種方式並用，不過，近年以來，發行股份的情形已經大為減少。這種協會的存款，通常係由聯邦儲蓄與貸款保險公司（Federal Savings and Loan Insurance Corporation; FSLIC）就一萬五千美元之額度加以保險。

儲蓄與貸款協會是美國最大的金融媒介機構之一。這種協會辦理付息的支票帳戶、貨幣市場存款帳戶、儲蓄存款帳戶及定期存款帳戶，也對企業借款人開辦活期存款帳戶。與商業銀行不同的是，這種協會的放款集中於抵押放款；直到一九七〇年代末期，消費者放款及商業放款仍

極有限。到了一九八〇年代末期，由於經營上的過度投機加上美國房地產市場的極不景氣，這種協會倒閉的案例層出不窮，美國政府當局不得不立法嚴加管制。

（三）儲蓄銀行（savings banks）美國的儲蓄銀行主要集中於東北地區；尤其是在麻州及紐約州，成爲重要的金融機構。其所辦理的存款帳戶與商業銀行及儲蓄與貸款協會所辦理者幾無差異；其放款則以住宅抵押爲主，這與儲蓄與貸款協會相同，但是利差較小。其他的放款包括消費者分期放款、住宅修繕放款及建築放款。商業放款的比重極爲適中，而且保有大量的公司債。

（四）信用組合（credit unions）信用組合係以儲蓄存款的形式，發行對其組合成員之請求權。信用組合目前之資產皆不太大，主要是以直接證券的方式保有。近年以來，信用組合在美國西海岸一帶的發展非常迅速。

信用組合與其他存款性金融機構不同的是，它不以營利爲基礎，保有的資產極少，如有盈餘則分配予其成員，方式是對存款加碼，或對放款利息給予折讓。

以上所述的存款性金融媒介機構，均可發行存款形式的債權，但有若干媒介機構，僅能發行間接證券，流動性甚低，故其性質大不相同。

（一）人壽保險公司（life insurance companies）人壽保險公司是目前資產總額最大的媒介機構。這些公司主要是以人壽保險單（life insurance policies）的形式，發行對其自身之請求權。至於資金的運用，則以購買不動產、公司債、股票、及政府債券等長期直接證券爲主。

根據人壽保險單，若被保險人死亡，保險公司應對受益人（bene-ficiary）支付一定金額。保險單的受益人除可獲得保險事故發生時理

賠的保障之外，保險單的持有人尚可獲得儲蓄部份的固定收益及隨市場
利率變動的彈性收益。

在一九八○年代末期及一九九○年代初期，上述的儲蓄與貸款協會
及儲蓄銀行大量倒閉。因為兩者均為儲蓄機構，故被稱為「儲蓄危機」
(thrift crisis)。儲蓄機構之倒閉，起因於不動產價格之下跌。人壽保
險公司則亦大量投資於不動產，並對商業性不動產大量放款，故其是否
亦將在不動產持續下跌後發生危機，令人擔心。

（二）私人年金基金（private pension funds）這種基金通常是
由僱主或由僱主與被僱人員共同管理。資金的獲得係由僱主或由僱主與
被僱人員共同捐獻而來。這種基金通常是發行對於退休年金的請求權，
其資金的運用，亦以購買不動產、公司債、股票、及政府債券等長期直
接證券為主。

（三）投資公司（investment companies）投資公司或投資信託
(investment trusts) 是以發行股份的方式籌集資金，並以所收資金
購買各種普通股票，兼亦購買優先股票。持有投資公司股份者，對於公
司本身的各種金融資產具有請求權。這種股份不由投資公司兌現，但是
可在股票市場或店頭市場買賣。

（四）其他金融媒介機構（other financial intermediaries）其
他金融媒介機構包括火險及災害保險公司（fire and casualty insur-
ance companies）、消費金融公司(consumer finance companies)、
及抵押公司（mortgage companies）。有些金融媒介機構是由聯邦政
府創辦，有些則由政府保證，有些是向大衆吸收資金，有些則向政府借
入資金，其最重要者例如：（1）聯邦全國抵押協會（The Federal
National Mortgage Association）；（2）合作銀行（The Bank for
Cooperatives）；（3）聯邦土地銀行（The Federal Land Banks）。

第四節　美國金融媒介機構的管理

　　由於金融媒介機構具有相當特殊的功能，且其數十年來之發展非常迅速，所以隨著引起若干問題，須由政府介入加以管理或干預，尤以存款性質的金融媒介機構爲然。如前所述，這些機構主要係以短期存款的形式，發行對其自身之請求權，但其所持的直接證券，期間較長，所以形成「借入短期，貸出長期」(borrow short and lend long)的現象。這樣一來，償還能力 (solvency) 及流動能力 (liquidity) 的維持自會發生困難。這些機構爲了增強償還能力，往往購買期間較長之證券，獲取較高利益，如此，流動能力自然受到影響；但是，如果爲了維持流動能力，購買期間較短之證券，則其獲利減少，償還能力又將發生問題。

　　由於上述問題的存在，政府遂而透過各種不同的途徑加以管理或干預，藉以影響金融媒介機構的營運。至於管理的途徑，主要計有：

　　（一）**資產的管理 （portfolio regulation）** 對於金融媒介機構的資產結構及資產形態加以管理之後，至少可以維持最低限度的流動能力，當然，資產的管理如果過度，則會降低金融媒介機構對於社會的貢獻程度。例如，如果限制某一金融媒介機構僅能持有某種安全性大但獲利力低的資產，則該機構在吸收存款方面的競爭能力便會大受影響。

　　（二）**資產的保險 （insurance of assets）** 金融媒介機構持有的若干資產，常由聯邦政府或其有關機構加以保險，藉以提高流動能力。例如：房屋抵押由聯邦住宅管理局 (Federal Housing Administration) 加以保險；農產品貸款由價格支持方案加以保險等是。

　　（三）**債權的保險 （insurance of claims）** 如前所述，大多數商

業銀行、相互儲蓄銀行、及儲蓄與貸款協會的個別存款帳戶，均由聯邦機構就其一萬五千美元之額度加以保險。如此，可以提高這些債權的流動能力，並且提高金融媒介機構對於吸收資金的競爭能力。

（四）重貼現措施的規定（provision of rediscount facilities）金融媒介機構既有「借入短期，貸出長期」的現象，有時也會遭遇流動能力不足的困難，所以聯邦政府設立若干機構，以貸款或購買資產的方式，增加金融媒介機構的流動能力。例如：聯邦準備銀行對於聯邦準備制度的會員銀行提供資金的融通；聯邦住宅貸款銀行對於儲蓄與貸款協會提供資金的融通等是。

上述的政府管理措施，對於金融媒介機構的成長與營運，雖有限制作用，但就另一角度而言，却有協助這些機構健全發展的作用。

第五節　美國的金融市場

金融市場是由「貨幣市場」及「資本市場」構成。何謂市場？市場並不一定指一個特定或正式的場所。事實上，大多數的市場是透過電話或電腦終端機（computer terminals）進行交易。

一、貨幣市場

貨幣市場的證券是一種短期的債務工具，表示在某一特定日期償還一定金額，通常是在發行日起一年之內到期。這種工具像貨幣一樣具有高度的流動性，換手交易相當頻繁，故被稱爲貨幣市場。企業、政府及金融媒介機構常在貨幣市場發行證券籌措資金。購買這種債務工具的則是個人、企業、政府及金融媒介機構。即使同一企業也會同時買賣這種工具作爲其資金管理的手段。

貨幣市場的主要證券包括聯邦政府發行的國庫券（Treasury bills）、企業發行的商業本票（commercial paper）及銀行發行的存單（certificate of deposit）。

依債務工具之種類，美國的貨幣市場包括：

（一）**政府短期債券市場**（**Market for Short Term Government Securities**）　美國聯邦政府為了應付聯邦支出之部份需要，經常發行短期的國庫券（Treasury bills）及負債證券（certificate of indebtedness），委託紐約聯邦準備銀行拋售。上項兩種債券均為短期信用工具，期限以三個月及六個月兩種最多，最長者亦不超過一年。短期國庫券係在不標明利率之下，以貼現辦法（discount basis）公開標售。至於負債證券，因係標明利率若干，故在拋售時應按市價加上利息計算。因為短期國庫券及負債證券，均係聯邦政府所發行，信用可靠，並且便於週轉，所以成為銀行及其他金融機構最主要之投資對象。美國政府之短期債券中，尤以短期國庫券發行數量最多。

至於政府短期債券市場之利率，因受通貨膨脹之威脅，自一九六〇年代後半期以來逐年提高，負債證券則由平均年息三・二八三厘提高至一九七〇年的五・二五厘。國庫券市場平均年息則由四・〇六四厘提高至七厘左右。一般大企業所發行之商業票據（commercial paper）利率，則更高於國庫券之利率。

（二）**聯邦基金市場**（**Federal Funds Market**）這種市場係指會員銀行在聯邦準備銀行所存超額準備（excess reserves）之交易市場。按照聯邦準備制度之規定，會員銀行應將存款總額之一定比率，存於聯邦準備銀行作為準備。由於存款每日隨時變動，所以存於聯邦準備銀行之準備，有時超過標準，有時低於標準，如此，擁有超額準備之銀行，常將剩餘準備貸予短缺準備之銀行。

　　雖然這種準備基金可在任何一家聯邦準備銀行買賣，但因紐約係美國金融及商業之中心，多數交易仍係集中在紐約市場進行。購得此項準備基金後，即可當日存入聯邦準備銀行，存款餘額即刻增加，通常短缺準備之銀行，必須開出銀行本票（cashier check），次日提出交換，因而此項信用只能隔夜（貸放期限僅爲一天），完全屬於短期信用，交易之時，貸方不必開具聯邦準備銀行支票，直接要求聯邦準備銀行將款項轉帳即可，借方開具轉帳同一金額之本票，另交付利息及手續費。此項交易之另一方式，係由短缺基金之會員銀行，將政府證券售予超額資金之銀行，然後會員銀行以同一金額加上利息，再買回此種政府證券，這種方式須先訂立再買回契約（repurchase agreement），通常係透過政府證券交易商（government securities dealers）進行。

　　存款準備基金市場，不但具有調整存款準備之作用，而且對於會員銀行之間資金的靈活週轉，亦能發揮甚大功用，故在美國金融市場中之地位，亦是與日俱增。

　　（三）商業本票市場（Commercial Paper Market）商業本票市場是信用卓著之大企業所開期票之交易市場。此項期票因爲無須提供擔保，所以往往規定所開期票，同時須在往來銀行具有開出商業本票相同金額之信用額度（credit lines）。期票之基本面額爲五千美元或其倍數，即一萬、二萬五千、五萬、十萬、二十五萬、五十萬、一百萬、及五百萬美元，其中，十萬美元以上之期票居其大半。期間則由數天以至二七〇天不等，通常爲九十天以內者居多。期票如果超過二七〇天，須向證券交易委員會（Securities and Exchange Commission）辦理登記；二七〇天以內之期票，根據一九三三年之證券法（Securities Act of 1933）可以免除登記。

　　商業本票並未標明利率，全憑出票當日市場利率之高低，計付貼現

利息及票面金額〇・二五％之手續費。但是交易商購進此項本票以前，
對於出票公司之信用狀況，必須詳加調查，認爲信用可靠才可成交，因
爲經售本票之良窳，影響彼等本身之信譽甚鉅，故在事先必須審愼從事
徵信調查工作。

　　（四）**銀行承兌滙票市場**（**Banker's Acceptance Market**）美國
承兌匯票市場流通之承兌匯票，絕大多數爲銀行承兌匯票，乃係基於資
金融通之需要而發行，並由銀行加以承兌之遠期匯票。銀行承兌匯票之
發票人，通常爲進口商、出口商、或爲兩者往來之銀行，但其付款人則
必須是銀行，否則無從承兌，不得稱爲銀行承兌匯票。按美國聯邦準備
銀行法規，原來規定只能允許會員銀行對於進出口商品使用承兌匯票融
通資金，嗣後因爲交易日趨頻仍，乃將原來規定加以修改，將此使用範
圍擴大至其他交易，因此，銀行承兌匯票成爲美國國內外商品存儲、運
輸、及融通資金之最重要工具。該項承兌匯票，多半根據固定商品開
發，並由銀行背書，所以信用卓著，安全可靠，不但用於融通國內商品
之存儲運輸，而且用於國際貿易之融通。此種用於融通國際貿易之銀行
承兌匯票，就是美國銀行承兌匯票，在國際市場上信譽最佳。

　　銀行承兌匯票之承兌人，多半爲會員銀行，部份爲一般私人商業銀
行、外國銀行、外國公司、及外國銀行在美國之分支機構等。經營銀行
承兌匯票之買賣者，則爲票據交易商（dealer）。交易商向出票人或承兌匯
票持有人購進承兌匯票，轉而售予一般投資者，至於售價則較購價高出
〇・一二五％至〇・二五％左右。如將承兌匯票售予聯邦準備銀行，必
須加以背書；但若售予其他買主，除非買主特別請求，否則無須背書。
若干信用卓著銀行開發之銀行承兌匯票，稱爲一流銀行承兌匯票（prime
banker's acceptance），市價較高，常被認爲是理想的短期投資對象。

　　承兌匯票之買主，主要有聯邦準備銀行、商業銀行、儲蓄銀行、及

保險公司等。銀行承兌匯票在美國金融市場上，一般均被認為是最安全最靈活的一種短期票據，商業銀行大多以之作為第二準備（secondary reserve）。卽在信用緊縮、市場利率高漲之時，一般商業銀行多將手中之承兌匯票售予聯邦準備銀行，而以拋售所得款項擴充信用；反之，信用鬆弛之時，收購承兌匯票，等待日後市價高漲再予拋售，從而謀取差額利潤。

　　（五）抵押借款市場（Collateral Loan Market）所謂抵押借款市場，卽以證券債券作為抵押之有組織的短期借貸市場。就廣義而言，此項借款之貸方，包括各種債主，借方包括各種債戶。但就狹義而言，則係專指以證券債券作為抵押，貸予經紀人（broker）及交易商之短期借款而言。借款人則因借款目的之不同，分成下列數種：卽經紀人、交易商、銀行投資家、商業公司、金融公司、以及私人投資家等。貸款人大致均為一般商業銀行。借款之種類甚多，但以銀行借款在金融市場所佔地位最為重要。所謂銀行借款，就是銀行為了應付臨時需要，向同業融通之短期借款。此項借款多係紐約、芝加哥等大城市之大銀行，貸予地方小城市小銀行之借款，地方小銀行多在往來之大銀行存有債券、國庫券，借款時卽以此等債券作為抵押。次於銀行借款者卽為經紀人及交易商之借款，此種借款之金額，佔抵押借款總額之比重甚微，但在市場中甚有組織，故為紐約金融市場最為完整之一個部門。此種借款可以分為通知借款（call loan）及定期借款（time loan）。通知借款係按日計算，貸款者次日卽可收回，次日如不收回，可再順延一日，但在實際情形，此項借款往往長達數日。至於定期借款，則有償還期限，通常訂為三個月。在紐約市場，此種借款市場最大之貸戶為城市銀行，借戶則為經紀人之主顧，經紀人頭寸不足時，則以借戶之抵押向商業銀行請求抵押貸款。此項市場利率之高低，則視借款之種類而異。一般而言，雖

然各個銀行之放款利率彼此不同，但因紐約爲美國金融市場之中心，所以紐約之新通知借款利率及繼續通知借款利率，即被認爲是美國金融市場抵押借款之一般利率。

二、資本市場

資本市場的「證券」(securities) 有兩種形態：一種是債務工具，稱爲「票據」(notes) 與「債券」(bonds)，到期日爲一年以上；前者爲十年以下，後者爲十年以上。另一種是「股權證券」(equity securities)，亦稱「股票」(stocks)，表彰對於公司股份的所有權，並無到期日，購買股票等於購買公司的一部份。如果股票發行公司業績良好，股票持有人可以預期股份的價值上升，可望獲取較多的股利 (dividend)，這是把公司利潤的一部份分配給股東的方式，公司業績不良，情況則會相反。股票在紐約證券交易所 (New York Stock Exchange) 及各地的證券交易所進行交易。

公司可以發行股票的方式取得股本，亦可發行債券作爲長期借款；這兩種方式取得的資金大多用於廠房與設備擴充的支出。各級政府則常發行公債 (public bonds) 以籌措財源，期間甚至長達 30 年以上。

外國的私人及機構常在美國的金融市場買入美國的證券，尤其是自一九八〇年初期以來更爲積極；主因是美國的利率較高，經濟擴張較快，政治亦較穩定。

上述貨幣市場及資本市場的各種工具均在初級市場及次級市場當下買賣成交，即在「即期市場」(spot market) 進行「即期交易」(spot transactions)。但是，另有一種方式，可把證券的買賣安排在未來的日期交割，即在「金融期貨市場」(financial futures market) 進行交易。

最早的期貨市場發生在農業部門而非金融部門。交易雙方所依據的是「期貨契約」(futures contract)，這是在交易所交易的標準化承諾文件，表明雙方應在某一特定日期進行商品或金融工具的交割。在這種交易中，雙方都是「避險者」(hedgers)。當然，「投機者」(speculators)也在期貨市場參加交易。 金融期貨的交易方式大致相同。 貨幣市場及資本市場的金融期貨包括「 國庫券 」（ Treasury bills ）、 中央公債（Treasury bonds)、股票指數 (stock indexes)及外幣等。避險者與投機者的區別在於: 前者透過期貨市場保護自己，免受未來不利變化的損失; 後者以對未來的價格變化之預期為基礎謀求利差。

理論上，期貨市場的損失沒有止境，為免損失擴大，可在期貨市場進行「選擇權」（ option ） 交易。選擇權是讓持有者有權利 (right)，但無義務 （obligation) 在某一特定日期按照某一特定價格買進或賣出金融期貨。

討論問題

1　試就所知說明政府短期債券市場。

2　試就所知說明聯邦基金市場。

3　試就所知說明商業票據市場。

4　試就所知說明銀行承兌匯票市場。

5　試就所知說明抵押借款市場。

6　何謂次級證券市場? 何謂證券商? 何謂金融媒介機構?

7　金融媒介機構的產生途徑為何?

8　試述金融媒介機構的類別。

9　試述政府對於金融媒介機構的管理途徑。

10　試述我國當前的重要金融媒介機構。

11　何謂選擇權?

第 五 章
我國的金融機構

第一節　我國金融機構的淵源與特色

　　一國銀行體系的形成與發展，原有其特殊的歷史背景，由於各國經濟結構與經濟發展條件不同，從而形成不同的銀行制度。我國早有票號錢莊從事放款生息業務，現代銀行則創立於清末民初。目前除中央銀行外，根據新銀行法（指民國六十四年七月修正後之銀行法）第二十條之規定，我國銀行分為商業銀行、儲蓄銀行、專業銀行與信託投資公司等四種。此外，信用合作社、農會信用部與漁會信用部等三種基層合作金融機構亦具有銀行功能。我國金融機構之體系以圖表示如下。

　　臺灣金融機構的淵源有三：第一、日據時期的金融機構，於一九四五 —— 一九四九年間改組而成目前的若干商業銀行及專業銀行。此外，若干信用合作社、農會信用部、漁會信用部及郵政儲金系統也是日據時代傳承下來。第二、源自大陸而於一九六○年以來陸續在臺復業的金融機構。這些機構在遷臺之時均為國營，目前已有部份開放民營。第三、中央政府遷臺之後陸續設立的金融機構，在一九六○至一九九○年間設

我 國 金 融 機 構 體 系

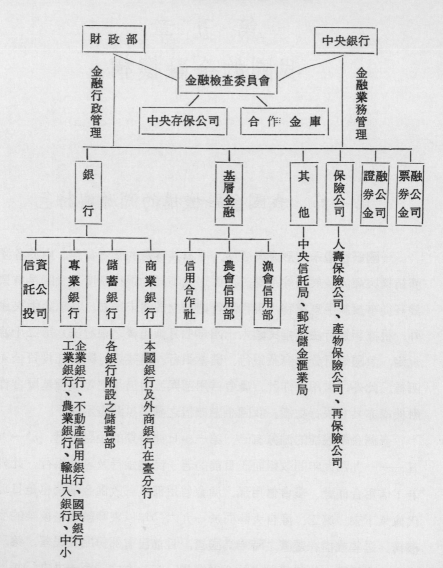

立的金融機構，與開放政策之執行有關。這包括由華僑設立的兩家銀行
（華僑商業銀行及世華聯合商業銀行）、一家專業銀行（中國輸出入銀
行）、兩家市銀行（臺北市銀行及高雄市銀行）、七家中小企業銀行及八
家信託投資公司。一九九一年之前，外商銀行紛紛在臺設立分行。銀行
法於一九八九年修正，准許十五家民營新商業銀行先後於一九九一年以
後設立。隨後，又有一家新商業銀行設立，並有兩家信託投資公司改制
爲商業銀行，使新銀行增至十八家。

　　臺灣的金融機構可按其「貨幣創造能力」（money-creating pow-
er）分爲兩類：貨幣機構及其他金融機構。貨幣機構包括商業銀行（本
國銀行及外商銀行在臺分行）、中小企業銀行、信用合作社、農會信用
部及漁會信用部，這些機構均可創造存款貨幣。其他金融機構爲郵政儲
金匯業局、信託投資公司及保險公司，這些機構沒有貨幣創造能力。此
外，在資本市場上還有一些與證券有關的金融機構。

　　根據銀行法，銀行依業務之不同分爲四種：商業銀行、儲蓄銀行、
專業銀行及信託投資公司。商業銀行以辦理短期放款爲主；儲蓄銀行則
以辦理中長期放款爲主；專業銀行主要是對特定產業及客戶放款；信託
投資公司則以辦理中長期放款及有關的信託投資業務。

　　但是，一般而言，臺灣的金融機構在業務方面分工不夠嚴密。有些
專業銀行所辦理的商業銀行業務在比重上仍然很高。原則上，銀行業務
與證券業務分開辦理。領有信託部執照之銀行，可向證券管理委員會申
請「承銷商」（underwriter）及「經紀商」（broker）之執照。有些商
業銀行及專業銀行設有儲蓄部及信託部，財務、會計及作業獨立，可以
辦理證券承銷及經紀業務。

　　早期，臺灣的金融機構以國營爲主，近年以來，民營銀行的重要性
及業務比重與日俱增。

截至一九九四年底，國內銀行有四十二家，共有 1,577 家分行；信託投資公司有六家，分公司共五十三家；信用合作社為七十四家，分社共 530 處；農會信用部 312 家；漁會信用部 865 家，郵局則有 1,603處。此外，外商銀行有三十七家，其分行為五十七家。總計，金融機構及其營業據點的總數為 4,685 處。以二千一百萬人口而論，每四、五〇〇人就有一個金融機構的營業處所。至於人壽保險公司共有二十八家、產物保險公司共有二十二家、證券經紀商共有 245 家、票券金融公司共有三家、證券金融公司只有一家。一九九五年以後，票券金融公司及證券金融公司開放新設，家數均已增加。

第二節　我國金融機構的主要法源

一、中央銀行

中央銀行為國家銀行，其資本由國庫撥給之，中央銀行係依據中央銀行法而設立，中央銀行法於民國二十四年五月二十三日公布施行，一直到民國六十八年十一月八日總統明令修正公布迄今，內容共分總則、組織業務、預算及決算、附則等共五章四十四條條文。依中央銀行法設立之銀行有中央銀行。

二、銀行

我國銀行法源於民國二十年三月廿八日國民政府制定公布，全文五十一條。嗣經於民國三十六年、三十九年、五十七年三度修正，惟內容仍不能適應當時金融環境之處頗多。民國五十八年，財政部有鑒於銀行業務之推展及制度之遵行，必須有健全的法令基礎，乃於同年八月正式

成立修正銀行法專案小組,經邀集各界廣泛交換意見及集會商討,於民國五十九年八月提出其草擬之「銀行法修正草案」送請財政部覆議。財政部根據該草案條文,再斟酌我國銀行經營現況, 就部份重要內容加以增刪, 於民國六十二年送請立法院審查。立法院在審查過程中, 亦曾邀集專家學者舉行聽證會, 故最大幅度修正之銀行法係於民國六十四年經立法院三讀通過, 而於七月一日公佈。修正後之銀行法共有條文一百四十條, 較修訂前之銀行法條文增加二十一條。惟就內容而言, 在一百四十條條文中, 其增列條文共七十二條, 修正之條文共六十六條, 而保留之條文僅只二條, 幾把銀行法徹底的重新翻修。嗣後銀行法於民國六十六年、六十七年、六十八年、六十九年、七十年、七十四年、七十八年亦曾相繼修正部份條文。惟就整個銀行法架構而言, 並未改變, 僅係小幅度變動而已。依銀行法設立之銀行有商業銀行(財政部於七十九年四月依據銀行法第五十二條第二項規定訂定「商業銀行設立標準」, 以作為新設商業銀行之依據)、 儲蓄銀行、 專業銀行(包括工業銀行、農業銀行、 輸出入銀行、 中小企業銀行、 不動產信用銀行、 國民銀行)、信託投資公司、外國銀行等。

三、基層金融機構

(一)合作社法

信用合作社的管理, 過去一直採取綜合立法, 亦即是以「合作社法」由內政部統一管理。民國43年 3 月行政院公布「信用合作社管理辦法」,業務改由財政部主管, 成為雙軌管理, 並於59年再頒「金融主管機關統一管理信用合作社暫行辦法」作為依據。71年決定專案立法, 至82年12月 3 日才由總統公布「信用合作社法」, 共51條 11 章。此次立法的重點在於改善體質, 健全經營, 授權訂定其資金轉存及轉融通辦法, 並在防

杜人頭社員、規範負責人之責任、擴大經營規模、放寬業務項目、准予變更爲商業銀行及加強監督管理均有立法規定。

（二）農會法

農會法於民國十九年十二月卅日國民政府制定公佈，全文三十六條，嗣經民國二十六年、民國三十二年、民國三十七年、民國六十三年、民國七十年、民國七十四年、民國七十七年修正增刪部份條文，目前共分總則、任務、設立、會員、職員、權責劃分、會議、經費、監督、附則等十章五十一條條文，農會信用部主要係依據農會法設立，行政院另訂有「農會信用部業務管理辦法」規範之。

（三）漁會法

漁會法係於民國十八年十一月十一日國民政府制定公布全文二十九條並經於民國二十一年、民國三十七年、民國六十四年、民國七十年、民國七十四年、民國七十七年修正增刪部份條文，目前共分總則、任務、設立、會員、職員、權責劃分、會議、經費、監督、附則等十章五十三條條文，漁會信用部主要係依據漁會法所設立，行政院另訂有「漁會信用部業務管理辦法」規範之。

四、其他特許金融機構

（一）郵政儲金法

郵政儲金法係於民國二十年六月廿九日國民政府制定公佈，全文十九條，並於民國三十三年修正部份條文，惟全文仍十九條條文不變。郵政儲金匯業局於民國三十九年奉行政院令頒「調整國營事業方案」保留其名義，但裁撤其機構，其業務由郵政總局直接指揮監督，各地郵局兼辦。復經民國四十七年十一月六日總統府臨時行政改革委員會核定辦法：

（1）郵政儲金匯業局應在其他國家行局復業時，准其恢復專營儲蓄

及匯兌業務，仍隸屬交通部，但業務應受財政部監督，並受金融法令之約束。

（2）郵政儲金數額按期向財政部提出報告，由財政部另訂儲蓄存款處理辦法。

（3）郵政儲金匯業局明定不得放款。

但自民國八十四年以後，郵局開始准予辦理房屋抵押貸款。

（二）依各種條例成立之金融機構　中央信託局依中央信託局條例成立，其他原依條例成立之銀行如交通銀行條例、中國農民銀行條例、中國輸出入銀行條例、中國國際商業銀行條例、合作金庫條例等，已逐漸匯集至銀行法所規範。

五、保險公司

保險法於民國十八年十二月卅日國民政府制定公佈全文八十二條，歷經民國二十六年、民國五十二年、民國六十三年三次修正及增加條文，目前計有總則、保險契約、財產保險、人身保險、保險業、附則等六章，一百七十八條條文，人壽保險公司、產物保險公司係依據保險法所成立。

第三節　金融監理機關

一、財政部及地方主管機關

銀行法第十九條規定：本法稱主管機關，在中央為財政部，在省（市）為省（市）政府財政廳（局）。另依財政部組織法第一條及第二條規定：「財政部主管全國財政」，「財政部對於各地方最高級行政長官執

行本部主管事務有指示、監督之責」。依據上述規定，可見銀行法內所涵蓋之銀行，其主管機關，在中央爲財政部，在地方爲省（市）政府財政廳（局）。而財政部對地方主管機關就主管事務有指示、監督之責。財政部除部長、次長外，金融監理工作由金融局負責整體規劃。除銀行法所涵蓋之銀行、信託投資公司、外國銀行外，另尙有按其他法令設置登記之金融及貨幣性機構，茲依據其相關法令規定之主管機關略述如下：

一、金融主管機關受託統一管理信用合作社暫行辦法

（一）信用合作社之主管機關在中央爲財政部，在省爲財政廳，在直轄市爲財政局，在縣（市）爲縣（市）政府。（第二條）

（二）信用合作社之設立、合併、變更、撤銷及解散，在省應由縣市政府呈經省財政廳核轉，而在直轄市則應由財政局呈報財政部核准，並由財政部辦理設立、解散登記、核發設立登記證。（第四條）

二、農會信用部業務管理辦法

（一）農會信用部業務之管理機關，在中央爲財政部，在省（市）爲財政廳（局），在縣（市）爲縣（市）政府。縣市政府之執行單位爲財政金融部門。（第二條）

（二）農會信用部之設立、撤銷、停辦及復業事項，由省（市）財政廳（局）會商省（市）農林廳（建設局）後，轉報財政部核准辦理。（第四條）

三、漁會信用部業務管理辦法

（一）漁會信用部許可及業務之管理機關，在中央爲財政部，在省（市）爲財政廳（局），在縣（市）爲縣（市）政府。縣市政府之執行單位爲財政金融部門。（第二條）

（二）漁會信用部之設立、撤銷、停辦及復業事項，由省（市）財政廳（局）會商省（市）農林廳（建設局）後，轉報財政部核准辦理。

（第四條）

二、中央銀行

　　中央銀行係依據民國二十四年五月二十三日國民政府公布之中央銀行法而成立，原隸屬總統府，後改隸屬行政院，爲國家銀行、資金的最後貸放者；依中央銀行法規定，中央銀行設理事會，置理事十一人至十五人，由行政院報請總統派充之，並指定五人至七人爲常務理事，其中中央銀行總裁、財政部長及經濟部長爲當然理事並爲常務理事，理事任期爲五年，期滿得續派連任；除理事及總裁外，尚置副總裁二人，任期亦爲五年，期滿亦得續加任命，另中央銀行爲辦理各項業務，目前設有四局四處，分別爲業務局、發行局、外匯局、國庫局及金融業務檢查處、經濟研究處、祕書處、會計處等。對於金融機構業務經營之管理，大都依法授權中央銀行管理；另有關金融監理及金融檢查，係依據中央銀行法第三十八條及財政部委託中央銀行檢查金融機構業務辦法之規定辦理。財政部委託中央銀行檢查之金融機構如下：（第二條）

　　一、商業銀行。

　　二、儲蓄銀行。

　　三、專業銀行。

　　四、信託投資公司。

　　五、外國銀行。

　　六、信用合作社。

　　七、農漁會信用部。

　　八、保險公司之授信部門。

　　九、票券金融公司。

　　十、證券金融公司。

十一、郵政局之郵政儲金匯兌部門。

十二、其他法律設立之金融機構。

中央銀行金融業務檢查結果，凡涉及行政或法律事項應建議財政部處理之。另財政部於必要時，仍得對全國金融機構，直接派員檢查或會同中央銀行檢查。

中央銀行檢查金融機構業務之工作目標如下：

一、瞭解各種金融機構各項業務情形，著重於資金運用是否安全，以及業務營運方針是否符合當前金融收策。

二、檢查各金融機構辦理業務有無違反金融法令及政府命令之規定。

三、檢查各種金融機構辦理業務之方式及手續是否合理，能否配合政府發展經濟之要求。

四、從金融機構實際業務中檢討現行金融法令之得失利弊及應興應革事項。

五、內部控制制度及營運系統之評估，業務經營績效之分析。

三、中央存款保險公司

我國銀行法第四十六條規定：爲保障存款人之利益，得由政府或銀行設立存款保險之組織。爲促使存款保險制度早日實現，中央銀行早在民國六十二年時即著手收集美、日等國之有關存款保險制度及法規，進行研究；民國七十一年舉行全國金融會議時，爲迎接金融國際化、自由化時代的來臨，有關單位提出設立存款保險制度之構想，獲得與會金融界及學者專家贊同，財政部隨即會同中央銀行邀集有關單位代表研訂存款保險條例草案，報經行政院函請立法院審議通過，並於七十四年元月九日由總統公布施行。財政部與中央銀行即依存款保險條例，於同年九

月設立中央存款保險公司。除總經理及副總經理外，下設檢查處、業務處、法務室、會計處、祕書處、人事室等單位。依據存款保險條例第二十一條規定：中央存款保險公司必要時，得報請主管機關洽商中央銀行核准後，檢查要保機構之業務帳目，或通知要保機構於限期內造具資產負債表、財產目錄或其他報告。

中央存款保險公司，得依前項檢查結果或報告資料，對要保機構提出改進意見，限期改善，逾期不改善者，得報請主管機關處理。

中央存款保險公司依存款保險條例之規定，對要保機構尚負有輔導其業務經營（第十七條），及停業之要保機構清理、清算之責（第十六條）。

中央存款保險公司檢查要保機構之工作目標為：

一、瞭解要保機構財務、業務狀況及營運績效，著重於營運風險管理及資產負債項目之評估，以保障存款人利益。

二、檢查要保機構業務經營政策與辦理方式、程序是否合理、有無違反金融法規，以維護信用秩序。

三、透過對要保機構內部控制制度及營運系統之評估，及早發現其經營偏失，並採取必要之改善措施，以促進其業務健全發展。

四、從要保機構實際業務中檢討現行法規之適時性、合理性及應興革事項，作為建議修訂有關法令之參考。

四、臺灣省合作金庫

臺灣省合作金庫原為一省屬金融業務單位，其經營之業務與銀行相同，並無對其他金融機構負有檢查之權，惟中央銀行於民國五十九年依據中央銀行法第三十八條之規定委託合作金庫，對臺灣地區基層金融機構辦理業務檢查，合作金庫乃於其下增設金融檢查室，專司基層金融檢

查工作，其檢查之基層金融機構，泛指信用合作社、農會信用部及漁會信用部等單位；但中央銀行認為有必要時，仍得對基層金融機構業務直接派員覆查或抽查，中央銀行實際仍保有監理檢查之權。臺灣省合作金庫檢查基層金融機構之主要目標為：

一、瞭解基層全層機構各項業務營運情形，尤著重其資金運用是否安全，處理業務之手續與程序是否適當，以及有無違反國家金融法令及現行基層金融機構規章等情事。

二、瞭解基層金融機構業務經營方針是否正確，能否達到輔助發展合作暨農漁業經濟之要求，以配合當前之金融經濟發展政策。

三、從實際業務中，探討基層金融機構經營之得失利弊，及應興革事項，作為建議改進基層金融機構業務及修訂有關法令規章之參考。

四、內部控制制度及營運系統之評估，業務經營績效之分析。

五、金融檢查作業檢討委員會

中央及地方主管機關對所轄屬之金融機構均擁有業務檢查之權，惟因主管機關囿於人力之不足，且已有中央銀行、中央存款保險公司及臺灣省合作金庫等機構執行金融檢查任務，實際上甚少對轄屬金融機構直接派員辦理實地檢查工作，多偏重於行政管理監督及檢查報告之稽核工作。

自中央存款保險公司於民國七十五年下半年起，正式投入金融檢查行列後，為配合中央銀行、合作金庫、中央存款保險公司三機構，對其檢查工作避免嗣後發生重覆，有必要予以分工，行政院乃於七十五年四月核定「金融業務檢查分工方案」，並由財政部協調各金檢單位組成「金融檢查作業檢討委員會」。以財政部金融司長、中央銀行金檢處長、存保公司及合作金庫總經理等四人為成員，並由金融司長擔任召集人，集

會研商下列事宜:

一、由中央存保公司辦理檢查之要保機構名單。

二、因檢查發現金融機構業務應行改進事項。

三、有關檢查意見之追蹤考核。

四、有關金融機構內部查核之督導及考核。

五、基層金融機構業務檢查與輔導之聯繫。

六、其他有關檢查事項之細節之聯繫與協調。

上述金檢分工方案與金融作業檢討委員會之設置與協調，及針對中央銀行、中央存款保險公司、臺灣省合作金庫等三個單位嗣後檢查工作加以劃分，其原則為合作金庫仍繼續辦理中央銀行所委託之基層金融機構（包括信用合作社及農、漁會信用部）之檢查。中央存款保險公司為保障承保金融機構存款之安全，依存保條例第二十一條規定，報請主管機關核准辦理檢查。中央銀行仍辦理一般性檢查及專案檢查，並就合作金庫及中央存保公司所辦理之檢查予以覆查。有關金融業務檢查之處理程序如下:

一、檢查報告之處理

（一）合作金庫之檢查報告，仍循目前處理慣例報經中央銀行核轉財政部及有關機關。

（二）中央存保公司辦理之檢查，由該公司依據存保條例第二十一條將檢查報告分送財政部及要保機構，存保公司在將檢查報告檢送財政部時，應將副本檢送中央銀行。

（三）凡經中央銀行或合作金庫檢查之金融機構，如其為要保機構，財政部應將檢查報告一份轉送中央存保公司。

二、檢查結果之追蹤考核

（一）中央銀行或合作金庫檢查部份仍維持現制，中央存保公司參

與檢查後，應對其提列之檢查意見辦理追蹤考核。

（二）中央存保公司應就其檢查結果督導受檢金融機構加強內部查核。

（三）各檢查單位應就其提列之檢查意見互相交換意見，並檢查作業加以檢討。

第四節　我國的金融部門

一、銀行部門

（一）**國內銀行**　臺灣的金融業是由銀行主導，而在金融市場上的存款，本國銀行佔有四分之三。

臺灣的銀行以傳統業務為主，即吸收存款與辦理放款。根據中央銀行統計，在一九九三年底，全體國內銀行的負債，有77％為存款，資產中則有58％為放款及貼現。同樣地，利息收入佔營業收入的68％，利息支出佔營業支出的70％，可見臺灣的銀行作為傳統的金融媒介機構之功能並未改變。

一九九一年至一九九三年間先後開業的十六家新銀行，對於原有的國內銀行帶來新的衝擊。由於開放政策的持續，預期會有更多的商業銀行新設，並有信託投資公司改制為商業銀行。

在業務競爭方面，新銀行比較富有彈性，也較積極。雖然新銀行強調服務的品質、效率及推出新的金融商品，但是，以減少手續費、佣金及壓低利差等方式進行的價格競爭仍極明顯。其結果是臺灣銀行業的利差普遍縮小，盈餘減少。至於客戶則從銀行的利率競爭中獲益最多。

當然，新銀行帶來的不僅是挑戰，也是機會。老銀行開始與新銀

行採取互惠合作的做法。一九九四年底與一九九二年底對比，新銀行在市場上的存款佔有率由 9.5％提高爲 10.3％，放款佔有率由 3.9％提高爲 4.8％。新銀行自一九九五年開始已經陸續上櫃，並以上市爲努力的目標。

（二）**外商銀行**　臺灣現有三十七家外商銀行所設立的分行，外商銀行在臺分行的家數也在增加，　自一九八九年銀行法修正後，　外商銀行在臺分行的經營更爲公平而順利，能像商業銀行一樣發揮其競爭的利基。外商銀行在臺設立第一家分行，只須匯入新臺幣二億四千萬元作爲營運資金卽可，第二家分行則降爲新臺幣一億二千萬元。按照現行規定，凡世界上資本或資產排名五百大之內的銀行均可來臺設立分行。

大多數的外商銀行均以「企業銀行業務」(corporate banking)及商業銀行業務爲主要業務。但因業務競爭日趨激烈，部份外商銀行開始調整其銀行策略，有的轉向「投資銀行業務」(investment banking)、消費金融業務、企業銀行業務等，且以中小企業爲主要對象，有的加強資本市場業務，有的進入票券金融及期貨市場 (futures markets) 的領域。

一九九四年七月以後，財政部對外商銀行取消新臺幣存款上限的規定，不再限於其登記資本的十五倍。過去，外商銀行因爲新臺幣資金的來源有限，在新臺幣的融資業務方面頗受掣肘，大多著重於比較專精的企業金融、個人金融或外匯交易方面。而自一九九四年八月九日以後，外商銀行在臺設立分行的家數不再受限。

在一九九四年底，外商銀行在臺分行的存款合計新臺幣1,680億元，放款 2,755 億元；其市場佔有率分別爲 2％及 3.4％。

（三）**信託投資公司**　在一九九一年底，臺灣共有八家信託投資公司。其後，二家先後改制爲商業銀行，故至一九九四年底，剩下六家，

共五十三處分公司。一九九五年四月十七日，並有一家被商業銀行合併。

臺灣的信託公司係於一九七○年開放設立，但因迄無信託法，所以都是依據銀行法經營。可是，銀行法限制了其信託業務的發展，所以，臺灣的信託公司並不經營信託公司應該經營的業務，而是經營銀行法核准的業務，吸收信託資金（trust funds）用於辦理生產事業的中長期放款與投資。信託公司也可辦理證券承銷及自營業務。而且，其信用卡發行數量極多，這是屬於短期性的消費金融業務。

基本上，信託公司吸收存款的利率較高，故其存放利差（spread）較小，影響利潤。自一九九一年財政部核准銀行申請新設以後，信託公司均以改制為商業銀行作為努力的目標。一九九一年八月十六日，財政部公布信託公司改制為商業銀行的十三項條件。一九九一年十二月三日，行政院決定同意信託公司申請改制為商業銀行。

（四）**信用合作社**　信用合作社是臺灣重要的信用機構，有的自八十年前日據時代卽將結束之時就已開始營運。目前共有七十四家，合計社員 220 萬人。

信用合作社的法源為合作法，受內政部之管理監督，其營運則由金融主管機關檢查。

信用合作社法於一九九三年十一月九日修正。修法之後，其業務範圍不再偏限於吸收存款、辦理放款及證券投資，也可發行信用卡，只有外匯交易及證券經紀業務尚在禁止之列。信用合作社不僅准許新設，也可申請改制為區域性銀行，准許跨區經營。

二、證券部門

近年以來，臺灣證券市場的發展非常迅速，股票市場及債券市場（含公債及公司債）的成長極快。而且，TDRs、GDRs 等存託憑證及

期貨市場也已開放。

（一）**證券商**　臺灣證券市場最大的變革是開放證券商的申請新設。一九八八年以前,臺灣的證券商只有二十七家。一九八八年五月,證管會開始核准承銷商、經紀商及自營商的執照,而且,准許以「綜合證券商」(integrated securities houses) 的形態同時經營三種業務。此後,證券商的家數有如雨後春筍。至一九九四年底,證券經紀商多達245 家。一九九〇年起,外國證券公司也可來臺設立分公司,也可與本國證券商合資,但每一外國股東持股以實收資本額之10％為限,外資合計不得超過40％。

（二）**證券投資信託公司**　為配合金融國際化,政府早於一九八三年就已核准證券投資信託公司 (securities investment trust company) 的設立,其目的在募集許多個別投資人的資金, 透過專業基金經理人的運用而進入證券市場。對於證券的國際化,政府訂有三階段的方案。在第一階段,准許四家證券投資信託公司的設立,對外國投資人發行海外基金, 以間接的方式投入臺灣的股票市場。

原先, 政府只准證券投資信託公司發行海外基金,一九八六年以後才准向國內投資人發行國內的共同基金投入國內的證券市場。一九八八年, 政府開放全球基金及國際基金介入臺灣的共同基金業務。全球基金 (global funds) 及國際基金 (international funds) 均向國內的投資人募集資金; 前者投入臺灣及外國的證券市場, 後者則只投入外國的證券市場。

由外國機構管理的投入外國證券市場之共同基金在臺灣相當普遍,已有好幾百個。國內投資人可以透過購買這種共同基金的方式投資於外國證券。至一九九四年底, 臺灣共有十五家的證券投資信託公司。

（三）**外國機構投資人**　一九九一年一月,臺灣的證券市場正式開

放外國人的直接投資，外國的機構投資人 (institutional investors)，包括銀行、保險公司及基金管理公司均可直接投資於臺灣的證券市場。其投資的標的是上市公司，但有上限的規定。 對於任一國內的上市公司，任一外國的機構投資人或本國的投資信託公司，投資上限為該上市公司發行股數的 6 ％，兩者合計不得超過12％。以一九九四年的市場總值而論，上限放寬為12％以後，外國投資人可以購買將近 300 億美元的臺灣股票。

第五節　我國的金融自由化

臺灣金融自由化的進程有四：（一）一九八七年解除外匯管制；（二）一九八八年改革證券管理並開放資本市場；（三）一九八九年銀行部門轉變；（四）一九九二年開放保險市場。

金融自由化的第一步是一九八七年解除了外匯管制，這有助於進一步的金融自由化及國際化。中央銀行在放寬資本帳的交易以後，每年可以匯出或匯入的外匯，每一自然人為500 萬美元，每一企業為 1,000 萬美元，匯款不必向中央銀行申請，用途不受限制。

金融自由化的第二進程是自一九八八年證券市場的開放。外國的證券公司可以有條件的進入臺灣證券市場，其方式是與臺灣的投資人合資投入臺灣的證券投資，或在臺設立分公司。值得注意的是，一九八八年證券交易法修正之後，可以成立綜合證券商，同時經營承銷商、經紀商及自營商的業務，在此之前，這三種業務是不准兼營的。

一九八八年銀行部門的改革是金融自由化的第三進程。當年，銀行法修正的條文多達四分之一以上。由於這次修正，准許民營銀行申請新設，而且，銀行放款及存款的利率也不再受到管制。此外，政府也採取

積極的步驟，讓銀行業務自由化，也准許其他金融機構的新設。當然，本國銀行赴國外設立分行及分支機構也不再受到限制。

金融自由化的第四進程是保險市場的開放。一九九二年保險法修正之後，開放保險公司的申請新設。

經過上述四個進程的金融自由化以後，臺灣金融市場的競爭壓力上升。由於金融自由化持續推動，業務競爭加劇，不管是新銀行或老銀行，再也不能只靠存放業務作為營業收入的主要來源。尤其是依賴利差獲利的時代已經成為過去。何況，一九九三年六月以後，每一銀行可以設立的分行家數由三家放寬為五家。至於本國銀行在國外設立的據點，至一九九五年三月底，分行共有三十九家，附屬機構十家，代表處二十七處。

本國銀行的另一目標是跨越臺灣海峽，直接進入中國大陸經營銀行業務。目前，間接匯款已被允許，也可與大陸銀行的海外分行或與外國銀行的大陸分行進行業務往來。這是四十五年來的解禁。

第六節　發展臺灣成為亞太金融中心

發展臺灣成為亞太營運中心是政府當前最重要的政策，其中，亞太金融中心則是相當重要的一環。政府目前規劃的模式是與新加坡模式相同，區隔境內與境外市場，而以「境外完全自由、境內逐步開放」為原則。

上述的規劃，目的在於推動臺灣成為區域性的籌款中心。至於推動的方向，則是利用臺灣資金充裕的優點，偏重於建立外幣拆款市場及境外金融中心，終極目標是成為區域性的籌款中心。不過，因為籌款中心與期貨及選擇權市場乃是相輔相成，故應同時推動資本市場及衍生性資

產市場的健全發展，臺灣才有成爲亞太金融中心的可能。

　　除了開放境外金融市場之外，亦應儘早開放境內金融市場，引進新的金融商品，特別是更應優先發展具有本國特色的金融商品，諸如臺灣股價指數期貨及國內利率期貨，以吸引國際投資。當然，更應積極提供有關新臺幣匯率的避險工具。

　　此外，臺灣要想成爲亞太金融中心，也應考慮新臺幣成爲國際性或區域性貨幣的可行性，亦卽，使其國際化或區域化。

討論問題

1　試列表顯示我國金融機構之體系。
2　試述我國金融監理機關的任務分工。
3　試述我國專業銀行的種類。
4　試述我國基層金融機構的現況。
5　試述我國金融自由化的進程。
6　試述發展臺灣成爲亞太金融中心的構想。

第 六 章
我國的金融市場

第一節　金融市場的架構

一、金融市場之意義與功能

金融市場 (Financial market) 係指金融工具的供給者與需求者互相會合，共同決定資金價格（通常為利率或收益率）而進行交易的場所，因此金融市場為以便利資金之融通為目的，而以信用工具為交易標的之市場。在此所謂場所並不指某一固定實體的場所，而是一種抽象的場所概念。金融市場除證券交易所有一定的證券交易場所外，其他均泛指進行交易的一切個人、企業、金融機構、政府機構、及中央銀行的總體活動而言。

金融市場可大分為貨幣市場與資本市場兩類；廣義的貨幣市場泛指短期資金融通的市場，它不但包括短期票券市場與拆放市場，也包括金融機構的短期資金融通市場在內，狹義的貨幣市場則僅指前二市場而言。廣義的資本市場泛指中長期資金融通的市場，它不但包括股票市場與債券市場，也包括金融機構的中、長期資金融通市場在內，狹義的資

本市場則僅指前二市場而言。

我國金融市場體系以圖表示如下:

我國金融市場體系

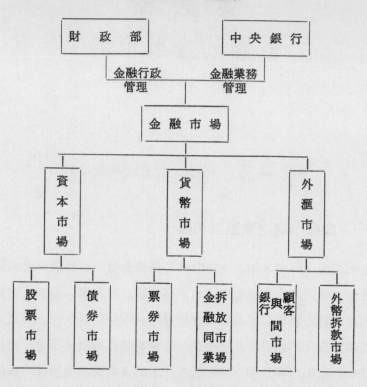

通常所謂的金融市場是指狹義的金融市場而言，又稱爲公開市場，意指金融市場資金的供需，完全透過具有相當信用的交易媒介物（卽信用工具）而進行，這些交易媒介物包括股票、公債、政府有價證券、可轉讓定期存款商業本票及類似的交易客體而言。金融市場交易只重視授信信用工具的本身，對於資金需求者（賣者）之信用則完全不予注意，且亦不必認識。

就任何企業、個人而言，只要他持有信用工具就可自由地在市場上

賣出，以取得資金，他如果有要運用資金，也可自由地在市場上買入信用工具，無論買入或賣出均無需辦理徵信，亦無需經任何單位之同意，因此金融市場又稱為公開市場；金融機構的放款業務由於需參考徵信結果，放款細節（如期限、利率、金額）因個別對象，或貸款而不同，且借貸雙方之關係不得隨時轉讓，是一對一的關係，故被稱為顧客市場。貨幣市場是一年期以下短期有價證券進行交易的公開市場，資本市場是一年期以上或未定期限有價證券進行交易的公開市場。

如就金融市場信用工具被買賣次數而言，可分為證券發行之初級市場（primary market）及買賣已發行證券之次級市場（secondary market），又稱為流通市場。初級市場的資金需求者以發行證券方式取得資金保有者（以購其發行證券方式）之資金，而次級市場則是由購入或持有證券者將其所持信用工具出售以換取資金，或持有資金者買入非初次發行之信用工具，此類舊證券買賣之交易行為形成一個健全的金融市場應同時具有完備的初級市場與次級市場。

金融市場的主要功能在於便利資金之集中與分配，調節資金之供需，配合國家經濟發展之需要。一個活潑健全的金融市場，不但可使資金擁有者找到有利的運用途徑，也可使資金的需求者找到條件適合的資金來源，而促使資金以及資源作有效的分配與合理的運用，進而提高就業水準及國民所得水準。就中央銀行言，它可以很方便的實施公開市場活動，執行貨幣政策；就銀行言，它可進行活潑的資產負債管理措施；就企業言，它可方便的取得資金或有效的運用休閒資金；就政府言，它也可調節政府財政收支之盈虛。

二、金融市場的組成

金融市場為信用工具交易買賣之場所，就出售證券或資金需求份子

言，它主要包括中央政府、經紀人、企業、貿易商、銀行、地方政府、及中央銀行等；就購買證券或資金供給份子言，它主要包括商業銀行、及其他金融機構、企業、地方政府、外國銀行及中央銀行等。

如就參加金融市場活動各份子，在交易中所處的地位而分類，則可分爲①信用工具的出售者，卽資金需求者，它可能是證券發行人，也可能是已發行證券之持有人。②信用工具的擔保者，除政府、金融機構或公營事業、信用卓著的大企業外，一般企業發行證券均須由金融機構保證，以爭取購買者信心或符合政府規定。③信用工具的中介者，卽買賣信用工具之經紀人，如參加證券交易所中長期證券買賣的經紀人（包括專業的證券商及兼營的金融機構）、短期金融市場的票券經紀人（如票券金融公司）。④信用工具的購買者，卽資金供給者，除中央銀行的購買動機爲調節信用、管理貨幣外，其餘多是爲了生利。

三、金融市場發達的條件

一個發達的金融市場，必須是一個充分自由的金融市場，它不但要能充分發揮市場機能、靈活調節資金的供給與需求，也要能提高資金的使用效率，因此政府必須儘量減少其對金融市場干預。

一般而言，欲求金融市場之發達，必須具備下列幾項條件：

（1）高度發達的社會經濟：惟有高度發達的社會經濟才有大量資金供給與需要之出現與存在，此包括豐富的國民儲蓄、現代化的企業組織、人民正確的儲蓄運用觀念等。

（2）靈活的金融政策：俾能有效因應不同的發展階段及錯綜變化的經濟環境之需要。

（3）健全完備而有效率的金融體系：金融機構的種類、數量與效率應能滿足經濟社會發展的需要。

（4）自由化的價格機能：以市場供需原理決定資金的使用價格與交換價格，包括利率自由化與匯率自由化。

（5）活潑的公開市場與多元化的信用工具：金融資產的類別、期限與數量，應足敷資金供給者與需求者的需要，且彼此之間互相依存及互相影響。

（6）與國際金融市場充分流通：亦即資金可以自由的流出與流入，一方面有效地吸引外資流入，另一方面對於外資的匯入與資金的對外投資也儘量不加以限制。

第二節　貨幣市場

一、貨幣市場的功能

貨幣市場為金融市場的一環，是提供一年期以下短期資金交易的市場。我國有組織的貨幣市場起步很晚，但發展却相當迅速。一九七〇年代以前，由於缺乏專業金融機構及各類短期信用工具的緣故，迄無正規而公開的貨幣市場存在，遲至民國六十五年中，票券金融公司成立，國庫券等信用工具陸續在市面流通，貨幣市場始正式開創。

貨幣市場的主要功能在於匯集並運用短期資金，作為儲蓄者與投資者的媒介，使擁有短期剩餘資金之放款者與缺乏短期資金之借款者，藉貨幣市場之交易溝通，得以互為調劑，以期合理而有效的運用短期資金，配合經濟發展的需要，並便利工商企業短期資金之調度。此外，商業銀行可藉貨幣市場調節其準備部位，而中央銀行更可以藉貨幣市場展開公開市場操作，調節信用。我國貨幣市場自民國六十五年開始營運以來，對於協助企業界短期資金之融通頗有貢獻，更使中央銀行得能展開正規

的公開市場操作,有效而主動地控制信用,故可以說,貨幣市場的發展,已逐漸發揮其功能。

在貨幣市場的運作過程中,短期資金需求者與短期資金供給者透過中介者(銀行或票券公司)之中介,賣出或買入合格票券,取得或提供短期資金,而中央銀行則因政策目的,進入貨幣市場從事公開市場操作,故貨幣市場的主要構成份子即爲短期資金供給者、短期資金需求者、銀行、票券金融公司及中央銀行。而在貨幣市場中流通交易的信用工具,目前有國庫券、銀行承兌匯票、商業本票、可轉讓定期存單等多種。其交易之方式可分爲(1)初級市場之交易,卽短期資金需求者透過發行短期信用工具之方式,取得資金;(2)次級市場之交易,卽透過短期信用工具所有權之移轉,資金持有者運用資金買入信用工具,而信用工具持有者因而得以隨時保持變現的能力。

二、貨幣市場的工具

貨幣市場的主要工具就是短期票券。所稱短期票券,係指國庫券、可轉讓之銀行定期存單、商業票據及其他短期債務憑證。

前項所稱商業票據,係指依法登記之公司所發行之下列票據:

(一)基於合法交易行爲所產生之本票、銀行承兌匯票及商業承兌匯票經受款人背書者。

(二)爲籌集短期資金而發行之下列本票

(1)經金融機構保證發行之本票。

(2)經短期票券交易商保證發行之本票。

(3)經證券交易所審定列爲第一類上市股票之發行公司,財務結構健全,並取得銀行授予信用額度之承諾所發行之本票。

(4) 股份有限公司組織、財務結構健全之公營事業所發行之本票。

(5) 股份有限公司組織、財務結構健全之證券金融事業所發行之本票。

茲再分述如下：

（一）國庫券（TB）政府發行國庫券乃爲調節國庫收支或配合其貨幣政策，它是一種短期債務憑證，國庫券一如商業本票及銀行承兌匯票，皆是以貼現方式，公開發行之「債務憑證」。因爲以國家信用爲擔保，因此國庫券是最安全的信用工具。

國庫券又可分爲甲種國庫券（TB_1）和乙種國庫券（TB_2）兩種。甲種國庫券期限最長不得超過二百七十天。甲種國庫券，照面額發行，到期時連同應付利息一次清償。它是以分配認購方式由承銷單位經紀發行。乙種國庫券的發行期限最長不得超過三百六十四天。以民國七十四年國庫券所發行的種類計有九十一天、一百八十二天、二百七十天和三百六十四天期四種。它是採貼現方式，公開標售，以超過所定最低售價者，按其超過多寡依次得標。由於國庫券的持有者以金融機構爲絕大部份，多半持有至滿期兌償，故國庫券之次級市場並不活絡，交易量未能隨發行額之增加而擴大。

（二）商業承兌匯票（CA 或 TA）及銀行承兌匯票（BA）匯票是由國內外商品交易或勞務提供而產生的票據，這類票據經過買方承兌，稱爲商業承兌匯票，若由特定銀行承兌，則稱爲銀行承兌匯票。匯票期限多在六個月以內，持有人可在匯票到期前向票券金融公司或銀行貼現，提前獲得資金。所以投資人投資商業或銀行承兌匯票，主要在賺取貼現之利息。

商業承兌匯票係由賣方開出，而要求買方於未來一定期限內付款的承諾憑證。賣方運交貨物係以買方接受承兌此一定期匯票爲條件。匯票

到期時，買方會交付款額給指定銀行，而由指定銀行代付之。商業承兌匯票未到期前，視買方的信用能力，可在交易市場流通，因此賣方亦可將商業承兌匯票，於發行後以貼現方式，在市場賣出，立卽得貨款。至最後到期日，持有商業承兌匯票者則至指定銀行要求兌現。

銀行承兌匯票，乃依國內外商品交易或勞務提供而產生之匯票，該出售商品或提供勞務之相對人委託銀行爲付款人，並經銀行承兌者謂之銀行承兌匯票，故一般而言銀行承兌匯票，也被稱爲因遠期信用狀所產生交易附隨之產物。

（三）**商業本票（CP）** 企業發行商業本票通常經由貨幣市場的票券金融公司，而其交易之次級市場則是包括票券金融公司及其他金融機構。商業本票是企業運用貨幣市場工具的最重要短期融資方法之一。發行商業本票的公司通常是信用良好、財務健全的企業。商業本票的面額則在十萬元以上，到期期限在二個月至六個月之間。

以商業本票來募集企業之短期資金，其最大的優點是利息成本要比銀行的短期商業貸款來得低。其次是發行手續簡便，其發行金額可依需要自行調整，亦可提高公司的知名度。再則，公司亦可以發行商業本票與銀行信用貸款二者互相調節，彈性操作，充裕其短期資金來源，惟必須隨時注意與銀行維持良好關係。

目前流通的商業本票，可依其是否有眞實交易爲基礎，而分爲交易性商業本票（第一類商業本票 CP_1）及融資性商業本票（第二類商業本票 CP_2）。前者係指工商企業基於商業交易，以付款爲目的所產生的本票，後者指工商界爲籌措短期資金，經金融機構或票券交易公司保證所發行之本票。就維護投資者之立場而言，由於商業本票只涉及發票人（發行公司）與受款人（投資者），其安全品質不若商業匯票。匯票到期時，付款人得無條件履行付款之義務；而本票則依賴發票人之商業信用而自

爲付款人，因此，商業本票藉金融機構之保證，以銀行信用支持發票人信用，來增強其在市場上的被接受性與流通性。

商業本票除了有以公司自己之信用來保證，亦有銀行支持，以提高其市場行銷能力，使投資者樂於接受，所以商業本票是風險較低的一種金融投資工具，報酬率則較國庫券的利率爲高，市場性亦高。

（四）可轉讓定期存單（CD）所謂可轉讓定期存單係指銀行簽證，在特定期間按約定利率支付利息之存款憑證。此憑證可以持有至到期日止，亦可中途轉讓，在市場上流通。其與銀行的一般定期存單最大不同處爲：前者可以背書轉讓，而後者不可轉讓。可轉讓定期存單在銀行簽發時卽形成初級市場，再經由票券交易商買賣形成次級市場。

可轉讓定期存單面額以新臺幣十萬元爲單位，並以十萬元之倍數依需要發行各種面額，其期限通常分爲一個月、三個月、六個月、九個月及十二個月，存單中途不可提取，但可轉讓。存單持有者並可向金融機構申請放款質押及作爲其他擔保之用。可轉讓定期存單之發行利率，得由發行銀行參酌金融情勢與本身資金情況自行訂定，不受牌告存款利率之限制。

三、貨幣市場的參與者

貨幣市場旣是調劑資金供需的市場，則必由資金的供需雙方所組成，因此，其參與者可分爲下列幾類：

（一）工商企業 —— 企業爲融通季節性購貨或短期週轉需要，可發行商業本票獲取所需資金；而當其握有短期閒置資金時，亦可購買短期票券，成爲資金的供給者。

（二）銀行 —— 一般銀行除應存入中央銀行存款準備金外，尙需保

有相當數額的第二存款準備金，有時更持有多餘的資金。第二準備金因要保持流動性，大部份由短期票券構成，而多餘資金為營利上的理由亦可購入短期票券，所以，銀行是最主要的資金供給者之一。另一方面，當銀行發行可轉讓定期存單，或將所持有的短期票券在貨幣市場出售時，即成為資金的需求者。此外，銀行亦可擔任商業本票的保證人，協助企業發行商業本票取得資金。

（三）政府 —— 為調節收支，政府可發行國庫券或其他短期債券，成為資金的需求者。

（四）中央銀行 —— 是貨幣市場的最後資金融通者，也是貨幣市場的調節者，運用公開市場的操作，在購入或賣出短期票券時，央行可以成為最有力的資金供給者與需要者。

（五）票券金融公司及其他金融機構（包括信託投資公司） —— 亦可擔任商業本票的保證人，其中票券金融公司並為商業本票的簽證及承銷機構。當此等金融機構在貨幣市場買賣票券時，即成為資金的供應者或需要者。

（六）個人 —— 多餘的短期資金可投入貨幣市場，成為資金供給者，急需資金時，如將持有的短期票券在貨幣市場賣出，即成為資金的需求者。

四、初級市場及次級市場

貨幣市場亦如證券市場，分為初級市場（發行市場）與次級市場（交易市場）：

（一）初級市場或稱新發行票券市場——即由前述信用工具發行者，將票券出售予原始投資人的交易行為所構成的市場，例如國庫券、商業本票、銀行可轉讓定期存單、銀行或商業承兌匯票第一手執票人等初次

將其出售予投資人的交易市場，稱爲初級市場。

（二）次級市場或稱已流通票券再分配市場 —— 前項發行的信用工具由原始投資人或其後手持票人，再出售予其他新的投資人的交易行爲所構成的市場，稱爲次級市場。因有此項次級市場，投資人可將其原先投資收回，重作其他用途，可減少投資人資金積壓的顧慮。

五、公開市場政策

中央銀行爲控制信用與貨幣數量，可運用各種調節方式，其中之一即爲公開市場操作。當市場信用膨脹或貨幣數量過份增加時，中央銀行將所持有各種票券，向市場出售，吸收資金，使貨幣供給量減少；反之市場信用緊縮或貨幣供給量減少時，則向市場購入各種票券，放出資金，鬆解市場資金短缺情勢。其操作方式即透過短期票券商自貨幣市場買入或賣出票券。因此貨幣市場是中央銀行公開市場操作的重要管道。此項操作係直接增加或減少貨幣供給量，且立於主動地位，有時較其他控制工具更爲有效，同時對銀行準備部位及利率水準亦有直接或間接影響。

第三節　資本市場

狹義的資本市場是指一年期以上的長期信用工具交易的市場，我國的資本市場包括證券（含股票、公司債及公債等）發行市場與證券交易市場，如按證券種類可又分爲股票市場與債券市場。

當前我國證券市場體系可包括：(1)主管機關 —— 證券市場管理委員會；(2)交易機構 —— 證券交易所；(3)業務經營機構：①有價證券買賣之居間機構 —— 證券經紀商，②有價證券之自行買賣機構 —— 證券自營商，

③有價證券之承銷機構 —— 證券承銷商,④融通機構 —— 證券金融公司,
⑤保管機構 —— 證券集中保管公司。前述證券管理委員會為證券市場之
管理監督機構,成立於民國四十九年九月;證券交易所則為證券集中交
易場所,目前僅設臺灣證券交易所一家,於民國五十年十月成立,次年
二月正式開業。

一、證券市場的結構

證券市場可區分為發行市場(初級市場)與流通市場(次級市場),
是政府、法人及個人籌措資金及活用資金的場所,發行市場又可分為上
市及上櫃,流通市場亦可分為集中市場及店頭市場。

發行市場乃指發行人將尚未上市之有價證券(如股票、公司債、投
資信託受益憑證),依有關法定程序,首次或再次公開予投資大眾購買。

上市: 申請上市之有價證券,須依「臺灣證券交易所股份有限公司
有價證券上市審查準則」規定,辦理申請、審核、核准至上市等程序,
目前集中交易市場買賣之金融商品,包括股票、公司債(包括可轉換公
司債)、政府債券及基金受益憑證等。

上櫃: 申請上櫃之有價證券,必須依「臺北市證券商同業公會證券
商營業處所買賣有價證券審查準則」辦理,目前上櫃之金融商品包括股
票、債券(政府公債、金融債券、公司債)。

流通市場又稱為交易市場,是一種證券所有權的移轉交易場所,使
有價證券保有高度流通能力,並使企業直接順利取得資金的功能。

集中交易市場: 我國證券交易市場係以集中交易市場為主,而集中
交易市場又以臺灣證券交易所為核心,舉凡市場之建立、交易之進行、
市場之運作及交易秩序之維持,皆有賴其執行。其交易流程如下:

證券集中交易市場交易流程圖

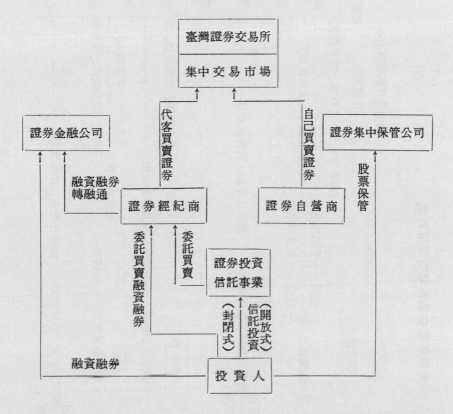

店頭交易市場: 我國店頭市場自民國七十一年八月訂定「證券商營業處所買賣有價證券管理辦法」後正式成立。股票之上櫃,目前由臺北市證券商同業公會負責辦理,其作業流程為:

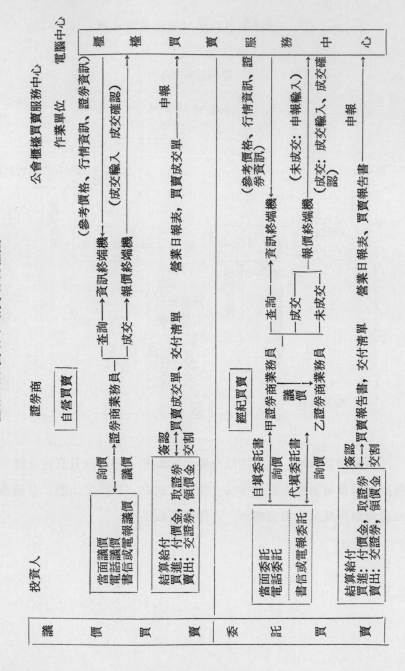

證券店頭交易市場交易流程圖

茲將股票之上櫃與上市條件列表比較如下：

項　　　目	上　　　櫃	第一類上市	第二類上市	第三類 （科技事業） 上　市
設立年限	開業滿二年	自設立登記後，已逾五個完整會計年度	自設立登記後，已逾五個完整會計年度	一
資本額	實收資本額新臺幣五仟萬元以上	最近二決算年度實收資本額新臺幣六億元以上	最近二決算年度實收資本額新臺幣三億元以上	實收資本額在新臺幣二億元以上
獲利能力 （上市指營業利益及稅前純益佔實收資本額比率；上櫃指營業利益及稅後純益佔實收資本額比率）	最近年度達2％以上	1.最近年度均達 10％ 以上；或 2.最近二年度均達新臺幣一億二仟萬元以上，且不得低於年度決算實收資本額6％；或 3.一年符合第一項，另一年符合第二項者。 4.營業利益及稅前純益最近三個會計年度均為正數，且最近三個會計年度均無累積虧損。	1.最近年度均達 10％ 以上；或 2.最近二年度均達6％以上；或 3.最近二年度平均達6％以上，且最近年度較前一年度為佳。 4.最近一會計年度決算無累積虧損。	最近一會計年度及最近期財務報告之淨值不低於實收資本額三分之二者
資本結構 （最近一年度分派前淨值佔總資產）	一	自有資本達三分之一以上	一	一
股權　股東人數	一	二仟人以上	一仟人以上	
股權　持有一仟股至五萬股之股東	三百人以上	一仟人以上	五百人以上	一

分散	第二款股東持股情形	—	1.佔發行股份總額20％以上；或 2.滿一仟萬股。	1.佔發行股份總額20％以上；或 2.滿一仟萬股。	—
其他		1.董監事及持股10％以上大股東股票50％送存兩年,但總計股份總額,需達發行股份總額30％,（修正後增訂：或6,000萬股,如有不足者,應協同其他股東補足之）兩年後領回1/5,其後每滿半年可領回1/5。 2.兩家以上證券商推薦。 3.在公會所在地設有證券過戶處所或股務代理機構。	—	—	1.產品開發成功且具有市場性,經中央目的事業主管機關出具屬科技事業之明確意見書者。 2.董、監事及持股５％以上大股東暨以專利權或專門技術出資之股東,需依集保比率送存二年,二年後再按規定比率分批領回。並承諾自股票上市之日起二年內不予出售,所取得之集中保管憑證不予轉讓或質押。 3.兩家承銷商書面推薦,並依證交法71條第二項規定,於承銷契約中打明保留承銷股數之50％以上由承銷商自行認購者。

二、債券市場

(1)沿革：債券市場發展初期（民國二十二年～五十五年）

我國最早之債券係民國二十二年上海閘北水電公司發行之六百萬元

公司債。在臺灣地區最早之債券，則是民國三十八年政府發行之一億五千九百萬銀元、年息四厘、期限十七年之愛國公債。民國四十年臺灣電力公司發行新臺幣三千萬元公司債；公債則至四十八年六月以後方才再次發行，爾後每年均有公債之發行，然金額數量均不大。由於債券發行甚少，且欠缺交易市場，故當時債券之流通性甚低。

(2)債券市場發展中期（民國五十五年～七十一年）

財政部與中央銀行為促進債券市場之活絡，乃於民國五十五年六月訂定「提高公債流通性能暫行辦法」，由央行委託臺銀掛牌買賣公債，我國公債交易市場正式產生，為促使公債活絡市場，並由國庫斥資買賣。另為建立自由交易之公債市場，行政院於民國六十年頒訂「政府債券經紀人買賣公債辦法」。同年七月，政府債券經紀人公會成立，由政府指定之臺灣銀行等十家金融機構擔任政府債券經紀人所組成、訂定交易規章，分為「集中市場交易」及「櫃檯買賣」二種交易方式；籌集公債市場基金，由公會統一調度。

初時該市場運作情形良好，交易順暢。然因民國六十二年石油危機之衝擊，使得銀行利率激升，高於公債利率甚多，公債持有人紛紛脫售求現。民國六十三年，行政院頒布「穩定當前經濟措施方案」及「調整公債利率暫行辦法」，一方面提高未到期公債利率一律為年息一分二厘，一方面暫停櫃檯交易，以求穩定公債市場。自此公債之發行，均得借助銀行之配售承銷。

(3)債券市場發展近期（民國七十一年迄今）

財政部證券管理委員會七十一年發布「證券商營業處所買賣有價證券管理辦法」、「證券自營商申請在營業處所買賣有價證券暫行審核要點」及「證券自營商營業處所買賣政府公債、金融債券及公司債暫行操作要點」，重新開放債券櫃檯買賣，以期擴大債券交易規模，健全資本

市場。七十三年爲進一步擴大債券櫃檯買賣交易規模，分別修訂成「證券商申請在營業場所買賣有價證券審核要點」及「證券商營業處所買賣政府公債、金融債券及公司債暫行操作要點」，特准證券經紀商申請經營櫃檯受託買賣債券。

債券市場與一般貨幣市場類似，可分爲初級市場與次級市場。初級市場卽所謂之「發行市場」；次級市場卽所謂之「流通市場」。前者爲募集及發行新債券之市場；後者爲買賣已發行債券之市場。依其發行或交易處所之不同，又可分爲集中交易市場與櫃檯交易市場；前者集中於臺灣證券交易所，後者則分散於證券商之營業處所。其架構如下圖：

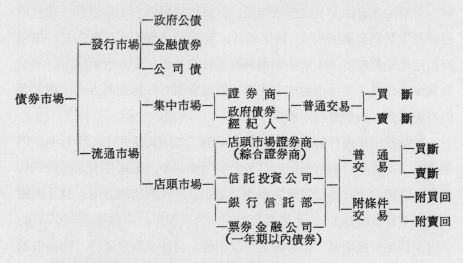

通常債券市場之主要參與者可概分如下：

(1)發行人：卽資金需求者，如公司債發行人卽爲個別企業、公債發行人卽爲各級政府。

(2)投資人：卽資金供應者，包括一般投資大衆、金融機構或有閒置資金之企業。

(3)證券承銷商：證券承銷商必須擔任發行前之顧問工作及發行之承

銷工作。

　　目前我國政府債券經紀人共有十八家金融機構，分別是臺灣銀行、交通銀行、土地銀行、合作金庫、第一銀行、彰化銀行、華南銀行、華僑銀行、中信局、中國信託、臺北市銀、第一信託、國泰信託、亞洲信託、農民銀行、中興票券、國際票券及中華票券等。其所扮演之角色係在證交所或其營業處所買賣政府債券。

　　店頭市場之組成，則包括十家證券自營商及十八家證券經紀商。目前證券自營商僅以總公司兼營，大部份集中於臺北市，未能遍及全省，故其規模仍然有限。

　　(1)政府債券：由各級政府發行之各類公債，如建設公債、路建公債、省建公債等等。主要作用在於協助政府籌措中長期資金，投資於提升國民生活水準之各項設施。並可提供中央銀行實施公開市場操作之工具。

　　(2)金融債券：由政府核准之金融機構發行，如土地銀行發行之金融債券或中央合作金庫發行之合作債券。主要功能在於協助金融機構籌措中長期資金，以提高資金使用之效率。

　　(3)公司債：由公民營企業所發行，包括一般公司債與可轉換公司債。所謂可轉換公司債卽公司債在發行一定期限後可依發行時約定之價格轉換爲特定股票。目前已發行公司債之企業有亞洲水泥、遠東紡織、永豐餘造紙、遠東百貨等。公司債之主要功能在於運用民間資金，作有效率之分配，以增加投資之收益。

第四節　外滙市場

一、外滙市場沿革

　　我國外匯市場正式成立於民國六十八年二月一日，在此之前，我國實施固定匯率制度，以基本匯率讓新臺幣匯率釘住美元。在此固定匯率制度下，進出口廠商對外貿易不需擔心匯率之變動，使得經濟呈現快速成長。然至一九七一年以後，美國因龐大軍事經費支出及貿易逆差之影響，美元持續貶值，如仍實施釘住匯率，形成對新臺幣幣值已相對低估，故乃有學者提出採行機動匯率建議。其後，過熱的出口景氣，促使貨幣供給額擴張帶來了物價膨脹壓力，阻礙政府在穩定中求發展的經濟政策目標，國際主要通貨匯率又呈現大幅波動，同年七月十日政府盱衡整體經濟情勢，終於宣佈修改匯率政策，實施機動匯率建立外匯市場。

二、外匯市場架構

　　我國外匯市場之主要組成份子為中央銀行、全體外匯指定銀行、與顧客，上述主體透過外匯交易中心，構成了銀行間市場及銀行與顧客間之市場交易。

　　中央銀行：中央銀行為國家銀行，依據中央銀行法之規定，中央銀行之經營目標為(一)促進金融穩定，(二)健全銀行業務，(三)維護對內及對外幣值之穩定，(四)於上列目標範圍內，協助經濟之發展。中央銀行負有穩定幣值之任務，而調節外匯供需，維持有秩序之外匯市場機能，也是央行金融政策工具之一，目前中央銀行對外匯市場之維持仍是直接在外匯市場買賣以影響匯率。

　　全體外匯指定銀行：凡在中華民國境內之銀行，除其他法令另有規定者外，得依銀行法及本辦法之規定，向中央銀行申請指定為辦理外匯業務銀行；依據「中央銀行管理指定銀行辦理外匯業務辦法」第四條規定，指定銀行經中央銀行之核准，得辦理下列外匯業務之全部或一部：

　　一、出口外匯業務。

二、進口外匯業務。

三、一般匯出及匯入匯款。

四、外匯存款。

五、外幣貸款。

六、外幣擔保付款之保證業務。

七、中央銀行指定及委託辦理之其他外匯業務。

顧客: 亦卽銀行之客戶, 包括個人及公司戶, 其中以進出口廠商、運輸業、保險業、航空業等對外匯有需求者爲對象。

外匯交易中心: 外匯交易中心係爲配合外匯市場之建立而設, 於民國六十七年十二月七日由臺灣銀行、華南銀行、第一銀行、彰化銀行及中國國際商業銀行共同籌組, 六十八年二月一日正式展開運作。

交易中心係由全體指定經辦外匯業務的銀行所組成, 包括本國銀行及外商銀行。另由五家外匯交易量較大的本國銀行 (卽前述參與籌備之銀行) 負責人與中央銀行代表 (六十九年三月退出) 組成執行小組, 由負責外匯交易中心一切行政事務。

其主要任務爲:

(1)逐日訂定銀行與顧客間外匯買賣價格 (卽匯率):

　①卽期美元匯率。

　②雜幣匯率。

　③遠期美元之買賣參考匯率。

(2)擔任銀行間買賣外匯之中介

我國外匯市場在專業之外匯經紀公司成立以前, 由外匯交易中心充當此一角色, 透過交易中心買賣先向中心報價, 報價採雙向報價, 卽期交易最低成交金額原則上爲五十萬美元, 至於遠期及換匯交易則無最小成交金額之限制。

(3)蒐集及統計外匯交易資料及國內外外匯市場情報，提供指定銀行參考。

(4)會商有關外匯交易各項處理手續。

(5)決定銀行向顧客收取之各項費率。

(6)計算並公佈實質有效匯率指數。

討論問題

1 試列表顯示我國的金融市場體系。

2 試述貨幣市場的工具。

3 試列圖顯示我國證券集中交易市場之交易流程。

4 試比較我國股票上櫃與上市之條件。

5 試述我國外匯市場的架構。

第二編　商業銀行

第七章
商業銀行與存款創造

第一節　商業銀行制度的性質

　　前面已經說過，商業銀行是一種能够創造流動性的金融媒介機構，其所發行的支票存款，成爲貨幣供給的主要構成部份。今天美國已有一萬四千六百家左右的銀行，辦理可以簽發支票的存款業務。其中，只有三分之一左右是國法銀行 (national banks)，其餘則爲隸各州管轄的州法銀行 (state-chartered banks)。所有的國法銀行，都是聯邦準備制度的當然會員銀行 (member banks)；大多數規模較大的州法銀行也是會員銀行。雖有半數以上的銀行，並非聯邦準備制度的會員銀行，但其規模均甚小，其存款額僅及總存款額的六分之一左右❶。而且，自一九三三年以來，不論是國法銀行或是州法銀行，每一戶頭的前十萬元存款都由聯邦存款保險公司 (Federal Deposit Insurance Corporation; FDIC)

---

❶很多州法銀行雖非聯邦準備制度的會員銀行，但都屬於聯邦準備的票據清算體系，而且能透過這一體系以處理其他銀行之支票。

保險。

美國的銀行制度與英國或加拿大之銀行制度不同， 在英國或加拿大， 乃以擁有數百家分行的大銀行爲主 ❷，而在美國， 則以數目衆多的獨立性小規模地方銀行爲主。幾乎任何人都可以極其有限的資本開設銀行。因此， 美國歷史上經常發生銀行倒閉以及存款者蒙受嚴重損失的事件。實際上， 一九一五年卽已存在的銀行中， 今天仍有淸償能力者， 大約僅存半數；在繁榮的一九二九年， 大蕭條尙未來臨之前， 就有六五九家以上的銀行倒閉， 估計其總存款額達兩億美元。但自聯邦存款保險公司成立以後， 銀行倒閉的事件已經極少發生。

商業銀行的第一個經濟功能， 在於持有活期存款， 並且承兌活期存款支票；亦卽， 在爲大衆以及整個經濟社會提供最大部份的貨幣供給。

商業銀行的第二個經濟功能， 在於從事放款以創造信用， 並且持有政府公債。

商業銀行也與其他金融媒介機構相互競爭， 商業銀行除了接受活期存款之外， 通常亦接受須付利息的儲蓄存款及定期存款， 故就這一功能而言， 在美國的某些地方， 商業銀行也與只接受定期存款的相互儲蓄銀行及儲蓄與貸款協會競爭。在出售滙票或旅行支票的業務方面， 商業銀行與郵局、 西聯 (Western Union)、 以及美國運通銀行 (American Express) 競爭。 在處理「信託」(trusts) 及房地產的業務上， 商業銀

❷在加利福尼亞州 (California)，美國商業銀行 (the Bank of America) 的分行遍佈全州各地， 其情形猶如大通銀行 (the Chase Manhattan Bank) 的分行遍佈全紐約市一樣， 亦如少數握股公司 (holding company) 控制明尼蘇達州 (Minnesota) 及威斯康辛州 (Wisconsin) 的許多銀行一樣。但是， 一般而言， 由於過去美國人民對「大金融業」的不信任， 業已阻止分行衆多的銀行業之發展， 並且阻碍銀行之合併 (merger)， 以及限制無銀行業務之獨家銀行握股公司 (one-bank holding company) 的發展。

行與投資諮詢機構及其他信用機構競爭。卽使是對私人及企業放款，商業銀行也與金融公司及爲各公司提供收帳服務的所謂「代收帳款公司」(factors) 競爭。在購買公債、抵押、及證券時，商業銀行又與保險公司及其他投資公司競爭 ❸。大的商業銀行甚至從事公司的計劃與諮詢工作。

　　因此，商業銀行並非惟一的金融機構。不過，根據定義，銀行是惟一能夠提供「銀行貨幣」(bank-money) 的機構，亦卽能夠提供簽發支票的活期存款，作爲交易媒介之用，這是商業銀行與其他金融媒介機構的主要不同所在。與此有關的重要功能，就是從事信用的創造，提供放款；而且，儘管以前的看法認爲，商業銀行只應融通短期借款，但是，時至今日，商業銀行已漸透過一年以上的「定期放款」(term loans)，增加中長期信用的提供。

第二節　現代銀行制度的產生

　　今日的商業銀行是由古代的金匠 (goldsmiths) 發展而來，最初，金匠只像衣物寄放處或倉庫那樣簡單地進行業務。存款者將其黃金交由金匠代爲保管，取得一張收據，以後提出這張收據，並付一筆小額的保管費，卽可由金匠那裏取回黃金。

　　但人們之所以需要貨幣，並非爲了貨幣本身，而是爲了其能購買物品。貨幣具有不必具名的性質 (anonymous quality)，因此，某一塊錢正如另一塊錢，某一塊純金也和另一塊純金一樣的好。金匠漸漸發現，他不需在各人所存的黃金上面逐一標籤，也不需交還該人當初所存的同

---

❸麻塞諸薩州 (Masschusetts)、康涅狄克州 (Connecticut) 以及紐約諸州的儲蓄銀行，甚至經營人壽保險業務。

一金塊，否則徒增加不便。實際上，顧客願意接受一定數量之黃金，或一定價值的貨幣之收據，雖然日後所提取的東西，並非當初實際存入的同一東西。這一不必具名的性質十分重要，也是現代銀行制度產生的關鍵。因為，每一張鈔票均具有相同的購買力，銀行只要能在某甲需要之時，付出任何一張鈔票即可，不必講究它是否為某甲原來存入的那張鈔票。

茲再回到金匠店，這是現代商業銀行的最早形態，其資產負債表有如表7-1 所示：

表7-1 早期金匠銀行的資產負債表

資　　　　　産		負　　　　　債	
現 金 準 備	$1,000,000	資 本 及 盈 餘	$ 50,000
放款及投資	50,000	活期存款負債	1,000,000
合 計	$1,050,000	合 計	$1,050,000

假定這家金匠店已經很久不再從事金匠活動，現在是以保管人們的貨幣作為主要業務。在過去一段時間內，已有一百萬元存在金庫，而且全部均以現金資產形式保存。另一方面，平衡這筆資產的是同額的活期存款負債。實際上，這一企業除了價值不大的辦公處所及金庫之外，沒有其他資產。不過，這一企業的股東可能出了五萬元的資本，用來放款取息，或是用來購買股票及債券之類的證券。在資產方面，此由「放款及投資」(loans and investment) 一項表示；與此相等的平衡科目，則是右方的「資本及盈餘」(capital and surplus) 一項。

在此原始階段，金匠銀行的業務並無特別之處。這類投資及資本項目與銀行存款無關；如果銀行的放款及投資，全部變成毫無價值，一切損失全部將由銀行股東負責，因為這些股東情願承擔此種風險，以期賺

取利潤。每一存款人仍可經由銀行所保存的百分之百現金準備，而獲全部清償。至於銀行的間接費用及事務費用，仍可經由顧客所付的保管費用支付。保管費用之多寡，則視代理顧客保管金錢的時間長短、平均金額、以及記帳所耗時間之多少而定。

因為此時的銀行貨幣，亦卽活期存款，是由銀行願意接受一項卽期負債，與顧客願意持有一項存款共同創造而來，剛好抵銷存在銀行金庫的普通貨幣（紙幣及鑄幣）。這一過程與公衆把若干紙幣兌成等額的許多鑄幣一樣。此時，銀行制度對於支出及物價的影響乃是中性 (neutral)，既不增加也不減少貨幣的總量或其流通速度。所以，至此為止，部份準備的現代銀行制度尚未產生。

如果這位金匠銀行家理解其所保管的存款，雖然屬於卽期應付的性質，但却不致全部被提。除非銀行進行清算，而且十足清償全部存款，百分之百的現金準備才有必要；因此，銀行如果處於「繼續經營」(going concern) 的狀態，就無須保有百分之百的準備。而且新的存款將會平衡原有存款的提取。在正常情況下，只須少量的庫存現金卽可應付需要。

於是，這位精明的銀行家，開始利用顧客委託保管的現金，購買債券及其他營利資產。結果一切順利，不但仍可卽時應付任何提款，而且為銀行賺得一筆額外的收益。這種活動，最初秘密進行，後來逐漸覺得並無隱瞞的必要。因為，任何存款都很安全，而且這種部份現金準備的辦法，可使銀行降低服務費用，並使得銀行可對地方的工商人士施予援手，融通投資資金，生產價廉物美的商品，創造就業機會。

此後，銀行只保留部份現金準備，而把存款之大部份用來購買生利資產，以謀取最大利潤。於是，部份準備制度 (fractional-reserve system) 應運而生。

可是，如果回顧一下事實就會發現，一個審愼的現代銀行社會，法律也會要求以非營利的現金，來保有相當部份的資產。銀行所有活期存款的六分之一或七分之一，必須以這種非營利的現金準備形式呆置下來。就大部份的情形而言，會員銀行是以其所屬地區的聯邦準備銀行之存款，來保有這些現金準備。但是近年以來，聯邦準備當局准許會員銀行以其自身的庫存現金 (cash in valuts) 作爲現金準備的一部份。

這種法定準備率 (legal reserve requirements) 的水準，雖然是由聯邦準備當局在某些範圍之內加以變動，但其比率大約等於活期存款的六分之一，確切數字則視銀行種類而定。多年以前，城市銀行及鄉間銀行的法定準備率較現在爲低；活期存款在 7 ％至13％之間，定期存款則爲 3 ％。一九三〇年代中期以後，美國國會授權聯邦準備理事會可以倍增這些比率。自此以後，聯邦準備當局乃能透過法定準備率的調整，控制銀行存款的增長變化。

今天的銀行遠較一九三〇年代大蕭條以前更爲安全，這是因爲，除了法定準備率的規定之外，還有政府以及聯邦存款保險公司開始作爲存款人之後盾。因爲，沒有一個採用部份準備的銀行制度，可把全部存款變爲現金。因此，政府若不準備隨時支持，部份準備的銀行制度，將會只是一個「只能在順境下生存的制度」(fair-weather system)。一旦恐慌再度來臨，國會、總統、以及聯邦準備理事會，都將採取行動，甚至使用憲法上的權力，以印行貨幣來應付國家的緊急情況。

在一九三〇年代初期的那些黯淡日子裏，以上所述如果能夠提早實現，歷史便會改觀。美國也可免於層出不窮的銀行倒閉❹。這些倒閉，

---

❹在一九三〇年至一九三三年之間，大約擁有五十億美元存款的八千家銀行無力償還。爲了所有銀行不致崩潰起見，羅斯福 (Franklin Roosevelt) 總統的第一項行動，就是宣佈「銀行暫停營業」(bank holiday)，直到信心恢復爲止。

破壞了貨幣供給, 也給整個資本主義制度製造了恐懼和危機。

克服了全國性的銀行擠兌危機, 並不表示每一銀行都很安全。為了減輕自由放任的銀行業之不穩定性, 美國政府曾經採取下列許多改革:

第一、規定銀行的設立與活動　近數十年來, 聯邦及各州政府當局, 均曾規定銀行設立的條件。凡經聯邦政府 (金融司長) 核准者為國法銀行, 經州銀行主管當局核准者為州法銀行, 銀行檢查人員定期審核銀行資產, 並且檢定銀行的償債能力, 牢守預防重於治療的箴言。

第二、設立聯邦準備制度　中央銀行設置之緊急職責, 在於作為恐慌期間的中流砥柱。隨時準備利用政府的貨幣權力, 遏阻銀行制度的崩潰。中央銀行的主要功能, 在於控制貨幣供給及信用的情況 (國法銀行必須加入聯邦準備制度為會員, 但州法銀行則不受限制)。

第三、辦理銀行存款之保險　經過一九三三年的銀行恐慌之後, 美國聯邦政府成立了聯邦存款保險公司, 以確保所有銀行存款的安全。各聯邦準備會員銀行之存款必須由 FDIC 保險, 非會員銀行雖不在此限, 但實際上幾乎各銀行都參加保險, 加入者均成為存款保險銀行 (Insured Banks)。

基於上述三項改革, 我們可將美國銀行的結構, 示之如下:

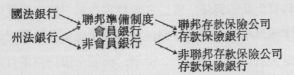

根據統計, 一九七五年年中約只有 248 家銀行未參加存款保險, 其持有資產僅占商業銀行總資產的 1 %。

第三節　商業銀行的資產負債表

任何國家的商業銀行，無論是個別觀察，或是全體來看，其資產負債表的資產欄可以簡化爲五個科目：（一）庫存現金；（二）在中央銀行存款；（三）放款貼現；（四）證券投資；（五）其他資產。其中，（一）、（二）兩項爲「不生利資產」(non-earning assets)，這是因爲沒有任何利息收入之故，在中央銀行的存款通常不付利息；（三）、（四）兩項爲「生利資產」(earning assets)，這是因有利息收入，爲商業銀行主要的牟利途徑。商業銀行資產負債表的負債欄，亦可簡化爲四個科目：（一）活期存款；（二）定期及儲蓄存款；（三）其他負債；（四）資本。其中，（一）項活期存款爲其「貨幣性負債」(monetary liabilities)，因爲這一項在銀行爲負債，在存款人則爲貨幣；（二）、（三）兩項則爲「非貨幣性負債」(non-monetary liabilities)，因爲這兩項在銀行雖爲負債，在存款人及其他形態的債主，却非可以立即發揮貨幣功能的貨幣；至於（四）項資本，代表股東對於銀行之所有權，通常單獨計列。

茲將美國全體商業銀行某年之綜合資產負債表列示如次頁：

以下各個科目之間的關係，須以實際數字作爲根據才能說明。各別銀行之實際數字雖然不同，但是各別科目與資產總值及負債總值之間的比例關係，却是大致相同。由表 7-2 所示，美國全體商業銀行某年之綜合資產負債表可知，「不生利資產」佔資產總值的比例，竟在10％以下，「生利資產」佔資產總值的比例，則在90％以上。這是由於，銀行亦爲一種企業，基本原則之一是在謀取最大利潤，所以生利資產所佔比例要大；同時，銀行的另一基本原則，是要維持相當的流動能力❺，故又不

----

❺所謂流動能力，就指銀行立即應付其債務，特別是存款債務的支付能力。

表7－2　美國全體商業銀行之綜合資產負債表
19××年12月31日　單位：10億美元

資　　　　產			負　　　　債		
	金　額	比　例		金　額	比　例
庫存現金	$ 11.7	1.4	活期存款	$233.2	28.1
在聯邦準備銀行存款	27.1	3.3	定期及儲蓄存款	423.9	51.2
放　　款	549.6	66.3	其他負債	107.9	13.0
證　　券	194.9	23.5	資本帳戶	63.7	7.7
其他資產	45.4	5.5			
合　計	$828.7	100.0	合　計	$828.7	100.0

資料來源：聯邦準備月報

附　　註：1. 大衆持有活期存款　　$228.4

　　　　　2. 聯邦政府持有活期存款　4.8

能不握有若干比例的不生利資產。再就資本與資產總值比較，前者佔後
者之比例亦在10％以下，可見商業銀行的「資本」，實在不足以購置如
此麗大之「生利資產」。事實上，商業銀行之所以能够滿足牟利的基本
目的，主要是憑藉其創造不須支付利息的「貨幣性負債」，以購置有
利息收入的「生利資產」的力量，此卽所謂商業銀行創造信用 (creation
of credit) 的力量。

　　由資產欄的科目與負債欄的科目加以比較，負債欄的「貨幣性負債」
爲債權人要求時卽付的負債，所佔比例高達28.1％，顯非只佔資產總值
不及５％的「不生利資產」所能應付。由此可知，商業銀行流動能力的
維持，必有待於「生利資產」項下若干部份之資產具有高度之流動性，
或有待於中央銀行之最後融通。

　　其次，商業銀行的「不生利資產」，祇相當於「貨幣性負債」的極
小比例（一般約在20％以下，英國甚且低至10％以下），這不但是商業
銀行可以牟利的關鍵，也是商業銀行可以創造信用的關鍵。因爲，作爲

付現準備之用的庫存現金所佔比例，如果高達 100％，根本無法牟利，而且因無放款，亦無創造信用之可能。

第四節　銀行存款的創造與消滅

一、存款的創造

由表 8-2 可以看出，商業銀行的現金準備包括庫存現金及在聯邦準備銀行存款兩大部份。當然，任何銀行都須隨時應付顧客對於存款的提取，銀行有時須以現金支付，經常是以在地區聯邦準備銀行或在其他往來銀行 (correspondent bank) 的存款轉帳支付。因此，任何銀行均應特別注意「準備比率」(reserve ratio) 的大小，亦卽注意現金準備佔其存款的百分比。

在某一時期，商業銀行的準備比率乃依習慣與傳統而定。目前，美國及許多國家，均以法律規定最低準備比率。此一最低比率，則隨銀行所處之地理位置，以及是否爲聯邦準備制度之會員銀行而有不同。

爲了說明銀行存款的創造過程，玆先假定銀行僅有活期存款，而且法律規定，每一銀行所應保留的現金準備，至少應爲活期存款的20％。此一數額稱爲「法定準備」(required reserve)，此一 20％比率稱爲法定準備率，如果銀行之「實際準備」(actual reserve) 超過法定準備，則有「超額準備」(excess reserve)。所以，銀行的實際準備等於法定準備加上超額準備。銀行的實際準備至少應該等於法定準備。

銀行存款的創造過程，可以透過資產負債表的變動加以觀察。爲了簡化起見，假定銀行的負債僅有活期存款一項，而其資產僅有現金及生利資產（放款及投資）兩項：

A銀行 第一階段

資　　　產		負　　　債	
現金準備	$ 1,000,000	存　款	$ 5,000 000
生利資產	4,000,000		
	$ 5 000,000		$ 5,000,000

此一銀行完全合乎法律規定，因其法定準備爲一百萬元，而其實際準備亦爲一百萬元，此時並無超額準備。

　　現在假定，此一銀行收入 3,125 元的存款，全部作爲準備。這一存款可能係由顧客以現款存入，稱爲「原始存款」(primary deposit)，但也可能是由聯邦準備銀行轉帳而來。存款旣然增加 3,125 元，銀行應提的 20%法定準備則爲 625元。此時，3,125 元減去 625 元之後，尙有 2,500 元的超額準備。

A銀行 第二階段

資　　　產		負　　　債	
法定準備	$ 1,000,625	存　款	$ 5,003,125
超額準備	2,500		
實際準備	1,003,125		
生利資產	4,000,000		
	$ 5,003,125		$ 5,003,125

這筆 2,500 元的超額準備，代表尙未運用的貸放力量(lending power)，因爲銀行可以用來支持 12,500 元的存款（2,500 元爲 12,500 元的 20%）。

　　玆再假定，A銀行購入 12,500 元的生利資產，此一同時也就創造

了等額的存款。於是，A銀行的資產負債表成為：

A銀行　第三階段之一

資　　　産		負　　　債	
法定準備	$ 1,001,125	存　款	$ 5,015,625
超額準備	——		
實際準備	1,003,125		
生利資產	4,012,500		
	$ 5,015,625		$ 5,015,625

此時，A銀行又無超額準備；亦即，已無尚未運用的貸放力量。處於此種情況之下的銀行，乃是所謂「完全貸盡」(fully loaned up)。

但事實上，第三階段之一是假定不管A銀行的存款增加多大，全部保留這些存款作為準備，所以不切實際。在實際上，借款人或這些存款的存款人，可能根據這些存款簽發支票，而由銀行的現金準備支付，所以A銀行收到的3,125元之原始存款，必有部份將再喪失。A銀行雖可利用新創造的12,500元之存款購買等額的生利資產，但這必須基於兩個先決條件：第一、根據這些新存款簽發的支票，須以A銀行的其他顧客為受款人，所以A銀行不須以現金支付，僅就顧客雙方之戶頭轉帳即可；亦即，A銀行為此一經濟社會的惟一銀行。第二、這些新存款的存款人不會提出現款作為流通之用。當然，上述兩個先決條件都不切實際。美國的商業銀行總數既然將近一萬四千家，所以自以假定根據這些新存款所簽發的支票，均以其他銀行的顧客為受款人，或者假定這些新存款的存款人有時提出現款作為流通之用較合常理。

現在，A銀行所能損失的準備，當然就是2,500元的超額準備，這是原增存款3,125元的80%，至於其餘的20%則已加入法定準備之中。

因此，A銀行所能安全創造的存款，以及所能增加的放款或生利資產就是 2,500 元而已：

A銀行　第三階段之二

資　　產		負　　債	
法定準備	$ 1,001,125	存　款	$ 5,005,625
超額準備	2,000		
實際準備	1,003,125		
生利資產	4,002,500		
	$ 5,005,625		$ 5,005,625

A銀行的法定準備已經增加 500 元，等於 2,500 元的 20 ％，此 2,500 元是為了購買生利資產而創造的存款。此時，超額準備仍為 2,000 元。又因假定新增的 2,500 元存款，均被簽發支票付給其他銀行的顧客，所以：

A銀行　第四階段

資　　產		負　　債	
法定準備	$ 1,000,625	存　款	$ 5,003,125
超額準備	——		
實際準備	1,000,625		
生利資產	4,002,500		
	$ 5,003,125		$ 5,003,125

A銀行進入第四階段以後，再度「處於均衡」，亦即，已不再有尚未貸放的力量，亦無再度損失準備的趨向，而實際上乃是回到完全貸盡的情況。

　　但是，其他銀行的情況如何？玆再假定，其他銀行均已處於完全貸盡的情況，而且並無超額準備存在。由於A銀行的顧客提出現款存入其他銀行，或因A銀行的顧客簽發支票，經由聯邦準備銀行轉帳存入其他銀行，所以，其他銀行乃由A銀行收入 2,500 元。假定，其他銀行以B銀行作爲代表，所以，2,500 元全由B銀行吸收，作爲B銀行的準備及存款。因此，B銀行開始擁有 2,500 元的貸放力量。

　　因爲B銀行的法定準備只須 500 元，亦即只須 2,500 元的 20 %，所以其餘的 2,000 元也就成爲超額準備。現在的B銀行與A銀行一樣，可以安全地增加生利資產及創造存款，其增加及創造的數額，等於2,000元的超額準備，而且以此爲限。因這 2,000 元將被提走，作爲C銀行的準備及存款。

　　以上的情況繼續進行下去。C銀行也會發現其法定準備增加 400元，此爲 2,000 元之 20%，而其超額準備則爲 1,600 元，此爲 2,000 元之80%。如果C銀行再以 1,600 元從事放款，則此數額又將成爲D銀行的準備及存款，而D銀行可再據以創造 1,280 元的存款，此爲 1,600 元的80%。再接下去，E銀行也會發現其超額準備增加 1,024 元，此爲1,280元之80%。經過以上的觀察可以發現，超額準備以及存款創造的力量越來越小，最後幾乎消失。

　　以上的過程，以表 7-3 加以顯示。其中，第一欄表示各行存款及準備的增加，係由A銀行的 3,125 元開始。第二欄表示各行應該保有的法定準備，第三欄表示可以轉給其他銀行的數額。

　　表 7-3 如何完成？只要任一銀行仍然保有超額準備，存款擴張的過程便會繼續下去。例如，表中F銀行的超額準備僅爲 819.2 元，但是這一超額準備仍將轉爲下一銀行的存款及準備。因此，其他銀行的法定準備不再分別列出，但知其爲 819.2 元。所以其他銀行的存款當爲此一數

表7-3　存款創造的過程　　　法定準備率20%

	存款及準備的增加	法定準備的增加	超額準備的增加	生利資產的增加
A 銀 行	\$ 3,125.00	\$ 625.00	\$ 2,500.00	\$ 2,500.00
B 銀 行	2,500.00	500.00	2,000.00	2,000.00
C 銀 行	2,000.00	400.00	1,600.00	1,600.00
D 銀 行	1,600.00	320.00	1,280.00	1,280.00
E 銀 行	1,280.00	256.00	1,024.00	1,024.00
F 銀 行	1,024.00	204.80	819.20	819.20
…………	………	………	………	………
其他銀行	4,096.00	819.20	3,276.80	3,276.80
合　計	\$ 15,625.00	\$ 3,125.00	\$ 12,500.00	\$ 12,500.00

額的 5 倍，亦即 4,096 元；其他銀行的生利資產則為 4,096 元減去 819.2 元之後的 3,276.8 元。這種存款創造的過程完成之後，整個銀行體系之中已無超額準備存在，全部均已轉為法定準備。

存款創造的過程完成之後，全體銀行的資產負債表成為：

全　體　銀　行

資　　　產		負　　　債	
準　備	\$ + 3,125	存　款	\$ +15,625
生利資產	+12,500		
	\$ +15,625		\$ +15,625

此時，全體銀行存款增加的數額已為原始存款的 5 倍，生利資產的增加數額則為原始存款的 4 倍。

二、擴張比率

商業銀行存款的擴張比率 (expansion ratio)，就是以一元的超額準備作爲基礎，銀行體系所能創造的活期存款之增加數額。根據上述的例子，這一比率乃是法定準備對活期存款之比的倒數。如果法定準備率爲活期存款的 20％，擴張比率爲 5。這一比率之用途有二：

第一、擴張比率可以顯示一筆原始現金存款所能創造的活期存款之增加總額。根據上面的例子：

$$\frac{存款增加總額}{原始存款} = \frac{\$\ 15,625}{\$\ \ 3,125} = 5$$

因此，存款的增加總額等於原來所增準備之 5 倍。所以，每 1 元的存入，可使商業銀行的存款增加 5 元。但是，放款或其他生利資產的增加，僅爲原來存款的 4 倍，而非 5 倍。根據上面的例子：

$$\frac{\$\ 12,500}{\$\ \ 3,125} = 4$$

第二、擴張比率可以顯示某一數額的超額準備所能創造的活期存款及生利資產之增加總額。根據上面的例子：

$$\frac{新創造的存款}{超額準備} = \frac{生利資產的增加}{超額準備}$$

$$= \frac{\$\ 12,500}{\$\ \ 2,500} = 5$$

因此，存款的創造以及生利資產的增加均爲超額準備之 5 倍。

但在實際上，此項擴張比率仍會受到以下各種因素的影響。第一、大衆可以自由決定多少貨幣存入支票帳戶，多少貨幣保留身邊；第二、銀行可能保留全部或部份超額準備；第三、鄉間銀行與城市銀行相比，法定準備可能較低；第四、顧客的存款若由城市銀行轉向鄉間銀行，法

定準備可能減少，超額準備可能增加；第五、定期存款與活期存款相比，法定準備較低，所以，顧客的存款若由活期存款轉爲定期存款，法定準備便會減少，超額準備則將增加，目前，美國各大商業銀行的擴張比率，實際約爲 2 至 3 倍。

爲了便利瞭解全體銀行體系在各種情況下活期存款的擴張情形，玆以下列符號加以討論之：

ΔA＝銀行體系最初增加的超額準備

　r＝活期存款的法定準備率

　b＝定期存款的法定準備率

ΔD＝活期存款的增加額

ΔT＝定期存款的增加額。在此假設 ΔT 爲 ΔD 的比例或倍數以

　　　ΔT ＝ nΔD 表示。

ΔC＝銀行放款擴張時銀行體系現金流出的金額，在此假設 ΔC 爲

　　　ΔD 的一個比例 S，以 ΔC ＝ SΔD 表示。

ΔM＝貨幣供給量的增加額，等於 ΔD＋ΔC

假定　1. 銀行活期存款的創造過程中並無產生定期存款及現金外流，此卽 ΔT＝0，ΔC＝0；n＝0　S＝0

則銀行體系最初增加的超額準備 ΔA，與其所可能支持的最大活期存款增加額 ΔD

應有如下之關係，　　r · ΔD＝ΔA

是故　$\Delta D = \dfrac{\Delta A}{r}$

假定　2. 銀行活期存款的創造過程中，有定期存款產生，但沒有現金外流

此卽：ΔC＝0　ΔT＞0　n＞0

則　銀行體系最初增加的超額準備 ΔA 與其所可能支持的最大活期

存款增加額 ΔD 與定期存款增加額 ΔT 間應有如下之關係:

$$r \cdot \Delta D + b \Delta T = \Delta A$$

將　$\Delta T = n \Delta D$……代入上式

則　$r \cdot \Delta D + b(n \Delta D) = \Delta A$

簡化　$\Delta D(r + nb) = \Delta A$

是故　$\Delta D = \dfrac{\Delta A}{r + nb}$

假定　3. 銀行活期存款的創造過程中, 同時有定期存款及現金外
流的產生

此即　$\Delta C > 0$　$\Delta T > 0$, $S > 0$　$n > 0$

則銀行體系最初增加的超額準備 ΔA 與其所可能支持的最大活期

存款增加額 ΔD 與定期存款增加額 ΔT 及現金外流數額 ΔC 間

應有如下之關係:

$$r \cdot \Delta D + b \cdot \Delta T + \Delta C = \Delta A$$

將　$\Delta T = n \Delta D$　$\Delta C = S \Delta D$ 代入上式

得　$r \cdot \Delta D + nb \Delta D + S \Delta D = \Delta A$

簡化為　$(r + nb + S) \Delta D = \Delta A$

是故　$\Delta D = \dfrac{\Delta A}{r + nb + S}$

三、存款的消滅

以上所述的存款創造過程, 亦可能發生相反方向的作用, 成為存款
消滅(或收縮)過程。但是, 一般總是特別強調擴張的情形, 理由有二:
(一) 在經濟不斷成長的社會, 貨幣需要增加的情況較為普遍; (二) 一

且貨幣供給增加太快，就會引起物價上升，乃至通貨膨脹，所以貨幣當局以及一般大衆均應瞭解擴張的過程。

　　爲了便利瞭解全體銀行體系在各種情況下活期存款的消滅（或收縮）的情形，玆以下列符號加以討論之：

　　ΔA＝銀行體系最初減少的超額準備

　　r ＝活期存款的法定準備率

　　b ＝定期存款的法定準備率

　　ΔD＝活期存款的增加額

　　ΔT＝定期存款的減少額。在此假設 ΔT 爲 ΔD 的比例或倍數，以 $\Delta T = n \Delta D$ 表示。

　　ΔL＝銀行體系，證券握有數額與放款數額的減少。

　　ΔC＝銀行放款收縮時銀行體系現金流入的金額，在此假設 ΔC 爲 ΔD 的一個比例 S，以 $\Delta C = S \Delta D$ 表示。

　　ΔM＝貨幣供給量的減少額，等於 ΔD＋ΔC

假定：　1. 銀行活期存款的消滅過程中並無定期存款及現金流入的產生

　　此卽　ΔT＝0，ΔC＝0；n＝0　S＝0

　　則銀行體系最初減少的超額準備 ΔA，與其所可能支持的最大活期存款減少額 ΔD 應有如下之關係：

$$r \cdot \Delta D = \Delta A$$

　　是故　$\Delta D = \dfrac{\Delta A}{r}$

假定　2. 銀行活期存款的減少過程中，有定期存款減少，但沒有現金流入

　　此卽：ΔC＝0　ΔT＞0　n＞0

則銀行體系最初減少的超額準備 ΔA 與其所可能支持的最大活期存款減少額 ΔD 與定期存款減少額 ΔT 間應有如下之關係:

$$r \cdot \Delta D + b \Delta T = \Delta A$$

將　$\Delta T = n \Delta D \cdots\cdots$ 代入上式

則　$r \cdot \Delta D + b (n \Delta D) = \Delta A$

簡化　$\Delta D (r + nb) = \Delta A$

是故　$\Delta D = \dfrac{\Delta A}{r + nb}$

假定　**3.** 銀行活期存款的創造過程中，同時有定期存款減少及現金流入的產生

此即　$\Delta C > 0$　$\Delta T > 0,$　$S > 0$　$n > 0$

則銀行體系最初增加的超額準備 ΔA 與其所可能支持的最大活期存款增加額 ΔD 與定期存款增加額 ΔT 及現金外流數 ΔC 間應有如下之關係:

$$r \cdot \Delta D + b \cdot \Delta T + \Delta C = \Delta A$$

將　$\Delta T = n \Delta D$　$\Delta C = S \Delta D$　代入上式

得　$r \cdot \Delta D + nb \Delta D + S \Delta D = \Delta A$

簡化為　$(r + nb + S) \Delta D = \Delta A$

是故　$\Delta D = \dfrac{\Delta A}{r + nb + S}$

根據前述可知商業銀行超額準備的增減可引起存款貨幣做倍數的增減，其主要原因乃是，在部分準備制度下，每一單位貨幣準備，能支持好幾個單位貨幣的活期存款，因此商業銀行的準備乃被稱為強力貨幣，法定準備率愈低，則每單位貨幣準備所能支持活期存款的力量就愈強。

討論問題

1 試述商業銀行的主要經濟功能，並述商業銀行與其他金融機構的主要區別及競爭情形。

2 試述現代部份準備銀行制度之產生經過。

3 為了促成銀行業的穩定經營，試以美國為例，說明政府曾經採取的改革。

4 試述商業銀行資產負債表的主要科目，並述各個科目之間的相互關係及其意義。

5 試以資產負債表之變化，逐步說明銀行存款的創造過程。

6 假定A銀行存款及準備的增加為 6,250 元，法定準備率為 10％，試以表 8-3 為例，列出有關數字。

7 假定活期存款的法定準備率為 13.2％，定期存款的法定準備率為 5％，並且，會員銀行保有 2 億元之超額準備。現在，活期存款每增加 4 元，就有 1 元轉為通貨在外流通，並有 1.44 元轉為定期存款。請問：銀行所能創造的活期存款可以增加多少？

8 試述「擴張比率」的意義、用途、及其受到影響的因素。

9 如果考慮存款以現金方式提出流通，以及活期存款轉為定期存款等兩種情況以後，一般的擴張比率公式應該如何修正？

10 試述銀行存款消滅的過程。

第 八 章
商業銀行的資金來源

有關商業銀行的資產負債表，已在上章加以說明。根據此表，通常可將商業銀行的業務區分為資金來源 (sources of funds) 以及資金運用 (uses of funds) 兩大部分。簡單地說，商業銀行的資金來源，主要有三: (一) 資本; (二) 借款; 及 (三) 存款。資本代表銀行股東的債權，借款及存款則代表銀行顧客或其他金融機構的債權。商業銀行的資金運用，主要有三: (一) 現金準備; (二) 放款; 及 (三) 投資，現金準備為不生利資產，放款及投資則為生利資產。

本章先述商業銀行的資金來源，下章再述商業銀行的資金運用。

第一節　商業銀行的流動能力與償債能力

一般而言，銀行立即支付其債務 (尤其是存款債務) 的流動能力 (liquidity) 都不很高，這是因為銀行的主要業務之一，是把顧客缺乏流動能力的資產，轉換為較具流動能力的資產，在這過程中，銀行對其顧客提供流動能力以後，本身也就變得比較缺乏流動能力。一旦商業銀行

的現金短缺，當然可向中央銀行求借，此時的中央銀行，係把流動能力較低的資產（例如商業銀行的本票），轉換爲流動能力較高的資產（例如商業銀行的準備）。當然，中央銀行對其顧客（商業銀行）提供流動能力以後，本身也就變得比較缺乏流動能力。

銀行流動能力之所以重要，主要是因：第一、銀行負債之中，必須隨時或短期之內以法償貨幣支付者，爲數極爲龐大。第二、銀行資產之極大部份，乃是經過某一時期必須照付的債務。第三、銀行隨時或短期之內必須照付的債務餘額，通常超過全國鑄幣及通貨的數額。所以，龐大的支付需要一旦發生，銀行的流動能力便會面臨考驗。

在個別銀行方面，必須具有足夠的流動能力，以應付下列兩種支付的需要：（一）銀行顧客對於鑄幣及通貨的需要；（二）本行支票被存入其他銀行時清算逆差的需要。前一需要，只能以法償鑄幣及法償通貨應付；後一需要，通常可以鑄幣或通貨、對中央銀行開發的支票、或對其他信用卓著銀行簽發的支票應付，爲了應付這些支付的需要，個別銀行可以仰賴以下的資金來源：（一）銀行庫存鑄幣及通貨；（二）在中央銀行的存款；（三）在其他商業銀行的存款；（四）收回放款或對中央銀行以外的買主出售債務工具；（五）對中央銀行出售資產並向其借款。

在整個銀行體系方面，其所面臨的流動能力問題，與個別銀行的流動能力問題大不相同。第一、個別銀行的現款外流，可能是流往銀行體系中的其他銀行，也可能是流往銀行體系之外。但在整個體系，只須準備應付現款流往制度以外的情形，不過，這種外流的數額可能很大。第二、整個銀行體系流動能力的來源較少。一旦全體銀行或大多數銀行，面臨鑄幣或通貨的支付需要，此時，只有下列的極少來源可供應付：（一）銀行庫存鑄幣及通貨；（二）銀行之間的存款；（三）大衆存入現款；（四）收回放款及對中央銀行以外的買主出售銀行資產；（五）在中

央銀行的準備；（六）對中央銀行出售資產並向其借款。

至於銀行的償債能力（solvency）雖與流動能力有關，但是兩者並不相同。一般而言，商業銀行的流動能力，是指其將資產換成貨幣，迅速到足以應付其活期存款提取之需要的能力；至於商業銀行的償債能力，是指一家銀行的資產，其實際價值足以抵付資本外全部負債的能力。例如：某一銀行沒有現金，但其生利資產超過存款負債，則此銀行雖無流動能力，却有償債能力。另一銀行雖有現金，但無資產，且其現金尚不足以支付全部存款，則此銀行雖有充分的流動能力，却無償債能力。

爲了保障存款安全，防止銀行缺乏償債能力引起的損失，美國政府當局，曾對銀行的資產加以限制。其主要限制方法：第一、限制銀行只准購買價值極爲穩定的資產；第二、限制銀行只准購買品質較優的資產；第三、限制銀行握存某種資產的最高比例；第四、限制銀行對其股東、主管人員、以及一般行員放款❶。

除了銀行的資產曾受限制之外，銀行的資本數額亦受相當限制。所以，美國的聯邦政府以及大多數的州政府，對於銀行開業之前必須具備的最低資本條件，乃至於資本對負債的比率，均由法律加以規定。

上述兩種辦法，旨在加強銀行資產價值的穩定，並且增加銀行資本相對於銀行資產的數額，藉以維持銀行的償債能力，保障存款安全。但是，雖有這些辦法，過去美國之銀行倒閉情事仍然時有所聞，所以，以後又有存款保險辦法的實施。

我國中央銀行爲强化銀行之流動能力，根據銀行法第四十三條規定，訂定銀行流動資產與各項負債之比率（卽流動比率）最低爲 7%。流

❶Eli Shapiro, Ezra Soloman and William L. White, *Money and Banking*, 5th ed.,(New York: Holt, Rinehart & Winston. Inc., 1968), pp. 111—112.

動資產之項目包括超額準備、銀行互拆借差、國庫券、可轉讓定期存
單（各行局庫所持本身發行之存單除外）、銀行承兌滙票，經短期票券
交易商或銀行保證之商業本票、公債、公司債、金融債券及其他經中央
銀行核准之證券。各項負債則係指各項存款之總餘額而言。

第二節　商業銀行的資本與借款

　　商業銀行的資本或淨值，係其資產減去負債以後的餘額，乃以股
本、公積、盈餘、未分配利潤爲其主要構成部份。前面兩項來自股東的
捐獻，後面兩項則是銀行業務經營的成果。由於資本係銀行償債能力的
重要來源之一，所以資本佔資產總額的比例，具有重大的意義。換句話
說，如果銀行宣告結束營業，首先應對存款及借款等負債優先清償，所
餘資本再由股東分配。因此，資本佔資產總額的比例，可以反映銀行的
償債能力，亦卽表示銀行存款的安全程度。

　　遠在金匠銀行時期，銀行資本佔其資產總額的比例高達 100％，其
後由於部份準備銀行制度的進展，以及存款餘額的累積增加，這一比例
已有顯著下降趨勢。若以美國爲例，一八七五年，這一比例高達 35％，
一九四○年降爲 10％，一九五六年以後，則更降至 7％以下，以致存
款的安全程度大受影響。所幸，一九三三年美國聯邦存款保險公司設立
以後，已使資本比例下降以後的銀行存款，獲得安全的保障。

　　在銀行成立之初，股東的出資是銀行資金的主要來源。爲了保障銀
行經營的安全，聯邦政府以及各州政府，曾以法律規定銀行股票的最低
面值，至於最低面值之數額則視地區之不同而異。例如，設立於 6 千人
口以下城市的國法銀行,資本最少應爲 5 萬美元；人口若在 6 千人以上,
5 萬人以下，資本最少應爲 10 萬美元；人口若在 5 萬人以上，資本最

少應爲 20 萬美元。

聯邦政府並以法律規定，國法銀行的股票，應按面值溢價 20％發行，這一溢價部份則以累積盈餘入帳。所以，面值 100 美元之銀行股票，須以 120 美元才能購到，如此，銀行一經成立，每股就能創造 20 美元的準備，以便必要之時應付虧損，不致影響實收資本，從而確保銀行經營的安全。

銀行業務展開以後，漸漸有了收益，部份收益乃以紅利分配出去，部份收益則以未分配盈餘累積下來，形成公積，可以作爲負債準備，用來應付未來可能發生的損失。當然，這種公積以及準備，並非以現金的方式保有，僅是一種對於資產的請求權，記在銀行帳上，資產超過負債的部份，屬於股東所有。

一旦銀行資產跌價，須以資本作爲抵補之用，所以，銀行資本的適當數額究爲多少，應以資本佔易於跌價資產的比率作爲測度標準。這些易於跌價的資產，就是所謂「風險資產」(risk assets)，當然不應包括現金在內，並有若干學者認爲，政府證券旣然絕對安全，也就不應包括在內。一般說來，所謂「風險資產」乃以放款、投資、及房地產爲主。如此，銀行資本對風險資產的比率若爲 10％，這些資產平均可以貶值10％，而不致影響銀行的償債能力。就美國的銀行而言，資本對現金以外資產的比率呈現穩定下降的趨勢。在十九世紀末葉，這一比率約爲 30％；至一九二〇年，降爲 20％；至一九四〇年，降爲 16％；二次大戰以後，再降爲 10％左右；近年來僅及 7％左右。這一比率持續下降的原因，主要在於資本的成長過於緩慢，無法配合存款金額以及生利資產的大量增加，特別是在通貨膨脹時期爲然。

商業銀行的資金來源，除了資本及存款之外，尚有借款 (borrowings) 一項。在法律上，銀行除了資本之外，一切資金的取得都是借款；

事實上，銀行的存款客戶把錢借給銀行作爲存款，與銀行把錢借給其他客戶作爲放款並無兩樣。但就狹義而言，其間仍有顯著的區別，銀行的「借款」係由借款客戶主動提出借款要求，到期主動償還；至於銀行的「存款」則由存款客戶主動存入，隨時主動提出。

商業銀行常向其他同業以及中央銀行借款。就美國的情況而言，非會員銀行在聯邦準備銀行因無超額準備，故在需要之時，常向往來銀行借款。卽使若干會員銀行，因在聯邦準備銀行的準備不多，故在需要之時，亦向其他在聯邦準備銀行存有較多超額準備的銀行借款。這種借款的期間通常爲二十四小時，而且僅由聯邦準備銀行在會員銀行的存款帳戶之間，進行準備餘額的轉帳而已。這些餘額就是所謂「聯邦資金」(federal funds)；聯邦資金的利率，係依協議而定，通常低於聯邦準備銀行的貼現率。

商業銀行的借款，嚴格說來，只是改善銀行現金狀況的一種暫時措施而已，所以不應視爲商業銀行資金的主要來源。

第三節　商業銀行的同業存款

就美國情形而論，在商業銀行的存款（活期及定期）中，約有 5 % 係由其他銀行擁有的「同業存款」(inter-bank deposits) 所構成。這些存款雖是被存款銀行的一種資金來源，但也是原存款銀行的一種資金運用。在分析整個商業銀行體系的資產負債表時，須把這種同業存款剔除，以免發生重複計算。但就單一銀行或某一集團銀行 (a group of banks) 而言，這種存款是重要的資金來源之一。例如，以紐約市的銀行爲例，這種同業存款約佔存款總額的11%，而佔全部資金來源的 9 %。

與「同業存款」相對立的是「存放國內銀行餘額」(balances with domestic banks)。事實上,紐約及芝加哥地區的銀行,所接受的同業存款極多,而其存放國內銀行的餘額甚少,形成强烈的對立;這與各該地區商業繁榮,居於金融中心有關。各準備市銀行 (Reserve city banks) 的情形較爲折衷;吸收相當數量的同業存款,但在紐約及芝加哥等地銀行,亦存有相當數量的餘額。至於同業存款的來源,主要係其他的鄉間銀行(country banks)及非會員銀行 (nonmember banks) 所存。各州的銀行法令,大多允許以這些「存放國內銀行餘額」作爲法定現金準備。

就接受同業存款的銀行來說,對於這些同業存款可以不必付息,或僅付出極少利息;但却可以利用這些同業存款購買生利資產牟利。所以,各大都市銀行對於同業存款莫不極力爭取。其爭取的方法,有的是免費或以低於成本的費用,對於存款銀行提供各項服務;例如,代收票據、供給外滙、進行短期融通、以及擔任投資顧問等等。

第四節　商業銀行的活期存款與定期存款

一、活期存款

私人、企業、國內外各級政府、及其他商業銀行等,在商業銀行所存的活期存款或支票存款,是商業銀行資金的最主要來源之一,佔其負債總額的三成左右。這些存款同時也是一國貨幣供給的主要構成部份。因爲法律規定,活期存款不付利息❷,而且各人對其活期存款之提取完全自

---

❷如果銀行在生利資產方面,可賺6%或6%以上,或者進行風險較大的放款,所獲更多,而其所收的活期存款不須支付利息,也就是說利率爲零,自然可以穩賺。但在自由競爭之下,各家銀行對於活期存款的利率便會互相競爭,以致

由，所以商業銀行每天處理的活期存款顧客之借貸工作極其繁重，實際上，今天的商業銀行已在經濟制度中充分的發揮記帳功能(bookkeeping function)。商業銀行處理這些交易的費用相當龐大，主要是靠生利資產的收入維持。雖然有些地方對於顧客票據的收解，收取小額的費用，但此費用也是遠比票據收解的成本為低。至於規定活期存款不付利息的原因，主要有三：(一)活期存款可以隨時提取，但銀行生利資產的變現速度較慢，所以銀行經營本身已有風險存在，不宜加重利息負擔；(二)活期存款顧客，已因銀行提供的種種免費服務獲得很大的利益與方便；(三)一旦支付利息，將使銀行的準備大為削減。

　　一般而言，支票具有下列的優點：(一)易於轉讓。(二)具有與通貨相同的購買力，因為銀行對於活期存款客戶所開支票，均予兌換足額的現款。(三)健全之商業銀行的支票相當安全，即使銀行萬一倒閉，股東清算資產之前亦可優先清償。而且，聯邦存款保險公司成立以後，存款的安全程度大為提高。(四)支票的使用可使社會的支付工具增加。(五)銀行應付支票所需的現金不大，因為支票的借貸大多透過票據的清算互相抵銷。(六)大額的支付可以使用支票，一則避免搶劫，一則避免鈔票點算的錯誤與費時。(七)支票一旦遭受搶劫或被脅迫簽發，可向銀行請求止付，因而保障財產的安全。至於支票的缺點，計有：(一)支票的一

（接上頁）

　　超過零的水準。一九二〇年代，活期存款的利率竟有5％之多，而且大家可對儲蓄存款或定期存款簽發支票。但在大蕭條期間，國會以法律禁止活期存款支付利息，這有兩個理由：當時銀行實際上不能從政府債券方面賺取任何利息，而且銀行業認為，如以法律把活期存款的利率固定於零的水準，同業之間也就不會在利率方面互相競爭，而可增加盈餘。除了銀行界在利率方面採取卡特爾的理由之外，許多專家認為，由於各家銀行之間的過度競爭，以致放款業務趨於不健全，導致銀行的大量擠兌和倒閉。大蕭條時期，這種不對活期存款支付利息的規定，至今仍然維持下去。

般接受性較現金爲低。尤以發票人或背書人的信用不著，或付款銀行的信用不佳時，更難被人接受。（二）對於支票的收解，有時要付若干服務費用。（三）支票易於變造，金額與日期易被塗改，書寫也易發生錯誤。

根據美國的統計，活期存款的週轉每年平均約爲30次；社會上的各項支付之以支票方式完成者約在十分之九以上。

一九一四年聯邦準備銀行成立以後，由於票據的交換工作進行相當順利，支票存款開始大量增加。但自一九三〇年代大蕭條期間，國會以法律禁止對活期存款支付利息後，大衆對持有活期存款的興趣乃日漸降低，雖然銀行以減少服務費（甚或免費）的條件來吸收存款，但仍未能遏止存款減少。二次大戰後，活期存款占銀行所吸收資金的比例且呈現穩定而顯著的減少，下表表示各項負債占資產總額之比例，活期存款比例自一九四七年之70％降至一九七四年之35％。

銀行各項負債佔資產總額之比例（年底）

年　　負債別	1947	1960	1974
活 期 存 款	69.8	60.7	34.3
儲 蓄 存 款	17.7	21.6	14.7
定 期 存 款	5.2	6.9	32.3
借　　款	0.0	0.0	6.3
其 他 負 債	0.8	2.6	5.5
資　　本	6.5	8.2	6.9
合　　計	100.0	100.0	100.0

資料來源：聯邦準備月報及聯邦存款保險公司年報，各期。

儘管美國法律仍禁止對活期存款支付利息，但自1981年1月開始銀

行業者已被允許對「可轉讓提款單存款帳」(Negotiable order of with-drawal accounts, 簡稱 NOW accounts 或 NOW a/c) 支付利息。此種 NOW a/c 在法律上並非活期存款，但其性質與活期存款相似，因為存款者不能根據 NOW a/c 簽發支票，但可簽一張「可轉讓的提款單」交給別人，是故名之為 NOW。惟美國法律對於 NOW a/c 有下列之限制: ①對象以個人及非營利組織為限②有最高利率之限制。

二、支票清算

商業的活動遍及全國，收進的支票有的應由本地銀行付款，有的應由遠地的其他各州銀行付款，所以清算制度的存在即可: (一) 使收到的支票迅速確定其為健全; (二) 使資金由債務銀行移轉到債權銀行。

本地銀行之間的支票收解，僅須經過地區清算的程序即可完成。其程序如次: (一) 各行將所收到的支票加以清點，結算本行持有對於當地其他銀行的債權; (二) 各行指派行員於規定時刻到達票據交換所 (clearing house)，提出各行的票據清算表，其中載明各行對於其他各行的債權; (三) 各行所派行員均向票據交換所經理報告本行持有對於當地其他銀行的債權; (四) 各行所派行員將本行持有的他行支票，交予清算人員; (五) 各行立可知悉本行所欠他行的支票債務; (六) 票據交換所經理隨即結出各行借方及貸方淨額; (七) 各行之間的借差或貸差彼此清償。至於各行之間借差及貸差的清償辦法計有: 第一、將借差銀行的債務，由交換所記入貸差銀行的帳戶; 第二、將各行在當地聯邦準備銀行的準備，根據各別的借差或貸差，分別予以增減調整。

在上述的支票清算過程中，票據交換所佔有相當重要的角色，可以加強當地銀行的活動。其功用計有: (一) 定期檢查當地參加交換的會員，確定各行的流動能力及償債能力; (二) 規定各項服務費用，包括

支票開戶、代收票據、保險箱出租、及信託等的費用；（三）發行票據交換所證券，以應緊急需要，藉此維持大衆對於銀行的信心；（四）交換信用資料，藉以瞭解各行的放款政策；（五）促成支票的普遍使用，使大衆因爲票據交換的方便，樂於收受支票；（六）提供票據交換的統計資料，作爲經濟分析的指標。

同一聯邦準備區之內，各行的支票清算過程如次：（一）存款人銀行收到支票之後，立即解繳當地的聯邦準備銀行；（二）聯邦準備銀行將支票送交發票銀行，並減少該行的準備餘額；（三）發票銀行將支票金額記入發票人帳戶；（四）收款人俟支票收妥，即可據以支用。

不同聯邦準備區之間，各行的支票清算過程如次：（一）存款人銀行收到支票之後，立即解繳當地的聯邦準備銀行；（二）聯邦準備銀行將支票送至發票銀行所在之聯邦準備銀行；（三）發票銀行所在之聯邦準備銀行將所收支票交予發票銀行，並減少該行的準備餘額；（四）發票銀行將支票金額記入發票人帳戶；（五）收票人俟支票收妥，即可據以支用。

三、定期及儲蓄存款

就美國的情況而言，定期及儲蓄存款的成長已逐漸取代活期存款的地位。從上表可知，這二項存款占資產總額比例由一九四七年之23%遞升至一九七四年之47%，這主要是與商業急遽繁榮，放款大量增加有關，因在放款大量增加之後，企業基於利息的考慮，往往儘量減少現金的使用，而把活期存款儘量轉成定期存款，藉以牟取利息。

美國的法律規定，定期存款通常須在到期之後才能提取，而且不能使用支票。聯邦準備當局並且規定會員銀行支付定期存款的最高利率，以及定期存款的法定準備率；就法定準備率而言，定期存款較活期存款爲低。根據聯邦準備當局的分類，定期存款共有三種：（一）儲蓄存款

(savings deposits)；（二） 定期存單 (time certificates of deposits；CD)；（三）記帳定期存款 (open-account time deposits)。

儲蓄存款約佔商業銀行定期存款總額的35%，通常是由私人及財團法人所存。這種存款的利率較一般存款爲高，目的在於鼓勵小額的儲蓄存戶。自一九六五年以後，政府規定其他定期存款的利率不得高於５％至5.5%，但商業銀行對於儲蓄存款所付的利率仍未高出４％。又因儲蓄銀行及儲蓄與貸款協會對於儲蓄存款業務的經營較爲專門，利率較高，且能提供其他利益，所以商業銀行對於儲蓄存款的吸收，也就處於不利的競爭地位。

最近幾年以來，定期存款增加迅速，主要來自「存單」尤其是可轉讓定期存單 (Negotiable certificate of Deposits 簡稱 CDs) 的急遽增加。由於可轉讓定期存單在到期之前不能兌成現款，但可以轉讓，而且面額較大，利息較高，面額通常爲一百萬美元，至少爲十萬美元，在市場上的交易相當頻繁，很多公司乃以「存單」作爲彈性的短期投資工具，因此導致定期存款快速擴大。存單的主要競爭對象就是國庫券。在一九六〇年之時，存單業務毫不發達，但是僅至一九六六年左右，卽已增至 140 億美元之多，約爲全體會員銀行定期存款總額的12%。至一九七四年底更增爲 900 億元，約占銀行資產10%。

記帳定期存款主要用於諸如宗教團體、學術團體等的特殊目的的存款。

根據國際貨幣基金之定義，貨幣供給是由銀行體系外之企業及個人所持有之通貨淨額及存款貨幣所構成，（通常以 M_1 表示）。存款貨幣係指無限制立卽可按等價兌換通貨而無損失之存款而言，包括支票存款與活期存款，至於定期存款是否視爲貨幣，向來就有很多爭論。我國學者林霖博士早在一九三七年，曾於「美國經濟評論」爲文指出，定期存款應

該視爲貨幣 ❸。近年以來，芝加哥大學的傅利德曼 (Milton Friedman) 及其他貨幣理論學者 (monetary theorists)，也是認爲貨幣應該包括商業銀行的定期存款在內 ❹。然而，傳統的主張認爲，商業銀行的定期存款既然不能直接用於支出，也就不能履行交易媒介的功能，所以不能視爲貨幣；定期存款必須是到期換成現款之後，才能用於直接支出。不過，傅利德曼的上述貨幣定義，仍有爭論存在；例如，蔣森 (Harry G. Johnson) 及杜賓 (James Tobin) 對此曾有詳細的討論 ❺。

討論問題

1 試舉簡單例子說明銀行流動能力與償債能力的區別。

2 個別銀行與整個銀行體系的流動能力問題有何不同？個別銀行的流動能力，主要來源爲何？

3 美國政府當局以何種方法防止銀行因爲缺乏償債能力所引起的損失？

4 商業銀行的資本何以重要？

5 商業銀行的「存款」與「借款」有何主要區別？

6 美國商業銀行的「同業存款」與「存放國內銀行餘額」的比例，如何隨地區之不同而異？

7 試述支票的優點與缺點。

8 法律何以規定活期存款不付利息？

---

❸ Lin Lin, "Are Time Deposits Money?" *American Economic Review,* (March 1937), pp. 76-86.

❹ Milton Friedman and Anna Jacobsson Schwartz, *A Mometary History of the United States.* (Princeton: Princeton University Press, 1963), pp. 649-650 note.

❺ 蔣森及杜賓對於❹所揭一書的書評，分別載於
The Economic Journal (June 1965), pp. 388-396;
The American Economic Review, (June 1965), pp. 464-485.

9　試述票據交換所的主要功用。

10　試述不同聯邦準備區之間的支票清算過程。

11　試述定期存款的種類。

第 九 章
商業銀行的資金運用

上章已經知道，銀行的負債就是銀行資金的來源，而銀行的資產，則是代表銀行資金的運用。美國共有一萬四千六百家左右的商業銀行，以其資金對各企業、家庭、以及社會各部門，提供各種形式的信用。社會所需的短期信用及長期信用，絕大多數是由商業銀行提供，所以商業銀行的政策與動向，對於社會資源的分配，能夠發生重大的影響。

商業銀行的資產，主要是由現金準備、生利資產（放款與投資）、及其他資產構成，以下分別加以說明。

第一節　商業銀行的現金準備

商業銀行的現金準備主要包括聯邦準備存款、庫存現金、在其他銀行的活期存款等。商業銀行對於現金的保有，實在代表一種犧牲；因為若把這些現金換成放款或投資，便可謀取相當的利益。雖然如此，現金準備的保有，不但重要，而且必需。聯邦準備規定銀行提列或保有現金準備的主要作用，是在限制銀行創造信用的數量，有助於它對貨幣供給

量的限制，由於法定存款準備率甚低，且存款已有銀行全部資產及聯邦存款保險公司保險，故現金準備在保障存款的意義上而言並不大。保有各種不同種類的現金準備之理由如下：

（一）按照聯邦準備法案的規定，會員銀行須在聯邦準備銀行保有準備。基於聯邦準備制度會員銀行的資格，這些銀行如有需要，隨時可向聯邦準備銀行請求資金的融通。

（二）在傳統的銀行經營上，庫存現金（vault cash）就是營業時間放在行員抽屜，夜間放在金庫的通貨。雖然庫存現金僅佔資產總額的１％至２％，但卻不能沒有，否則無法應付顧客以支票請求兌現的需要。根據一九五九年修正的聯邦準備法案，會員銀行可以這種庫存現金的方式保有其法定準備。至於非會員銀行方面，根據各州的規定，很久以來就是如此。

（三）存放其他銀行的餘額，乃是商業銀行同業存款的抵銷項目。因此，這一項目不能代表整個集團銀行的資金運用，僅能代表若干銀行的資金運用，以及其他銀行的資金來源。為了避免重複計算，貨幣存量的統計中並不列入這項存款。但就個別銀行而言，這是資金的重要運用之一。

第二節　商業銀行的放款

現金準備有時被稱為第一準備，主要是因為它能立即而無損失的取得現金資產，若銀行實際現金準備大於其法定準備時，就有正的超額準備，但若銀行實際現金準備小於法定準備時，則謂超額準備不足。

關於放款的分類，標準很多，不僅借款對象、借款目的、抵押型態，都是分類的標準，即使期間的長短、償還的方式、以及抵押的有

無，也是重要的分類標準。但是，銀行對於放款的承做，最大的關心還是在於放款是否能在不算太長的時間之內確實收回；亦卽，放款必須富於流動能力。

除了若干變現程度較強的放款之外，銀行放款的流動能力，可以說是完全決定於借款人償還放款的態度與能力。傳統的看法認爲，銀行放款具有流動能力的先決條件，在於放款本身必須具有自償性(self-liqui-dating)。

在經濟學上，營運資本 (working capital) 主要包括原料、半製成品、待售的成品、以及存貨。經過原料投入以至成品售出的生產過程以後，這些成品總是可以變成現金，並以部分所得現金用於購買原料及勞動，進行再投資。據此，銀行的放款如果用於營運資本，便是具有自償性；因爲資金投入生產過程以後，最後便有成品的銷售，而銷售所得的資金便可用於償還貸款。這種放款對於銀行來說，最感安全。

在傳統上，銀行總是認爲對於營運資本的放款，最具有自償性。但事實上，營運資本的自償性只是一種錯覺而已。因爲一般知道，企業對於營運資本的需要，大多具有長期的性質。在一個繼續經營的企業，成品出售獲得現金以後，必然再把現金投入生產過程，除非這一企業減少生產或者停止生產，才會把所獲現金用於償還銀行貸款。所以，銀行認爲營業資本具有自償性，只能說是基於技術觀點的考慮。事實上，只有在企業不需營運資本之時，營運資本才能發生自償性的效果。

因爲對於存貨以及生產過程的投資需要，是隨季節的變動而異，所以嚴格說來，對於營運資本的臨時需要，可說具有最大的自償性。在季節變動顯著的企業，一旦旺季過去，所獲資金不再用於投資，而是用於償還基於臨時需要借入的銀行貸款；如不用於償還銀行貸款，只有變成休閒現金 (idle cash) 一途。

　　大多數的銀行仍然認為，對於營運資本的臨時需要，例如三個月期、六個月期、最多一年期的放款，乃是一種最理想的放款。不過，現在的銀行已經發現，這種理想的放款機會並不很多。另一方面，企業對於貸款的償還，除了存貨的出售以外，尚有許多其他的來源。所以，今日的銀行，對於放款的承做，大多是根據借款人過去及預期所得和費用的信用評估，資產及負債比率，短期資產及短期負債比率等如何而定；至於這筆放款是否具有足夠的自償性，已非主要的考慮因素。

　　最近三、四十年以來，最為普遍的放款形式就是所謂「定期放款」(term loans)。這種放款具有確定的到期日 (maturity)，通常為一年或一年以上，很少超過十年。這種放款的償還方式，通常是採取定期、等額的分期償還辦法，有時最後一期的償還金額，比以前各期都大，而且各期的償還金額之中，均已包含應付的利息在內。有時，前一兩年僅還利息，不還本金，稱為寬限期(grace period)，如果根據期限加以分類，定期放款應該屬於中期放款，而非短期放款。但就銀行觀點來說，這種放款既能定期收回若干現金，且其本金逐期減少，可謂具有相當的流動能力。

　　上述的定期放款，主要在於融通機器或其他生產設備的購置。這種放款所訂的償還日期與金額，乃視生產設備參加生產以後，現金的收回情形如何而定。有時，基於相互的約定，在放款未獲完全清償之前，銀行不准企業舉借其他的債務，甚或非經銀行同意，企業不得私自變更經營政策。這種放款在近年以來的進展更為快速，目前約佔銀行對於企業放款總額的三分之一至二分之一。至於放款的期限，短則一年，長則八年或十年，並以廠房或生產設備作為抵押。

　　任何銀行在對某一企業決定是否放款之前，必先審慎分析這一企業的財務狀況以及未來的獲利能力，特別是在進行大筆放款之前更應如此。銀行分析企業信用狀況之主要根據有二，一為企業申請貸款時所提

出之財務報表，一爲銀行徵信調查所得之資料。企業所提出之財務報表，主要是資產負債表及損益表，特別是經過會計師簽證的報表，最能作爲信用分析之根據。不過，銀行對於企業前途的判斷，與投資者對於企業前途的判斷觀點不同；銀行主要注重企業賺取現金以償還貸款的能力，投資者則較注重企業的長期獲利能力。換句話說，銀行比較看重企業將來的流動能力，較不看重企業最後的償債能力。所以，銀行對於企業的信用分析，特別注重下列的三項比率：

（一）**應收帳款對於銷售淨額的比率：** 應收帳款是指企業顧客對於企業的債務。一旦顧客遲延債務的清償，甚或拒絕債務的清償，形成呆帳，便會促成這一比率的上升，此時企業必須防止信用的擴充，並且改善收帳的方法。

（二）**存貨對於銷售淨額的比率：** 存貨的增加，便是表示現金的短缺，因而促成這一比率的上升，此時企業必須改善存貨的控制方法。

（三）**流動資產對於流動負債的比率：** 流動資產包括現金以及一年之內可以變成現金的資產；流動負債是指一年之內必須清償的負債。這一比率就是所謂「流動比率」(current ratio)；健全的企業，這一比率應爲二比一或三比一。如果這一比率逐年下降，便是表示這一企業的流動能力每況愈下。

銀行對於企業信用的分析，除了分析企業所提供的各種財務報表，以了解其財務結構，獲利能力及資本實力等之外，尚可調查與該企業有關人士對該企業之觀感，及該企業本身之經營方法。貸款銀行亦可向該企業從前曾經往來之銀行查詢。如果該企業最近曾向大衆出售證券，則證券的承銷機構以及投資銀行，必然曾對這一企業的信用作過分析，這時，貸款銀行亦可參考這些分析的結果。

當然，企業經營階層的人格、品性、以及其他許多無形因素，也是

銀行分析企業信用的重要根據之一。在銀行的徵信制度尚未充分建立之前，銀行對於企業的融通，全憑銀行經營人士與企業經營人士雙方交往的瞭解與直感，這就是一般所說的「品格貸款」(character loan)。後來，銀行的徵信作業系統完全建立以後，雖然是以財務資料的科學分析作為主要根據，但是企業經營階層的個人因素仍然不可忽略。

銀行對於企業的獲利能力以及償還貸款的意願，如有充分的信心，自然可以不必要求任何抵押；否則，企業必須提出適當的抵押，才可獲得貸款。銀行雖然獲得抵押，但對企業的信用分析，仍然最為重要。一般而言，企業提出抵押因而獲得貸款之後，對於償還貸款的責任感總是隨之下降；何況，銀行要求企業提出抵押，對於雙方非但增加困擾，且將造成銀行公共關係的損害。除此之外，企業所提抵押的價值常不易確定，特別是機器或固定資產的抵押，當初購置之時的價格很高，但是一經轉手，價格就會大大下降。

銀行貸款的抵押，雖有上述的若干缺點，但因企業所提的財務資料往往不全，或是銀行本身的徵信工作未臻完善，所以，各式各樣的抵押，仍為取得銀行貸款的重要基礎。以下列舉幾種提供抵押的情形：

（一）銀行如果是對企業的存貨放款，這時，最好的抵押便是存貨本身。存貨的運送乃以提單 (bill of lading) 為憑。其中，「記名提單」(straight bill of lading)不是良好的抵押，但是，「不記名提單」(order bill of lading) 則為良好的抵押。存貨如果尚未運送，則有「倉單」為憑，此時，倉單亦為一種抵押。

（二）銀行如果是對企業的機器購置放款，這時，不管是短期放款或是定期放款，放款的期限須與機器的使用年限互相配合，而且，機器本身就是最好的抵押。

（三）若干擁有大量定期存款的銀行，可對不動產的購置進行抵押

放款。當然，這些不動產本身就是最好的抵押。這種放款期間雖長，但是大多分期攤還，所以有些銀行視爲適當的資金運用之一。企業有時無法提供其他適當的抵押，也會以不動產作爲申請短期貸款的抵押。

（四）除了上述的存貨、機器、及不動產可以作爲放款的抵押之外，銀行也可接受企業提出的債權憑證，作爲放款的抵押。這些債權憑證，是以股票及債券爲主。這些股票及債券的價格，立即可由市場的價格決定，而且，一旦借款人宣告破產，銀行立可將其所持股票及債券出售變現。

（五）若干企業擁有大量的應收帳款，有時便以這些應收帳款作爲抵押，請求銀行貸款。一旦帳款收回，立即解繳銀行，或者事先通知債務人，將其應付帳款直接付給銀行。這種放款由於牽涉債權債務的移轉，經常引起法律糾紛。雖然如此，這種放款近年以來發展非常迅速，主要是因許多企業無法獲得信用貸款 (unsecured loan)，而又無法提供適當抵押之故。

以上所述的各種銀行放款，大多是以企業作爲主要對象。事實上，有些個人因有固定收入，或能提供相當抵押，也是銀行進行放款的優良對象；其中又以「消費放款」(consumption loan) 爲主。所謂消費放款，是指銀行對於個人購買耐久性消費財 (durable consumer goods) 的放款。例如，個人或家庭想要購買汽車、冷氣機等家庭耐久性消費財，但因目前的財力無法應付，便可轉向銀行申請貸款，然後提供適當的抵押，或者僅須約定以個人所得作爲抵押，嗣後分期償還即可。

根據以上所述，銀行對於放款的決定，主要就是根據流動能力、償債能力、及獲利能力三大原則加以愼重的考慮，但此三大原則的應用並不簡單。總之，銀行進行放款的考慮標準，可以歸納爲下列數點：（一）放款對象的信用；（二）放款資金的用途；（三）放款保障的程度；（四）

放款期限的分配；（五）放款風險的分散；（六）放款資金的來源；（七）放款期間的經濟情勢。

第三節　商業銀行放款五原則

放款業務是銀行最重要的業務之一，放款性質十分複雜，放款對象也包羅萬象，因此放款必須有高度的經營藝術。第二次世界大戰以前，各國銀行對借款人之評估以三C為標準，即品格（Character）、能力（Capacity）、資本（Capital），其後又加上擔保品（Collateral）及經濟狀況（Condition）而成為五C。但由於經濟結構的轉變，資金需求偏向長期型態，傳統的放款原則已經不能適應當前的情勢，因此一項較有系統的放款五原則逐漸的受到各方面的重視。這五項放款原則因英文字開頭都是P，因此又稱為放款五P。

一、借款戶（People）： 對於借款戶必須評估他的責任感、經營能力及過去和銀行往來情形等各項因素，尤其應該調查借款戶對繼位經營者的培植情形。

二、資金用途（Purpose）： 現代銀行的放款，首先必須瞭解客戶的貸款資金運用計劃。一方面瞭解貸款用途是否正當、合情合法，另方面也可瞭解他的用途，是屬於週轉性貸款或投資計劃性貸款，以做為區分長期放款與短期放款之用。

三、還款來源（Payment）： 經營現代銀行最重要的基本原則就是安全性，其次才是收益性，因此分析放款的還款財源可以說是放款業務的重心。實際上，放款的還款財源和放款的用途關係非常密切。

四、債權確保（Protection）： 在債權的確保方面，還款財源可說是第一道防線。但為防備借款戶無法就還款來源履行還款義務時，必須

有第二道防線，也就是由借款戶提供擔保品，或以第三者的信用承擔借款戶的信用責任。

五、借戶展望 (Perspective)：銀行放款時，除就經濟景氣及產業前途加以分析外，尚需就放款所需負擔的風險與所能得到的利益加以衡量。

第四節　商業銀行的投資

就銀行資金的運用而言，投資的購買也是銀行放款的一種形式。有時，銀行放款與投資之間的區別並不十分明顯 ❶。但是，一般而言，放款與投資的主要區別在於：(一) 投資具有市場性 (marketability)，這是因為銀行的投資大多包括可在市場買賣的證券；即使證券發行已經很久，還是可以買進，即使證券距離到期日尚遠，也是可以賣出。但在放款方面，除了少數的例外，大多缺乏市場性。在法律上，放款雖可買賣，但無買賣市場，所以銀行對於放款，從承做以至到期，均須始終加以持有。(二) 投資具有匿名性 (anonymity)，這是因為銀行的投資對象，並不一定就是限於銀行的顧客。但在放款方面，銀行總是以直接的

---

❶在商業銀行的資金運用中，尚有貼現一種 (discount)。貼現是指銀行在放款以外，經營貸放業務的另一種方法。貼現和放款一樣，都是運用銀行資金購入生利資產的授信業務。所謂貼現，從貼現申請人的立場來說，是把所持未到期的票據，將票據上所記載的權利轉讓給銀行，以換取現款或換取對於銀行的債權。但從辦理貼現業務的銀行來說，則是收進尚未到期的票據，貸出本行的資金，以換取票據上所記載的權利。銀行經營貼現業務的目的，在於獲得貼現利息的收入。不過，貼現利息的收取方法與放款利息的收取方法並不相同。放款的利息須到償還期限屆滿才與本金一併清償，但是貼現的利息卻在辦理貼現之同時，就貼現日起至票據到期日止的利息預先予以扣收。

顧客作爲放款的對象；至少，企業或個人在接受銀行的放款以後，也會成爲銀行的顧客。（三）投資的期限 (maturity) 通常較短。在銀行的理論與經營傳統方面，一筆放款的流動能力是以該筆放款能够及早淸償作爲先決條件；但是銀行對於投資，主要則係注重其在市場出售的能力。所以，投資可能包括中期證券甚或長期證券在內，而其資金的來源，則以定期存款爲主。以前有人認爲，放款的期限應較投資爲短；但是時至今日，以不動產作爲抵押的放款，往往長達二十年之久，卽以定期放款而論，亦屬長達五年。但在投資方面，期限反而較短。例如：國庫券從發行到收回，不會超過一年；某些債券雖係發行很久之後才加買進，但在到期之前數月亦可賣出，期限可謂甚短 ❷。

在銀行的經營上，爲了避免現金短缺之時，轉向其他銀行告貸請求週轉的困境，往往保持相當數量的生利資產，俾在急需之時迅速變成現款。這些生利資產因具有甚大的流動能力，故被銀行視爲「第二準備」(secondary reserves)。第二準備通常包括國庫券、銀行承兌票據、通知放款等可以迅速變現而損失較小的資產而言。

但就會員銀行而言，一九一四年聯邦準備制度建立以後，因爲借款的能力大見增加，故對第二準備的需要遂告減少。另一方面，聯邦債務的成長甚爲快速；一九一四年，聯邦債務僅爲10億美元，第一次世界大戰以後增至250億美元，第二次世界大戰以後，甚且增至3,000億美元之多。隨此而來的則是政府短期證券市場的快速發展，其中，國庫券更被銀行持有作爲第二準備；尤其是非會員銀行因無超額準備存在聯邦準備銀行，所以對於政府短期證券的需要更爲迫切。

如前所述，銀行的放款大多缺乏市場性，所以銀行對於放款的市場

<hr>

❷Harold Barger, *Money, Banking and Public Policy*, 2nd edition, (Chicago: Rand McNally & Company, 1968), pp. 232—233.

波動情形並不注重，而是關心放款的按時收回。放款能否按時收回，乃與流動能力有關。一般而言，放款期限越短，流動能力越高。但在投資方面，投資的風險不僅來自企業經營的失敗，抑且來自證券市場的價格波動。一旦利率上升，證券價格必然下降；反之，利率下降，證券價格則告上升。證券投資的期限越長，其受價格波動影響引起損失的風險也就越大。

銀行對於投資對象所作的分析，與對放款對象所作的分析，重點亦不相同。在對投資對象的信用狀況進行分析之時，通常只能根據有關機構出版的投資報導，以及對於經濟情勢、利率變動的預測等等資料。但是銀行在對放款對象的信用狀況進行分析之時，通常可以深入調查，要求提供可靠的資料作為研判的根據。

銀行的投資如以企業作為對象，則該企業的證券初次上市之時，可由證券管理機構獲得可靠的財務資料；上市以後，則有經過會計師簽證之財務報表定期提供出來，以作為分析的根據。因為銀行可在投資證券尚未到期之前將該證券賣出，而該證券價格則隨企業信用狀況的變化不斷波動，所以銀行所關心的是該企業的長期獲利能力。但在放款方面，銀行對於放款對象的長期獲利能力不很重視，却最關心這一企業短期之內賺取大量現金用以償還貸款的能力。

第五節　商業銀行的資產負債管理

銀行為透過信用受授及金融服務以創造利潤之機構，由於其百分之九十以上之資金均來自存款等負債，因此「穩健」一向是銀行的重要經營原則。所謂穩健，係指在銀行從事資金運用追求利潤的過程中，必須同時考慮資產的流動性與安全性。

　　自一九六〇年代以來，美國銀行界由於企業財務管理觀念逐漸成熟，資金大量自無息存款轉向獲利性較高之金融性資產，加上放款需求隨經濟之快速成長持續擴增，致使銀行因流動性不足，而轉向重視資金取得之管理。各種金融創新亦應運而生，此固使銀行增加了資金來源，但也因銀行在資金市場上的激烈競爭，導致了資金成本上升、營運風險擴大的後果。一九七〇年代中期以降，美國銀行業受物價、利率同時大幅上升、NOW 帳戶開辦、存款利率上限逐步解除、利率變動頻繁，以及銀行間業務競爭愈益激烈等因素影響，在經營策略上乃紛紛改採資金來源與運用並重之資產負債管理，以因應實際需要。

　　銀行資產負債管理（Assets and Liabilities Management, 簡稱 ALM），係指銀行為獲致最大收益，運用現代化之預測分析模型及配合縝密之規劃與技術，同時權衡收益性、流動性與風險性之變化，而從事於各項營運資金籌措（負債管理），並有效運用於各種資產組合（資產管理）之綜合管理。

　　美國一般商業銀行為兼顧盈利性、流動性、安全性以及業務之成長性，對於資產與負債之管理，通常所採用者有下列五種方法：

　　1. 經驗法：銀行經營者依據歷年財務報表，憑其常識經驗及直覺擬訂管理決策，並不從事計量上之預測。此法在各種 ALM 方法中最欠缺理論基礎，但也最常被採用，通常以保持大量資金、維持高度之流動性為其特性。此法僅適用於區域性規模較小銀行或同一地區無強烈競爭對手之銀行。

　　2. 資金統籌運用法：此法又稱資金集中法。認為銀行對於各種不同來源之資金，應統籌分配，不必因來源之不同而有不同的使用方法，而應以統籌調配的方式來應付提款與放款資金的需求，可使資金在合理情況下互為支援，提高資金的運用效率。

銀行採用此法運用資金時，應先確定流動性與獲利性的需要額，再依次按原始準備、次級準備、放款及投資之優先順序處理。至於個別資產運用比率的設立，及獲利性與流動性間衝突性之調整，則憑銀行經營者之睿智與抉擇，由於此法只強調資金分配之優先性，並未提供明確的方法以具體指出分配在某類資產的比例應若干，故批評者認為此說太過強調流動性一項。

3. 資金分配法：又稱資金轉換法。此法認為銀行所須之流動性數量與資金之取得來源有關，故應依個別來源之法定準備需要與週轉速率區別（卽資金個別來源之流動性）有效分配於各項資產。

銀行管理者應事先決定資金分配政策，以供資金配置操作之遵循。此法之優點在於可降低流動資產餘額以增加營業收益。有關資金配置原則如下：

(1)支票存款及活期存款：由於法定準備率及流通速度均高，宜置相當比重於原始準備及次級準備。

(2)儲蓄存款及定期存款：由於法定準備率及流通速度較低，絕大多數資金均可分配於放款及投資。

(3)資本：宜用於購置固定資產。

4. 負債管理法：自花旗銀行首於一九六一年推出定期存單發行業務以支應放款需求以來，負債管理法乃應運而生。此法係經由貨幣市場以機動方式，藉吸收大額定期存單、辦理同業拆放、存放歐洲美元等途徑以籌措資金，以期保持流動性且能兼顧收益性，同時亦可藉以擴充銀行資產兼顧業務成長之目的。在運用上，銀行應避免過分依賴任何單一資金來源，對每種資金來源均訂有個別最高限制，此種限制一方面可減少或避免資金調度可能發生之困難，一方面亦可增加資金調度的靈活性。

5. 系統管理法: 又稱貝克法, 它融合了前四種方法的許多特點。此法在建立一套思維體系, 以協助銀行經營管理階層解決一些複雜的問題, 俾能在不斷改變的經營環境中營運, 目前業已成爲美國銀行界普遍採用之資產負債管理方法; 其在作業上, 係將銀行有關資金各部門視爲一個整體, 對資產與負債統籌調配, 主要步驟如下:

(1)編製日基礎資產負債表: 以應計基礎編製每日資產負債表, 預測資產與負債之變動, 若敏感性資產與負債 (指某一貸款或借款, 其利率在某一期間不會固定不變之意, 所謂某一期間則視利率變動之幅度與頻率而定, 通常在九十天至一年之間) 間有缺口存在 (即差額), 則以買賣聯邦資金作爲初步調整策略。

(2)作成利率走勢預測: 依據當前經濟金融情勢作成利率走勢預測, 以確定盈利資產及付息負債之預期利率並據此編表。

(3)編製利息差價表: 將前項利率乘以有關資產及負債即得利息收入與利息支出, 兩者之差額即利息差價。

(4)淨邊際利率比較: 淨邊際利率爲利息差價與盈利資產之比率, 可視爲銀行之邊際毛利率。

活期性存款因無須支付利息或利率較低, 對銀行資金成本之負擔較輕, 所創造之邊際毛利較大。銀行如能保持穩定之邊際毛利, 而對其他一般費用又能有效控制, 對營業淨利當能產生實質上的貢獻。

採用系統管理法, 必須訂定「稅後平均淨值報酬率」作爲利潤規劃之目標, 並以利率敏感性之資產與負債作爲管理之工具。此即是: 銀行應設法謀求利率敏感資產 (rate sensitive assets, RSA) 與利率敏感負債 (rate sensitive liabilities, RSL) 達到相等 (至少也應趨於均衡), 以避免資金利率漲跌之風險, 達到預期收益之效果。若銀行之 R.S.A 與 R.S.L. 全面吻合, 則利率之任何變動均不影響收益, 惟實務上了解,

各銀行之 R.S.A. 與 R.S.L. 間多少均存在有差距，此一差距通稱爲「敏感性」缺口，缺口越大對利率變動之敏感程度便越高，影響銀行經營風險與利潤風險之程度亦越大。

理論上，預期利率上升時擴大缺口，預期利率下跌時關閉缺口或造成負缺口，均可增加銀行獲利，惟實務上不易配合。據實際觀察，美國一般商業銀行大多仍秉持銀行資產負債管理之基本精神——追求利潤、穩定成長，儘量以保持正缺口爲基本政策。

敏感性缺口

	資產		負債	
商業放款 賣出聯邦資金 國庫券	R.S.A. 50%	敏感性 缺口30%	R.S.L. 20%	買入聯邦資金 可轉換 CD
長期有價證券 抵押放款 消費性放款 固定資產	N.R.S.A. 50%		N.R.S.L. 80%	活期存款 定期存款 長期負債 資本

討論問題

1　試述銀行保有現金準備的理由。

2　在傳統上，銀行總是認爲對於營運資本的放款，最具有自償性，何故？但事實上，營運資本的自償性只是一種錯覺，何故？

3　何謂定期放款？定期放款的主要對象爲何？

4　一般而言，銀行對於顧客的信用分析，特別注重那些比率？銀行放款之

時，應該考慮那些要點？

5　銀行放款之時要求顧客提供抵押有何缺點？試舉幾種提供抵押的情形。

6　銀行投資與銀行放款之主要區別何在？

7　銀行對於投資對象的分析，與對放款對象的分析，重點有何不同？

8　試從銀行觀點分別比較放款與投資之利弊。

9　有人認為，如果定期存款所佔銀行資金來源的比率甚高，則銀行投資所佔
的比率比較可能高於放款所佔的比率，實際情形是否完全如此？

10　何謂貼現？貼現利息的收取方法與放款利息的收取方法有何不同？

11　何謂銀行資產負債管理？何謂「敏感性」缺口？

第 十 章
商業銀行的若干問題

美國的銀行制度如同美國的經濟一樣，係世界上最複雜、最分歧的制度之一。如欲眞正加以瞭解，須從各種不同的角度觀察。以上三章已就商業銀行的存款創造、資金來源、資金運用方面作過一般性的說明，本章擬就目前美國商業銀行制度所面臨的各種重要問題逐一探討。

第一節　雙軌銀行制與單一銀行制

美國幅員相當遼闊，在建國初期僅有北部十三州，而今則已成爲擁有五十州之合衆國。由於各州之開發先後不同，經濟發展之程度亦不一致。在憲法上，美國爲聯邦政府，所以各州均有各自的立法權，而在美國歷史上，聯邦立法與各州立法，常爲爭論之重點。由於上述之政治經濟背景，遂而形成今日美國銀行制度之三大特點：（一）雙軌銀行制（two dual system）；（二）單一銀行制（unit banking system）；（三）長短期信用機構分工制。

所謂雙軌銀行制是指聯邦政府及各州政府均可核發商業銀行執照。

因爲美國自一七九一年以至一八三六年，雖有兩次設立中央銀行之建議，及實施分支行制之嘗試，但因聯邦立法與各州立法之爭議，終於未能實現。一八三六年以後，則爲州法銀行 (state banks) 之全盛時期，亦是美國銀行制度最爲混亂之時期。當時的銀行，大多均爲實收資本不足，放款浮濫，鈔票發行逾量，以致幣制因而紊亂。南北戰爭時期，聯邦政府先後於一八六三年及一八六四年兩年通過國法銀行法案 (National Bank Act)，旨在整頓幣制，並且加強銀行監理，但是亦未推翻各州之銀行立法。所以，國法銀行與州法銀行並存迄今。在此情形之下，有關銀行之法令也就日趨繁複；目前計有聯邦國會通過之法律，有聯邦準備理事會根據聯邦法律授權所頒佈之規章，有各州議會所通過之銀行法，亦有聯邦存款保險公司根據聯邦法律規定所頒佈之業務章則，以及財政部錢幣司長根據法律所頒佈之命令。

所謂單一銀行制是指銀行有一個章程，一個董事會，祇經營一家自主銀行，沒有分支行，小規模經營者而言，美國爲世界上著名的以單一銀行制爲主，沒有全國性分行制的國家。目前，美國的商業銀行，總數約在一萬四千六百家左右，此與其他國家相比，乃成天壤之別。這是因爲各州皆未允於境內普設分行之故；其中，僅十九州可以設立分行，另十六州可以設立爲數有限之分行，其餘十五州完全禁止設立分行，至於越州設立分行亦被禁止 ❶。因此，單一銀行爲數之麗大全然不足爲奇。

────────────────

❶ (一) 下列各州採取「州內遍設銀行制」(state-wide branch banking)：阿拉斯加(Alaska)、亞里桑那 (Arizona)、加尼福尼亞 (California)、康奈克第克 (Connecticut)、德律韋 (Delawae)、哥倫比亞特區 (District of Columbia)、夏威夷 (Hawaii)、阿特荷 (Idaho)、路易士安那 (Louisiana)、緬因 (Maine)、馬利蘭 (Maryland)、內華達 (Nevada)、北加羅里那 (North Carolina)、奧立岡 (Oregon)、羅德島 (Rhode Island)、南加羅里那 (South Carolina)、南達柯打 (South Dakota)、猶大 (Utah)、浮蒙 (Vermont)、佛吉尼亞 (Virginia)、華盛頓 (Wash-

卽以一九六九年年初而論，已經開業之銀行中，共有一萬多家係屬單一銀行，約佔銀行總數70％以上；換句話說，單一銀行之家數約爲分行銀行家數之三倍。分支行制所佔之比例雖少，但是並非不關重要。其實，戰後以來，分支行制的發展卽相當迅速。在一九六一年，共有 2,484 家銀行開設11,077家分行；至一九七四年，已有5,123家銀行開設 28,434 家分行。

①與美國單一銀行制相對的銀行制度是總分行制，所謂總分行制係指除總行之外，在國境內普遍設立分支機構而言，近代企業均趨向於分工及大規模經營，因此世界各國的銀行制度亦多採總分行制，例如英國、法國、日本等均是，我國亦然。

②此外，所謂美國長短期金融機構的分工較一般爲明顯，係指商業銀行以供應短期信用爲主， 相互儲蓄銀行、 儲蓄與貸款協會、 信用組

（接上頁）

ington)。

(二) 下列各州採取「有限分行制」(limited branch banking)：

阿拉巴馬 (Alabama)、阿肯色斯 (Arkansas)、喬治亞 (Georgia)、印第安那 (Indiana)、愛俄華 (Iowa)、肯達基 (Kentucky)、麻薩諸色 (Massachusetts)、 密西根 (Michigan)、 密西西比 (Mississippi)、蒙特那 (Montana)、新罕普夏 (New Hampshire)、新澤西 (New Jersey)、新墨西哥 (New Mexico)、紐約州 (New York)、北達柯打 (North Dakota)、俄亥俄 (Ohio)、賓西法尼亞 (Pennsylvania)、田納西 (Tennessee)、威斯康辛 (Wisconsin)。

(三) 下列各州禁止設立分行：

科羅拉多 (Colorado)、佛羅里達 (Florida)、伊利諾 (Illinois)、堪薩斯 (Kansas)、明尼蘇達 (Minnesota)、密蘇里 (Missouri)、尼布拉斯加 (Nebraska)、奧克拉荷馬 (Oklahoma)、德克薩斯 (Texas)、西佛吉尼亞 (West Virginia)。

(四) 下列一州對於分支行制未訂法律：

懷俄明 (Wyoming)。

合、人壽保險公司、私人年金基金、投資公司等則多以供應中長期信用
爲主。

　　③一九七四年美國金融司長曾裁定商業銀行可以使用電子資金傳送
終端設備，更促進了近年來具分行性銀行的發展。這項裁定允許國法銀
行經營顧客與銀行連繫終端設備 (Customer-Bank Communication Ter-
minals, CBCTS)，這種迷你銀行 (mini-bank) 設備雖非銀行分支機構，
但因可使採用銀行之業務擴張到其他銀行、購物中心、火車站等，並可
辦理客戶與銀行間存款、提款業務及支票存款、儲蓄存款之轉帳，因此
實已具有類似分支行之性質。

第二節　銀行握股公司的興起

　　戰後時期，與分支行制同時發展者尚有「銀行握股公司」(bank
holding company)；此種公司在一九六〇年代的發展相當迅速，而在一
九七〇年代產生重大的影響。這是由於美國採取單一銀行制的結果，各
州各有其銀行法，任何銀行欲至他州擴充業務，均非事實所能許可。於
是，若干銀行進而組織這種「銀行握股公司」，得以同時握有越跨州區
之其他銀行股份，以規避法律之束縛，而兼有分支行制之優點，此卽美
國銀行制度上所特有之「集團銀行制」(group banking)。但因集團銀
行之握股公司每每濫用其權力，以犧牲其所掌握股權較少銀行之權益，
而扶植其所掌握股權較多銀行之權益。因此，國會及一部份州議會不得
不設法加以制止；若干州議會並且對集團銀行之業務活動加以限制。

　　基於「反托拉斯法案」之精神，美國各州大多以法律限制商業銀行
購買其他銀行之股票。例如，華盛頓特區及其他三十三州法律均有明文
規定，任何商業銀行不得購買其他銀行之股票達全部發行額之 50 %；

但因握股公司在性質上不是銀行，故其購買銀行股票不受上項規定之限制。目前，在美國各州之銀行法中，阿拉斯加、明尼蘇達、奧立岡、及威斯康辛四州允許集團銀行之設立；佛羅里達、麻薩諸塞、紐約、及南加羅里那四州允許有限制地設立集團銀行；喬治亞、伊里諾、印第安那、及堪薩斯等十六州完全禁止集團銀行的設立；阿拉巴馬、亞里桑那、阿肯色斯、及加里福尼亞等州對於集團銀行的設立則無任何規定❷。

在聯邦立法方面，一九五六年公佈之「銀行握股公司法案」(Bank Holding Company Act of 1956)，對於握股公司握有銀行股權，須受聯邦準備理事會之登記核准，甚至有無投票權，亦須事先核准。根據聯邦準備理事會所頒管理規章，所謂握股公司係指握有兩家以上銀行之股票而言，如僅握有一家銀行之股票，則不屬於限制範圍之內。因此，銀行家也就鑽研法律漏洞，自一九六〇年代以來，「獨家銀行握股公司」(One Bank Holding Company) 則有加速發展之勢。所謂獨家銀行握股公司，係僅握有某一銀行股票四分之一或四分之一以上之公司。此類公司於一九五五年僅有 117 家，所屬銀行存款約佔全國銀行存款總額之6％。但至一九六八年及一九六九年後，若干規模較大的銀行，爲了擺脫法律的牽制以拓展業務，亦改組爲獨家銀行握股公司。故至一九七四年，此類公司增爲1,340家，其下有8,244家分行，所屬銀行存款約佔全國銀行存款總額之30％。

獨家銀行握股公司之作用，在於打破美國長短期信用分工之銀行制度，以「商業銀行」透過握股公司之子公司，兼營長期信用與投資業務，甚至經營金融以外之企業。聯邦準備理事會認爲此類機構，不但違背一九三三年銀行法案所訂商業銀行業務與投資銀行業務之基本精神，

---

❷Harold Barger, *Money, Banking and Public Policy*, 2nd edition, (Chicago: Rand McNally & Company, 1968), p. 243.

而且握股公司如果兼營一般企業，則有經濟力量過度集中之虞。聯邦準備理事會於一九六九年二月發佈之原則聲明書(statement of principles)中稱，銀行雖然應該給予較大之自由以開創新的業務，但是獨家銀行握股公司却應納入一九五六年成立之「銀行握股公司法案」之內。因此，參衆兩院相繼提案，各案均建議獨家銀行握股公司須受管制，銀行與公司行號不得相屬，卽使相屬，亦須受到限制，獨家銀行握股公司與多數銀行握股公司 (multi bank holding company) 從事銀行以外之業務，應予平等待遇。

一九七〇年，參衆兩院就上述的提案加以妥協通過，而於同年除夕，尼克森 (Richard M. Nixon) 總統簽署法案，將獨家銀行握股公司納入一九五六年之「銀行握股公司法案」之內。此後，獨家銀行握股公司與多數銀行握股公司相比，已經不再享有任何特權❸。爲了彌補單一銀行制的缺點，除了銀行握股公司外，還有連鎖銀行 (chain banking) 及代理行 (correspondent relationships) 的關係產生；所謂代理行關係，是由單一制銀行或分行少的銀行，委託各大城市中的一家銀行爲代理行，訂立契約，並在代理行開戶存款，委託其代收代付款項，甚至代辦放款、投資等業務，有時設在各大商業城的銀行，爲了業務上的便利，也相互委託爲代理行。所謂連鎖銀行，與銀行握股公司相似，以聯鎖方式在聯鎖範圍內發揮分行制的作用，但在參加聯鎖之銀行上，並無握股公司之存在。

---

❸張炫闓：「獨家銀行持股公司一美國銀行業的新發展」，經濟日報，民國五十八年二月二日。

潘志奇：「亦論美國獨家銀行持股公司」，經濟日報，民國五十八年二月十五日。

第三節　存款保險制度

如上所述，美國的銀行制度與英國及加拿大的銀行制度不同，在英國及加拿大，乃以擁有數百家分行的大銀行為主，而美國則以數目眾多的獨立性小規模地方銀行為主。在美國，不算很久之前，幾乎任何人都可以極其有限的資本開設銀行。因此，難怪美國歷史上經常發生銀行倒閉而使存款人蒙受嚴重損失的事件。自一九二一年至一九三三年之間，銀行倒閉者約在15,000家左右，引起的存款損失估計多達70億美元。即使是在繁榮的一九二九年，就有 659 家以上的銀行倒閉，估計其存款總額達 2 億美元。經歷一九三三年的銀行恐慌之後，政府為了確保所有銀行的安全，乃根據同年六月的銀行法案 (Banking Act) 成立聯邦存款保險公司 (Federal Deposit Insurance Corporation; FDIC)。至一九七八年，參加 FDIC 保險之銀行占全體銀行之97.8%，獲得保險之存款金額約占全體銀行存款之97.9%。

聯邦存款保險公司的資本來源為：（一）聯邦政府認購公司股份一億5,000萬美元；（二）各聯邦準備銀行以一九三三年一月一日帳目盈餘的二分之一認購公司股份。上述兩種股份均無表決權，也不收取紅利。公司尚可出售30億美元的債務給財政部，藉以補充資金的不足。

投保的銀行包括：（一）國法銀行以及聯邦準備制度的各州會員銀行均須參加；（二）各州之非會員銀行，如商業銀行、相互儲蓄銀行、信託公司、工業銀行、以及其他接受存款之機構，若其資本、社會金融服務項目、獲利能力、管理、歷史等合乎存款保險公司之標準者，均可投保。投保的非會員銀行不能支付活期存款的利息。每個投保銀行每年的保險費，為其每日存款平均餘額中 1 ％的十二分之一。聯邦存款保險

公司卽以此項保險費作爲業務費用，並且作爲銀行經營失敗時損失的抵補。其餘所收保險費的40％作爲公司的盈餘帳款，主要投資於美國政府的證券，另外的60％則可委託投保銀行運用。

聯邦存款保險公司係由三人組成的董事會管理，其中一人爲錢幣司長 (Comptroller of the Currency)，其餘二人由美國總統提名而經參議院的同意，任期爲六年。以上三人在擔任聯邦存款保險公司董事期間，不得兼任其他銀行的職員、董事、或股東。公司業務的重心在於防止銀行的倒閉，而非在於淸償存款人的款項。

聯邦存款保險公司採取下列的措施，藉以保障銀行經營的安全：(一) 銀行檢查及銀行報表分析；(二) 管制投保銀行與非投保銀行的合併；(三) 協助資力薄弱的銀行與健全的銀行合併，其方法是由健全銀行對資力薄弱銀行放款或購買其資產；(四) 購買倒閉之投保銀行的資產或給予貸款。

一旦投保的銀行倒閉，聯邦存款保險公司則依下列程序加以處理：(一) 主動接收國法銀行及州法銀行；(二) 以支票直接淸償各存款人的帳款，但對每一存戶最多淸償10萬美元；(三) 承領存款人超過 2 億美元以上部份的債權。

在一九三四年至一九六六年之間，聯邦存款保險公司曾經淸算的倒閉銀行共有 276 家，而由公司處理，以合併或其他方法促使倒閉銀行重新復業者有190家。公司對這466家銀行的存款人總共支付4.21億美元，但對倒閉銀行之資產加以淸償之後亦已收回 3.7 億美元。聯邦存款保險公司成立之後不久，銀行倒閉事件卽已顯著減少，平均每年尚未超過二十家，此與公司成立之前，每年倒閉的銀行上千上百之情形相比，成爲強烈的對照。

第四節　銀行的檢查與監督

美國政府對於銀行之監督，早在銀行業發展初期即已開始，但在當時，因對銀行之設立與業務之開展，採取自由放任的制度，故對銀行監督工作並不十分重視。其後，由於銀行衆多，難免良莠不齊，部份銀行或因人謀不臧、或因管理不善、或因經濟衰退之影響，銀行週轉不靈以致倒閉之事時有所聞。於是，美國政府當局，爲了保障存款大衆之權益，健全銀行業務之經營，逐漸採取積極監督的態度，進而發展一套監督制度，設置各種監督機構，擬定各種監督方法。但因各級監督機構均係經過法律授權，此種法律對於銀行監督之權限，有時未作明確之區分，以致有時各個監督機構互相重複、互不相讓。

前曾論及「雙軌銀行制」爲美國銀行制度之一項特色，故在法理上，財政部錢幣司長及各州政府之銀行管理局，對於國法銀行以及州法銀行，分別具有檢查與監督之權；此種檢查與監督之權，包括銀行之成立登記、業務檢查、以及報表審核等事項。再者，在法律上，聯邦準備理事會對於會員銀行以及聯邦存款保險公司對於投保銀行，均有檢查監督之權。但在實際上，爲了避免銀行之重複檢查起見，乃由財政部錢幣司長執行「國法會員銀行」之檢查，聯邦準備理事會執行「州法會員銀行」之檢查，聯邦存款保險公司執行「州法、非會員、已投保銀行」之檢查，而由各州銀行管理局執行「非會員、未投保銀行」之檢查❹。

---

❹根據一九六九年之統計，美國財政部錢幣司長負責檢查之銀行計有 4,700 餘單位，其資產約佔全國銀行資產總額之60%；聯邦準備理事會負責檢查之銀行計有 1,300 餘單位，約佔全國銀行資產總額之23%；聯邦存款保險公司負責檢查之銀行計有 7,500 餘單位，約佔全國銀行資產總額之17%；至於各州銀行管理局分別負責檢查之銀行，其資產僅佔全國銀行資產總額之 1 %以下。

　　上述各個機構對於銀行之檢查，由於立法目的、檢查單位性質、以及受檢銀行規模之不同，故其檢查重點與檢查方法亦各不同。財政部錢幣司長及聯邦存款保險公司注重銀行資產之安全程度與流動能力，藉以避免發生金融危機；聯邦準備理事會注重檢查各別銀行之信用分配情況，藉以防止通貨膨脹及經濟衰退，而利貨幣政策之推行。根據最近幾年審核銀行之合併案件為例，財政部錢幣司長僅着眼於銀行財務及經營是否健全，而聯邦準備理事會則兼及於合併之後是否有礙公平競爭，以及是否牴觸反托拉斯法案之基本精神。

　　如上所述，由於銀行檢查監督機構之權限有時重複，以致互不相讓，所以有關銀行檢查監督機構之調整問題，已經討論多年。但因若干國會議員認為目前分散檢查監督權限之制度，實為維持美國雙軌銀行立法，避免事權過度集中某一機構之優良傳統。聯邦準備理事會為一執行貨幣政策之主管機構，應與行政部門分立，其檢查監督之權，如果歸由行政機關辦理，勢將損及聯邦準備制度之獨立精神。但在另一方面，有人認為近年以來，美國政府乃以經濟之穩定為最高目標，而經濟之穩定，則以幣值之穩定作為主要基礎，所以聯邦準備理事會應該集中全力執行貨幣政策，對於銀行之檢查監督權力應予放棄。

第五節　資金來源的競爭

　　商業銀行在一九五〇年代，主要就是關心如何依據收益、流動能力、與安全之原則，維持適當之資產比例。但至一九六〇年代以後，債務管理之概念應運而生，商業銀行乃以吸收充足資金，應付顧客需要作為經營之目標。

　　為了吸收資金，紐約之銀行首先於一九六一年發行「存單」(certificate of deposit；CD)。所謂存單，或稱「存款證書」，就是證明存戶已將資金存入特定銀行爲期30天或更長的一種書面。大多數之存單均可轉讓；原存款人在到期以前如果需款孔急，可以將其轉讓他人，因此頗受歡迎。事實上，存單之次級市場亦已迅速成立。存單之供給，對於利率之變化相當敏感，所以提高存單利率可以籌措額外資金以應借款之需。在此情形之下，存單發行不到數年之間，即已成爲一種重要的貨幣市場工具。例如，一九六一年的存單餘額僅有27.8億美元，但至一九七〇年已有 260 億美元之多；十年之間增加將近十倍，可謂相當迅速。

當然，上述的發展須獲聯邦準備當局之同意。因爲銀行支付定期存款之利息，須受聯邦準備理事會所頒 「Q號規則」(Regulation Q) 最高利率之限制。在一九六三年至一九六五年之間，其他貨幣市場工具之利率雖已超過Q號規則之限度，但是聯邦準備當局隨亦提高Q號規則之利率最高限度 (ceiling)，使各銀行得以繼續吸收足夠的資金。如此一來，投資者開始從西海岸的儲蓄與貸款協會那裏提走資金，投入東部購買存單。故至一九六六年，有些儲蓄與貸款協會喪失資金以後，瀕臨破產邊緣，其中有些爲了維持現款，開始鋌而走險，放款趨於不愼，風險因而增大。於是，國會促請聯邦準備當局利用Q號規則，限制商業銀行對於面額較低之存單所付的利率；這是因爲商業銀行以及儲蓄與貸款協會的存款，大多參加政府保險，政府當然關心存款方面的競爭情形。在此情形之下，一九六六年中期以後，其他貨幣市場的利率雖然看漲，但是聯邦準備當局爲了避免資金的過度競爭以及限制信用的擴張，拒不提高Q號規則所訂的利率限度，甚且於當年七月九日及九月廿六日，兩度降低該項限度，所以該年憑藉存單方式籌措的資金乃見減少。由此可見，Q號規則已經成爲貨幣政策的有效工具。爲了推動利率自由化，一九八〇年三月美國國會通過存款機關廢除及通貨管理法案，以廢除有關

存款利率的各種管制計劃，自一九八一年起，六年之內逐漸將存款利率上限提高，最後於一九八六年將此項Ｑ號規則有關利率之管制取消。

存單的擴張受阻之後，銀行對於資金的吸收，轉向存款之外的其他來源，諸如歐洲美元 (Euro-dollars) 及商業票據 (commercial paper) 卽是重要的來源。

遠在一九六〇年代初期，美國的銀行對於歐洲美元市場就已相當熟諳，但其交易有限。直到一九六六年年底，由於存單的擴張受阻，歐洲美元之收存增加一倍有餘，金額超過 40 億美元。此後，銀根雖然回鬆，但因銀行界已經熟諳運用歐洲美元之技巧，於是，歐洲美元之運用有增無減。故在一九六七年及一九六八年，存單與歐洲美元市場遂而交錯發展。一九六八年年底，由於貨幣市場利率超過Ｑ號規則之限度，銀行界紛紛利用歐洲美元籌措資金，存單因之漸減。

歐洲美元之增加，近年以來雖然相當迅速，但是抵制歐洲美元的力量却也與日俱增。首先，美國銀行界爭取歐洲美元以後，引起外國中央銀行外滙準備之減少；其次，歐洲美元市場對於緊縮的貨幣政策 (tight money policy) 發生相反效果。因此，聯邦準備當局乃於一九六九年七、八月間開始採取各項措施，所以美國銀行界的歐洲美元借款於一九六九年第三季創下最高紀錄之後，往後各季開始下降。

受到銀行業務激烈競爭影響，美國商業銀行的資產負債表結構，（資產表示資金用途，負債及資本表示資金來源）在一九五〇至一九七五年間產生了相當大的變化，如下表：

表10-1　參加　FDIC　保險之商業銀行

資產負債表（一九五〇年至一九七五年）結構之變化表　分配百分比

資　產

	1950	1955	1960	1965	1970	1975
現金	24%	23%	20%	16%	16%	14%
聯邦政府證券	37	29	24	17	13	12
州及地方政府證券	5	6	7	10	12	11
其他證券	2	2	1	0	1	1
商業放款	13	16	17	19	19	18
抵押放款	8	10	11	13	13	14
消費者放款	6	8	10	12	11	11
其他放款	4	5	8	10	11	13
雜項資產	1	1	2	3	4	6
合計	100%	100%	100%	100%	100%	100%

負　債

	1950	1955	1960	1965	1970	1975
活期存款	70%	68%	61%	49%	43%	34%
儲蓄存款	17	18	22	25	17	17
定期存款	5	6	7	11	19	22
大額可轉讓之存單	0	0	0	4	5	9
雜項負債	2	1	2	3	9	11
淨值	6	7	8	8	7	7
合計	100%	100%	100%	100%	100%	100%

資料來源: William Silber, *Commercial Bank Liability Management*
(Chicago, Ill.: Association of Reserve City Bankers, 1978),
pp. 5. 6.

第六節　二次大戰後商業銀行的業務動向

第二次世界大戰以後，由於相互儲蓄銀行、儲蓄與貸款協會、以及信用組合等非銀行金融機構業務之急速成長，以致侵蝕了商業銀行的業務範圍。商業銀行為了挽回這種頹勢，不得不在業務經營方面採取求新求變的方式。主要的途徑可以歸納為下列三項：

第一、變換銀行資金運用的形態　傳統商業銀行的資金運用，乃以投資和放款並重。存款利率提高以後，銀行資金的成本隨之增加，銀行遂而減少流動能力較高但收益能力較低之有價證券投資，轉而側重信用放款及抵押放款的業務，以增加收益，彌補利息支出的增加。

第二、有效處理內部的作業　由於個人存款的增加，以及顧客對於迅速處理業務的要求，銀行已經普遍採用電腦，一方面滿足顧客的需要，另一方面提高效率，節省費用的支出。

第三、積極開拓並確保無利息的資金來源　所謂無利息的資金來源，主要是指法律禁止支付利息的支票存款而言。但是既然不能以利息的較高給付作為爭取的手段，銀行只得積極提供其他服務，以開拓並確保這種存款。

美國主要銀行提供的服務項目，不盡相同，其最重要者計有下列各項：

（一）信用卡業務　信用卡 (credit card) 是對達到一定信用標準之顧客所發的一種賦予信用之證書。凡是持有此卡的人，可在信用卡聯盟的商店提示此卡，並在發票簽字即可購物。這些信用卡聯盟的商店，每月在規定的日期，彙計發票金額之後，一方面將帳單寄給信用卡使用人，另一方面由銀行將帳單金額由信用卡使用人的帳戶，撥入信用卡聯

盟商店的帳戶而予淸算。這一連串的業務，均由電腦處理。信用卡業務早在一九五一年至一九五三年間卽已開始；其後由於商業銀行展開激烈競爭，乃獲長足之進展。

（二）**應收貨款代墊業務**　這種業務自一九六三年六月被政府認為合法的銀行業務之後，近年以來發展相當迅速。目前這種業務雖然仍較放款業務為少，但因近年以來銀行對於企業放款，逐漸採取審愼態度，不易提高信用額度 (credit lines)，所以今後可能取代以往之放款，成為中型企業資金調度之主要來源。最近，這項業務已經採取電腦處理的作業方式，提供顧客各種徵信資料，積極擴大服務範圍。

（三）**租賃業務**　這項業務自一九六三年政府准許國法銀行開辦以後，發展頗為快速。但在自己行內直接經辦租賃業務之銀行較多，僅有少數銀行利用企業與銀行間的中間代理公司，採取信託方式辦理。例如，飛機之出租，就是採取信託方式辦理。此外，鐵路車輛、其他機械設備、影印設備、電腦等之租賃，正在方興未艾。

（四）**住宅及不動產管理業務**　大多數的銀行，均在行內經辦這項業務，但是也有不少銀行，另設其他公司以求這項業務之順利發展。加州一帶之銀行，由於人口逐年激增，對於住宅之需要相當迫切，所以發展最快。而在東岸一帶銀行，因為國內市場已呈飽和狀態，所以另行找尋國外市場，積極開設國外附屬公司，而在國外開拓這項業務。

（五）**電腦及財務諮詢業務**　因各銀行業務數量與日俱增，業務內容日趨複雜，設置電腦遂成不可或缺之急務。目前銀行使用之電腦，不僅用於存款、放款、滙兌、及計算薪津等之作業，而且更在信用評估、徵信分析、證券分析、成本管理、以及人事管理方面大量應用。至於財務諮詢業務方面，每家銀行均設專門的服務中心，除了解答顧客私人財務問題之外，更對法人團體提供財務諮詢服務，甚至對企業之合併、收

買等問題，也為顧客提供顧問服務。

（六）**中小企業投資公司之設立業務**　最近以來，銀行對於中小企業之資金融通大多發生極大之興趣，紛紛設立中小企業投資公司，努力協助中小企業之發展。

（七）**國際投資業務**　規模較大的銀行，大多根據一九一九年頒佈的「艾奇法案」（Edge Act）之規定，設立附屬公司，推廣國際業務，從事協助國際貿易及國際投資。一九二〇年代，依該法案成立之附屬公司僅有20家。二次大戰以後，美元成為「關鍵通貨」（key currency），一則作為國際貿易之媒介，一則作為其他國家之外匯準備。一九六〇年代，國際貿易快速擴張，加之歐洲美元市場崛起，所以依該法案成立之附屬公司，在一九六九年年底已經增達60多家。

特別值得注意的是，美國的商業銀行，已經深刻體認其本身在今後改善社會環境以及加強公共設施投資方面所負的使命。因此，近年以來，銀行積極對住宅、交通、公共投資、都市計劃、及新社區之開發，提供金融方面之合作，並對教育及職業訓練之研究發展全面支持。主要是因今日之社會環境如不改善，追求進步，將來之銀行業務就無發展之可能。因此，銀行也就改變過去以存款、放款、證券投資業務為中心的傳統觀念，使之成為「充分服務的銀行」（full-service banking），以應付社會的時代需要。

根據以上的敍述可以看出，由於電腦的普遍使用，銀行業務經營的範圍必然逐漸擴大，而且，必然也會走向「無須現金的社會」（checkless society）。至少，美國銀行業現已改變對「線上銀行」的保守態度，逐漸接受透過電腦網路的線上交易和數位現金，以便服務坐在家中的消費者。而且，美國若干金融機構已經首度打入國際網際網路（Internet），利用個人電腦執行銀行業務，也因此，所謂「虛擬銀行」逐漸應運而

生。

　　不過，廣泛使用電腦之後，必須嚴密防範銀行弊案。一九九五年八月，紐約法院公布文件指出，一群俄羅斯電腦高手，利用美國花旗銀行的電子轉帳系統，竊取客戶存款 1,000 多萬美元，並將贓款轉存到其他國家。

第七節　　銀行合併

　　進入一九九〇年代中期以後，全球金融界最新的流行趨勢是採合併的策略，以尋求最大的結盟利益。一九九五年八月二十八日，美國漢華銀行與大通銀行宣布合併，預定於一九九六年第一季完成。這是近三個月來美國第五宗價值超過20億美元的銀行合併案，也是美國史上規模最大的合併案。合併後將以知名度較高的大通銀行為存續銀行，其排名在美國將躍升為第一大銀行，在全球名列第四。兩家銀行選擇合併的利益考量，在設法降低銀行的人事成本。估計合併後三年內，每年應可節省15億美元的人事成本，亦即，可將現有 75,000 名員工裁減 12,000 名。

　　上述重量級的大購併（megameger）潮流是由歐洲揭開序幕。繼德意志銀行收購英國摩根格朗費爾投資銀行之後，荷蘭荷興銀行收購英國霸菱銀行、瑞士銀行購入 SG華寶集團之投資銀行，更在國際間形成銀行業及證券業的強大勢力。接棒的美國也積極強化特定範圍之內的專業競爭能力，如美林證券強化零售型小宗業務（retail）及躉售型大宗業務（wholesale）的國際策略，而高盛及 JP 摩根、信孚則向專業大宗金融業務進軍。

　　美國漢華及大通兩銀行合併後的總資產約三千億美元，已超越原居美國第一的花旗銀行，同時躋身全球銀行資產排名前二十大。但是，單

就資產規模而言，仍與日本的銀行差距懸殊；上述數字僅及將於一九九六年春天誕生的東京三菱銀行資產之40％左右而已。

以往銀行業所經營的服務範圍往往都有極高的同質性，如今逐漸「化同求異」，以追求自我特色爲標竿。而在競爭壓力、科技發展及法令放寬的推動下，銀行業無不力求整合，以面對跨世紀的挑戰。美國新銀行容許14州銀行跨州合併之後，地區銀行的合併風起雲湧：第一聯合與第一誠信、第一芝加哥與 NBD、俄亥俄州的 National City 與賓州的 Intergra 金融公司等，無不競相爭奪「超級地區銀行」的寶座。

在這股合併風潮之中，日本的金融界卻仍艱苦地爲一九八○年代末期泡沫經濟種下的不良債權之惡果贖罪。在日本,接二連三的金融風暴,最後以由新機構接管、合併了結，也算是另一種型態迥異的拖破車型之「另類購併」。這些遭清算、解散後被合併的金融機構，件件都是燙手山芋，亦具動搖國本的破壞性威力。從一九九五年二月，日本東京都的安全、協和兩家信用合作社因非法融資引發倒閉風波開始，後續的骨牌效應不斷出現。到了七月，東京都最大的宇宙信用合作社又因週轉不靈而遭擠兌。三天之後，位於大阪的全國最大的木津信用合作社及地區性排名第二的兵庫銀行又雙雙告急。

日本的情況也在臺灣發生，彰化第四信用合作社被擠兌後也由合作金庫「概括承受」，這與十年前，臺北市第十信用合作社被擠兌後由合作金庫「概括承受」如出一轍。「概括承受」也是另一種方式的合併。

基於經營策略而合併的可能性，在現狀下的臺灣不易出現，因爲，在經營環境的限制下合併的利益並不具體。但是，隨著銀行之投入國際業務，政府法令逐漸開放銀行營運空間，藉由亞太金融中心之建立，培育人才、創新技術之後，銀行勢必擴大資產規模以追求經濟效益，符合國際金融潮流，屆時，銀行的合併或可水到渠成。

討論問題

1　試述美國的雙軌銀行制及單一銀行制。

2　試述美國「銀行握股公司」之產生背景、發展經過、以及政府方面所持之態度。

3　試述聯邦存款保險公司的資本來源、參加保險之銀行、以及爲了保障銀行經營之安全所採之措施。

4　試就法理觀點及實際情況，說明美國銀行檢查監督權責的劃分。

5　美國聯邦準備理事會對於銀行的檢查監督權，究應繼續維持，或予放棄？各有何種理由？

6　試述「存單」業務的發展，以及存單與「Q號規則」的關係。

7　試述歐洲美元的發展。

8　商業銀行何以必須開拓新的業務？其在業務經營方面的求新求變，主要採取那些途徑？

9　美國的商業銀行爲了開拓並確保資金來源，近年以來積極提供那些服務？

10　電腦的普遍使用，對於銀行的業務經營，將來可能發生什麼影響？

第三編　中央銀行

第十一章
中央銀行概說

　　過去半個世紀以來，大多數的國家在追求經濟發展的過程中，均已先後建立中央銀行。建立中央銀行的目的很多，也隨各國情況之不同而異，但是，有一基本的目的卻為各國普遍接受：維持經濟的穩定以及促進經濟的發展。目前各國的中央銀行，大多是由中央政府所建立，亦由中央政府所控制，但其業務的操作，主要則是透過貨幣市場及信用市場以影響全國的經濟活動。在本章以及隨後的數章，擬對中央銀行的重要職能、美國的聯邦準備制度、以及中央銀行的各種操作工具一一加以說明。

第一節　中央銀行的意義與經營原則

　　所謂「中央銀行」(central bank)是指一國金融體系中居於「中心」

地位的一個金融機構或組織而言。中央銀行的名稱雖然各國不盡相同
❶，但是其與普通銀行的主要區別却是在於營業宗旨的不同。普通銀行
以及其他金融機構之經營，主要目的在於「謀利」(profit-making)；可
是中央銀行之經營，主要目的在於執行貨幣政策。所以，中央銀行可以
說是站在全國各種銀行的領導地位，與政府密切合作，代表國家執行貨
幣政策，控制全國金融市場的銀行。因爲中央銀行的地位較高，超乎普
通銀行之上，而其業務活動又以一般銀行作爲主要對象，所以稱爲「銀
行的銀行」(bankers' bank)。

中央銀行爲了達成執行貨幣政策的目的，其業務經營應該遵循下列
幾項原則：

（一）**不以營利爲目的**　中央銀行因爲具有獨家發行紙幣的特權，
以及其他的優越地位，經營業務必可獲得相當優厚的利益。但因中央銀
行負有特殊的使命，故不能像普通銀行一樣，以謀取最大利潤爲目的。
如此，一則避免與民爭利，一則充份保持控制信用市場的力量。中央銀
行如係國家資本設立，則其盈餘自應歸繳國庫；如係民間資本經營，則
其股東分紅不得超過一定限度，其餘亦應歸繳國庫。

（二）**不兼營普通銀行的業務**　中央銀行既然享有獨家發行紙幣以
及集中保管其他銀行存款準備的特權，自然不應經營一般商業銀行的業

---

❶世界各國中央銀行的名稱，大致可以分成下列四種：
　㈠以「中央銀行」爲名稱：例如我國中央銀行、菲律賓中央銀行 (The Central Bank of the Philippines)。
　㈡以「國家名稱」爲中央銀行之名稱：例如英格蘭銀行(Bank of England)、法蘭西銀行(Bank of France)。
　㈢以「國家銀行」爲名稱：例如丹麥國家銀行(National Bank of Denmark)、羅馬尼亞國家銀行(National Bank of Rumania)。
　㈣以「準備銀行」爲名稱：例如美國聯邦準備制度(Federal Reserve System of United States of America)、印度準備銀行(Reserve Bank of India)。

務。否則，中央銀行基於上述的特權，一般商業銀行以及其他金融機構必然無法與之競爭。如此，不僅有違輔助普通銀行發展的本旨，且將直接威脅一般銀行的生存，引起金融危機。

（三）應該受到政府的節制　中央銀行的設置，乃以代表政府執行貨幣政策作爲最高的任務，故其經營方針，不應基於銀行本身着眼，而是應以整個國家的經濟利益作爲前提，這是世界各國中央銀行發展的趨向。不論中央銀行是由國家資本設立，或由民間資本經營，一切營業方針，均本國家利益高於一切的原則，奉行國家既定的政策。爲了實現這一原則，勢應接受政府當局的節制，接受政府的諮詢，保持密切的聯繫與合作，達成作爲「政府的銀行」(government's banker) 之任務。但是，關於中央銀行與政府財政當局的權責關係，各國立法均有明確的規定。所以，中央銀行只有基於國民福利的原則，才可接受財政當局的節制。

（四）應該超出政黨政治之外　中央銀行雖然應該接受政府的節制，達成執行貨幣政策的任務。但是，各項既定政策法有明文規定，不應受到黨爭的影響而加變更。中央銀行的業務經營，因與政府財政息息相關，所以應該密切合作，但如涉及政策原則的問題，中央銀行仍應本着獨立自主的精神，以維持經濟安定，促進經濟發展作爲經營的目標，不受政黨政治的影響。

（五）應該具備足以控制金融體系的工具　中央銀行負有監督一般銀行，控制金融市場以及執行貨幣政策的任務，所以爲了完滿達成所負任務，應該具備有效控制金融體系的工具與方法。依照各國中央銀行的成例，通常操作的工具均應基於立法機構的授權。例如，法定準備率、再貼現率、及公開市場活動等的政策，各國立法當局大多授權該國中央銀行隨時調整，針對實際需要進行操作。

第二節　中央銀行的使命與職能

如上所述，現代的中央銀行乃以執行貨幣政策作為手段，藉以達成維持經濟穩定以及促進經濟發展的目標，這也就是一國中央銀行制度發展至今所負的最高使命。不過，世界經濟大恐慌發生以前，傳統中央銀行的主要使命，僅是在於：（一）維持紙幣與黃金之間的兌換關係；（二）減輕貨幣緊縮的壓力，避免引起商業危機；（三）阻止信用的浮濫擴張，保護一般銀行的償債能力。

上述中央銀行的三大傳統使命，除了第一點因為今日實際上已無兌換黃金的需要而失去重要性外，其餘兩點自然永遠是世所公認的中央銀行之重要使命。不過，因為現代的中央銀行，均須負責控制及調節外滙，亦即負有維持紙幣與外滙之間兌換關係的使命，所以實際上也就等於代替了上述的第一使命。

自一九三〇年代初期各國相繼放棄金本位制之後，中央銀行應負的最高使命，又再向前推進一步；亦即認為，中央銀行應該維持穩定的物價水準。經過世界經濟大恐慌之後，中央銀行負有穩定物價水準之使命，已被普遍接受。第二次世界大戰以後則是更進一步，認為維持穩定的物價水準，固為中央銀行的重要使命之一，但非中央銀行的惟一使命；今日的中央銀行負有更為遠大的使命，就是促進經濟發展，尤其是開發中國家所設立的中央銀行，更是特別強調這一使命。所謂經濟發展是指生產、就業、以及實質國民所得水準之提高。

根據歷史事實的演變可以看出，各國中央銀行所負的最高使命，已由消極的及被動的發展為積極的及主動的。中央銀行是否能够善盡職責，完成所負使命，已與整個國家的經濟榮枯密不可分。茲以一九四八

年菲律賓中央銀行法所揭櫫的使命證實此一結論:「穩定金融，維持本國貨幣對外價值之穩定及其對外的自由兌換，促進生產、就業、以及實質國民所得水準之提高。」此處，促進生產、就業、以及實質國民所得水準之提高一語，可謂已將現代中央銀行之最高使命表露無遺。

中央銀行所負最高使命之演變已如上述。然則，現代的中央銀行所司職能爲何，仍有進一步加以解說的必要。一般而言，中央銀行之主要職能爲:

（一）**獨佔通貨發行**　關於通貨的發行，過去各國大多採取分散發行制，多數銀行均可發行通貨。但至十九世紀末期以來，大多數的國家均已改採管理的紙幣本位制，所有通貨（包括紙幣及鑄幣）的發行，俱歸中央銀行獨佔發行。全國通貨的集中發行，至少具有兩項利益: 第一、可以統一國內通貨的形式，避免多數銀行發行的龐雜紊亂；第二、可以斟酌經濟情勢的季節性及循環性變動，適當地調節通貨的流通數量。

（二）**代理國庫收支**　中央銀行因係「政府的銀行」，政府的一切財政收支遂由中央銀行負責經理，一方面保管政府之稅收存款，一方面供給政府之短期墊借；亦卽，中央銀行一方面握有經理國庫的大權，一方面對於信用的供需負有調節融通的任務。因在稅收旺盛及公債發行時期，金融市場的資金源源流入國庫，社會流動能力缺少之後，容易引起金融市場的恐慌，所以須由中央銀行酌量放寬信用，或者透過公開市場操作的方式，減輕信用緊迫的態勢。反之，如在稅收青黃不接國庫空虛之際，國家的政費支出既然不能一日中斷，所以須由中央銀行挪借融通負責墊款。

（三）**集中保管存款準備**　全國所有銀行收受各種存款之後，必須保留部份現款，以備顧客隨時之提取，此卽存款準備。這種存款準備須

依法定準備率的規定，提出其中的一部份存入中央銀行集中保管，不但可以保障存款的安全，而且可以作爲票據交換之後劃撥抵帳之用。

（四）**保管黃金準備及外滙準備** 這種準備從其內容看來，可分黃金與外滙兩種。中央銀行對於黃金與外滙的保管，原係獨佔通貨發行及集中保管存款準備的自然結果。加之，一九三〇年代以來，多數國家一面將黃金收歸國有，一面對外滙實施管制，乃使黃金與外滙的集中保管更爲強化。黃金與外滙歸由中央銀行集中保管之後，便可控制黃金與外滙的移動，從而維持國際收支的平衡以及貨幣對外價值的穩定。

（五）**控制全國金融市場** 中央銀行因係「銀行的銀行」，故對全國的金融機構居於領袖群倫的地位，對於全國的信用供需，負責調節疏導之責。中央銀行一則獨佔通貨發行，全國法償貨幣盡出於此；二則代理國庫收支，政府資金盡在掌握之中；三則集中保管存款準備，對於流動資金最具控制之實力，故對全國信用供需之調節疏導，具有相當強大的統制力量。至於中央銀行的操作工具，主要計有：第一、貼現率的運用；第二、存款準備率的調整；第三、公開市場的活動。此外還有實施分配信用、採取直接行動與道義勸告、變更證券抵押的成數及其最高數額、核定全國銀行的存放利率、按期或隨時檢查全國銀行的業務等等，容於以後再作介紹。

第三節　中央銀行制度的發展

任何一種制度均爲歷史之產物，中央銀行制度自亦不能例外。中央銀行制度萌芽於十七世紀末葉；其成立最早者首推一六六八年的瑞典國家銀行 (The State Bank of Sweden)，其次則爲一六九四年的英格蘭銀行 (Bank of England)。兩行均係經由商業銀行逐漸發展而來，最初

只是注意發行之統一，尚無現代中央銀行的操作方法。早期的德國，僅有一七六五年普魯士弗列德大王所設立的柏林皇家放款活存銀行 (Königliche Giro-und Lehnbank zu Berlin)，尚未成爲普魯士銀行 (Preussische Bank)，更無所謂德意志銀行 (Deutsche Reichsbank)。法國的法蘭西銀行 (Bank of France) 遲至一八〇〇年才告成立；該行最初的營業仍與私營銀行相似，至一八〇三年，獲得在巴黎的通貨發行獨佔以後，逐漸走上近代中央銀行的途徑。總之，在十九世紀以前，各國成立的國家銀行與近代的中央銀行相比，只能算是中央銀行的萌芽或其前身而已。

到了十九世紀，由於產業的突飛猛進，扶助產業所需的金融機構隨亦蓬勃發展。其中，在十九世紀中葉，英格蘭銀行因受朝野的督促，乃就累積的經驗開始發展成爲近代中央銀行的操作原理與技術，因而該行乃被公認爲中央銀行的鼻祖。至十九世紀末葉，幾乎所有的歐洲國家以及日本、埃及等國皆已設立中央銀行。進入二十世紀以後，尤其是一九〇二年的布魯塞爾會議 (Brussels Conference) 建議「未設立中央銀行的國家，應該儘速設立中央銀行」以後，世界各國無不積極從事於中央銀行的設立。在一九二一年至一九三九年之間成立的中央銀行計有三十一個單位之多 ❷。第二次世界大戰結束以後，許多新興國家也是開始普遍設立中央銀行。目前，中央銀行之存在，已被視爲國家獨立的象徵之

---

❷許多國家在一九二〇年代及一九三〇年代籌設中央銀行之時，總是邀請先進國家（主要爲英國）的專家提供設立中央銀行之建議。例如：斯達可席 (Henry Strakosch) 受聘前往南非；若干英國專家組成印度貨幣金融皇家委員會前往印度；尼梅葉 (Otto Niemeyer) 前往紐西蘭及若干南美國家；加拿大銀行貨幣制度皇家委員會前往加拿大。這些專家大多建議設立正統型態的中央銀行，賦予傳統的操作工具，於是掀起究以英格蘭銀行或以聯邦準備制度爲藍本的爭執。

一。

再說英格蘭銀行原係一家私營銀行，於一六九四年由金匠（gold-smith）集股設立❸。因在英格蘭銀行設立之前，英國政府與金匠之間的借貸關係已極頻繁，故在該行設立之後，除對政府繼續放款之外，並已經營代庫業務。另一方面，英國政府為求獲得該行之融通，特准該行發行鈔券，及至一八二六年，更准該行在倫敦城外六十五哩之內獨佔發行。一八三三年，英國的銀行法案規定英格蘭銀行發行之鈔券為法償貨幣。一八四四年之皮爾法案（Bank Charter Act; Peels'Act）更進一步限制其他銀行不得增發鈔券，而將英格蘭銀行內部劃分為「發行部」（Issuing Department）與「銀行部」（Banking Department）；此一劃分乃使英格蘭銀行逐漸具有近代中央銀行的雛形。自此以後，世界各國的中央銀行，也就循着三個方向發展：第一個方向就是英國皮爾法案之下的英格蘭銀行；第二個方向就是根據英格蘭銀行的經驗修正而成之美國的聯邦準備制度；第三個方向就是開發中國家參考英美制度適應實際需要設計出來的中央銀行。美國的聯邦準備制度最為完備，隨後另闢專章討論；開發中國家的中央銀行對於開發中國家本身特具意義，容於下節說明；以下仍以英格蘭銀行為中心，繼續說明中央銀行制度的發展。

如上所述，一八四四年的皮爾法案，是英格蘭銀行脫胎換骨的轉捩點；在此之前，有如巴芝浩（Walter Bagehot）所說，其地位「正與其他銀行一樣」❹，但是，自此以後，因其集中保管存款準備，且為英國

---

❸在十七世紀，英國民間之金銀大多委託金匠保管：金匠除發行「金匠券」
（goldsmith's notes）外，也對政府放款，成為政府的債權人。一六七二年，英王查理二世（Charles II）因未償還金匠貸款而遭敗訴。此後，政府為求此項借貸關係之延續，乃允英格蘭銀行之設立。

❹Walter Bagehot, *Lombard Street, A Description of Money Market*, (Illinois: Richard D. Irwin, Inc. 1962), Chapter 1.

金融機構緊急時節的最後資金來源，故已具有近代中央銀行的主要機能。尤其是自一八五○年代的後期開始，鐵路及汽船的發明，使得各地之間的距離大爲縮短，電報的發明，更使各地的金融中心連成一體。其時，海外銀行在倫敦設立之分行日漸增多，使得英格蘭銀行不僅成爲全英國的金融中心，而且成爲全世界的金融中心，一八○七年，巴黎金融市場崩潰之後，倫敦的國際金融地位更爲堅強，尤以各國先後採取金本位以後，倫敦進而成爲世界最大的黃金市場，也是國際貸款的主要來源。自從擔負此種金融地位之後，英格蘭銀行的資產與負債遂告急遽膨脹。但因國內外負債的提存需要極爲龐大，英格蘭銀行的準備漸成問題。爲了應付這種準備不足的問題，經過長期的實務經驗，終於發展成爲有效的伸縮性準備率政策及公開市場活動等的調節措施，形成了近代中央銀行理論與實務的基礎。

　　此後，一九一四年及一九二八年兩次的通貨及鈔票條例，使得英格蘭銀行逐漸獨佔全國的通貨發行，其最高發行額爲 2.6 億英鎊，且經財政部同意後，可作超額的信用發行。而在一九三一年九月英國放棄金本位制以後，英格蘭銀行對其發行的紙幣，不再負有兌現的責任；又因英國未像其他國家一樣禁止黃金的輸出，所以該行仍能保持國際金融中心的地位，在多變的國際金融情勢之下，不斷地修正其金融政策。

　　一九四六年，英國國會通過「英格蘭銀行法案」(Bank of England Act of 1946)，使得該行正式成爲國有。根據這一法案規定，該行現行組織之董事會 (Court of Directors) 乃由總裁一人、副總裁一人、及董事十六人共同組成。上述董事皆由英皇指派，但是下院議員、各部部長、及外籍人士不得擔任。總裁及副總裁之任期五年，董事之任期四年，而且每年更換其中之四人。除董事會外，該行尚有財政委員會 (Committee of Treasury)，係由該行總裁、副總裁、以及全體董事秘

密投票選出其中五位董事共同組成，俾對該行之重要決策提供意見。財政委員會之意見，過去具有甚大之影響力量，但因近年以來，該行之業務漸趨專門化，且與財政部之關係日益密切，以致實際權力仍在該行總裁以及高級屬僚掌握之中。

　　至於英格蘭銀行與英國財政部之關係，一九四六年法案之第四條規定如下：

　　　（一）財政部在與英格蘭銀行總裁諮商之後，得就共同認為公眾權益所需之事項發出訓令。

　　　（二）依據上項訓令，該行應該把握當時章程之有關規定及其附屬細則辦理。

　　　（三）英格蘭銀行基於公眾權益所需之時，得向銀行業者要求提供資料及建議；而且，如獲財政部之授權，得向銀行業者發出指令，俾能貫澈任何建議之效力。但是：第一、不得專對銀行關於某一顧客之事件要求銀行提供資料及建議；第二、財政部授權之前，應使有關之銀行業者或其代表人員對此指令陳述意見。

　　根據上述規定可以看出，英格蘭銀行對於銀行業者之控制，須獲財政部之支持才能強制執行。不僅英國如此，事實上政府對於中央銀行的控制日增，連同上述中央銀行的收歸國有，已是世界各國中央銀行制度發展的一種趨勢。

第四節　開發中國家的中央銀行

　　對於大多數的開發中國家來說，中央銀行是一種新的機構。在一九二〇年以前，當時的開發中國家，幾乎無一具備中央銀行。少數拉丁美洲國家，在一九二〇年代設立中央銀行；少數其他國家則在一九三〇年

代設立中央銀行。但是，絕大多數的開發中國家以及幾乎全部的亞洲國家，都是遲至第二次世界大戰期間及戰後才告設立中央銀行。在這期間，由於許多國家相繼獲得政治獨立，其初步的主要行動之一，便是設立一個中央銀行，以便獨立行使貨幣政策。要之，開發中國家的中央銀行，歷史大多非常淺短，配合推動經濟發展的經驗，大多尚未超過二十年，但其承負的使命，却是一樣沉重，甚至更為積極。

開發中國家的中央銀行與多數先進國家的中央銀行，在許多方面非常相似，特別是在形式方面、組織方面、權力方面、以及任務方面更為相似。當時，這些相似並非偶然，而是出於有意的模仿。多數開發中國家中央銀行的章程，係由來自美國或英國的專家起草，或者至少聽取這些專家的意見。藉着這些專家的協助，這些新的機構得因擁有最新的中央銀行權力與技術而感驕傲。尤有進者，若干新的中央銀行，甚至擁有先進國家中央銀行不曾擁有的權力。許多新的中央銀行，在其營運初期，甚至聘有外國顧問。同時，中央銀行官員亦多學習先進國家中央銀行的實務與政策，現在雖無類似一九二〇年代國際中央銀行俱樂部的組織，但其相互之間的聯繫却未中斷。開發中國家的中央銀行總裁，每年參加國際貨幣基金年會，參加各種特別會議，相互聯繫，不斷獲得外國有關貨幣情勢與政策的報告。

開發中國家的中央銀行，與先進國家的中央銀行，所負使命極其相似，若從官方文獻觀察，即使用詞不同，大致總是提到下列四項：（一）維持國內物價水準的合理穩定；（二）確保本國通貨的國際價值以及本國的國際準備；（三）維持高度的就業水準及生產水準；（四）促進經濟成長，提高就業、生產、及實質所得水準。但在第二次大戰以後，許多國家，特別是開發中國家空前地強調促進充分就業以及經濟成長，故對中央銀行的政策形態，產生深遠的影響。

　　中央銀行畢竟只是執行貨幣政策，完成上述各項使命的一種制度而已，欲求制度發揮作用，尚須客觀環境的配合；但很不幸，開發中國家的中央銀行，常與落後的金融機構及落後的金融市場為伍。在先進國家，中央銀行係整個國家中，已有良好發展基礎的金融機構之領袖；先進國家不但擁有許多健全的商業銀行、儲蓄銀行、保險公司、信用組合、農業信用機構，而且擁有一個交易數量極為龐大的政府債券市場。所以，先進國家的中央銀行較易進行公開市場的活動，藉以管制銀行準備的數量以及全國的流動能力。但在大多數的開發中國家，不僅商業銀行體系極其落後，儲蓄銀行、保險公司、信用組合、以及農業信用機構等可以動員儲蓄、有效運用儲蓄的機構也是相當缺乏；還有一點，大多數的開發中國家，均缺乏一個組織良好，並能圓滑運作的政府債券市場。開發中國家的中央銀行，處於這種客觀環境之下，其所執行的貨幣政策之效果，常在許多方面，受到金融機構及金融市場落後的影響；例如，由於政府債券市場的缺乏或落後，中央銀行必須承受保有大量政府債券的壓力，也使中央銀行的公開市場政策遲遲未能有效發揮❺。

　　如上所述，各開發中國家雖有明文規定其中央銀行的職能、業務、以及可以採取的政策，但是由於金融機構的不健全以及金融市場的不發達，以致許多政策無法發揮作用。所以，賽伊斯 (Richard S. Sayers) 認為，開發中國家的中央銀行可以不必急於趕上先進國家的中央銀行，而應先培養可讓中央銀行發揮職能的客觀環境，並且逐步吸取先進國家經營中央銀行的經驗。其主要的先決目標有二：第一、促進一般銀行業務的發展，俾使銀行制度生根；第二、推動金融市場的發展。目前，許

---

❺Warren L. Smith and Ronald L. Teigen, *Readings in Money, National Income, and Stabilization Policy*, (Illinois: Richard D. Irwin, Inc.. Homewood, 965), pp. 429-440.

多開發中國家的中央銀行，一方面本身執行商業銀行的任務，不僅服務政府機構，也對部份民營機構營業，另一方面積極促進商業銀行及其他金融機構的設立，此外，若干中央銀行，正在盡力發展健全有效的政府債券市場。

　　開發中國家的中央銀行，雖然代表開發中國家的無限希望，但是在此必須特別強調：中央銀行及其執行的貨幣政策，在推動經濟發展的過程中，祇能扮演中庸的角色。的確，假若生產、就業、以及實質國民所得的增加，祇以貨幣購買即可達到，則中央銀行不但容易解決這項問題，而且能夠迅速解決這項問題；因為，大概不會有落後到不能供給大眾所需貨幣數量的中央銀行。中央銀行能夠迅速創造無限數量的貨幣，提供政府及民間部門投資；甚且，假若中央銀行願意，可將金融市場的利率不斷壓低。但是，實質的成長並非僅靠貨幣即可購買，而是要靠實質資源的增加、動員、以及有效利用才能達成。為了動員以及有效利用實質資源，至少必須：（一）改進農業及工業的生產技術；（二）以科學的態度及實踐的精神替代因襲的思想及墨守成規的做法；（三）以改善營養、健康、和教育提高勞動的生產力；（四）以發展企業家精神創造企業家階級；（五）建立安定、誠實而有效力的政府等等。簡而言之，開發中國家為了促進經濟發展，須在每一方面重建新的社會，這種重建的過程，不能夠由貨幣購買，也不能夠迅速完成，而是必須長期不斷地作有計劃的努力。至於開發中國家的中央銀行，則是應在這種長期發展的過程中，確實而有效地執行貨幣政策所能發揮的作用。畢竟，不當的貨幣政策勢將形成經濟發展的重大阻力；反之，確實而有效的貨幣政策則是經濟發展的一項重大推動因素。

討論問題

1 中央銀行爲了達成執行貨幣政策的目的，其業務經營應該遵循那些原則？

2 試述中央銀行所負最高使命之演變經過。

3 試述中央銀行之主要職能。

4 試述英格蘭銀行的發展經過。

5 試述英國一八四四年的皮爾法案在英國銀行發展史上所具的意義。

6 試述英格蘭銀行與英國財政部的關係。

7 開發中國家的金融機構及金融市場有何特性？這些特性對其中央銀行所執行的貨幣政策之效果有何影響？

8 何以開發中國家的中央銀行可以不必急於趕上先進國家的中央銀行？其應完成的先決目標爲何？

9 或曰：中央銀行及其執行的貨幣政策，在推動經濟發展的過程中，只能扮演中庸的角色。何故？

10 爲了動員以及有效利用實質資源，藉以達成實質的經濟成長，至少必須完成那些工作？在此經濟成長的過程之中，中央銀行何以重要？

第十二章
我國的中央銀行

第一節　我國中央銀行之沿革及現況

　　我國目前之中央銀行係民國十七年十一月一日成立於上海，資本額
為 2,000 萬元，由國庫撥款。在此之前曾有兩個中央銀行之設立：一為民
國十三年八月十六日成立於廣州的中央銀行，為我國有中央銀行名稱之
始。二為民國十五年國民革命軍克復武漢後於漢口成立的中央銀行，資
本額 500 萬元。前者於民國十八年三月一日改為廣州分行，復於二十二
年一月一日改為廣東省銀行；後者於民國十六年春，國民革命軍底定東
南，奠都南京後，即同時停業。這兩處中央銀行，在當時係各自營業，
並不相聯屬，故實僅具中央銀行之名而已，與目前之中央銀行並無關係。

　　民國二十三年四月，為應事實之需要，中央銀行之資本額奉准增加
為國幣 1 億元。民國二十四年五月二十三日，國民政府公佈中央銀行
法，明定中央銀行為國家銀行，隸屬於總統府，並將總行改設於南京，
分行設於國內各地。同年十一月四日，我國放棄銀本位，改行法幣制

度，規定中央、中國、交通及中國農民等四行所發行之鈔券爲法幣，故此時中央銀行僅部份獨佔發行權。民國二十八年十月一日，國民政府公佈公庫法，中央銀行依法經理國庫業務。民國卅一年七月一日，政府公佈「鈔票統一發行辦法」，全國鈔票之發行均集中中央銀行辦理，中國、交通及農民三行發行之鈔票及準備金全部移交央行接受。至此，中央銀行始與一般國家行局有別，而成爲名實相符的中央銀行。民國三十四年三月財政部授權中央銀行檢查全國金融機構，央行對一般金融機構之控制能力乃告增强。

中央銀行遷臺後，緊縮編制，總行僅保留六單位，職員 140 餘人，分行全部撤銷，原有大部份業務均委託臺灣銀行辦理。民國五十年六月二十七日，奉　總統命令核准「中央銀行復業方案」，同年七月一日正式在臺北市復業。復業後的中央銀行，形式上仍維持過去大陸時期之體制，僅內部組織較前縮減，隸屬系統亦未改變，內部組織則除了於復業時，同時恢復之國庫局及增設之金融業務檢查處外，並於民國五十八年一月一日成立外滙局，負責外滙之管理與調度事宜。民國六十八年十一月八日，總統明令公佈修訂中央銀行法，將中央銀行由原先的隸屬於總統府改爲隸屬於行政院，而與財政部處於平行的地位，其資本由國庫撥給，全部爲中央政府所有，不得轉讓。同時爲避免因增資而需修改中央銀行法起見，亦不訂明其資本總額，俾隨時視需要，依預算程序辦理。

根據修正公佈之中央銀行法規定，我國中央銀行經營之目標，在促進金融穩定、健全銀行業務、維護對內及對外幣值之穩定，及於上述目標範圍內協助經濟之發展。因此，我國中央銀行之業務範疇與一般現代國家之中央銀行無異，兼具發行銀行、政府銀行及銀行之銀行的特色，其主要業務包括：

1. 調節金融。

2. 調度外滙。

3. 發行貨幣。

4. 經理國庫。

此外，爲健全銀行業務經營，中央銀行亦經授權辦理全國金融機構業務之檢查；是故，爲配合金融政策之訂定及其業務之執行，央行乃設置了經濟硏究處經常蒐集資料、編製金融統計、辦理金融及經濟硏究工作。

目前我國中央銀行之組織，計有業務、發行、外滙、國庫等四局，金融業務檢查、經濟硏究、秘書及會計等四處，另有中央印製廠、中央造幣廠兩附屬事業。兹將其組織系統圖，繪示如圖一：

圖12－1　中央銀行組織系統圖

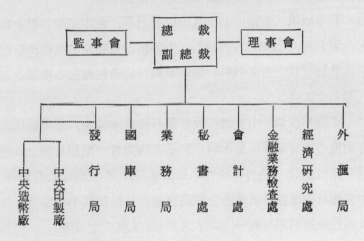

第二節　中央銀行之調節金融業務

一、有關中央銀行貨幣管理工具之規定

就中央銀行對各銀行的關係而言，在受信方面，中央銀行爲準備銀行，集中收存各銀行存款準備金。在授信方面，則爲銀行的最後貸款者，在銀行資金發生短缺時，以重貼現、短期融通或購入票券等方式提供資金。中央銀行便是透過其信用受授業務，以影響信用情況而達到其貨幣管理之目的。根據以往經濟發展與物價變動經驗，理想的貨幣供給額年成長率應維持在 15％至 20％之間。

有關貨幣管理工具，中央銀行法之規定如下：

1.利率政策：重貼現率及其他融通利率，由中央銀行就金融及經濟狀況決定公告之（第二十一條）。中央銀行得視金融及經濟情況隨時訂定銀行各種存款之最高利率，並核定銀行公會建議之各種放款利率之幅度（第二十二條）。

2.準備率政策：中央銀行收管銀行存款準備金，並得於法定範圍內隨時調整各種存款準備金比率。於必要時對自一定期日起之支票存款及活期存款增加額，得另訂額外準備金比率，不受法定最高比率之限制。中央銀行對繳存存款準備金不足之銀行，得就其不足部分，按重貼現率及其他融通利率加收一倍以下之利率。（第二十三條）

3.公開市場操作：中央銀行得視金融狀況，於公開市場買賣由政府發行或保證之債券及由銀行發行之金融債券與承兌或保證之票據（第二十六條）。中央銀行爲調整金融，得發行定期存單、儲蓄券及短期債券，並得於公開市場買賣之（第二十七條）。中央銀行經洽商財政部後，

得隨時就銀行流動資產與各項負債之比率，規定其最低標準（第三十五條）。

4.選擇性信用管理：中央銀行於必要時，得就銀行辦理擔保放款之質物或抵押物，選擇若干種類，規定其最高貸放率（第二十八條）。中央銀行於必要時，得就銀行辦理購建房屋及購置耐久消費品貸款之付現條件及信用期限，予以規定，並管理之（第二十九條）。中央銀行就銀行辦理對證券商或證券金融公司之融通，訂定辦法管理之（第三十條）。中央銀行認為貨幣及信用情況有必要時，得對全體或任何一類金融機構，就其各類信用規定最高貸放限額（第三十一條）。

二、我國中央銀行調節金融業務操作概況

㈠利率政策

根據現行利率管理條例、銀行法及中央銀行法等有關利率之規定，大體可將現行利率劃分為兩大類，其中之一為中央銀行貼放利率，另一則為銀行存放款利率。前者指中央銀行對銀行業融通之各種利率，包括重貼現利率、短期融通（擔保或無擔保）利率、外幣融通利率、外銷貸款融通利率等；後者則指銀行業之放款利率與存款利率。其中，中央銀行貼放利率，由中央銀行就金融及經濟狀況決定公告；銀行業存款最高利率，由中央銀行視金融及經濟狀況隨時訂定，銀行放款利率，則由銀行公會議定其幅度，由中央銀行核定施行。

多年來我國銀行存放款利率均由中央銀行決定，自六十四年七月銀行法公佈實施後，中央銀行祇決定存款最高利率，放款利率則改由銀行公會議訂，其幅度，報請中央銀行核定後施行。在此制度下，由於銀行利率仍受到央行之控制，利率甚難隨市場資金供需情況的變化而調整，致使利率作為資源分配功能大為減低，而難免發生資源配置錯誤或使用

不足的現象，是故如何使銀行利率趨於合理化乃成爲刻不容緩之事。

六十九年十一月，中央銀行公佈「銀行利率調整要點」，不但使一般銀行存放款利率之朝向市場化，獲致了突破性的進展，同時也使銀行之業務經營與管理，面臨了一個嶄新的挑戰，而中央銀行運用貨幣政策各項工具以達其調節金融、促進經濟穩定成長之重要性亦較以往更形重要。

但就銀行利率調整要點的規定內容來看，此項要點實祇能稱之爲實施利率自由化過程中的過渡措施，因爲若欲實施全面利率自由化，必須有「金融市場自由化」與「外滙市場自由化」以爲配合，方能相輔相成發揮經濟自由的功能。然而，盱衡我國目前的各種客觀環境，尚有若干亟待解決或突破之處，例如現行法令的限制、現有金融機構的組織形態、銀行利率水準及其幅度、銀行經營當局在不確定環境下的適應性等等，而此類問題並非短期間所能解決，因此如何在現有法令架構之下，以循序漸進方式，使銀行利率作合理調整，乃爲銀行利率調整要點的基本原則，也是其精神之所在。

自銀行利率調整要點公佈實施後，銀行公會隨卽設置銀行業利率審議小組，負責議訂各種存放款利率的實際作業。銀行利率調整次數逐較以往頻繁，存放款利率差距亦逐漸縮小，而放款利率結構亦簡化爲短期放款最高、最低利率及中長期放款最高、最低利率四種。此外，部分銀行並曾先後宣佈以高於相同期限存款利率的方式發行可轉讓定期存單；部份銀行則擴大實施差別利率的範圍，或公佈實施差別訂價的準則，以上種種均顯示出利率調整要點實施後，銀行存放款利率已較以往更能反映市場資金供需情況，此不但對銀行業務的經營產生了深遠的影響，對中央銀行執行貨幣政策方面，亦有相當程度的影響。

㈡公開市場操作

根據財政部頒佈之短期票券交易商管理規則，民國六十五年五月至

六十七年十二月，我國先後成立了三家具有多目標的貨幣市場專業機構
——票券金融公司，使我國貨幣市場獲得了突破性的進展，此類機構不
但能以交易商或經紀商身份在次級市場中參與買賣短期票券，並能以承
銷人、保證人或簽證人身份在初級市場中協助工商企業發行短期票券。
因此使得我國貨幣市場的初級市場與次級市場漸具規模，信用工具的種
類漸趨多元化，交易籌碼亦不斷增加，逐漸具備了實施公開市場操作之
客觀環境。中央銀行遂於六十八年一月首次進行公開市場操作買進短期
票券，以充分支應當時新舊曆年關期間季節性資金需求，緩和銀行體系
準備部位承受的緊縮壓力。自此，公開市場操作乃成為我國中央銀行除
傳統利率政策外，調節金融、控制貨幣數量之一項重要工具。

　　綜括而言，目前，我國中央銀行從事公開市場操作之要點如下：

1. 公開市場操作買賣之標的，包括政府公債（兩年內到期者）、
國庫券、銀行發行之金融債券、金融機構承兌或保證之票據、
公民營企業發行之公司債（兩年內到期者）及其他經本行核准
之證券。

2. 公開市場操作之方式，有買斷證券之操作、賣斷證券之操作、
及附買回或附賣回條件之操作。

3. 買斷或賣斷之證券，以距離到期日不超過120天者為限；附買
回或附賣回期限不超過60天者為限。

4. 買賣證券透過票券金融公司以報價方式進行，依距到期日長短
及報價高低決定取捨，惟發行公司屬生產事業或中小企業者優
先承購。

5. 證券交割採當日交割轉帳為原則。

　　㈡**存款準備制度**

影響貨幣與信用數量最直接而有效的方法，莫過於存款法定準備率

之調整。其主要原因爲存款準備率之調整具有法律上的強制性，對於一般銀行可產生直接而強大的震撼力，從而影響其供應信用的能力，此與利率政策之間接影響與公開市場操作受買賣雙方意願之影響者不同。由於存款準備率之調整，同時能影響企業及金融機構對未來經濟情況之預期。因此，調整之時，必須考慮其對準備部位的影響，而加諸銀行業務經營所產生之衝擊力，務期此項壓力減至最適當程度，以免各銀行難於適應而損及金融安定。是故，一般國家中央銀行對於此項措施之運用，以應付金融情勢的非常變化者居多。我國存款法定準備率幅度係由銀行法規定，各種存款實際準備率則係由中央銀行決定，各項準備率自六十八年八月廿一日調整後，七十一年六月廿九日曾再度調整。有關準備率之規定內容如次：

存 款 種 類	法定準備率幅度（銀行法規定）	實 際 準 備 率	
		68.8.21 調整	71.6.29 調整
支 票 存 款	15%—40%	25%	23%
活 期 存 款	10%—35%	23%	21%
定 期 存 款	7%—25%	11%	10%
活期儲蓄存款	5%—20%	15%	14%
定期儲蓄存款	5%—20%	9%	8%

　　根據央行表示，七十一年六月廿九日，各種存款準備率降低1至2個百分點的結果，可使銀行減低法定準備金104億元，增加可貸資金104億元，如果其他條件不變，透過乘數效果，在三季至一年內銀行放款將可增加416億至468億元（4至4.5倍）貨幣供給（M_1）將增加187億元，可見其擴張效果之顯著。

　　綜括而言，目前我國中央銀行從事公開市場操作之要點如下：爲促

使銀行對其資產保持適當之流動性，銀行法第四十三條規定，中央銀行經治中央主管機關後，得隨時就銀行流動資產與各項負債之比率，規定其最低標準。我國中央銀行對銀行流動性之管理，始自六十八年八月，初期規定最低流動比率為５％。符合流動比率規定之資產，包括超額準備、銀行互拆借差、國庫券、可轉讓定期存單、銀行承兌滙票、經短期票券交易商或銀行保證之商業本票、公債及其他經中央銀行核准之證券。六十七年七月將此流動比率自５％提高為７％；其後為避免各銀行相互發行可轉讓定期存單以致虛增流動準備，於六十七年十二月，規定各銀行持有存單應先扣除本身發行部份後之淨額方能充當流動準備。六十九年七月，為便利工商企業以發行公司債方式籌措資金，促進債券市場發展，央行並將流動資產項目增加公司債；此外，為配合儲蓄與專業銀行以發行金融債券方式籌措中長期資金，將金融債券亦視為符合流動比率規定之資產。

㈣貼現窗口及其他融通業務

中央銀行為銀行之銀行，對於各銀行因季節性因素或偶發因素而導致其準備部位發生不足時，經常以最後貸款者地位予以資金融通，以維護其業務之正常營運。我國中央銀行為配合政府加速經濟之發展，或基於經濟金融情勢發展需要，除辦理前述一般性最後融通業務外，對於各銀行承作政策性放款所需資金，亦予以資金再融通。目前其給予銀行業之資金融通，計有重貼現、短期融通、外銷貸款融通、以及外幣融通等，其要點如下：

1. 貼現窗口業務：貼現窗口業務之目的，在便利各銀行由於季節性或偶發因素而使其準備部位迅速惡化時，能就其經營票據貼現業務而持有之合格票據轉向中央銀行融通。六十九年二月，中央銀行公佈「中央銀行重貼現及短期融通作業要點」，並自同

年三月一日起實施，提供各銀行自動調節準備部位的途徑。為避免各銀行利用貼現窗口大量擴充信用，我國中央銀行受理重貼現及短期融通申請案件，係以申請銀行之徵信工作績效及銀行一般準備部位，作為准駁之參考。

2. 外銷貸款融通：中央銀行所舉辦之外銷貸款融通，是一種選擇性的信用管理措施。目前外銷貸款融通業務之處理要點如下：

(1) 本國銀行依下列方式辦理之外銷貸款，皆得向中央銀行申請轉融通：

① 根據出口廠商持有國外銀行簽發之不可撤銷商業信用狀，承做之裝船前貸款。

② 根據已投保輸出融資綜合保險之出口託收款項，D/A 或 D/P 承做之裝船後貸款。

(2) 中央銀行融通金額，以不超過信用狀金額或託收款項金額85％為限。

(3) 中央銀行融通期限，以信用狀或託收所需期限為準，但最長不得超過180天。

(4) 約定借款人應以出口結滙所得新臺幣價款，抵償本貸款。

(5) 融通利率依中央銀行公告，利息在融通款項中先行扣收（承貸銀行對借款人應按公告融通利率加1個百分點計收利息）。但借款人未依前條約定履行者，改按銀行短期無擔保放款之上限利率計算，追補利息差額。

3. 外幣融通：經營外滙業務之本國銀行，其持有之外滙資金數量有限，故承辦進口購料貸款 (usance credit) 時，往往須向國外同業借款支應。中央銀行有鑒於此，遂以其本身持有之大量外滙存底，對本國銀行提供外幣融通。目前辦理之外幣融通業

務，主要爲下列各種：

(1)　專案特案外幣融通

經營外滙業務之本國銀行貸給進口廠商之放款，其用於向國外採購重要工業原料及民生必需品（以國貿局專案規定項目爲準，簡稱專案物資）或大宗物資（以行政院特案規定之項目爲準，簡稱特案物資），期限最長不超過270天者，皆得向中央銀行申請外幣融通。

(2)　生產企業進口機器外幣融通

本國一般銀行及信託投資公司貸給生產企業（公司組織）之放款，其用於向國外採購自用生產機器設備，期限最長不超過5年者，皆得向中央銀行申請外幣融通。每家承貸銀行在中央銀行轉融通的未償餘額均不得超過放款，同一生產企業，在中央銀行轉融通的未償餘額，亦均不得超過200萬美元。

(3)　主要出口工業及技術密集工業投資計劃外幣融通（卽通稱之六億美元貸款）

本國一般銀行及信託投資公司貸給主要出口工業及技術密集工業（其涵蓋範圍依工業局之規定）之放款，其用於向國外採購其投資計劃所需機器設備及新技術，期限最長不超過7年者，皆得向中央銀行申請外幣融通。

上述第三種外幣融通是針對計劃型放款的融通，而第二種祇是購物並非整套計劃的實施。因此，中央銀行提供第三種外幣融通時，要求承貸銀行在核貸時注意工業投資計劃之目標是否符合旣定的經濟政策，並須詳細評估計劃之可行性。所謂旣定的經濟政策，是指主要出口工業的投資計劃應以更新設備、提高產品品質，以增強外銷競爭能力爲目標；技術密集工業的投資計劃應以新建或擴充工廠，引進新技術，以奠定進一步發展之基礎爲目標。

㈤票據業務管理

我國中央銀行為全國票據業務之管理機關（票據之行政管理機關則為財政部）。中央銀行法第三十二條規定，「本行得於總行及分行所在地設立票據交換所，辦理票據交換及各銀行間之劃撥結算。在未設分行地點，並得委託其他公營銀行辦理。」為求劃一起見，各地票據交換所涉及有關法律解釋或政策性之案件，均秉承中央銀行業務局之核示辦理，中央銀行業務局，每年應派員至各地區，巡視各票據交換所之業務，除就地輔導外，並聽取各方意見、檢討作業效果，俾作為釐訂業務改進方案之參考。

根據前述，中央銀行調節金融業務操作之方式可知，我國中央銀行業務操作之目的，除在消除季節性或偶發因素加諸銀行準備部位的影響，避免銀根寬緊程度變化過劇，而影響銀行業務經營外；另一方面，則是在透過其對貨幣與信用數量及流向的控制，使銀行準備部位發生預期的變化，而影響整個經濟活動，實現經濟成長與安定的目標。

中央銀行業務操作之基本原理可圖示如下：

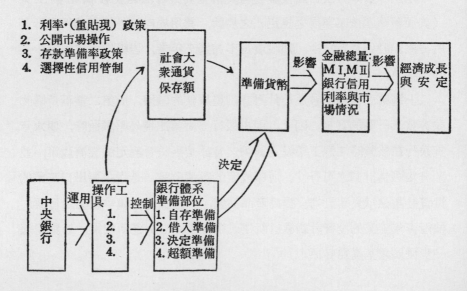

第三節　中央銀行發行貨幣與經理國庫業務

一、發行貨幣業務

發行貨幣亦爲我國中央銀行之主要業務，目前新臺幣之發行業務，部份由中央銀行（發行局）自行辦理，部份則委託臺灣銀行代理，有關發行業務之權責區分如下：

(一)　中央銀行（發行局）處理下列新臺幣發行有關業務：

1. 券幣制度之策劃研究。
2. 券幣發行之策劃供應。
3. 新舊券幣之存儲及廢券（幣）之銷毀。
4. 發行準備金及庫存券幣之保管及收付事項。
5. 券幣發行之帳務處理及發行額之統計、分析、提報。
6. 券幣印製業務之督導考核及券幣材料之購儲。

(二)　臺灣銀行（發行部）代理中央銀行處理有關新臺幣發行業務

1. 各類券幣之申請、調撥、運送。
2. 回籠券之整理、複查。
3. 各地區新臺幣發行庫之設立管理。
4. 代理新臺幣發行業務會計事務之處理。
5. 發行費用之結算、申報。
6. 其他代理發行有關事項。

二、經理國庫業務

依公庫法第二條規定，經營政府機關現金、票據、證券及其他財務之機關，稱爲「公庫」。中央政府之公庫稱「國庫」，以財政部爲主管機關；省政府之公庫稱「省庫」，以財政廳爲主管機關；市政府之公庫稱「市庫」，縣政府之公庫稱「縣庫」，各以財政局科爲主管機關，不設財政局科者，以各該市縣政府爲主管機關。財政部爲國庫主管機關，綜管國庫行政，中央銀行爲受財政部委託經理國庫收支業務。爲依法代理財政部委託之國庫業務需要，中央銀行設有國庫局，於國庫主管機關所在地設置國庫總庫，將全國劃分若干區，設區分庫，並於區分庫，轄區內設置支庫、業務簡單地區設置收支處、稅款經收處等，截至七十年四月底止，全國國庫總計有399處。

中央銀行所經理之國庫業務，主要係根據國庫法，國庫法之要點如下：

一、實施國庫集中支付制度。

二、加強國庫支票之流通與管理。

三、建立國庫財務調度制度。

四、改進國庫會計事務之處理。

五、確立緊急撥款之法律依據。

六、考查督導代庫業務。

七、明確規定違法失職之罰則。

政府爲配合財務調度及發展國家建設，有關發行年度或建設公債，目前亦均由財政部委託中央銀行經理，辦理保管、承募、銷售、還本、利息等各項業務，各種公債之還本付息基金，每年均列入國家總預算之內，按期償付。因此，經理公債乃成爲中央銀行業務之一。

　　除上述經理公債業務外，中央銀行爲配合調節金融及建立貨幣市場之需要，於六十二年十月依照國庫券發行條例規定，經商得財政部之同意，開始經營國庫券發行業務。目前國庫券業已成爲我國貨幣市場主要信用工具之一。

第四節　中央銀行之外滙業務

一、外滙買賣操作業務

　　一國對外交易的綜合情況卽國際收支，其收支結果反映在一國銀行體系國外資產負債的變化。收支順差，使銀行體系國外資產（黃金、外滙等）增加；收支逆差，則銀行體系國外資產減少。前者可使一國之準備貨幣增加，形成貨幣及物價膨脹壓力；後者可使一國之準備貨幣減少，形成貨幣與物價緊縮壓力。所以，國際收支不平衡，無論順差或逆差，均會對國內金融產生衝擊作用。外滙管理之目的卽在平衡國際收支及穩定國內金融。

　　根據外滙管理條例規定，我國外滙之行政主管機關爲財政部，業務主管機關則爲中央銀行，前者負責有關軍政機關之進口外滙及滙出款項之審核，及國庫對外債務之管理、保證等工作；後者負責督導指定銀行辦理外滙業務，調節外滙供需，以維持有秩序之外滙市場，以及對民間滙款及民營事業國外借款之管理等工作。此外，負責國際貿易之主管機關之經濟部國際貿易局，亦須就有關外滙事項，與財政部及中央銀行配合聯繫。

　　中央銀行是全國外滙業務主管機關，除直接辦理有關民間滙入滙出滙款及民營事業對外借款等項目之審核工作外，本身並不直接與工商界

及一般民眾從事外滙交易，普通外滙買賣等業務係由指定銀行辦理。所謂「指定銀行」，乃指經中央銀行特許辦理外滙業務之銀行，非經中央銀行指定之銀行，不得經辦外滙業務。因此，指定銀行在我國現行外滙管理體系中，居於外滙市場操作主體之重要地位。為使指定銀行能在一定規範下辦理外滙業務，中央銀行訂定了「中央銀行管理指定銀行辦理外滙業務辦法」，在滙率方面規定：「指定銀行應按照中央銀行有關規定，隨時接受顧客申請買賣外滙。」（第八條）指定銀行之外滙業務範圍，包括下列七項：1.出口外滙業務。2.進口外滙業務。3.一般滙出及滙入滙款。4.外滙存款。5.外幣貸款。6.外幣擔保付款之保證業務。7.中央銀行指定及委託辦理之其他外滙業務。

指定銀行得向外滙市場或中央銀行買入或賣出外滙，亦得在規定額度內持有買超或賣超外滙。指定銀行辦理外滙業務如違反有關之規定時，中央銀行得撤銷或停止一定期間之全部或一部份之指定業務，或函財政部依法處理。中央銀行為外滙業務主管機關，因此在即期外滙市場方面，它必須隨時注意國際收支情況，以維持有秩序的外滙市場。操作的原則是：當全體指定銀行呈買超時，中央銀行酌量買進，全體指定銀行呈賣超時，中央銀行則酌量拋售。所謂「酌量」的標準，主要是根據國內經濟金融情況及各指定銀行外滙資金流動情況而訂。

中央銀行於我國外滙市場創立之初期，曾採取以下兩種操作工具：1.滙率加減1分，即指定銀行賣外滙予央行，賣價較其自顧客買進滙率少1分；自中央銀行購補外滙時，買價較其售予顧客多1分。其用意在促使指定銀行在銀行間市場軋平外滙頭寸，儘量不依賴中央銀行。2.彈性決定交割日期：這是用於指定銀行售予中央銀行外滙時，中央銀行得視國內外利率差距及國內信用情況，在12天內任擇一日交割，無形中使指定銀行資金運用成本增加，其用意與滙率加減1分相同，均在促使銀

行間市場能充分發揮應有功能，減少對中央銀行的依賴，進而使滙率變動能充分反映外滙市場供需情況。

中央銀行的外滙操作，除維持有秩序的外滙市場外，尚有調節國內信用之作用。例如，春節前銀行資金緊俏，中央銀行大量買進外滙，放出新臺幣，使指定銀行準備金增加，對國內信用產生擴充作用。春節過後，中央銀行賣出外滙，促使新臺幣加速回籠，達成信用緊縮之效果。事實上，中央銀行之外滙買賣，也是公開市場操作一項強而有力的工具。

至於在遠期外滙市場方面，依民國76年7月15日起實施的"指定銀行買賣外滙辦法"第六條規定：「指定銀行得依其資金成本，自行訂定遠期外滙滙率並買賣之，其承做或拋補金額，應於每營業日終了，報中央銀行外滙局核備。」從此中央銀行完全退出遠期外滙市場。

二、外滙融通業務

我國中央銀行外滙局為有效運用外滙資金，協助廠商降低進口成本，進而充裕國內物資供應，並穩定國內物價，曾辦理短期外滙融通業務。當進口物資之外滙價款不以結滙支付時，將造成外滙市場需求的減少；俟廠商於融資到期在市場購買外滙時始產生外滙需求，但這時又有新的融資。因此，在進口逐漸增加的情況下，新融資所造成的外滙需求減少，通常大於舊融資到期所產生的外滙需求，所以因中央銀行外滙融資的關係，使我國外滙市場經常偏向買超市場。目前外滙局所辦理之短期外滙融通項目僅有中油公司進口原油外滙融通而已。

三、外滙管理業務

貨物輸出入管理與外滙管理為一體二面之事，我國於民國75年以

前，對於有形貿易外滙之管理、稽核及追繳，主要係借助於貨品輸出入
簽證制度下之輸出入許可證爲之，70年7月以後，部份准許出進口物資
之輸出入，可免辦輸出入許可證，其外滙之管理，則借助於「國貨出口
報單」及「進口信用狀」爲之。對於無形貿易外滙之管理，主要係採收
入管理從寬（以減少對正常國際商務進行之干涉，而有利於國際貿易之
拓展），支出管理較嚴（以防止資金藉機逃避）之原則。在資本移動管
理方面，爲配合經濟進一步發展需要，政府對於引進中長期國外資金，
係採取鼓勵之政策，對短期資金之流入，則視國內金融情況不同而有採
較富彈性之因應對策，至於對資金的流出，則採取較嚴密之管制，但自
民國75年開始，爲抑制國外熱錢流入，曾凍結各外滙指定銀行之國外負
債餘額，並且加強滙入款之審核。

　　我國爲經濟開發中國家，過去由於外滙資產有限及處境艱難，中央
銀行爲能統籌調度並有效運用外滙起見，一直實施較爲嚴格之外滙管理
制度。此一制度行之多年，不僅使我國經濟能在穩定中快速成長，對外
貿易大幅擴充，爲政府累積大量外滙資產，而在最近幾年世界金融動盪
期間，更使我國能掌握主動，將外來不利因素之衝擊程度減至最小。

　　近年來，由於經濟貿易的發展，政府對於外滙管理，雖然在實際上
已漸次放寬，進口外滙之申請大多皆能獲准，貿易以外之結滙量亦大爲
增加，每人每年得在五百萬美元的額度內自由滙出國外，但由於實施嚴
格之滙入款審核辦法，一般大衆以外滙從事私人活動之空間仍屬有限，
故今後外滙管理勢必將朝向下述二方面發展：

　　㈠繼續放寬管理：我國自民國76年7月15日起大幅度放寬外滙管
制，但對滙入款的管制仍頗爲嚴格，而且有關經濟和貿易的放寬措施，
並未適度配合，故我國經貿外滙自由化措施，仍有待加速推行。

　　㈡擴大外滙買賣範圍：雖然目前已成立外滙市場，但外滙買賣仍有

諸多限制，如繼續擴大外滙買賣範圍，從而建立自由外滙市場的基礎，新臺幣成爲一可兌換之貨幣，則因外滙管理而生之弊病，如黑市、逃滙等名詞將不復存在，正當的外滙需求均可透過外滙市場取得，不需在「黑市套滙」，且間接有助於推廣國際貿易，引發國內外長期投資。

本章參考資料

一、李庸三：中央銀行之理論與制度。

二、梁國樹：我國金融制度與金融政策，七十五年五月。

三、毛信泉：現行發行制度及實況，七十年四月。

四、談開章：中央銀行業務操作實況，七十年五月。

五、錢龍韜：現行國庫制度及實況，七十年五月。

六、俞政：現行外滙制度及處理實況，七十五年五月。

討論問題

1　試說明我國中央銀行之經營目標及主要業務。

2　我國中央銀行之貨幣管理工具包括那些？試分述其群。

3　中央銀行與臺灣銀行在新臺幣發行業務上如何區分權責？

4　國際收支不平衡對國內經濟有何影響？

5　我國中央銀行如何管理外滙？

第十三章

美國的聯邦準備制度

第一節　聯邦準備制度的成立背景

美國於一九一三年下半年通過聯邦準備法案 (Federal Reserve Act)，而於一九一四年十一月正式成立聯邦準備銀行，此爲經濟强國之中，最後建立中央銀行之國家。瑞典銀行 (Bank of Sweden) 建立於一六五六年，英格蘭銀行 (Bank of England) 建立於一六九四年，法蘭西銀行 (Bank of France) 建立於一八○○年，荷蘭銀行 (Netherlands Bank) 建立於一八一四年，比利時銀行 (Bank of Belgium) 建立於一八三五年；其他大多數重要的歐洲國家，也是早在十九世紀結束之前，就已建立中央銀行。一般而言，聯邦準備制度的功能，與其他國家中央銀行之功能一樣，在於管理貨幣與信用的情況；爲了完成這一功能，聯邦準備制度本身創造及消滅貨幣，並且調節商業銀行體系的貨幣創造及消滅。聯邦準備制度也與其他中央銀行一樣，完成許多其他功能，諸如票據的清算收解、擔任政府的財政代理機構、參加外滙市場的

活動等等。

　　美國的聯邦準備制度與其他國家的中央銀行，雖有上述的相同之處，但在結構、控制、及功能的發揮上，亦有重要的不同。例如，大多數的國家只有一家中央銀行，控制的權力集中於一個中央主管機構；但是，美國則有十二家分開組設的聯邦準備銀行，分設於十二個聯邦準備區 (Federal Reserve Districts)，控制權力分散於十二家聯邦準備銀行及設於華盛頓的聯邦準備理事會 (Board of Governors)。造成這種差異的原因很多，例如：（一）其他國家的面積較小，地區上的差異並不顯著，當無設立一家以上之中央銀行的必要。但是，美國的幅員遼闊，各個地區的經濟及金融情況並不相同，所以，各個地區應該設立自己的中央銀行，俾其政策能夠適應當地的特殊情況。（二）其他國家的中央政府，對於商業銀行的設立、監督、及管理，獨立享有管轄權力，故僅設立一家中央銀行。但在美國，上述權力乃由聯邦政府與各州政府分享，故非設立多家中央銀行不可。（三）其他國家的商業銀行，家數不多，但是各家均在全國各地設有分行，故在該國金融中心設立一家中央銀行加以集中管理，極其合適。但在美國，商業銀行的家數數以萬計，大多只有一個營業處所，在其本州之外不設分行，所以非設多家中央銀行分別加以管理不可。

　　如要討論聯邦準備制度的結構、控制、及其成立以來的演進，應先瞭解美國一九一三年以前貨幣史上的背景，以及當初建立此一制度的首要目的。應該特別注意，此一制度創立之初的目的，與當前的目的並不相同。現在，幾乎大家都已承認，聯邦準備制度的基本目的，在於「管理貨幣」，亦即，希望此一制度運用各種權力、操作工具，以達成高度就業水準、經濟成長、以及經濟穩定的目標。但是這些目標，在成立此一制度之時，既不相合，亦難接受。當時的經濟環境，並不需要「管理

貨幣」，而是相當注重國際金本位制的自由調節機能。美國經歷數十年
來對於「複本位制」(bimetallism)、「綠背紙幣制度」(greenbackism)
等的實際經驗與爭論之後，終在一九〇〇年成立「金本位法案」(Gold
Standard Act)，確立其對國際金本位制的忠誠。其後再經數十年的演
變，黃金生產增加，物價水準上升，經濟趨於繁榮，凡此均足證明此項
決定之明智。大致可以斷言，當初創設聯邦準備制度的人們，如果預知
此一制度終將成為「管理貨幣」的機構，必然不會創設此一制度。聯邦
準備制度當前功能的產生與發展，是在國際金本位制崩潰以後數年，首
次累積大量超額黃金準備之後開始。

　　聯邦準備制度成立的背景，可從一八六三年的「國法銀行法案」
(National Banking Act) 說起。以此法案為基礎的國法銀行制度，當
時的主要困難，在於：貨幣供給缺乏彈性；亦即，貨幣供給無法適應社
會大眾的需要。這是因為，此一法案鼓勵各家鄉村銀行，將其準備以存
款的形式存入諸如紐約、芝加哥等大城市的銀行。這些鄉村銀行如遇資
金短絀之時，便向大城市的銀行提款，在平常時期，各家鄉村銀行或
提或存，大約可以互相抵銷，所以城市銀行並不發生問題。但在鄉村銀
行普遍需要資金的時期，特別是每年農產收成之後運往市場的時期，
資金的需要更為殷切，鄉村銀行便向城市銀行大量提款。但因城市銀行
的資金多係投資於不易變現的放款或證券，既無中央銀行做為最好的融
通來源，又無增加鈔券發行之權，所以只好窖藏準備，收回放款，拒絕
新的信用融通，以致經常引起金融恐慌 (financial panics)。

　　然則，城市銀行何以不能保有較多現金準備，以便應付鄉村銀行的
提取？事實上，這是因為當時鄉村銀行的存款，構成城市銀行資金的主
要來源。城市銀行為了爭取這些存款，須與其他同業競爭，提供高利加
以誘致，所以不能保有太多的現金準備，否則既無投資收益，又有利息

負擔，銀行的經營反更困難。

在上述的情形之下，各地的金融恐慌時有所聞，繼一八七三年、一八八四年、及一八九三年的金融恐慌之後，要求改革美國銀行制度的呼聲日趨沸騰，而在一九○七年的金融恐慌發生之後，更已達到頂點。一九○八年，國會成立「國家貨幣委員會」(National Monetary Commission)，開始研究美國的貨幣制度，提出有關銀行及通貨改革的建議。經過多年的徹底研究，該委員會於一九一二年提出報告，建議儘速完成立法，補助銀行制度的缺陷。一九一三年，遂在格拉斯 (Carter Glass) 的發動之下，於十二月廿三日通過聯邦準備法案。

第二節　聯邦準備制度的結構

如前所述，當初成立聯邦準備制度的主要目的，是在促使貨幣供給具有彈性，一方面成為完善的準備制度，一方面成為商業銀行的監督機構。過去數十年來，此一制度的觀念與目的，已有若干重大的改變。當前，此一制度的基本目的，在於「促成持續的高度就業、穩定的物價與成長、並且提高消費水準❶。」而在今天，此一制度不僅是對銀行制度提供服務，從事監督，而且也要達成經濟政策所訂的若干目標。

在聯邦準備法案通過之前，有一重大的爭論問題：何人應該提供聯邦準備銀行的資本？有人認為應由政府出資，有人認為應由一般大衆認購股份，有人認為全部股份應該售給會員銀行。最後，採取折衷的解決辦法。亦即，規定每一會員銀行，須以等於自身已繳資本及累積盈餘之 6％的金額，認繳聯邦準備銀行的股份；並又規定，如果此一來源所獲

❶ *Annual Report.* (Federal Reserve Bank of Boston, 1958), p. 13.

資本不足，該項股份可以售給公衆；如各銀行以及公衆所購股份仍然不夠，則可售給聯邦政府，但事實上，聯邦準備銀行的股份，既未售給公衆，亦未售給聯邦政府，甚至只須會員銀行支付其認購股份的半數，就已籌足。因此，目前的聯邦準備銀行，完全爲其會員銀行所有，每家會員銀行曾以等於自身已繳資本及累積盈餘的３％金額，付給聯邦準備銀行。

不過，對於聯邦準備銀行擁有股份，並不意味可對聯邦準備銀行加以控制，並且享受全部利益。因爲聯邦準備銀行付給股東的股利，是以已繳資本的６％爲限，收益的其餘部分，乃是累積下來，並有部份是以特許稅的方式付給國庫。但是一九三三年的銀行法案，規定各家聯邦準備銀行均以累積盈餘的一半，作爲認購聯邦存款保險公司 (Federal Deposit Insurance Corporation) 的股份。

成立聯邦準備制度之時的另一爭論就是：何人應該控制聯邦準備制度？聯邦準備制度的控制權力究應集中，抑應分散？要求對於聯邦準備制度擁有控制權力的集團有三，即聯邦政府、會員銀行、以及作爲會員銀行顧客的工商業者。有人認爲，中央銀行的經營，本質上是一種政府功能的發揮，而其主要目標之一，在於管理會員銀行，所以應有充分的政府控制。另一方面，有人認爲新的聯邦準備銀行，在本質上是會員銀行的合作機構，故亦要求將充分的控制放在會員銀行手中。還有一些人士，主張作爲會員銀行顧客的工商業者，亦應參與控制。至於控制權力的分配，有人要求完全集中，有人認爲各個地區應有相當程度的自主。最後，也是採取折衷的解決辦法。亦即，對於聯邦準備制度的控制，上述三大集團均有代表參加，並由一個設立在華盛頓的中央控制機構及分設各區的聯邦準備銀行分別執掌。不過，當初的主權劃分，因有許多地方證明不能令人滿足，所以隨着經驗的增加，曾在若干方面有所改變。

一般而言，乃是趨向較大程度的主權集中，以及較大程度的聯邦政府控制。

一、聯邦準備理事會

設於華盛頓的中央控制機構稱爲聯邦準備理事會，其主要任務在於協調準備制度之信用政策，並且監督各個聯邦準備銀行之業務。在成立之時，聯邦準備理事會並無實權可言，但是以後，權力逐漸增加，目前已是此一制度的實際決策機構❷。

聯邦準備理事會係由總統提經參議院同意之七位理事組成，理事之任期十四年，不得連任，每隔兩年改任其中一人。總統必須注意，理事之任命應能「公平代表金融、農業、工業、及商業的利益」❸，並且，同一準備區不得指派兩位理事。該理事會的主席及副主席均由總統任命，任期四年，但其任期與總統的任期無須一致，這是爲了避免受到政治因素的影響。事實上，每隔兩年才有一位理事的任期屆滿，即使總統連任兩屆，也是很難任命超過半數以上的理事。該理事會每年的開支費用，係由十二家聯邦準備銀行負擔，使其預算能夠免於國會及總統的控制，以致影響權力的行使。

二、聯邦準備銀行

聯邦準備法案規定，全國分成八至十二個聯邦準備區，每一聯邦準

❷聯邦準備理事會之權力係逐漸演進而來。一九三五年的銀行法案 (Banking Act) 使其權力大爲提高，其名稱亦由從前之 Federal Reserve Board 改爲現在之 Board of Governors of the Federal Reserve System。

❸若干勞工團體認爲，理事之任命應能代表勞工之利益。貨幣及信用委員會 (Commission of Money and Credit) 認爲，理事之任命應該消除職業及地區方面之限制。這種限制雖然未以明文加以消除，但是近年以來的趨勢則是如此。

備區設立一家聯邦準備銀行。 因爲各大城市無不希望設有一家聯邦準備銀行， 所以由財政部長、 農業部長、 錢幣司長組成的組織委員會 (Organization Committee) 也就決定從寬設立， 共爲十二家。聯邦準備區係於一九一三年劃分，其後略有調整。

　　玆以表13-1顯示某年十二家聯邦準備銀行的資產狀況，藉以瞭解各家規模之大小。

表13－1　聯邦準備銀行的規模比較
19××年12月31日

聯邦準備銀行	資產（10億美元）	資產比率
波士頓 (Boston)	$ 4.1	5.4
紐約 (New York)	18.5	24.6
費城 (Philadelphia)	4.0	5.3
克里夫蘭 (Cleveland)	5.7	7.5
里奇蒙 (Richmond)	5.7	7.5
亞特蘭大 (Atlanta)	4.5	6.0
芝加哥 (Chicago)	12.2	16.2
聖路易 (St. Louis)	2.9	3.8
明尼波利斯 (Minneapolis)	1.6	2.1
堪薩斯城 (Kansas City)	3.3	4.4
達拉斯 (Dallas)	3.2	4.2
舊金山 (San Francisco)	9.8	13.0
合　　計	$ 75.5	100.0

資料來源: 聯邦準備月報 (*Federal Reserve Bulletin*)

　　由表13-1可見，各家聯邦準備銀行的規模相當懸殊，其對貨幣與信

用情況的影響自亦不同。其中，紐約聯邦準備銀行的規模最大，所握資產約佔全體聯邦準備銀行資產總額的四分之一。這是因爲紐約爲國際金融中心，該行對於國際金融的交易具有直接的影響；而且，該行設於龐大的紐約金融市場之內，可從全國各地吸收資金，並把資金撥向各地。明尼波利斯聯邦準備銀行的規模最小，所握資產僅佔全體聯邦準備銀行資產總額的 2％左右，故其行動對於全國貨幣與信用情況的影響甚微。

每家聯邦準備銀行設有九位董事，分爲三級，每級三人。其中，A級的董事代表該區的會員銀行；B級的董事代表該區的商業、農業、或工業；C級代表理事會，由理事會指派，並且指派其中一人作爲董事會之總裁。選舉之時，是將各準備區之會員銀行區分爲大、中、小三組，各組之銀行數目不同，但其資本總額大致相近。各組俱得選舉A、B級董事各一名，所有董事任期均爲三年。實際行政工作係由董事會指派總經理 (president) 擔任，但此指派須經理事會之同意，任期五年。此外，各家準備銀行並得設置分行。

三、會員銀行

所有的國法銀行均須加入聯邦準備制度作爲會員銀行，但是，州法銀行則可自由決定是否加入。目前美國的商業銀行將近 14,000 家，其中，會員銀行雖然不到半數，但其資產却佔全體商業銀行資產總額的85％以上。由此可見，一般說來，會員銀行的規模較大，資產較多。

凡是會員銀行均可享受下列權利：（一）可自聯邦準備銀行借入所需資金；（二）可以利用聯邦準備制度的全國票據交換機構；（三）可向聯邦準備銀行隨時提取通貨；（四）可自聯邦準備銀行獲得諮商服務；（五）可對該區的聯邦準備銀行掌有部份股份及若干控制權力。

會員銀行應盡的義務包括：（一）應將存款準備繳存聯邦準備銀行；

（二）行政活動應受法律及行政的各種管制；（三）應受聯邦準備當局的檢查與監督。由於這些管制，遂使一般銀行的放款及投資之獲利能力降低，而且會員銀行尚須具備巨額資本的條件，所以部份銀行不願參加作爲會員銀行。但在過去幾年，因有若干州法銀行改爲國法銀行，所以自然成爲會員銀行。由此可見，州法銀行改爲國法銀行必有好處，但因改爲國法銀行之後，必須加入作爲會員銀行，所以又有部份州法銀行不願改爲國法銀行。

圖13－1 美國聯邦準備銀行及其分支機構所在位置

資料來源：聯邦準備月報
　　　　　聯邦準備區之境界
　　　　　聯邦準備分行區域境界
　　　　　聯邦準備制度理事會
　　　　　聯邦準備銀行市
　　　　　聯邦準備分行市
　　　　　聯邦準銀備行辦事處

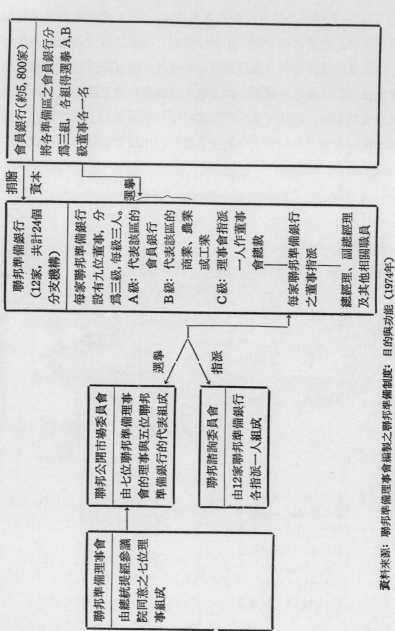

圖13-2　美國聯邦準備制度之組織結構

資料來源：聯邦準備理事會編製之聯邦準備制度：目的與功能（1974年）

四、公開市場委員會

聯邦準備制度的最大權力之一，就是可以透過政府證券的買賣，藉以影響商業銀行的準備情況。公開市場政策則由公開市場委員會 (Open Market Committee) 決定。

公開市場委員會是由12位委員組成，其中 7 位係由聯邦準備理事會的理事兼任，紐約聯邦準備銀行的總裁則爲當然委員，其餘 4 位委員係由其他11家聯邦準備銀行的總裁輪流擔任。這些委員經常集會，決定公開市場的活動方針。同時，並由 5 人小組逐日監督公開市場活動，而以長途電話互相聯繫。由於理事會的理事在委員會中佔有絕對多數，故對公開市場政策具有最後決定的權力。

五、聯邦諮詢委員會

聯邦諮詢委員會 (Federal Advisory Council) 是由各家聯邦準備銀行指派代表一人組成，每年至少集會 4 次，俾對有關事項進行研究，並向聯邦準備理事會提供建議。

上述有關美國聯邦準備銀行之組織結構與所在區域位置，請參閱圖15-1與圖15-2所示。

第三節　聯邦準備制度的服務功能

一般學者對於聯邦準備制度的探討，總是集中於其貨幣政策執行以後，對於所得與物價的影響。事實上，聯邦準備制度因能發揮若干服務功能 (service functions)，故對美國當前貨幣制度的順利運作，具有莫大的貢獻。這些服務功能包括：支票收解 (check collection)、銀行監

督 (banking supervision)、以及財政功能 (fiscal functions) 等等。

聯邦準備制度在支票清算過程中所發揮的功能，已在有關商業銀行制度的討論中作過介紹。就聯邦準備制度本身而言，這是投入人手最多的一項服務功能，聯邦準備銀行每年處理的支票約在40億張以上，金額超過 1 兆美元。但是，聯邦準備銀行對於這項服務，並不收取任何費用。

每家會員銀行均在聯邦準備銀行設有帳戶，對此帳戶的提款卽可取得通貨和鑄幣；這種情形與私人或企業在商業銀行設有帳戶者之提取通貨和鑄幣並無兩樣。會員銀行收到超額的鑄幣或通貨以後，送往聯邦準備銀行分類並點數；其中，完整鈔券仍再放出流通，破損鈔券則以科學方法加以焚燬。

聯邦準備制度並且能以迅速有效的方法滙撥資金。例如，加利福尼亞州的銀行可以要求舊金山的聯邦準備銀行，迅速滙撥 100 萬美元給在紐約的銀行。這是因爲兩家銀行各在當地的聯邦準備銀行設有存款帳戶，舊金山的聯邦準備銀行可從舊金山的商業銀行之準備帳戶減去 100 萬美元，並且電告紐約聯邦準備銀行，卽在紐約的商業銀行之準備帳戶加入100萬美元。這筆巨額的交易幾乎可在同一時間完成。

美國的財政部，高度依賴聯邦準備制度處理許多財政方面的重要業務。美國政府證券的發行，均由聯邦準備銀行記帳，並且辦理一切發行業務。國庫存款存在聯邦準備銀行，國庫支票也向聯邦準備銀行提取，聯邦政府公債本息的支付，亦由聯邦準備銀行辦理。

聯邦準備制度對於銀行體系擁有甚大的監督權力；不過，對於銀行的監督權力，係與聯邦政府以及各州政府共同分掌。銀行監督的主要目的，在於保障存款。因此，監督機構頒有管理章程，俾能確保銀行的安全經營。這些管理章程主要在於約束銀行的放款政策及投資政策，審核

分行的設立，以及銀行的合併 (mergers) 等等。

至於銀行監督的主要方式，就是銀行的檢查(bank examination)，俾能隨時瞭解銀行的財務狀況，並使各家銀行均能依照有關法律的規定經營業務。對於銀行的檢查，重點放在資產及淨值的評估，注意銀行的流動能力，確保銀行的資本不致短少。銀行檢查所得的資料，可以提供作爲銀行監督機構以及受檢銀行本身的參考❹。

第四節　聯邦準備制度的資產負債表

表13-2係某年一月三十一日十二家聯邦準備銀行的綜合資產負債

表13－2　全體聯邦準備銀行綜合資產負債表

19××年1月31日　　　　單位: 百萬美元

資　　　　　產		負 債 及 資 本	
黃金庫券	$ 11,484	聯邦準備券	$ 40,277
現　　金	409	會員銀行準備存款	21,838
貼現及放款	843	國庫存款	1,153
承　　兌	83	外國存款	160
美國政府證券	49,092	其他存款	463
待收現金	7,105	待付現金	5,689
其他資產	2,165	其他負債	318
		資本	1,395
資產合計	$ 71,293	負債及資本合計	$ 71,293

資料來源: 聯邦準備月報

❹本來，聯邦準備銀行對於商業銀行的檢查，並不是從審計(audit)的觀點查核銀行的帳簿; 亦卽，並不查核有無虧空款項的情形。但因鑒於近年以來，許多商業銀行經營的失敗，並非由於資產選擇的錯誤，而是因爲圖謀不軌所致，所以對於銀行的檢查，也就開始包括審計方面的工作。

表。玆先逐一說明表中的項目，然後觀察這些個別項目變動以後，對於商業銀行制度的準備地位之影響。

黃金庫券 (**gold certificates**) 聯邦準備銀行不能保有黃金，其所保有的黃金庫券，係由財政部基於黃金的保有而發行。在某一時期，規定聯邦準備銀行保有的黃金庫券，必須等於銀行券及存款負債的某一比率。

現金 (**cash**) 這是聯邦準備銀行持有的鑄幣及紙幣數額，但是聯邦準備券則不包括在內。

貼現及放款 (**discounts and loans**) 聯邦準備銀行可對會員銀行放款，所以，某一商業銀行如果臨時短缺準備，可向該地的聯邦準備銀行借入所需準備。國法銀行法案 (National Banking Act) 因爲沒有這一規定，故爲重大缺點；但在聯邦準備法案之中，則已加入這一規定，而使美國的貨幣制度賦予相當的彈性。所以，聯邦準備制度實爲銀行體系的最後融通來源；如果銀行制度已無其他方法籌措準備，最後可由聯邦準備制度提供所需準備。聯邦準備制度提供這種放款的條件，就是其對貨幣制度發生影響的重要力量之一。

根據聯邦準備法案的最初規定，這種放款大多須以商業銀行顧客的本票 (promissory notes) 作爲抵押。但在目前，商業銀行普遍是以美國政府證券作爲抵押；因在事實上，所有銀行都是持有巨額的政府證券，有些銀行且以這些政府證券作爲付給當地聯邦準備銀行的利息。

承兌 (**acceptances**) 設立聯邦準備制度的最初目的之一，就是在於促進銀行承兌市場的發展，所以聯邦準備銀行早已隨時準備購買銀行承兌滙票。但是，時至今日，銀行承兌市場的發展未如預期，而且，聯邦準備銀行持有的銀行承兌滙票之金額亦小。

美國政府證券 (**United States government securities**) 這是聯

邦準備制度資產負債表中的最大項目。聯邦準備制度所持政府證券的變動，對於商業銀行的準備地位會有重大的影響，並且，聯邦準備當局在公開市場的交易，也是影響貨幣制度最重要的手段。

待收現金 (cash items in the process of collection) 這是聯邦準備銀行收到支票，但是尚未解款的項目。

聯邦準備券 (Federal Reserve Notes) 這一項目的餘額，代表聯邦準備制度的最大負債。全國流通之中的通貨總額，約有90％係由聯邦準備券構成。聯邦準備銀行對其發行的聯邦準備券，須有保證，此一保證就是黃金庫券、美國政府證券、或其他資產。

存款 (deposits) 這是聯邦準備制度資產負債表中的另一重要項目。最大的存款形式就是會員銀行的準備帳戶，這些存款以及庫存現金 (vault cash)，構成銀行體系實際運作的基礎。雖然許多商業銀行也是保有國庫存款，但是政府的支付，主要則是利用聯邦準備銀行的國庫存款。此外，若干外國的中央銀行或政府當局，亦在聯邦準備銀行保有不少存款，一則作為貨幣準備，一則便利國際支付。

待付現金 (deferred availability cash items) 這一項目是「待收現金」的抵銷項目。待付現金與待收現金兩個帳戶的差額稱為「浮帳」(float)。

資本 (capital) 聯邦準備銀行的資本帳戶，是由會員銀行所繳的資本以及聯邦準備銀行的未分配盈餘 (retained earnings) 構成。某一銀行如果獲准加入聯邦準備制度成為會員銀行，則須購買當地聯邦準備銀行的股票，所購金額等於本行股本及盈餘的3％。會員銀行所持的聯邦準備銀行股票，可以分派6％的紅利。聯邦準備銀行的盈餘，除了分派6％的紅利之外，其餘均須解繳國庫。

第五節　聯邦準備制度與銀行準備

以前已經說過，商業銀行的準備是決定其放款與投資限度的主要因素。個別銀行只要能把其他銀行的存款吸收過來，就可增加準備；但就整個銀行體系而言，無此可能。整個銀行體系的準備，無法由個別銀行加以決定，而是另有其他的影響因素。

一、影響準備的因素

黃金　假定礦主新採 100 美元的黃金售予財政部，財政部乃開一張由聯邦準備銀行付款的支票付予礦主。礦主將此支票存入往來的商業銀行，商業銀行則把支票送往當地聯邦準備銀行。聯邦準備銀行則在這家商業銀行的準備帳戶加入 100 美元，而從國庫存款帳戶減去 100 美元。但是，財政部可對聯邦準備制度發行 100 美元的黃金庫券，以資彌補國庫存款的減少。所以，黃金存量增加的最後結果，就是商業銀行準備與存款的增加。此時，商業銀行已有超額準備，故可增加放款與投資。

財政部通貨　財政部如以印製新鈔的方式發放公務人員薪餉，假定公務人員不擬持有通貨，便有可能對其現金存入商業銀行的支票帳戶。商業銀行收入這筆現金存款以後，便會直接增加準備。

流通通貨　假定某人為了旅行，而由商業銀行提出 100 美元的通貨，這會增加流通的通貨，但却直接減少銀行準備的持有（庫存現金減少）。又因這筆現金提出以後，並不一定存入其他銀行，故可說是整個銀行體系準備的減少。

國庫存款　政府持有的通貨增加，或在聯邦準備銀行的存款增加，均會減少商業銀行體系的準備。例如，國民開出商業銀行支票或從商業

銀行提出現金繳稅，便會發生這種影響。

聯邦準備銀行的其他存款　如上所述，聯邦準備銀行保有若干其他國家中央銀行與政府，以及若干國際金融機構的存款，如有某些交易發生，而使會員銀行的存款移向聯邦準備銀行，則將減少會員銀行的準備；反之，則將增加會員銀行的準備。

聯邦準備信用　如果聯邦準備銀行在公開市場購買某一數額的證券，商業銀行的準備就會增加同一數額；反之，如在公開市場出售某一數額的證券，商業銀行的準備也會減少同一數額。不管證券交易的對方，究係商業銀行或是私人，情形都是如此。商業銀行出售 100 萬美元的政府證券給聯邦準備銀行以後，其資產負債表如下：

聯　邦　準　備　銀　行

資　　產		負　　債	
政府證券	+1.0	會員銀行準備	+1.0

商　業　銀　行

資　　產		負　　債	
政府證券	−1.0		
準　備	+1.0		

聯邦準備銀行對於證券的支付，是把商業銀行的準備帳戶貸記 100 萬美元。反之，如果商業銀行購入證券，結果正好相反，是由商業銀行開出支票，而由聯邦準備銀行借記商業銀行的準備帳戶。

如果證券交易的對方不是商業銀行，而是私人或企業，則其帳戶的變化雖較複雜，但其結果相同。私人如向聯邦準備銀行購買證券，則由私人開發商業銀行付款的支票。聯邦準備銀行收解此一支票之時，就可

借記商業銀行的準備帳戶。反之，私人如將 100 萬美元的證劵售予聯邦
準備銀行，就可收到一張支票，然後存入商業銀行。商業銀行再把此一
支票，送請聯邦準備銀行借記本行的準備帳戶。帳戶的變化如下：

聯 邦 準 備 銀 行

資　　　　　產		負　　　　　債	
政府證劵	−1.0	會員銀行準備	−1.0

商 業 銀 行

資　　　　　產		負　　　　　債	
準　　備	−1.0	存　　款	−1.0

其他聯邦準備信用、聯邦準備銀行對於會員銀行的貼現及放款增加
以後，卽可直接增加會員銀行的準備。帳戶的變化如下：

聯 邦 準 備 銀 行

資　　　　　產		負　　　　　債	
貼　　現	+1.0	會員銀行準備	+1.0

商 業 銀 行

資　　　　　產		負　　　　　債	
準　　備	+1.0	應付聯邦準備銀行	+1.0

再且，上面所述的「浮帳」，也是聯邦準備信用的一種形式。所以，
聯邦準備銀行如果採取某種政策，使票據的平均支付速度較其平均收解
速度爲快，則可直接增加會員銀行的準備。

二、準備方程式

如上所述，影響商業銀行準備的因素很多，這些因素可由聯邦準備銀行的資產負債表顯示出來。因在任何資產負債表中，資產總是等於負債加資本，所以聯邦準備銀行的資產負債表可以改寫如下：

資產＝會員銀行準備＋其他負債＋資本

此一方程式可以改爲：

$$ 會員銀行準備＝資產 - \left\{ \begin{array}{c} 其他負債 \\ + \\ 資\quad 本 \end{array} \right\} $$

根據此一方程式，聯邦準備資產的增加，會使會員銀行的準備趨於增加；同時，聯邦準備負債的增加，會使會員銀行的準備趨於減少。

此一方程式雖然永遠正確，但是並非最有用的方程式。此一方程式並未包括若干影響貨幣制度的因素在內；例如，流通之中的通貨，既非聯邦準備的一項資產或負債，故未包括在方程式內❺。黃金亦未在方程式中出現。雖然黃金庫券在方程式中出現，但是黃金庫券與黃金存量的數額並非完全一致，此因有些黃金雖由財政部持有，但未據以發行黃金庫券。

以上的方程式應該加以改寫，俾能納入上述的遺漏項目。聯邦準備當局本身有鑒於此，所以每週除了編列資產負債表之外，同時編列名爲「會員銀行準備、聯邦準備銀行信用、及有關項目」的報表，此一報表是採準備方程式的形式。

在準備方程式中，能使準備隨其增加而增加的項目歸在一起，能使準備隨其增加而減少的項目歸在一起，前者稱爲「資金的來源」，後者

---

❺但是，構成流通通貨之重要部份的聯邦準備券則是聯邦準備制度的負債。

稱爲「資金的用途」或「資金的競爭用途」。如此:

資金的來源＝資金的用途＝準備＋資金的競爭用途

或者: 準備＝資金的來源－資金的競爭用途

妓把上述方程式包含的內容，簡單列表如下:

準 備	=	來 源	−	競 爭 的 用 途
會員銀行在聯邦準備銀行存款	=	聯邦準備信用 + 黃金存量 + 財政部通貨餘額	−	流通通貨 + 國庫現金 + 聯邦準備銀行的國庫存款 + 聯邦準備銀行的其他存款 + 其他聯邦準備帳戶(淨額)

　　此一方程式的實際數字， 每週均在聯邦準備月報中列出， 有如表 13-3所示。

表13-3 準備方程式　19××年×月×日　單位：百萬美元

資金的來源

準備銀行信用餘額：	
美國政府證券	$ 49,927
貼現與放款	666
浮賬	1,842
銀行承兌	55
	$ 52,490
黃金存量	10,484
財政部通貨餘額	6,797
資金來源總額	$ 69,771

資金的競爭用途

流通通貨	$ 46,680
國庫持有現金	1,124
聯邦準備銀行存款	1,685
（不含會員銀行準備）	
其他聯邦準備帳戶（淨額）	－ 668
資金的競爭用途總額	48,821
會員銀行在聯邦準備銀行的準備	$ 20,950
會員銀行庫存現金	4,551
會員銀行準備總額	$ 25,501

表中所列係該週的每日平均數字
資料來源：聯邦準備月報

茲由聯邦準備銀行的資產負債表開始說明:

準備＝聯邦準備資產－其他聯邦準備負債

因此: 準備＝資金的來源－資金的競爭用途

如果上述兩個方程式均屬正確，則兩方程式的項目之間，必有某些關係存在。茲以下列的方程式表明這些關係:

黃金存量－財政部持有黃金＝黃金庫券

流通通貨＝聯邦準備券＋財政部通貨餘額－聯邦準備銀行持有現金
　　　　＋國庫現金

其他聯邦準備帳戶＝資本及盈餘＋其他負債－銀行房產＋其他資產

二、準備方程式與貨幣供給

以上一再討論銀行準備的變動，這是因為銀行準備的變動與貨幣供給的變動，具有相當密切的關係。

所謂貨幣供給，乃是包括活期存款以及大眾保有的通貨，所以，不能由準備方程式直接加以決定。有時，銀行準備的增加，並不直接引起貨幣供給的增加；反之亦然。例如，某人將其定期存款轉成活期存款，此時，貨幣供給雖已增加，但是銀行準備並未變動。如果聯邦準備銀行向私人購入政府債券，此時，銀行準備與貨幣供給均將增加；但如聯邦準備銀行向商業銀行購入政府債券，此時，銀行準備雖告增加，但是貨幣供給並未變動。

茲把影響貨幣供給的因素分為五類:

（一）聯邦準備當局的公開市場操作；

（二）其他準備因素；

（三）準備運用因素；

（四）存款擴張因素；

（五）貨幣供給的其他構成因素。

聯邦準備當局的公開市場操作，以及其他準備因素，都可決定會員銀行的準備數額。準備運用的因素則可決定這項準備基數 (reserve base) 究可提供多少，以便支持會員銀行的貨幣存款（這些存款包括在貨幣供給之內）。存款的擴張比率則是決定這些準備可以支持的會員銀行貨幣存款之數額。貨幣供給的其他構成因素，是指貨幣供給之中，未與準備基數直接發生關係的構成部份。

討論問題

1 美國的聯邦準備制度是否爲一政府機構？是否爲其會員銀行所有？聯邦準備銀行的職員是否屬於公務人員？

2 美國聯邦準備理事會共由理事七人組成，兩年改任其中一人，所以全部改任需時十四年才能完成，試述其中之利弊。

3 美國的聯邦準備制度是否受到國會的控制？應否受其控制？是否受到行政當局的控制？應否受其控制？

4 美國的聯邦準備銀行持有將近500億美元的政府證券，何故？

5 試述各家聯邦準備銀行的組織。

6 何以一般商業銀行不願成爲聯邦準備制度的會員銀行？作爲會員銀行有何權利？有何義務？

7 聯邦準備制度具有那些服務功能？

8 試述聯邦準備制度資產負債表的主要構成項目。

9 試述影響商業銀行準備的因素。

10 試述影響貨幣供給的主要因素。

第十四章

中央銀行的準備率及貼現率

　　貨幣政策的目的在於影響信用的成本及供應可能性，或換句話說，在於控制貨幣供給，藉以影響經濟情勢。各國中央銀行爲了達成上述的目的，通常所運用的工具主要就是準備率、貼現率、及公開市場活動等。後面兩項工具在於影響銀行準備基數 (banks' reserve base) 的大小，而前面一項則可決定與準備基數有關的存款數量。這些政策工具通常稱爲「一般性的管制」(general controls)，因其對於信用市場的影響乃是一般性的，而非對於資金的特殊運用。至於中央銀行規定股票市場的保證金比率 (margin requirements)，則係一種「選擇性的管制」(selective controls)。本章擬先說明中央銀行的準備率及貼現率政策。

第一節　準備率政策

　　就美國的情形而言，對於準備率的管制恐怕是聯邦準備當局最基本的權力。所有聯邦準備制度的會員銀行，均須從其活期存款之中提出某一特定比率做爲準備。例如，在一九六八年中期，活期存款淨額 500 萬

美元以內部份的準備率，準備市銀行為 16.5％，而在鄉間銀行僅為12％。超過500萬美元以上的部份，其準備率各加0.5％。所謂活期存款淨額是指活期存款總額減去清算過程中的現金項目以及應收的國內銀行之活期餘額。500萬美元以內部份之儲蓄存款及定期存款，不管是準備市銀行或鄉間銀行，準備率均為3％。至於超過500萬美元以上部份之定期存款，準備率則為6％。

準備率乃是每週計算一次，其計算的基礎則係兩週以前的平均存款。亦卽，第三週的銀行準備率，是以第一週的平均存款為根據計算而來。銀行發現本身缺乏準備之時，仍有時間進行調整。因為既係依據一週的平均存款計算而來，所以銀行卽使曾在一週的若干日子出現準備逆差，只要該週的其他日子出現準備盈餘加以彌補卽可。而且，本週的小額準備盈餘或逆差，尚可併入下週計算。

卽使某家銀行有時不能把平均準備維持在合乎規定的水準，該行除將略受懲罰之外，並無重大的不良影響。當然，沒有一家銀行願意受罰，不過，有時某一銀行的準備出現暫時性的逆差，却可大大減輕該行喪失巨額準備以後所受的壓力。

準備率的變動是一種能够發生重大影響力量的工具。商業銀行通常只是保有小額的超額準備，所以卽使準備率的變動很小，其影響還是大於所有超額準備的變動。根據美國的估計，準備率增加一個「百分點」(percentage point) 的影響，相當於超額準備減少20億美元的影響。所以，中央銀行對於準備率政策的運用，卽使幅度很小，其所產生的效果還是很大。

準備率的變動還有其他的影響。準備率的變動可使銀行體系擴張存款的比率發生變動。例如，準備率如為20％，銀行體系便可把存款擴張為準備的5倍；準備率如果降為10％，此項存款的擴張便為存款的10

倍。當然，在實際上，近幾年來，準備率的變動總是約爲半個百分點或一個百分點而已，故對銀行體系存款擴張倍數的影響亦不太大。

準備率的規定係根據聯邦準備法案而建立，其所規定的水準卽使時至一九三〇年代仍在適用。一九三五年的銀行法案，又再賦予聯邦準備理事會在某一限度之內變動準備率的權力，藉以避免或抵銷貨幣供給的不當變動 ❶。聯邦準備理事會對此權力的首次運用，是在一九三六年，其後則經常採用。銀行法案賦予理事會變動準備率的權限很大，但理事會的運用大多限於小幅度而已。美國在第二次世界大戰以後，隨卽發生通貨膨脹，理事會認爲法律所賦予的提高準備率之幅度太小，故在一九四八年，國會臨時同意把準備率的變動幅度，按照中央準備市、準備市 (Reserve City Bank)、鄉間銀行、以及定期存款分別提高爲30％、24％、18％、以及7.5％。

早在一九五一年，所有會員銀行的準備率一律提高；此後，準備率的變動則趨降低。例如：中央準備市銀行的準備率從一九五一年的24％降爲16.5％至17％；準備市銀行的準備率從一九五一年的20％降爲16.5％至17％；鄉間銀行的準備率從一九五一年的14％降爲一九六八年的12％至12.5％。

以上所述準備率的各種變動，表示聯邦準備理事會體認到一九四〇年代末期所訂的準備率太高，不能適應當時的環境，因而銀行經營的收益亦受影響。所以，必須確保銀行的收益達到某一水準，才能促成銀行的穩定經營。

---

❶一九三五年銀行法案所設定的準備率，按照中央準備市、準備市、以及鄉間銀行之不同，最高分別訂定26％、20％、以及14％。最低則爲13％、10％、以及7％。所有會員銀行的最高準備率爲6％，最低爲3％。一九五九年，國會把中央準備市及準備市的準備率變動爲10％至22％。

第二節　準備率政策的效果

把準備率的變動視爲聯邦準備當局的一種政策工具，主要是因準備率變動以後，可以發揮相當的政策效果，如果銀行體系處於「完全貸盡」(loaned up) 的狀態，則在準備率提高以後，銀行必然被迫減少好幾十億美元的放款與投資。反之，根據美國的經驗來說，準備率降低一個「百分點」以後，可使會員銀行的超額準備增加20億美元以上，進而創造好幾倍的新放款與新存款。

準備率大幅變動以後，有時會發生若干比較嚴重的後果。例如：許多銀行無法立即調整適應新的環境；若干已經完全貸盡的銀行，被迫在蕭條的證券市場上出售證券，致使銀行發生巨額的資本損失，另有若干銀行則會遭遇流動性不足的困難。

準備率的變動即使幅度不大，也會發生很大的效果，此爲其他政策工具所無法企及，故在若干特殊情況之下，貨幣當局也就不得不以準備率的變動作爲政策的工具。例如，處於戰時或國家遭受緊急重大變故的時期，社會雖已達成充分就業，政府仍須進行大量支出。此時，準備率的提高就是等於凍結超額準備，可使社會縮減不必要的赤字支出。接着，財政當局可向貨幣當局借入所需資金，並且避免戰後通貨膨脹的來臨。否則，由於銀行及其他金融機構拋售緊急時所購的政府債券以後，必將引起通貨膨脹。這種政策實施以後，亦可降低財政當局的利息成本，因爲此時收到政府證券利息的是貨幣當局，而非一般大衆。

就美國的情形而言，在黃金大量外流的時期，可能也須提高準備率。因在黃金大量外流之時，會員銀行的準備必受相當的影響，此時，準備率的提高則可抵銷這種影響。

　　由於準備率變動以後所帶來的效果太過劇烈，而且平常不易確定變動準備率的時機與幅度，所以這種政策不宜作爲每日控制貨幣情勢的工具。雖然準備率的變動也可以採取小幅度的方式，而不一定要每一次變動一個或半個百分點之多，但是這種小幅度變動却比其他政策工具的運用更不敏感，而不能視爲精密的調整工具。如此，準備率的大幅變動，效果過於劇烈，但如小幅變動，效果又太遲鈍，所以準備率的變動雖是貨幣當局頗具效果的政策，但在平常却少運用。

　　準備率的變動在結構上亦有不公平之處。當然，沒有一家銀行可以置之銀行體系之外，完全不受準備率變動的影響。但因商業銀行是否成爲會員銀行，有其自由選擇之權，所以各行所受準備率變動的影響也就不盡一致。美國聯邦準備制度本身建議，不管是會員銀行或非會員銀行，一律應受相同的準備率所拘束，以求政策效果的公平。

　　再者，如上所述，各銀行隨其所在城市之不同，所受之準備率規定亦異，這也是準備率政策的不公平之一。聯邦準備理事會多年以來，已在盡力消除這種準備率規定的差異。由於有些鄉間銀行距離所屬聯邦準備銀行甚遠，或與大的通滙往來銀行聯絡不便，乃須保有大量庫存現金以應需要。目前，鄉間銀行在計算法定準備 (legal reserves) 之時，可把這種庫存現金包括在內，所以可說準備率方面的差異已獲某種程度的減輕。

　　現在聯邦準備當局是對大規模的銀行規定高的準備率，而對小規模的銀行規定低的準備率。據稱，此一原則今後將更加强運用。所以，過去隨着銀行地區之不同而規定不同的準備率，這種不公平當可逐漸獲得改善。但是，對小規模的銀行規定低的準備率，這無異是對小規模銀行的一種補助。但在美國，有許多小規模銀行在經營上比大規模銀行更爲有利，如今聯邦準備當局又以低的準備率加以補助，所以有人認爲反而

形成一種新的不公平。

　　從一九六六年開始，定期存款的準備率已因銀行規模之不同而作不同的規定。例如，在一九六八年，準備市銀行及鄉間銀行的準備率爲：儲蓄存款 3 ％；定期存款在 500 萬美元的額度內 3 ％，超過 500 萬美元的額度以上爲 6 ％。上述的規定與對活期存款準備率所作的規定不同。對大規模銀行的定期存款規定較高的準備率，可以壓低大規模商業銀行從其他儲蓄機構吸收資金轉成定期存款的利潤與興趣。而且，由於大量的存單 (certificates of deposit; CD) 變化無常，不像其他儲蓄存款那樣穩定，所以亦須規定較高的準備率。長期以來，聯邦準備當局總是認爲，對於活期存款所規定的準備率，乃是一種貨幣政策的運用，主要目的並非在於確保銀行的流動性。但在過去幾年，聯邦準備當局對於準備率政策的運用，似乎是以確保商業銀行所需的流動性爲主要目的，這種政策目的的轉變頗值注意。

第三節　貼現率政策

　　會員銀行如果臨時發生準備缺乏的現象，可以直接向當地的聯邦準備銀行商借所需資金，會員銀行可把顧客請求貼現 (discount) 的票據持向聯邦準備銀行請求重貼現 (rediscount)，或以聯邦準備銀行接受的證劵（通常爲政府證劵）提供抵押，借入所需資金。

　　會員銀行可從聯邦準備銀行借入資金，確爲聯邦準備法案中一項非常重要的安全設計。國法銀行制度的最大困難，就是整個銀行體系不易取得其他來源的準備，而在聯邦準備制度之下，聯邦準備銀行已經成爲銀行體系的「最後貸款者」 (lenders of last resort)。

　　某一銀行遭遇準備缺乏的困難之時，解決的途徑很多。例如，銀行

可以出售若干所持的證券，可以拆款，可向其他同業或聯邦準備銀行借款，或者至少可以拒絕承做新的放款。大規模的銀行可以提高存單利率的方式吸收資金，除非其對存單所付的利率已達法定的高限。有些大規模的銀行沒有許多國外分行，故可透過這些國外分行吸收美元存款；例如近年以來發展極為迅速的「歐洲美元」(Eurodollars) 存款就是。法定的利率高限並不適用於國外分行吸收的存款。當然，銀行對於資金的籌措，特別是對於存款的吸收，最基本的考慮就是成本，所以銀行總是設法以最低成本的方式獲取資金。如果銀行可以 2 % 的利率借入聯邦資金，大致不會出售收益高達 3 % 的政府證券。在通常的情況下，銀行籌措資金的方法，先是借入聯邦資金或向聯邦準備銀行借款，在最沒有辦法的時候，才是考慮到收回放款與投資。

聯邦準備當局如欲緊縮信用，可以提高準備率或在公開市場出售證券，藉以形成會員銀行準備地位的壓力。會員銀行在其準備縮減之後，往往被迫向聯邦準備銀行請求貼現。此時如再提高貼現率，則銀行以請求貼現的方法增加準備，當會降低收益，所以貼現率如果居高不下，最後便可迫使銀行收回放款及投資，而達到緊縮信用的目的。為此，聯邦準備當局所設定的貼現率通常是較國庫券 (Treasury bills) 為高。所以，就銀行的立場來講，以出售國庫券的方式籌措資金，比向聯邦準備當局借款，所負擔的成本較低。反之，處於商業活動遲滯時期，聯邦準備當局可以降低會員銀行的貼現率，藉以減輕會員銀行籌措資金的成本負擔。此時，會員銀行籌措資金的成本既輕，自然不會以缺乏資金為理由，拒絕承做新的放款。

美國聯邦準備當局設定貼現率的過程非常複雜。每一聯邦準備銀行的董事會，至少兩週集會一次，俾能決定貼現率。在每次的董事會開會之時，聯邦準備銀行的總裁須把最近一次公開市場委員會 (Open Market Committee) 的討論議題，及其對於一般貨幣政策，特別是對貼現率政策的意見提出報告。該行的經濟專家則就經濟情勢提出分析。董事會在對經濟及金融情況進行討論之後，則以投票方式表決是否變動貼現率。

根據規定，每家聯邦準備銀行的貼現率並不相同，但此貼現率均係由聯邦準備理事會決定。每家聯邦準備銀行的總裁經常與聯邦準備理事會密切聯繫，聽取理事會對於貼現率的意見。總裁把理事會關於貼現率的意見提報本行董事會後，大多照案通過，極少遭受否決。當然，有時董事會亦可不同意理事會的意見。但是所謂「不同意」，是指對於理事會的意見遲不執行而已。

例如，假定理事會認為應把貼現率提高 0.5％較為適當，大多數的聯邦準備銀行均會立卽遵辦。但是，如果某家聯邦準備銀行鑒於該行所在地區的經濟情勢特殊，不便遵辦，則可採取觀望態度，等待下次的董事會再作決定。

由以上所述的情形看來，各家聯邦準備銀行的董事會，對於貨幣政策的形成頗為重要，各行董事會對於理事會的指令，只要不是遲不執行，不致對於社會構成任何損害。在聯邦準備制度建立之時，也是認為貼現率應該根據地方的實際情況斟酌決定。一九二〇年代，曾有很長時期，不同地區的聯邦準備銀行有着非常不同的貼現率。但是時至今日，由於貨幣市場已經具有全國相通的性質，對於不同的地區設定不同的貼現率，實在已經不合實情。所以，近年以來，各家聯邦準備銀行的貼現率已有漸趨一致的傾向。這種貼現率的一致，正可反映出交通與運輸速度的增進，以及各地之間在工業、商業、和金融方面的更趨結合 ❷。

❷*The Federal Reserve System, Purposes and Functions*, (Washington: Board of Governors of the Federal Reserve System, 1961), p.47.

貼現業務的執行，關係貼現政策的成敗甚大。聯邦準備當局所頒的
「A號規則」(Regulation A)，對於貼現業務有着如下的說明：

「聯邦準備當局通常是對會員銀行提供短期信用，以促使會員銀行
完成所需的資產調整。此因各行有時會被大量提走存款，或須應付季節
性的信用擴張需要，以致超過該行自有資金所能融通的能力……

各家聯邦準備銀行請求信用融通之時，必須說明信用融通的目的，
以及此項融通對於信用情況可能發生的影響。……聯邦準備當局對於此
項融通的請求，則須考慮該行放款與投資的一般特性及其金額，並且考
慮該行是否透過利率的差異謀取利潤，是否基於投機的目的而擴張信
用，是否購買證券、不動產、或商品……。」

不過，目前的銀行可從聯邦準備銀行以2％的利率借入資金，而以
此項資金投資國庫券却有2.5％的收益。所以，聯邦準備制度的貼現
窗口，原來目的是在作為銀行體系的安全活門，如今却已成為利潤的泉
源。

此外，許多會員銀行基於各種不同的理由，不願在聯邦準備制度負
有債務。比較保守的銀行認為不宜以借入的資金參加營運。銀行固然不
斷地鼓勵消費者及企業家借款，但其本身却儘量避免借款。銀行尤其不
願向聯邦準備銀行借款，避免留下惡劣印象，以致緊急之時反而不易獲
得融通。當然，根據「A號規則」，聯邦準備銀行應對請求借款的會員
銀行之業務經營予以密切注意。

據稱，許多會員銀行不願至聯邦準備銀行請求貼現，也是因為有關
貼現業務的規定太過繁瑣。A號規則的條文雖甚簡潔明瞭，但各貼現窗
口所規定的手續却隨準備地區之不同而異。聯邦準備當局對此情況已有
充分的體認，故自近年以來不斷對於貼現制度進行深入的研究，俾在不
久的將來提出可行的改革方案。

第四節　貼現率政策的利弊

在當初起草聯邦準備法案者的心目中，貼現率的升降乃是聯邦準備
制度最重要的政策工具。在聯邦準備制度初創時期，貼現業務確是相當
重要。但在一九三〇年代及一九四〇年代，由於銀行體系持有爲數極其
龐大的超額準備，貼現率的重要性也就隨而降低。一九五〇年代以後，
由於不斷地實施緊縮性的貨幣政策，貼現率政策遂又恢復了往日的重要
地位。

目前主張改變貼現制度的人不在少數，大部份的批評都是針對貼現
業務的操作而提出。有人甚至指出，貼現率的升降不能發揮對抗景氣衰
退的效果。聯邦準備當局固然可以透過貼現率的降低而使準備的供給更
爲充分，但却不能强迫會員銀行運用這些準備。另一方面，處於通貨膨
脹時期，貼現率的運用反而助成銀行體系逃避緊縮性貨幣政策的壓力。

在緊縮信用的時期，會員銀行向聯邦準備銀行借入的款項確比放寬
信用時期爲多。但是，這個問題並不嚴重，因爲聯邦準備當局仍可隨時
採取行動，以抵銷準備增加以後的影響。

不過，如上所述，由於貼現業務的手續至爲繁瑣，故在信用極度緊
縮的時期，也會引起特別的困難。在此時期，各銀行所面臨的是不斷增
加的放款需要，以及流動性的繼續補充。銀行可供出售的國庫券可能很
少，債券的出售可能必須負擔很多的損失。在此情況之下，聯邦準備銀
行的貼現窗口 (discount window) 對於這些銀行可能具有頗大的吸引
力。但在另一方面，這些走向貼現窗口的會員銀行，可能會不斷地受到
聯邦準備銀行的勸告，囑其自行限制本身的借貸業務。在一九六六年，
信用情勢及貨幣市場的狀況極度緊縮的時期，情形就是如此。當時，國

庫券的利率在5.25％以上，　聯邦資金的利率為5.5％，　而貼現率只有
4.5％，　故對會員銀行可以說是具有很大的吸引力。但是，　聯邦準備銀
行並不鼓勵當地的會員銀行前來貼現，故在一九六六年的貼現數額，　反
比不久以前緊縮信用時期的貼現數額為低。一九六八年的利率水準雖仍
很高，但是當時的貼現率亦在5.5％之譜，此與市場的利率水準甚為接
近。

　　上述一九六六年聯邦準備銀行對於貼現業務的緊縮，曾經引起很多
會員銀行的抱怨。若干會員銀行聽從聯邦準備當局的勸告，縮小放款業
務，但也因此失去不少顧客。若干會員銀行仍把聯邦準備當局的勸告置
之腦後，不斷地向聯邦準備銀行要求貸款。大多數的會員銀行，均因未
來景氣情況之無法預期而遠離貼現窗口。總之，由於當時的貼現業務始
終維持在極其穩定的水準，所以聯邦準備當局的政策可謂相當成功。

　　有人認為，一九六六年的經驗實在不足為訓，如要應付未來可能發
生的問題，聯邦準備當局的貼現率政策須作若干變動。至於變動的方法
之一，就是把貼現率維持在高達7％或8％的水準。這樣高的貼現率當
然無法吸引會員銀行前來求借，但却真正成為銀行體系緊急時期的安全
活門。銀行固然知道資金的需要隨時可由聯邦準備銀行的貼現窗口獲得
滿足，但是現貼率既高，銀行也就無法繼續向聯邦準備銀行求借，或以
借入款項用於放款的擴張。如此，當可自動減少貼現窗口以往所遭遇的
難題。

　　另外有人建議，貼現率的變動不應採取權衡的方式，而應與國庫券
利率的變動同其步調。若干有關當局贊成每週按照國庫券的利率再加
0.25％作為貼現率；加拿大的情形就是如此。

　　一九六八年中期，聯邦準備當局曾經組成委員會，對於聯邦準備銀
行的放款政策進行深入的研究之後提出報告。該項報告指出：聯邦準備

制度提供放款的目的，在於融通會員銀行短期資金的需要。會員銀行不應長期且永遠地對聯邦準備銀行負債。聯邦準備銀行始終是以「最後的貸款者」自居，準備隨時提供會員銀行確屬特殊需要的資金。

該項報告在重申聯邦準備當局的傳統政策之後，並曾根據上述的原則建議速作若干重大的改變：會員銀行應被賦予「基本的借款特權」(basic borrowing privilege)，使其能够借到某一數額的資金。並且，會員銀行基於未來的預期需要，可向聯邦準備銀行預洽資金的融通。此外，貼現率應該經常變動，俾與貨幣市場的利率亦步亦趨，但却不必與國庫券的利率維持任何關係。

討論問題

1　聯邦準備制度的會員銀行何以必須維持某一數額的準備？

2　準備市銀行的準備率何以比鄉間銀行的準備率爲高？

3　聯邦準備當局如欲放寬信用，究竟是降低準備率較爲有效？抑或降低貼現率較爲有效？何故？

4　如果一切銀行均被强迫加入聯邦準備制度成爲會員銀行，是否合理？何故？

5　銀行如果持有超額準備，則準備率的變動是否有效？

6　聯邦準備當局變動準備率或貼現率時，其短期目標爲何？

7　事實上，各地準備銀行貼現率之變動是由何人決定？

8　兩家聯邦準備銀行的貼現率不同是否可能？是否有欠公平？

9　貼現率如果低於市場利率，會員銀行爲何不向聯邦準備銀行借入資金，並以所借資金購買政府證劵獲利？

10　何以有時會員銀行竟在聯邦資金市場 (federal funds market) 以高於貼現率的利率借入資金？

第十五章
中央銀行的公開市場操作

第一節 公開市場政策的意義與形成

在貨幣管理方面，中央銀行對於準備率及貼現率的變動，擔負着相當重要的任務。中央銀行在實施這些貨幣政策以後，必須立卽設法改變經濟社會及貨幣市場的情況以資配合。貨幣政策的變動並非經常發生，但貨幣市場的情況則須設法每日加以控制。美國聯邦準備當局本身長久以來也是認爲：貨幣管理應係每日不斷的業務❶，所以貨幣當局應該固定地抵銷或支持貨幣市場的情況。

在公開市場買賣政府證券就是聯邦準備當局變動貨幣市場情況的手段，而在事實上，目前也是貨幣政策最重要的工具。

---

❶關於此一批評，請閱 Karl Brunner and Allan H. Mcltzer, "Some General Features of the Federal Reserve's Approach to Policy", *Subcommittee on Domestic Finance*, House Committee on Banking and Currency, 88th Congress, 2nd Session, February 10, 1964, (Washington, D. C.: Government Printing Office 1964), pp. 9ff.

在景氣相對蕭條之時，聯邦準備當局總是進入公開市場購買證券，藉以刺激銀行的貸放業務。聯邦準備當局在公開市場購買證券以後，銀行當可發現準備已經增加。這些增加的準備可以用於放款及投資，亦卽換成生利資產以資牟利。但在景氣衰退時期，企業對於銀行放款的需要不多，因而許多銀行同時爭取有限的放款業務，結果利率下降，信用情況轉趨鬆弛。如此一來，由於利率的下降，企業的借款與支出又告增加。不管是根據貨幣數量學說或根據所得支出學說，企業增加借款與支出以後，對於經濟景氣的恢復總是有利。

毫無疑問地，在上述的情況下，各銀行均將設法擴張放款。許多銀行在準備增加以後，就用這些新的資金去購買證券。而證券的需要增加以後，就會促成證券價格的上漲，因而引起證券收益的下降。較低的利率是影響企業擴充新設備的有利因素。所以，中央銀行在公開市場購買證券以後，就會形成銀行準備的擴張，不管商業銀行如何運用這些增加的準備，對於經濟景氣的恢復均有幫助。

中央銀行在公開市場購買證券以後，對於利率水準還有一項更爲直接的影響。亦卽，中央銀行對於證券的購買，將會直接增加市場的證券需要，促成證券價格的上升，因而利率水準隨之下降。當然，這種對於利率水準所構成的直接影響，並不像透過銀行準備的變動所構成的間接影響那樣重要。

若是經濟社會處於通貨膨脹的趨勢之下，中央銀行就在公開市場出售證券，藉以降低商業銀行的準備。商業銀行在其準備減少之後，當會減少放款與投資作爲適應。而且，中央銀行既在公開市場出售證券，利率水準將趨上升。利率水準上升以後，企業投資隨之減少，這有助於通貨膨脹趨勢的壓制。

上述聯邦準備當局在公開市場購買或出售證券的效果雖很簡單，但

其決定是否購買或出售的過程却很複雜。如前所述，公開市場的操作是由聯邦準備當局的公開市場委員會負責，而公開市場政策則係在此委員會的經常集會中形成。

公開市場委員會是由理事會的七位理事、紐約聯邦準備銀行、及其他四家聯邦準備銀行的總裁共同組成。但在實際上，參加開會的成員並不止此，其他七家聯邦準備銀行的總裁亦參加開會。此外，公開市場帳戶 (Open Market Account) 的經理（由紐約聯邦準備銀行的高級行員擔任），各行總裁帶來的經濟專家等均已參加開會。但除公開市場委員會的委員之外，其他參加開會人員僅能討論，不能參加表決。決定貨幣政策之時，由這樣龐大的陣容參加討論，一方面可以聽取各地區代表的意見，一方面可以聽取這些專家從不同觀點所提的意見。

在公開市場實際買賣證券的是紐約聯邦準備銀行負責公開市場帳戶的經理，至於買賣的決定則是根據公開市場委員會的政策。在公開市場委員會開會決定政策之前，通常先就全國及各地的經濟及貨幣情況進行廣泛的討論與分析，並且特別研判下列各種經濟及貨幣指標的變動趨勢：工業生產、物價水準、貨幣供給、股票市場活動、利率水準、財政收支狀況及其預算、企業投資計劃、軍事情況、失業情況、住宅營建、個人所得、零售物價、企業存貨、銀行放款與借款、以及銀行的超額準備等等。研判上述的指標之後，就對過去的政策是否繼續維持或採取新的政策進行表決，而以多數票的意見作爲決定政策的依據。

本來，公開市場委員會的開會主要就是決定公開市場政策。但是如上所述，參加開會的成員既已包括各家聯邦準備銀行的總裁，所以利用開會時間討論聯邦準備當局的其他政策工具，正是最佳的機會。其中，貼現率政策就經常在公開市場委員會開會時加以討論。根據聯邦準備法案，各準備區的貼現率均由各準備銀行的董事會決定，所以參加公開市

場委員會開會的各準備銀行總裁，在聽取及參加討論之後，就可把委員
會的意見轉告該行的董事會，藉以影響貼現率的決定❷。關於公開市場
委員會開會時對於貼現率的討論，聯邦準備理事會的年報上均有詳細的
記載。

聯邦準備理事會的年報，雖未記載有關準備率之變動，是否曾在公
開市場委員會開會之時討論，但因準備率之高低係由聯邦準備理事會決
定，故其變動可能亦以公開市場委員會開會時討論之意見作爲根據。

綜此，目前聯邦準備制度的三大政策工具係操於三種機構之手：第
一、準備率由聯邦準備理事會決定；第二、貼現率由各聯邦準備銀行的
董事會決定；第三、公開市場政策則由理事會及若干聯邦準備銀行總裁
所組成的公開市場委員會決定。因爲權力分散不能協調，所以引起很多
批評。不過，由於所有的政策均在公開市場委員會開會之時提出討論，
所以意見可以互相溝通。依據目前的情形看來，上述的三種貨幣政策已
有漸趨統一協調的趨勢。

第二節　公開市場政策的運用與執行

在公開市場委員會開會以後，公開市場帳戶的經理就已瞭解公開市
場政策今後應該操作的方向。聯邦準備制度的公開市場政策，均由紐約
聯邦準備銀行的證券部 (Securities Department) 操作。

應該注意的是，證券部的責任是卽使決策當局不擬變動會員銀行的
準備數額，但證券部還是應該設法消除影響銀行準備的因素。當然，影
響銀行準備的因素很多，例如：黃金存量、財政收支、通貨流通狀況、

---

❷雖然聯邦準備理事會有權決定各聯邦準備銀行的貼現率，可以不顧及各行董事
　會的意見。但在通常，聯邦準備理事會並不使用這項權力。

以及聯邦準備當局的貨幣政策等等。有些因素根本無法受到聯邦準備當局的直接控制，但是聯邦準備當局卻須變動其所能控制的若干因素加以抵銷，其中最常運用的手段就是在公開市場買賣證券。

如上所述，聯邦準備當局設法抵銷獨立因素的變動，藉以避免貨幣制度的混亂，就是所謂聯邦準備當局的「防衞性」(defensive) 工作。至於為了經濟社會的穩定，而去變動貨幣情況就是所謂聯邦準備當局的「動態」(dynamic) 責任❸。整個聯邦準備制度的歷史，可以說是由成立時期的純防衞性工作轉向今日的強調動態責任之歷史。

茲把公開市場操作的防衞性工作及動態責任作一分析。首先考慮的是在銀行體系中，每年引起最大變動的因素就是大眾在耶誕期間希望持有較多的通貨。一則由於耶誕期間必需採購若干禮物或外出旅行，一則由於此時的物價往往呈現季節性的上漲。在此情況之下，大眾對於通貨的需要增加，便會引起銀行準備的減少。

假定在十二月中旬，聯邦準備當局想把會員銀行的準備維持在上月的水準，則需購買政府證券。亦卽，雖然不想主動放寬信用，但是仍須在公開市場購買證券。此時，公開市場委員會如果決定放寬信用，紐約聯邦準備銀行的證券部固然應在公開市場購買證券。但在另一方面，此時聯邦準備當局雖想緊縮信用，仍須在公開市場購買證券，只是所購數額較之平常為少而已。

從聯邦準備當局防衞性工作的重要性，可以看出紐約聯邦準備銀行證券部最重要工作何在。證券部必須密切注意影響會員銀行準備狀況的各種獨立因素。證券部尚須蒐集一切有關貨幣市場狀況的情報，藉以建

❸所謂「防衞性」(defensive) 及「動態」(dynamic) 二詞是由羅薩 (Robert V. Roosa) 在其所著 *Federal Reserve Operations in Money and Government Securties Markets* 一書首先創用。

議當局應該採取何種行動。

　　證券部在對貨幣市場的狀況進行深刻的分析以後，必須每天列出影響準備的所有因素之變動，並且指明證券部無法直接對那些因素加以控制。這些證券部無法控制的因素主要就是票據交換的差額、通貨、財政收支、黃金、以及法定準備的變動等等。但是，證券部却可採取其他的適當行動，藉以抵銷這些因素變動的影響。

　　證券部一旦已經預期到其他因素的可能變動情形，就可決定究應買進或賣出多少證券，藉以達成公開市場委員會所希望的貨幣市場之鬆緊程度。公開市場操作影響整個銀行體系之準備情況的途徑就是透過影響其「自由準備」(free reserves) 的數量。所謂自由準備就是超額準備減去會員銀行從聯邦準備銀行借入的部份。換句話說，會員銀行如果未向聯邦準備銀行借款，自由準備就可代表其超額準備的狀況。有時在貨幣市場緊縮的時期，這一數額可能小於零，亦即會員銀行的借款可能超過超額準備。

　　證券買賣的數量決定之後，證券部立卽進行實際的操作。目前聯邦準備當局希望公開市場的操作能以短期證券為主，所以近年以來主要買賣的證券就是國庫券。與證券部進行交易的證券商完全處於自由競爭的狀態，沒有一家能够享受任何特權或優惠。證券部對於證券的買賣總是遵照「低價買進，高價賣出」(buys bills at the lowest price offered and sells at the highest bid obtainable) 的原則。

　　聯邦準備政策的最終目標乃是在於達成充分的就業、穩定的物價、與經濟的成長。至於影響這些變動的主要方法就是買賣政府證券。當然，證券交易與國民所得之間的連鎖關係並非十分明確。公開市場操作的效果主要是透過自由準備的變動而顯示出來。但是近年以來對於自由準備的概念頗有爭論。

　　自由準備是表示商業銀行自有的超額準備（不是向聯邦準備銀行借入的準備），其水準可以反映商業銀行的資產管理政策。自由準備的增加表示銀行獲得生利資產的速度加快，而自由準備的減少，表示銀行的信用擴張措施趨於緩和。

　　在貨幣政策的分析上，自由準備比超額準備更為重要，此因借入準備 (borrowed reserves) 與自有準備 (unborrowed reserves) 相比，對於銀行決策的影響更大。正如一九三〇年代，聯邦準備理事會的研究處長萊佛雷 (W. W. Riefler) 所說：「會員銀行僅在必要之時才向聯邦準備銀行借款，且其借款總是儘速設法償還❹。」根據此一看法，因為超額準備係從聯邦準備銀行的「貼現窗口」(discount window) 借得，所以不能作為銀行體系擴張放款及投資的指標。至於自由準備則因沒有包括借入準備在內，所以成為判斷貨幣政策之影響的共同標準。

　　但在事實上，以自由準備作為判斷貨幣政策之影響的共同標準，往往使人發生錯誤。例如，在通貨膨脹時期，自由準備如為 3 億美元，而企業對於銀行放款的需要很高，此時，由於銀行是以超額準備進行放款，所以自由準備的水準將趨下降。聯邦準備當局為了「緊縮」信用，可能把自由準備減為 2 億美元。銀行的自由準備減少以後，表示銀行的放款、存款、以及社會的貨幣供給均趨擴張。故在信用大幅擴張時期，自由準備總是長期地處於穩定或趨於減少的水準。在一九六二年的上半期，自由準備由 5 億美元降為 4 億美元，而在同一時期的銀行信用約告增加 110 億美元，比之上年同期多出 50% 以上。

　　另外一種考慮貨幣政策之影響的概念就是總準備；這是表示銀行體系實際能夠掌握的準備。又因聯邦準備當局既可創造準備亦可消滅準

---

❹ W. W. Riefler, *Money Rates and Money Markets in the United States*, (New York: Harper & Brothers, 1930), p. 19.

備，故能嚴密控制會員銀行的總準備。會員銀行提出準備藉以支持存款及生利資產的能力，乃視該行所處地區而定。由於準備市銀行的準備率較鄉間銀行的準備率爲高，所以準備之由鄉間銀行流向準備市銀行，便可代表信用擴張的情勢已趨緊縮。有時卽使會員銀行的總準備不變，但因大衆的存款已由活期轉爲定期，所以亦可增強會員銀行的放款能力。

第三節　美國的庫券唯一政策

如前所述，美國聯邦準備當局實施的公開市場操作，就是透過證券的買賣以控制信用。但自一九五三年至一九六一年之間，美國的公開市場操作，却是僅以政府的短期證券（國庫券）爲主的「庫券唯一政策」(bills only policy)。

這種庫券唯一政策，曾經引起贊成和反對雙方的爭論。主張這種政策的人大多是從政府證券市場操作的技術方面提出支持的意見。一般說來，國庫券的市場比較廣泛而活躍，長期政府證券的市場比較冷門。聯邦準備當局認爲，如對長期證券市場進行公開市場的操作，勢將引起市場的分裂。而且，公開市場操作的目的，主要在於影響銀行體系的準備地位，而僅以國庫券爲對象操作也與對所有證券操作一樣，都能達成此一目的。

在對公開市場的操作效果加以分析時，通常是考慮兩種效果：一爲銀行準備效果；一爲利率效果。聯邦準備當局的立場認爲，公開市場操作的利率效果並不重要。事實上，主張庫券唯一政策的人認爲，由聯邦準備當局直接去影響利率結構並不妥當，因爲聯邦準備當局只要控制銀行準備卽可，至於各種用途與期限的準備則由自由市場加以分配。

很顯然地，聯邦準備當局如對各種不同期限的政府證券加以操作。

勢將影響（可能就是決定）利率的期限結構。因而所謂庫券唯一政策的爭論，根本上就是聯邦準備當局應僅控制貨幣總供給即可，抑或應該進而控制影響貨幣供給的各項因素之爭論。

　　贊成庫券唯一政策的基本立場就是認為，處於自由企業經濟社會之下，政府對於經濟活動的管制越少越好，所以聯邦準備當局應該是在不干涉自由市場的信用分配之原則下去達成任務。不過，反對庫券唯一政策的人認為，影響利率的結構是聯邦準備當局非常重要的一項工具，所以並無適當的理由加以放棄。

　　事實上，聯邦準備制度本身並不十分堅持庫券唯一政策。其中，紐約聯邦準備銀行就是反對庫券唯一政策的大本營。而且在一九五五年，聯邦準備當局為了支持國庫庫的融通，除了購買國庫券之外，也曾購買存單。一九五七年，再把存單出售。一九五八年七月，則再購買長期證券，藉以防止債券市場混亂情況的發展。

　　庫券唯一政策隨着一九六一年聯邦準備當局購買大量的長期證券而告解體。庫券唯一政策的放棄，固然與當時的政府之不支持有關，但與當時的經濟情況更有關係。在一九六一年，美國的經濟景氣趨於衰退(recession)，有待於公開市場的操作以購買證券，但在當時，基於國際收支因素的考慮，美國不宜透過國庫券的購買而使短期利率降低。而在同時，一般認為長期利率比較不受其他貨幣指標變動的影響，且與當時之一般經濟情勢比較，長期利率水準顯然偏高。在此情況之下，聯邦準備當局決定購買長期證券。由此可見，聯邦準備當局的公開市場操作，雖然仍以短期證券為主，但是只要客觀的經濟情勢需要，聯邦準備當局還是可以基於過去的經驗，進行長期證券的買賣，絕對沒有理由永遠受到庫券唯一政策的束縛。

第四節　英國的換債操作

所謂「換債」(funding)，就是以新公債償還舊公債，原為融通財政或減輕國庫負擔的手段，而非控制信用的工具。但自一九五○年代以後，「換債操作」(funding operation) 逐漸成為控制信用的手段。根據希克斯夫人 (U. K. Hicks) 的研究，英國的換債操作在貨幣政策上所具的意義，是自一九三二年開始受到注意。當年，英國政府當局曾將年息5%的戰時公債調換為年息3.5%的公債，結果使利率水準降低，因而受到重視。但在當時，英國採取此一措施的目的，僅為減輕財政支出，而利率水準之降低則係附帶產生之結果。至一九五○年代，尤其是在一九五五年至一九五七年之間，英國政府當局為了抑制過剩的流動性，挽救英鎊危機，乃積極地以換債操作作為控制信用的手段。

英格蘭銀行在一九五○年代實施換債操作時，與其傳統的公開市場操作不同。換債操作係貨幣當局出售流動性較低的長期公債，買入流動性較高的國庫券；傳統的公開市場操作，係以現金買賣國庫券。英格蘭銀行出售國庫券時，雖亦以流動性較低之資產（國庫券），轉換為流動性較高之資產（現金），而對信用情況產生緊縮性的影響；但是，換債操作的效果遠較公開市場操作的效果為大。此因政府公債有相當部份被商業銀行以外之私人與機構加以持有，而國庫券則僅極少部份被商業銀行以外之私人與機構加以持有。實行換債操作時，政府出售之長期公債大部份將被商業銀行以外之私人與機構吸收，而在一般情形下，商業銀行以外之個人與機構，將以銀行存款支付公債價款，商業銀行在英格蘭銀行的存款隨而減少；因此商業銀行便須減少國庫券之保有數額。結果，一般人保有的公債增加，而其銀行存款減少；商業銀行的流動性資

產（國庫券）與存款負債亦同時減少。這就表示商業銀行的流動資產比率 (liquid asset ratio) 降低。目前，英國商業銀行有維持30％的流動資產比率之慣例，故在此一比率恰為30％或接近30％時，商業銀行卽須減少放款或出售中長期政府證券，以維持此一流動比率。因此，在商業銀行的流動資產比率恰為30％或接近30％時，換債操作可導致銀行放款之倍數的減少 ❺。

討論問題

1 美國聯邦準備當局的公開市場委員會在決定貨幣政策時，應該考慮那些經濟指標？那些指標最重要？

2 在公開市場委員會中，經濟專家身份的委員幾位？應否增加？銀行家身份的委員幾位？應否增加？

3 財政部長應否參加公開市場委員會？

4 聯邦準備當局如果增加政府證券的保有，是否表示貨幣政策趨於放寬？何故？

5 自由準備水準的增加何以不能表示貨幣政策趨於放寬？

6 公開市場委員會與紐約聯邦準備銀行的證券部，如何劃分權責？何者對於貨幣政策的決定較為重要？

7 在何種情況下，公開市場的操作不易達成預期的目標？

8 何謂庫券唯一政策？贊成與反對這種政策的主要理由何在？

9 一九六一年以後，美國的庫券唯一政策何以趨於解體？

10 何謂換債？換債操作與傳統的公開市場操作有何不同？何者效果較大？何故？

---

❺倪成彬: 現代金融政策，民國六十一年一月出版，頁七〇至七一。

第十六章
中央銀行的其他信用管制

　　準備率和貼現率的變動以及公開市場的操作，雖可影響銀行體系中準備供應的可能性和成本，但却不能影響銀行的資金用途。所以，中央銀行對於這些工具的運用，乃以控制貨幣和信用的總供給以及一般利率水準爲主。這些工具無法控制流入不同用途之信用的數量，也無法控制不同方式之放款或不同類型之證券的利率。關於這些信用供給的分配問題，是由市場制度的功能加以決定。

　　有些信用由於性質特殊，必須實施特殊的管制，此卽所謂「選擇性的管制」(selective controls)，其中，有些選擇性的管制必須永久實施，有些則僅基於某些特殊的情況才加以實施。美國過去所實施的選擇性管制，比較重要的對象就是：股票市場信用 (stock market credit)、消費者信用 (consumer credit)、以及不動產信用 (real estate credit)。但在目前，美國聯邦準備當局僅對股票市場信用實施選擇性管制。

第一節　證券信用的管制

根據一九三四年的證券交易法案 (Securities Exchange Act)，聯邦準備理事會對證券交易的保證金比率 (margin requirements) 實施某種程度的管制。此因一九二○年代，聯邦準備當局沒有能力控制流入股票市場之信用數量，結果，此一時期股票價格的上升，全賴大量的借入資金 (borrowed funds) 加以支持。當時，聯邦準備當局認為長此下去極為不妥，但亦苦於無計可施。當時的經濟情勢並不繁榮，物價水準可謂穩定，因此，一般性的信用管制 (general credit controls) 反將促成蕭條的來臨。聯邦準備當局亦擬採取勸告的方式，但未成功。最後終於被迫採取一般性的信用管制措施，結果，商業活動的減少超過股票投機的減少，致使景氣蕭條的趨勢更為加深。

對於證券交易的保證金比率實施管制，實際上是對以信用方式購買證券的「第一次付款」(down payments) 實施管制。例如，保證金比率60％就是表示，購買者須以現金方式支付購買金額的60％，而借入其餘的40％。保證金比率如為 80％，只能借入購買價格的20％；如為 100％，表示對於證券的購買必須全部支付現金。事實上在一九四六年，聯邦準備當局曾把保證金比率提高至100％。

保證金比率的規定，適用於證券交易所所列的各種證券交易之放款；當然其中亦有若干例外。保證金比率之規定適用於所有的放款人，此與聯邦準備當局僅對會員銀行實施管制之情形不同。

聯邦準備當局所關心的只是信用流入股票市場的情況，並不對股票價格實施管制。當然，信用供應可能性的變動會影響股票的價格，但是兩者之間的關係並不單純。過去曾有一段時期，由於保證金比率的大

幅提高，以致促成股票價格的上漲。當時聯邦準備理事會的主席馬丁 (William McChesney Martin) 曾經指出，實施保證金比率規定的目的，是在於避免股票市場信用的「過度」擴張。亦卽，保證金比率的規，定可使「股票價格上漲時，金字塔式信用的危險減至最低限度，而在股票價格下跌時，被迫出售證券的危險亦可降低 ❶。」

基上所述，實施保證金比率規定的目的，可以說是在於促成比較穩定的股票價格。一般而言，如在價格不斷下降的股票市場上出售以保證金方式購買的股票，似乎會促成股票價格的更趨下跌。另一方面，保證金的比率如果較低，則在股票價格下跌時，容易引起投機者的購買。由此可見，保證金比率的降低可能助長投機 ❷。

美國聯邦準備當局雖然可以變動保證金的比率，但是通常變動的幅度並不太大。聯邦準備當局擁有這一權力以後，也就等於增加了一種貨幣政策的工具。摩爾 (Thomas G. Moore) 認爲，保證金比率的變動可以表示聯邦準備當局對於股票市場變動的關心。有些學者雖然反對政府在任何特殊的市場上進行一切形式的干涉，但却支持實施保證金比率的規定。

一九七〇年，保證金比率爲80%，亦卽股票的購買者可向股票的經紀人借進股票價款的20%，自籌其餘的80%；但在一九五八年，只能借進10%；而在一九六二年，則可借進50% ❸。

---

❶ "Senate Committee on Banking and Currency," *Stock Market Study*, 84th Congress, 1st session, 1955, p.550.

❷ 有關保證金比率變動的影響，可以參閱：
Thomas G. Moore, "Stock Market Margin Requirements," *Journal of Political Economy* (April, 1966), p.158.

❸ 回憶一九二九年股市繁榮的時代，股票購買者究竟可向股票經紀人借進股票價款的70%、80%、甚至90%，並無一定規則。如此一來，股市一旦開始崩潰，經紀人也就急於電告客戶，催請籌集更多的保證金，以抵補下降的股票價值，但因很多客戶在作無本生意，所以無力付出追加的保證金。結果，股票經紀人被迫出售客戶的股票，. 因而促成股票價格的下跌情形更趨惡化。

美國之正式實施這種保證金比率的規定，應該溯自一九二九年紐約證券市場之崩潰導致一九三〇年代之經濟大恐慌以後，當局鑒於一般性的控制手段已經無法對付證券投機，乃於一九三四年所制定的證券交易法中授權聯邦準備當局，隨時可以調整銀行承做客戶以證券爲抵押的放款比率，以及證券商對客戶以證券爲擔保之放款的保證金比率。前者稱爲「U號規則」(Regulation U)，後者稱爲「T號規則」(Regulation T)。此後由於聯邦準備當局時常運用 T 號規則與 U 號規則以控制證券信用，對於緩和股價之激烈變動與抑制證券投機，已經發生良好的效果。就技術觀點而言，證券放款保證金比率的調整，確係抑制投機的有效手段。但是，這種對證券信用的選擇性管制，對於許多人的利潤與清償能力會發生直接而立即的影響，聯邦準備當局擔負此一責任無異「代罪羔羊」(scapegoat)。不過，美國由於深受投機熱潮 (speculation boom) 之苦，且其證券交易情況對於一般的企業活動影響甚大，因而至今仍然繼續運用此一手段。

第二節　不動產信用的管制

在韓戰的緊急時期，美國聯邦準備當局根據「國防生產法案」(Defense Production Act)，制訂「X號規則」(Regulation X)，控制住宅建築等的不動產信用，作爲韓戰爆發以後的反通貨膨脹政策之一環，期以充分供應國防生產所需的資源。這是因爲房屋建築不但涉及國民經濟福利政策，且在美國經濟中佔有重要地位，房屋建築支出約佔民間投資支出總額的三分之一。

聯邦準備當局對於不動產信用之管制，乃就銀行對其顧客購買新住宅或商用房屋等之貸款，規定其：（一）貸款之最高限額；（二）到期之

最長期限;（三）　第一次付款之最低金額;（四）　分攤還款之最低條件
等。

　　在一九六五年至一九六六年期間，由於信用情況的緊縮，利率水準
升高，不動產信用曾受很大的影響，房屋建築的每年增加數字由一九六
四年十二月的1,610,000間降至一九六六年十月的848,000間。而在信用
情況放寬以後，則又增至一九六七年末的1,590,000間；但至一九六八
年，由於信用情況又告緊縮，所以建築的增加數字又告下降。然則，不
動產的市場對於貨幣政策何以特別敏感？這主要是因不動產的按月付款
極易受利率的小幅變動所影響。例如，利率從 5 ％升至 5.5 ％以後，則
價值 1 萬元分20年償還的每月付款金額，將從66元升至68.79元。這對
邊際購買者來說，可謂增加很多。另一項重要的原因就是不動產貸款須
受最高利率規定的限制。在美國的若干州訂有高利貸法 (usury laws)，
規定不動產貸款的最高利率為 6 ％。其他投資的利率如果低於這一限
度，購買不動產的人固然可以借到所需資金。但如投資於公司債或政府
證券的利率高於這一限度，則銀行及其他放款人便會把資金，從不動產
信用市場移向其他部門牟取高利。

　　在一九六六年，不動產信用市場的困難曾因商業銀行與儲蓄及貸款
協會互相競爭儲蓄資金而更惡北。當時由於利率較高，社會對於放款的
需要亦大，所以商業銀行急於獲取資金以資貸放。但是，一九六五年十
二月，聯邦準備當局及聯邦存款保險公司規定，商業銀行支付定期存款
的最高利率從4.5％升至5.5％。於是，商業銀行立即把定期存款的利率
提高至5.5％的最高限度。如此，由於受到高利率的引誘，不少資金遂
從儲蓄與貸款協會流向商業銀行。因為放款的利率亦高，商業銀行乃可
利用這些資金貸放獲利。但在另一方面，儲蓄與貸款協會對於資金的爭
取顯非商業銀行之對手，因其資產主要就是過去低利時期承做的不動產

放款。資金從儲蓄與貸款協會流出，雖不影響可貸資金的供給總額，但會使這些資金的運用發生變動。儲蓄與貸款協會把大部份的資金投資於不動產放款，而商業銀行雖亦承做不動產放款，但所佔銀行資產的比率不高。所以，資金從儲蓄與貸款協會流向商業銀行，其結果就是可供不動產放款的資金趨於減少。

第三節　消費者信用的管制

美國的聯邦準備理事會目前已經不對消費者信用實施任何管制。其對消費者信用的管制曾在二次大戰的通貨膨脹時期、戰後時期、以及韓戰時期實施。在上述的時期中，政府當局總是認為，消費者信用的增加，無異等於消費者支出的增長，容易助長社會上通貨膨脹的壓力。

聯邦準備當局對於消費者信用的管制是根據「W號規則」(Regulation W) 規定購買各種耐久性消費財 (durable consumer goods) 時，第一次付款的最低金額 (minimum down payments)，並且規定借款購買這些財貨的最長期限。 例如， 當局可以規定， 分期付款購買洗衣機時， 第一次付款的最低金額應為總金額的三分之一， 期限最長不得超過18個月。在美國， 既然大多數的耐久性消費財均以分期付款的方式購買， 這種規定當然會影響這些財貨的銷售數量。

贊成聯邦準備當局擁有這項管制權力的人很多，但是贊成長期實施這種管制的人很少。並且，大多數的人認為聯邦準備當局應在急需之時，即可隨時採取行動，不必等待立法機構的同意。

贊成聯邦準備當局可對消費者信用實施管制的主要論據有三:

第一、龐大的消費者信用可能成為經濟不安定的因素。因為耐久性消費財的需要， 容易隨着景氣循環而作週期性的變動， 而且消費者信用

的使用，又會加强不安定的情勢。在景氣上升階段，消費者信用的增加數額會超過其償還數額，顯示耐久性消費財購買的大量增加。而在景氣下降階段，由於仍須繼續償還分期付款的金額，消費者的購買力下降，促使耐久性消費財的銷售劇減。但是，一般性的信用管制，對於這種消費者信用的週期性變動，不能發生迅速而顯著的影響，故須直接對於消費者信用實施管制。

第二、消費者信用急速增加的結果，會使負擔過重的消費者因其部份所得之減少而蒙受相當不利的影響。

第三、消費者信用之擴充會使企業家投資的信用相對減少，以致影響資源的分配，進而對於經濟發展產生極為不利的影響。

至於反對實施消費者信用管制的主要理由，在於此項管制手段對經濟活動會發生不當干預的後果與管理上的困難。美國聯邦準備理事會曾於一九五七年發表「消費者分期付款信用管制」(Regulation of Consumer's Installment Credit) 的詳細研究報告，建議聯邦準備當局不必再度具有管制消費者信用的權力。

此外，美國的貨幣與信用委員會 (Commission on Money and Credit) 對於消費者信用的管制，亦持消極的態度，並且對於前述贊成實施消費者信用管制的主要論據有所批駁。對於第一個論據，該委員會認為，實施消費者信用的管制，雖對經濟的安定有所貢獻，但須精密計劃才能發揮充分的效果。因此，這種管制在經濟安定方面所產生的利益，須與設置此項機構所需的成本互相比較。對於第二個論據，該委員會認為，第二次大戰以後的消費者信用雖見大幅增加，但除若干客戶之外，並無任何事實足以證明，目前的消費者負擔已成過重。

第四節　直接管制與間接管制

中央銀行對於準備率與貼現率之調整，以及公開市場活動等，均係其控制信用經常採取之政策工具。至於對於股票市場信用、不動產信用、以及消費者信用等之管制，則係中央銀行視情形之需要隨時採取之措施。此外，中央銀行基於量或質的信用管制之目的，亦得依據有關法令之授權，採取下列方法以管制信用：

一、直接管制

（一）信用分配（credit rationing）　所謂信用分配係指中央銀行就當時經濟情勢，衡量客觀需要的緩急，對銀行的信用創造加以合理的分配與限制。例如英國在十八世紀末，英格蘭銀行之每日授信額度有一限制，若商業銀行請求重貼現之金額超過此一限制，該行可就貼現的金額按某一成數貼現。在當前的若干開發中國家，由於亟待建設的投資對象甚多，對於投資的需要非常迫切，但是這些國家的資金供給却很有限，因此邃按某些方式或按資金需要的緩急程度，將有限的資金分配給需要資金的對象。

（二）直接干預（direct interference）　所謂直接干預又稱直接行動，即中央銀行以「銀行之銀行」的身分，直接對商業銀行之業務加以干預。例如，中央銀行若認為某銀行的信用政策與健全信用原理相背時，可拒絕其對重貼現融通的請求，或採取高於一般利率的所謂懲罰性利率（penalty rate）予以融通。此外，中央銀行亦可規定各銀行的放款及投資方針，以確保健全信用的經營原則。

（三）流動比率（liquidity ratio）　所謂流動比率就是中央銀行為

了限制商業銀行的信用創造能力, 除要求銀行維持適當的法定準備外, 亦要求銀行對其資產維持適當的流動性; 亦卽, 商業銀行包括有價證券及其他流動資產的保證準備 (guaranteed reserve) 應與其資產總額維持相當的比率。商業銀行受到此種直接管制之後, 也就不能任意將政府債券及其他流動資產變爲商業放款, 從而限制了其信用擴張的能力。

二、間接管制

(一) **維持銀行關係** (**bank relations**)　所謂維持銀行關係, 是指中央銀行與商業銀行之間, 平時卽應保持密切的接觸, 俾使中央銀行不經各種信用管制措施, 卽可達成貨幣政策所欲實現的目標。維持銀行關係的方式有二: 第一、中央銀行可以透過金融檢查以評估各行的資產, 並審查各行經營的優劣, 從而樹立中央銀行的權威地位; 第二、中央銀行可以經常派代表至各行會商, 一則瞭解當地的經濟情勢, 協助該行解決可能遭遇的困難, 一則解釋中央銀行的政策, 希望各行採取合作態度, 共同達成目標。

(二) **道義說服** (**moral suasion**)　所謂道義說服, 是指中央銀行對各銀行詳細說明立場, 希望透過道義的影響及說服的力量, 達成管制各行業務的目標。道義說服與直接管制的目的相同, 但因前者的方式較爲溫和, 不易引起反感, 且其適用範圍比較廣泛, 足以發生普遍的效果。一般而言, 凡中央銀行制度健全, 而商業銀行對其權威地位亦能尊重的國家, 採取道義說服的方式或較直接干預更易收到心理效果。至於中央銀行的成立歷史較短, 或銀行制度比較特殊的國家, 採取道義說服似乎不如採取直接干預來得有效。

(三) **自動信用限制** (**voluntary credit restraint**)　所謂自動信

用限制，是指中央銀行透過銀行同業公會等團體組織的力量，商請各行互相約束，自動限制不做有害社會經濟情況的放款。例如一九六五年，美國銀行界爲了緩和美國國際收支的逆差，訂有海外投資方面的自動限制公約。

（四）**公開宣傳** **(publicity)** 所謂公開宣傳，是指中央銀行儘量爭取機會，向金融界及全國人民說明其信用政策的意義，俾能獲得各界之支持，達成預期的政策目標。許多中央銀行除每週或每月公佈資產負債概況之外，每年並以年報說明本行之活動與金融情況，並對財政收支、對外貿易、物價水準、及一般經濟發展情勢提供統計分析。而且，中央銀行總裁利用各種公共集會，說明貨幣政策的動向及其根據的理由，要求全國各界配合推動。

討論問題：

1 美國的聯邦準備當局，如果早在一九二〇年代就對保證金比率採取管制，是否可以避免經濟大蕭條的發生？

2 提高保證金比率的目的何在？

3 或曰：「選擇性的信用管制對於不同的借款人可以發生不同的效果；一般性的信用管制對於每人的影響都是相同」。此說確否？

4 何以有人認爲對於不動產信用實施直接管制並無必要？

5 何謂U號規則？何謂T號規則？何謂W號規則？

6 贊成聯邦準備當局對消費者信用實施管制的主要論據何在？貨幣與信用委員會對此論據有何批駁？

7 中央銀行對於信用實施直接管制的方法有幾？

8 中央銀行如何維持其與商業銀行的關係？

9 何謂道義說服？其效果如何？

10 中央銀行如何進行公開宣傳？

第四編　貨幣理論

第十七章
傳統的貨幣理論

第一節　現金交易型的貨幣數量説

　　根據古典學派的經濟思想，貨幣在日常經濟生活中，具有促使交易順利進行的功用，但是對於經濟社會中，產量與就業水準的決定，却無必然的作用。這種觀點，是因受到賽伊市場法則 (Say's law of markets) 的影響；所謂賽伊法則，就是認爲供給本身能够創造需要 (Supply creates it's own demand)。換句話説，因爲人的慾望無窮，而滿足慾望的財貨極其有限，又因在生產過程中，總是可以產生與產品價值相當的購買力，所以市場上也就不可能有商品供給過剩的現象發生。隨着經濟的發展，社會的生產因素雖漸達成充分就業的狀態，而生產能力也漸充分運用。但是，貨幣供給的變動，僅能促成物價水準的變動，以及貨幣本身價值的變動，對於實際經濟社會不會發生影響。

　　當然，現代的經濟學者已經不再受到賽伊法則觀念的支配，而是認爲「貨幣至關重要」(money does matter)；貨幣對於生產與就業的經

濟活動水準，不僅有重大的影響，對於物價水準也能發生影響。根據現代的所得理論，國民支出毛額（gross national expenditure）乃是等於國民生產毛額（gross national product）；亦卽，支出總額等於生產總額的價值。現代的貨幣理論認爲：支出決定生產；但是，賽伊法則認爲：生產決定支出。

賽伊法則是以物物交換經濟（barter economy）作爲分析的起點，而認爲供給本身能夠創造需要。但是賽伊法則同時隱含着對於市場經濟（market economy）的適用性；亦卽認爲，生產的增加必然引起所得同等的增加，而支出於產品所需的貨幣也會同等增加。如上所述，隨着經濟的發展，社會的生產因素逐漸達成充分就業的狀態，而生產能力也漸充分運用。在這過程中，生產能力如未充分運用，社會上必有休閒資源（idle resources）存在。於是：（一）增加生產乃有可能；（二）所得必隨產量的增加而同等增加；（三）增加的所得支用於增加的產量；（四）生產不斷擴張，直到生產能力充分運用爲止。但是這一連續過程的發生，乃是基於兩項假定：（一）人們對於貨幣的保有，除了購買之外，別無其他目的，所以人們不願保有休閒餘額（idle balances）；（二）物價與成本（特別是工資）處於完全競爭的狀態，具有完全的伸縮性。

一、貨幣的需要

人們基於交易及預防方面的動機，保有若干活動餘額（active balances），但僅以所需數額爲限，而且保有的數額盡可能的小，保有的期間盡可能的短。所以，所謂貨幣的需要僅是對於作爲支付手段（means of payment）之貨幣的需要；現金餘額的用途，在於彌補所得與支出型態（income and expenditure patterns）的缺口。在某一所得水準

之下，所需現金餘額之大小，是決定於社會的支付習慣及產業結構❶。

從生產能力已經充分運用的社會開始分析，假定支付習慣及產業結構不變，假定物價處於完全競爭的狀態下，具有完全的伸縮性，並且人們並不保有休閒的現金餘額，則可導出下述的結論：

第一、貨幣數量的變動，僅能改變物價水準以及貨幣本身的價值。

第二、物價水準的變動，總是與流通貨幣數量的變動成比例。

上述的結論，就是古典學派貨幣思想的中心，也就是所謂貨幣數量學說 (quantity theory of money)，或更精確地說，就是貨幣價值的數量學說 (quantity theory of the value of money)。這種學說所要解答的問題是：在充分就業及生產能力充分運用的社會下，物價水準何以有時上升，有時下降。

二、費雪的交易方程式

上述的交易型貨幣數量學說，可以下列的四種方式加以表示：

(1) $\qquad MV_t = P_t T$

(2) $\qquad MV_t = yP_t$

(3) $\qquad M = mP_t T$

(4) $\qquad M = lY = lP_t y$

各式所代表的符號意義如下：

M 為貨幣數量或貨幣供給

V_t 為貨幣供給的交易流通速度

P_t 為一般物價水準

---

❶W. T. Newlyn, *Theory of Money*, (N. J.: Oxford University Press, 1962), pp. 38-50. 在該書第四章中，有關支付習慣與產業結構對於所需活動現金餘額之大小，有精闢的討論。

T　爲同一期間的交易數量

V_i　爲貨幣的所得流通速度

Y　爲國民生產毛額

y　爲最終產品的數量

P_t　爲最終產品的平均物價水準

m　爲活動貨幣餘額的交易需要

l　爲交易需要

因爲 m 爲 V_t 的倒數，l 爲 V_i 的倒數，所以

$$V_t = \frac{1}{m}$$

$$V_i = \frac{1}{l}$$

　　第一式是古典學派原來所建立的方程式，第二式是就第一式賦予現代意義。第三式及第四式乃以貨幣需要代替貨幣流通速度，分別表達第一式及第二式的意義。因爲第一式是費雪 (Irving Fisher) 在其一九一一年所出版的巨著「貨幣的購買力」(The Purchasing Power of Money) 一書中的創見，所以又稱爲費雪交易方程式 (Fisher's Equation of Exchange)：

$$MV = PT, \quad 或 \quad P = \frac{MV}{T}$$

其中，P 爲一般物價水準，M 爲貨幣數量，V 爲貨幣的交易流通速度，T 爲交易數量；這些變數所代表的數量都是經濟社會在某一期間 (a period of time)，例如一年之內所發生的事實，其中：

　　(一) 充分就業下的生產不斷地進行，所以 T 值固定，且爲最大。

　　(二) 通常，在短期之內，V 值也是固定。亦卽，除非是處於金融恐慌 (financial panics) 或惡性通貨膨脹 (hyperinflation) 時期，否則

V 的變動相當緩慢, 以致可以忽略。

（三）價格具有相當伸縮性, 可隨貨幣需要總量 (MV) 的變動而上下自由波動。

（四）人們之需要貨幣, 僅是為了購買財貨及勞務。所以:

$$P=\frac{MV}{T}, \quad 或 \quad P=M\frac{V}{T}$$

又因假定 V 及 T 固定不變, 則 V/T 本身必等於某一常數 (稱為 C), 所以費雪的方程式亦可寫成

$$P=CM$$

因為 C 為某些固定數字, 所以 P 為 M 的線形函數, 並且常與 M 作同方向、同比例的變動。

三、生產能力與產量的均衡

在上述貨幣數量學說的四個方程式中, 價格乘以數量以後的乘積 (P_tT, P_tT, P_ty), 在某一期間、某種貨幣供給之下總是固定。所以, 如果較少的產量能以較高比例的價格出售, 則較多的產量必能以較低比例的價格出售。但因假定價格具有相當的伸縮性, 所以如有非自願性的失業存在, 價格會趨下降; 並且, 這種價格的下降, 會促成產量的擴張。

根據古典學派的價格理論, 產量及就業水準不是決定於絕對價格, 而是決定於相對價格; 亦即, 不是決定於價格水準, 而是決定於價格結構。例如, 在完全競爭的社會, 假定勞動為惟一的投入因素, 而生產者在邊際成本等於價格時, 可以求得最大利潤。所以就個別廠商而言, 短期的最大利潤產量為 $P=MC$ 時。在同一產量之下, 因為勞動為惟一的投入因素, 所以 MC 亦將等於貨幣工資除以勞動的邊際產量:

$$MC = \frac{W}{MPL}$$

如果 $P=MC$，且 $MC=\dfrac{W}{MPL}$，則 $W=P \cdot MPL$，其中以 $P \cdot MPL$

表示的乘積就是每一工人的邊際生產價值。如此,貨幣工資等於每一工人在最大利潤產量下的邊際生產價值。在該產量下, 貨幣工資除以物價水準的實質工資 (real wage) 等於勞動的邊際產量; 亦卽, $W/P=MPL$。

就個別廠商而言, 在完全競爭的情況之下, 決定產量與就業的是工資對物價的關係, 而非工資或物價的絕對水準。卽使就整個經濟而言, 情形也是如此。如果工資與物價均依同一比率升降, 則無法促使任何廠商增僱或解僱若干工人, 亦無法促使任何廠商增加或減少若干產量。

前已假定個別廠商的邊際成本上升, 亦卽, 個別廠商是處於報酬遞減的情況之下經營。因爲總產量是個別廠商產量的總和, 所以可以假定整個社會也是受到報酬遞減律的支配。如果工人的僱用總量增加, 總產量也會增加, 但是總產量的增加率却小於總變動投入 (勞動) 的增加率。最後, 勞動的供給函數可以這樣假定: 實質的工資較高, 則勞動的供給較多。因此, 勞動的供給曲線向右方上升。

現在, 在某一貨幣工資率及價格之下, 假定企業家基於某些理由, 所擬僱用的工人, 比在實質工資之下, 所願工作的工人爲少。因爲是在完全競爭的情況之下, 失業的工人會在較低的實質工資 (卽在較低的貨幣工資率) 之下參加工作。但這是否將會引起產量與就業的增加？這一問題的解答, 乃視價格之變動如何而定。如果價格的下降與貨幣工資的下降同一比率, 則因新的實質工資與舊的實質工資趨於相等, 所以企業家不會增加產量與就業。但若價格並不下降, 或其下降比工資還低, 則因新的實質工資仍比舊的實質工資爲低, 所以企業家便會增僱工人, 以

求取最大利潤，結果，產量增加，失業減少，甚至於消失。

　　然而，價格的實際變動究竟如何？古典學派的學者認為，價格的下降不會大於貨幣工資的下降，結果實質工資較低，而最後新的實質工資也會處於很低的水準，以致促成產量的擴張，而使社會的生產能力充分發揮，達成充分就業。這種結果的產生，正好與數量學派的論點一致。數量學說指出，人們並非基於貨幣本身的原因而希望保有貨幣，人們對於貨幣的保有，乃是基於購買的需要。兩者一致的原因何在？因為價格的下降若與工資的下降同一速度，則企業家及消費者均會自動地創造休閒餘額。但因人們不願保有休閒餘額，所以價格的下降與工資的下降，其速度不會相同。如此一來，價格下降以後，實質支出必然增加，結果限制了價格下降的程度，使其小於工資的下降。於是，工資下降的結果，企業家可以增加產量與就業，而實質支出的增加又擴大了市場，以吸收增加的產量。

四、圖解說明

　　如前所述，古典學派認為生產與就業的水準是決定於價格結構，而非決定於價格水準；也就是說是決定於實質工資（工資對價格的比率）。如有失業現象存在，實質工資將趨下跌；一方面是因為失業勞動者競爭的結果，貨幣工資下跌，另一方面是因為價格雖然下降，但小於實質工資之下降。最後，實質工資與價格水準同趨下降，但社會的生產水準則告恢復過來，以致達成充分就業。

　　古典學派的理論模型，可以下列的方程式加以表示。第一個方程式是社會的生產方程式，因受報酬遞減律的支配，故產量增加的比率小於變動投入（勞動）增加的比率。第二個方程式為利潤極大化的條件；亦即表示實質工資等於勞動的邊際產量。第三個方程式為勞動的供給方程

式，表示在較高的實質工資下比在較低的實質工資下，可以獲得更多的勞動。第四個方程式即爲貨幣數量學說。

(1) $\quad y = y(N) \quad dy/dN > 0$, N增加時 y 減少

(2) $\quad dy/dN = W/P$

(3) $\quad N = N(W/P) \quad \dfrac{dN/dW}{P} > 0$

(4) $\quad M = lPy$

其中，y爲產量；N爲就業；W爲貨幣工資率；P爲物價水準；M爲貨幣數量；l爲以現金餘額之方式持有，爲滿足貨幣的交易需要之部份所得。

古典學派的理論以圖19-1表示。受報酬遞減律支配的生產函數，表示對應於各個產量水準的勞動投入水準。勞動市場表示勞動的供給曲線與需要曲線，以及兩者之交點。勞動的需要曲線（勞動的邊際產量）爲生產函數的斜率。在產量與就業增加以後，生產函數受到報酬遞減的影響，斜率下降，所以勞動的需要曲線亦告下降。

勞動的供給曲線與勞動的需要曲線交於充分就業下的 N_0 點；在該點，爲維持充分就業，均衡的實質工資爲 $(W/P)_0$，只有某一貨幣工資，才與這一均衡的實質工資及均衡的物價水準相對應。均衡的物價水準以數量學說表示。對角線 lPy 之斜率爲 $1/l$，表示各種貨幣數量可以支持的貨幣所得水準。如果貨幣的實際數量爲 M_0，則實際的貨幣所得爲 (Py)。因爲 y_0 可從生產函數得出，P_0（均衡的物價水準）便可加以計算。又因均衡的實質工資及均衡的物價水準均爲已知，所以均衡的貨幣工資（W_0）也能迅速決定。

由下圖可以看出，實質工資以及產量與就業的水準，僅由若干「實質」因素決定，即由勞動的邊際生產力及勞動的邊際反效用決定。另一

方面，貨幣工資與物價則僅由「貨幣」因素決定。實質因素的變動，可以影響工資與物價，但貨幣因素的變動，對於實質因素却無影響。因此，古典學派的產量與就業理論，可以說完全是以實質因素去解釋賽伊法則與相對價格。至於絕對價格理論（物價水準的決定或貨幣價值的決定）的發展，則係來自不同的路線；例如，上文討論的費雪交易方程式及下文即將討論的劍橋現金餘額方程式，即由別的路線發展而來。

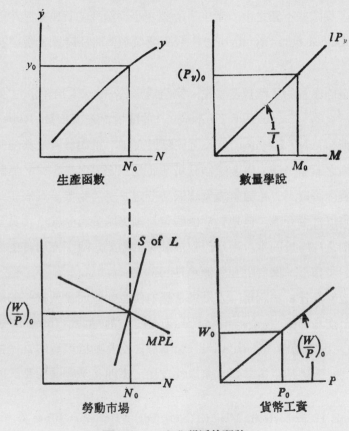

圖17-1　古典學派的理論

第二節 現金餘額型的貨幣數量説

隨着時間的經過，費雪的主要結論 $P=CM$，逐漸引起一些英國著名學者的不滿。這些英國學者認爲，在短期假定貨幣交易流通速度不變，乃與事實不合，至於假定人們只是爲了支出才去保有貨幣，則又過分簡單。從這些不滿之中，產生了所謂現金餘額型的貨幣數量學説 (the cash-balances quantity theory)，擬對物價水準時漲時跌的現象提出解答。

現金餘額型的貨幣數量學説，完全成形於一九二〇年代，主要是以英國劍橋大學 (Cambridge University) 的羅柏特遜 (D. H. Robertson) 及凱因斯 (J. M. Keynes) 等人之貢獻最大[4]。正如費雪及其他同代的經濟學者之看法一樣，現金餘額分析法也是假定T之決定與V無關，而且根據賽依法則，T在數值最大時保持固定。至於物價，則假定具有伸縮性，可以自由升降。但是對V的假定，則仍與費雪一樣不切實際，認爲在短期之內趨於固定。不過，對於貨幣的需要，除了支出目的之外，並且進一步指出，保有現金餘額也是目的之一。

現金餘額分析法認爲，人們爲了保有現金餘額而需要貨幣的動機至少有三：交易動機 (transactions motive)、預防動機 (precautionary motive)、投機動機 (speculative motive)。交易動機與費雪惟一的支出動機相同，人們和企業需要貨幣以便支出，亦卽必須融通交易，所以保

---

[4]Dennis H. Robertson, *Money*, (New York: Harcourt, Brace & World, Inc., 1928.)

John Maynard Keynes, *A Treatise on Money*, 2 Vols., (New York: Harcourt, Brace & World, Inc., 1930.)

有現金週轉餘額以應付這種需要。預防動機卽人們累積若干流動性，以備不時之需，避免個人遭致貨幣恐慌 (money panic) 或流動性危機的後果。至於投機動機的產生，則是因爲物價水準隨着時間的經過，有着變動不居的事實，而這種物價的變動，常使貨幣價值受到相當的影響。

　　貨幣只是保有財富的無數方法中之一種形式而已，但是只有貨幣會隨着物價水準的變動而呈相反方向的變動；例如，在物價下降之時，貨幣的價值却告上升。所以，如果人們預期物價卽將下降，則對貨幣的保有就會產生強烈的投機動機，而儘量不以其他形式保有財富。在物價水準下降以前，人們最經濟有利的方法，就是把商品換成貨幣，而在物價實際下降之後，再把貨幣換成商品。另一方面，如果物價卽將上升，人們最經濟有利的方法就是保有商品，而不保有貨幣，如此，保有貨幣的投機性動機不致引起現金餘額的擴大。

　　個人基於交易、預防、及投機目的保有現金餘額的貨幣需要，稱爲「流動性偏好」(liquidity preference)。關於流動性偏好，以後各章再作詳細討論，玆再回到現金餘額分析法所注目的貨幣供給與物價水準之關係。

　　現金餘額分析法對於貨幣供給與物價水準之關係的論點，可以劍橋方程式 (Cambridge Equation) 表示：

$$M=PkT, \quad 或 \quad P=\frac{M}{kT}$$

　　其中，P爲一般物價水準，M爲貨幣供給，T爲交易數量，這些與費雪方程式並無不同。但是，k在費雪方程式中並未出現。k是人們願以現金餘額方式保有部份佔T的比率。所以，k本身雖然未在費雪方程式 $P=MV/T$ 中出現，但在式中却以V代表。亦卽，k爲V之倒數，或 $k=1/V$。如果人們的流動性偏好（以現金餘額保有貨幣的需要）增

加, 則貨幣的交易流動速度必以相同比率減少。因此, 若 k 由 1/5 升至 1/4, V 便由 5 降爲 4 。再者, 如果流動性偏好減少, 則貨幣的交易流動速度必以相同比率增加。因此, 若 k 由 1/4 降至 1/5, V 便由 4 升爲 5 。

若干早期的現金餘額學說學者, 把 k 認爲與 T 一樣固定不變。在 k 及 T 固定之下, $P=M/kT$ 亦可寫爲 $P=MC$, 其中之 C 爲表示固定 kT 之若干固定數目。此處的 P 係 M 的直接線型函數, 隨 M 作相同方向及相同比率的變動, 這與費雪交易分析法中所述者相同。但是, 後期的現金餘額分析法之學者認爲, k 可變動, 僅 T 固定, 結果 $P=(M/k)T$, P 爲 M/k 的直接線形函數。所以, 物價水準的高低, 是由貨幣供給的多少決定, 並且也由人們希望保有的現金餘額多少決定。

第三節　儲蓄與投資

迄今爲止所討論的古典學派貨幣理論, 並未考慮儲蓄與投資的過程。以前假定, 在各個所得時期, 總貨幣供給均被用於支出, 但這種支出之對象究係消費財或係資本財, 則未論及。以下擬引入資本市場的概念, 討論儲蓄的因素, 並說明古典學派對於儲蓄轉入投資的看法。

在基本概念上, 市場的機能極其簡單。假定在任何時期, 每一個接受所得的人, 是否將其所得全部用於支出, 或者保留部份所得作爲儲蓄, 均可自作選擇, 但不承認窖藏（保有休閒餘額）之不合理, 也不承認利率的伸縮性可以作爲儲蓄與投資的平衡因素。

事實上, 儲蓄數額是利率的正函數, 在利率高時儲蓄多, 而在利率低時儲蓄少。儲蓄包括着若干犧牲在內, 而利息的支付則是對於這些犧

性的補償❷。所以，儲蓄供給表的利息彈性爲正。

儲蓄的需要表也有利息彈性，但因其爲資本邊際生產力的函數，所以彈性爲負。由於企業所借入的產品爲資本財，這些資本財在技術方面具有比較「迂廻」(roundabout) 的優越性❸，亦卽所使用的資本較多。但因報酬遞減律隨時均在發生作用，所以資本財之使用越多，其使用後引致的邊際產量也越少。亦卽，資本之使用數量越多，資本之邊際產量越少。

在資本市場上，儲蓄的供給亦可視爲係對（債務）證券的需要，而對儲蓄的需要，亦可視爲係（債務）證券的供給。一般而言，古典學派認爲這個資本市場與其他市場一樣，在貸出（購買的債券等於儲蓄）與借入（出售的債券等於投資）之間，應該達成生產能力與產量的恒等。儲蓄與貸出的恒等，是因合理儲蓄者對於報酬爲正的債券偏好較大，亦卽對於休閒餘額產生厭惡。至於借入與投資的恒等，是因企業家只對提供生產用途的借入資金支付利息。若只保有休閒餘額，企業家並不支付利息。最後，借入與貸出（債務證券的供給與需要）之恒等，則係透過市場利率的波動而達成。

----

❷古典學派對於利息的看法，主要是認爲利息之所以必須支付，是因爲人們對現有財貨比對未來財貨具有更大的時間偏好 (time preference)。面對這種偏好，爲了誘使人們進行儲蓄，便須支付利息作爲補償。關於古典學派的利息理論，可以參閱：Boehm-Bawerk, *The Positive Theory of Capital*, (New York: Stechert- Hafner, Inc., 1923).

Irving Fisher, *The Theory of the Rate of Interest*, (New York: The Macmillan Co., 1930).

❸有關迂迴生產方法具有技術方面的優越性一點，可以參閱：

Boehm-Bawerk, op. cit.

Boehm-Bawerk, *Capital and Interest*, (New York: The Macmillan Co., 1922).

Joseph W. Conard, *An Introduction to the Theory of Interest*, (Berkeley: University of California Press,1963).

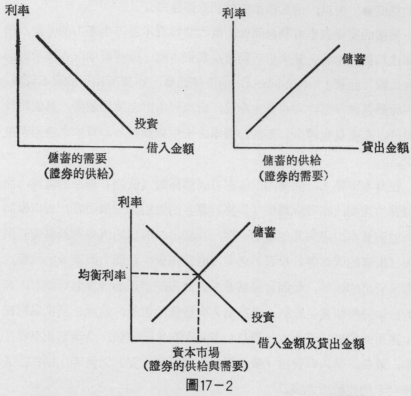

圖17－2

古典學派的資本市場均衡以下式表示，並以圖17-2說明。

(5)　　　$s=s(r)$　儲蓄函數

(6)　　　$i=i(r)$　投資函數

(7)　　　$s=i$　　資本市場均衡

迄今為止，對於古典學派的貨幣理論，尚未考慮到窖藏的可能性（窖藏休閒現金餘額），反而假定人們討厭休閒餘額，而僅保有活動（交易）餘額，並且是保有最少的活動餘額。

以上所述確是古典學派的最初假定，但是接着就已了解保有休閒餘額的合理動機，也就是對於貨幣的投機性需要(the speculative demand for money)。例如，假定基於某些理由，預期利率行將上升，最後這種預期實現，於是債券價格必然下降。在此情況之下，合理的儲蓄者亦必把所持有的債券轉換爲貨幣，並且不再購買債券，因爲此時保有休閒現金餘額反較有利。這樣一來，當然產生窖藏。

反之，如在利率已經上升之後，預期利率行將下降，而且最後利率果然趨於下降，則就合理的儲蓄者而言，必定以其貨幣購買債券，或者減少休閒餘額的保有而去增購債券。這樣一來，當然產生反窖藏。

上述的窖藏與反窖藏，在某些情況之下雖係合理的經濟行爲，但是仍被視爲是純粹的貨幣現象，對於經濟社會中「實質」的生產能力與產量、充分就業的均衡並無影響。尤其是在物價與工資具有相當彈性之時，情形更是如此。若以數量方程式表示則爲 $M=lPy$，其中之 l 包括所保有的總活動現金餘額及休閒現金餘額，窖藏產生以後，由於 l 之增加必致總合需要之減少，但可透過 P 的下降而獲補償。同理，反窖藏產生以後，由於 l 之減少必致總合需要之增加，但可透過 P 之上升而獲補償。並且，只要工資與物價的相對關係不受擾亂，y 可完全不受影響。

基於以上所述，應把式（4）改寫以配合古典學派的貨幣數量學說（$M=lPy$），而承認窖藏與反窖藏之可能性。因爲在討論窖藏時認爲投機性現金（流動性）餘額的保有，是利率的函數，所以式（4）的改寫並無困難。改寫後之式（4）爲 $M=lPy+L(r)$，表示對於貨幣餘額的需要，不僅包括交易需要 lPy，並且包括投機性需要$L(r)$。

第四節　古典學派的貨幣理論摘要

玆把包括資本市場在內之古典學派的貨幣理論，歸納爲下列的七個方程式加以說明。

生產函數:

(1) $\quad y = y(N)$, $(dy/dN > 0$, N增加時 y 減少$)$

利潤極大化的條件:

(2) $\quad dy/dN = W/P$

勞動供給函數:

(3) $\quad N = N(W/P)$, $(\dfrac{dN/dw}{P} > 0)$

貨幣數量學說:

(4) $\quad M = lPy + L(r)$

儲蓄函數:

(5) $\quad s = s(r)$

投資函數:

(6) $\quad i = i(r)$

資本市場的均衡:

(7) $\quad s = i$

至於圖19-1及圖19-2就是以上各式的圖解。

因為最後三式的任何變數 (s, i, r), 均未在前四式中出現, 所以這些方程式可以分成兩種體系, 每一體系的方程式均可獨立求解。在消費與支出之間劃分國民支出的利率, 是決定於生產力及節約。國民支出的多少、貨幣數量、以及物價和工資的水準, 均由各種獨立的因素決定。因此, 古典學派的經濟理論可以分成三大部份: (一)產量、 就業、 與實質工資水準的決定 (式1至式3);(二) 物價水準與貨幣價值的決定 (式4);(三)儲蓄數額、投資數額、與利率水準的決定 (式5至式7)。

討論問題

1　根據賽伊法則，生產資源如何達成充分就業？以賽伊法則說明生產、就業、與所得之變動因素時，應有何種假定？

2　以費雪的交易分析法說明貨幣價值的數量理論時，必須具有何種前提？費雪的交易方程式具有何種意義？

3　根據古典學派的理論，決定產量與就業水準的是物價結構而非物價水準，何故？

4　寫出古典理論模型的七個方程式，並說明這些方程式的各種函數關係。

5　在（一）貨幣供給增加；（二）勞動供給減少；（三）勞動的平均生產力及勞動的邊際生產力均告增加之時，對於本章圖一所示古典理論模型中之各種變數的均衡價值有何影響？利用圖形加以分析。

6　根據古典學派學者的看法，窖藏與反窖藏何以不會擾亂充分就業下不均衡產量的均衡？

7　貨幣數量學說中之交易分析法與現金餘額分析法有何差異？寫出劍橋現金餘額方程式並加以說明。

8　現金餘額分析法為何可以視為係交易分析法的改進方法？在一九三〇年代以後，何以證明現金餘額分析法之不適當？

第十八章
凱因斯的貨幣理論

第一節　重要假定

古典學派的價格與分配理論，認為產量決定所得、支出、與就業；而且，由於（一）人們不願保有休閒貨幣餘額；（二）物價與工資處於完全競爭市場之下，具有完全的伸縮性，可以上下移動，所以生產總是趨於充分就業的水準。由於上述的原因，古典學派的貨幣理論只是在於探討物價水準何以有時上升，有時下降？

在一九三〇年代初期的經濟大恐慌發生以前，經濟學者總是認為市場情況具有高度的競爭性，所以價格是由市場決定，並非賣方所能完全控制。因此，當時的學者也就承認賽伊法則之能確立。遠在一九二〇年代，已經有人體認到不完全競爭市場無所不在，而高度競爭市場不易發現的事實。但是，直到一九三〇年代初期，魯賓遜 (Joan Robinson) 於一九三一年出版「不完全競爭經濟學」(*Economics of Imperfect Competition*)，而秦伯霖 (Edward Chamberlin) 於一九三三年出版「壟斷

性競爭的理論」(*Theory of Monopolistic Competition*) 以後，上述的事實才被一般學者所完全接受。

一九三〇年以後的美國經濟，因為價格不再處於高度競爭的狀態，所以充分就業無法輕易達成。在此情況之下，為了解釋產量、所得、就業、及物價水準的決定因素，已非古典學派的理論所能濟事，因之，新的分析方法遂於一九三〇年代開始發展 ❶。

凱因斯認為古典學派學者只分析了總供給函數，對於總需求函數的分析幾近於零，這是由於賽伊法則的作祟，因此，凱氏推翻賽伊法則，轉而從事新的分析方法，於是產生了所得支出分析法。

所得支出分析法必須放棄古典學派的若干假定：(一) 由於賽伊法則的作用以及高度競爭市場的存在，社會總是處於充分就業之下。(二) 透過物價水準的變動，就可改變貨幣數量。反之，所得支出分析法認為：

第一、任何產量、所得、與就業的水準，以及任何物價水準，可能均係社會的均衡水準。

第二、在決定實際產量、所得、與就業水準，以及決定物價水準之時，貨幣至為重要 (money does matters)。

茲從貨幣、物價、與產量的關係出發：

國民生產毛額＝國民支出毛額＝國民所得毛額

＝（產量）（物價）

＝（貨幣供給）（貨幣的所得流通速度）

---

❶凱因斯一九三六年所出版之「就業、利息與貨幣的一般理論」一書中，首先完整地說明所得支出分析法，所以這種分析法乃與「凱因斯之後的分析」(post-Keynesian analysis) 或「新凱因斯學派的分析法」(neo-Keynesian approach) 相提並論。

　　在凱因斯的一般理論中，*GNP* 或 *GNE* 或 *GNI* 均以 *Y* 或所得代表，並且，

$$Y = C + I$$

其中，*C* 為社會上消費財的總合生產（支出），*I* 為社會上投資財的總合生產（支出）❷。同理，

$$Y = C + S$$

其中，*C* 為社會對於消費財的總支出，*S* 為社會所得中不支用於消費財的數額，或儲蓄數額。茲因，

$$Y = C + I = C + S$$

所以，在任何產量、所得、就業、及物價水準時，

$$S = I$$

或者，儲蓄等於投資。

　　因此，處於各種產量、所得、就業、及物價水準下，當期所得中之總儲蓄金額等於總投資金額。但是，各種產量、所得、就業、及物價水準並非均為均衡水準，所以 *S* 總額及 *I* 總額之恒等僅為社會所得均衡之必要條件，而非充分條件。所得均衡的條件就是：當期所得中計劃儲蓄的比率 (rate of planned saving) 應該等於計劃支用於投資財的比率 (rate of planned spending for investment goods)，否則，所得水準無法穩定下來，必須上下移動以促成 *S* 總額及 *I* 總額之必然相等。所得水準的移動或係來自產量與就業水準的移動，或係來自物價水準的移動，或係來自上述各種水準的混合移動，乃視社會上實際競爭的情況而定。

　　在新凱因斯學派的分析體系中，另有一種貨幣市場的均衡條件，係由利率的移動達成，也是所得支出均衡的首要條件。茲先討論儲蓄與投

---

❷為討論簡化起見，茲不考慮政府部門的因素。

資之間的關係。

第二節　計劃儲蓄與計劃投資

假定：第一、在某一年，全國的所得（*GNP* 或 *Y*）爲 500 億元；第二、收到所得的人，包括私人、企業、及各級政府在內，總共計劃支出 450 億元的所得，並且儲蓄 50 億元的所得；第三、根據企業經理及政府官員等等，在當年進行實際投資的決定，計劃支出 100 億元於新工廠、新機器、新道路、新學校、及新醫院等用途。所以，計劃儲蓄的比率爲所得的1/10 或 50 億元，計劃投資的比率爲1/5 或 100 億元。結果又將如何？

結果，所得將會上升，直到較新、較高的所得水準上，人們總共儲蓄的數額等於支用於資本財的數額爲止。於是，在每一所得期間，儲蓄與投資的總金額又告相等；而且，計劃儲蓄比率必須等於計劃投資比率的均衡條件又能滿足。

從以上的說明可以看出，非計劃的儲蓄 (unplanned saving)，亦卽由於所得水準上升所產生的儲蓄，彌補了計劃儲蓄比率與計劃投資比率的缺口。一旦所得的上升幅度很大，以致計劃儲蓄比率等於計劃投資比率，則此較高的所得水準遂又成爲均衡水準，而所得亦不再上升。但若計劃投資的比率低於計劃儲蓄的比率，情形又將如何？

假定在某一年，全國的所得爲 550 億元，其中，收到所得的人計劃支出 450 億元，並且儲蓄 100 億元，因此，計劃儲蓄的比率爲 10/55。但若假定，計劃投資的比率爲 5/55，結果，所得將會下降，直到較新、較低的所得水準上，人們計劃儲蓄的總額不再大於支用於資本財的總額爲止。爲達成這一結果所需的較低所得水準，不能高於 500 億元，甚至

較此低出甚多。 但在這一較新、 較低的所得水準上， 非計劃儲蓄之減少， 並不能解決計劃儲蓄比率與計劃投資比率之間的原來差異， 在該所得期間， 儲蓄總額與投資總額將會相等， 而較新、較低的計劃儲蓄比率將會等於計劃投資比率。

第三節　支出傾向與儲蓄傾向

決定一國之繁榮與充分就業、 或衰退與失業、 或通貨膨脹、 或物價穩定， 以及經濟成長或經濟停滯之主要因素， 就是對於產品的支出總額。但是， 一國支出傾向與儲蓄傾向之決定因素爲何？已知：

國民生產毛額＝總支出＝私人支出＋公共支出

而且　　　　私人支出＝私人消費支出＋私人投資支出

玆先討論公共支出的決定因素， 而後討論私人消費支出及私人投資支出的決定因素。

一、公共支出的決定因素

此處所指的公共支出， 包括各級政府基於消費目的及投資目的， 對於財貨及勞務的總支出 ❸。 玆任擧一例： 某年政府的公共支出爲 129 億元， 佔當年國民生產毛額的 21 ％。 在這數額之中， 中央政府支出 66 億元， 其中之 55 億元用於國防支出， 11 億元用於其他支出。 至於地方政府的支出則爲 63 億元， 用於敎育、 衞生、 警政、 道路、 公用事業、 及其他各種國民要求政府提供的設施及服務。

---

❸此處有關政府支出的討論， 僅限於國民生產毛額及國民所得所能反映出來之部份。 許多政府支出只是「移轉性支付」(transfer payment) 而已， 並不直接影響國民所得帳戶， 例如中央政府對於公債的付息就是其中之一。

　　公共支出的數額，應係決定國民對於公共服務的需要；在民主國家，這種需要是透過國民選舉的議士表達出來。因之，政府基於促進國民福祉的原則，也就擴大各種服務的提供，這樣一來便可彌補私人部門活動之不足。美國在戰後蕭條時期的經驗可以證明，和平時期公共支出的數額，主要係決定於私人支出的數額。亦卽，私人部門的實際支出，如果數額不足，以致無法達成充分就業的目標，而有着所謂「支出缺口」(spending gap) 時，政府應該準備隨時以公共支出加以彌補。不過，一旦總支出（私人支出加公共支出）數額甚爲龐大，以致超出充分就業所要求的目標，亦卽出現所謂「支出盈餘」(spending surplus)，而有造成通貨膨脹之虞時，公共支出應卽大量削減。不過，公共支出的削減遠比公共支出的追加困難更多，所幸，削減公共支出的情況不常發生。

二、私人支出的決定因素

　　至於總私人支出或總私人所得，就是私人消費支出（主要由家計完成）及私人投資支出（主要由企業完成）之和，根據現代的凱因斯之後 (post-Keynesian) 學派的所得支出分析法，總支出的數額及市場利率，均係透過函數關係的作用，同時決定於投資支出的數額。這種函數關係包括五個獨立變數：

　　（一）消費函數（儲蓄函數）

　　（二）投資函數（資本邊際效率函數）

　　（三）作爲交易媒介的貨幣交易需要

　　（四）作爲價值儲藏的貨幣投機需要

　　（五）貨幣供給

　　這種函數關係體系的穩定均衡，乃以兩個均衡條件的達成爲前提：

（一）計劃儲蓄必須等於計劃支出。否則，所得會發生升降的變動。

（二）貨幣的交易需要加上貨幣的投機需要共同構成社會的流動性偏好，必須等於貨幣供給。否則，利率會發生升降的變動。

上述所得支出均衡的首要條件有時稱爲產品市場的均衡條件　(the product market equilibrium condition)　或所得均衡條件；第二條件稱爲貨幣市場的均衡條件 (the money market equilibrium condition)　或利率均衡條件。

第四節　消費函數與儲蓄函數

社會的總消費傾向或消費函數，可以「平均」(average) 或「邊際」(marginal) 的概念表示。

例如，若 C 爲消費支出， Y 爲所得，則 C/Y 爲平均消費傾向。故在某年，若 GNP（$=Y$）$=500$ 億元，而消費支出（$=C$）$=400$億元，則平均消費傾向爲 4/5 或 80 %，有如圖 18-1 消費函數上之一點所示。

因爲消費函數只是表示社會上所得與消費支出之間的關係，所以，爲分析便利起見，消費傾向亦可以邊際消費傾向表示；

$$\frac{\Delta C}{\Delta Y} = 邊際消費傾向$$

若 $GNP(=Y)$ 增加 10 億元，而由於這種 Y 的增加，消費支出遂增加 6 億元，則

$$\frac{\Delta C}{\Delta Y} = \frac{6}{10}$$

或 60 %，有如圖 18-2消費函數上之一點所示。

若邊際消費傾向爲已知，則邊際儲蓄傾向便可立刻算出：

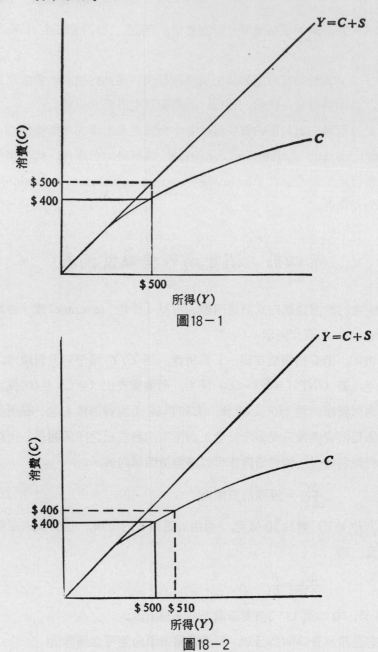

圖 18-1

圖 18-2

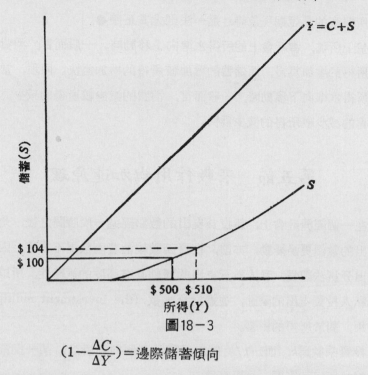

圖18-3

$$(1-\frac{\Delta C}{\Delta Y})=邊際儲蓄傾向$$

若邊際消費傾向為60％，則邊際儲蓄傾向必為40％，有如圖18-3儲蓄傾向上之一點所示。

　　一般而言，短期的消費函數總被認為相當穩定，這是因為：第一、社會的總合消費支出主要是決定於社會的總合所得；第二、社會的總所得增加時，消費支出亦告增加，但消費支出的增加率較所得的增加率為少。正如凱因斯所說：「有一項基本心理法則，無論從先驗上對人性的知識來看，或從經驗上的詳細事實來看，大家都可以相信得過。這項法則指出：就大體情形以及平均情形而論，人們在其所得增加時，都傾向於增加其消費，但消費增加額不及所得增加額之大。這即是說：如以 Cw 代表消費額，以 Yw 代表所得額（二者均以工資單位表示），則 Cw 與 Yw 的符號相同，但數額却較小，亦卽，dCw/dYw 為正，但小於 1 。當

大家所觀察的是短期現象時，這一法則尤其正確❹。」

基上所述，當社會上的所得水準向上移動時，一般而言，消費的增加較所得的增加為慢，而儲蓄的增加較所得的增加為快。同理，當社會上的所得水準向下移動時，一般而言，消費的減少較所得的減少為慢，而儲蓄的減少較所得的減少為快。

第五節　乘數作用與加速原理

在一個經濟社會上，新投資支出的數額經過一段時間之後，是比消費支出的數額更易變動；亦即，投資函數較消費函數更不穩定。因為所得支出分析法認為，私人投資支出的變動具有高度的策略性，所以特別注意私人投資支出的變動，透過投資乘數 (the investment multiplier) 的作用，對於所得的影響。

投資乘數為k，而$1-1/k$ 等於邊際消費傾向。所以，某一投資支出水準對於所得的影響，可以寫為：

$$\Delta Y = k \ \Delta I$$

亦即，新投資支出的增加 (ΔI) 會引起消費支出的增加，最後，總所得的增加 (ΔY) 乃等於原始投資支出的增加數額乘以某一倍數 (k)。

例如，假定社會的邊際消費傾向為 4/5 或 0.8，則 k 為 5。亦即，投資支出增加 1 億元以後，透過次一所得時期中消費支出的增加，最後會使總支出及總所得增加 5 億元。表18-1即可說明這一過程。從這表可以看出，如果邊際消費傾向為 4/5，則增加 1 億元的投資支出以後，在當期及下期的所得時期中，會引起消費支出增加 4 億元，結果總支出和總

❹ J. M. Keynes, *The General Theory of Employment, Interest, and Money*, (New York: Harcourt, Brace & World, Inc., 1936), p. 96.

所得的增加爲原始投資支出增加數額的 5 倍。

表 18-1　*新投資支出對於所得的影響*

(邊際消費傾向爲4/5, 投資乘數爲5)

所得時期	投　資 (ΔI)	所　得 (ΔY)	儲　蓄 (ΔS)	消　費 (ΔC)
1	1,000	1,000	200	200
2		800	160	640
3		640	128	512
4		512	102.40	409.60
5		409.60	81.90	327.70
6		327.70	65.50	262.20
7		262.20	52.40	209.80
8		209.80	42.00	167.80
9		167.80	33.60	134.20
10		134.20	26.80	107.40
以後各期		536.70	107.40	429.30
	1,000	5,000.00	1,000.00	4,000.00

　　一般而言, 總支出的任何增加, 不管是消費支出、投資支出、公共支出、或私人支出的增加, 均能發生乘數作用。凱因斯所稱的投資乘數或 k, 實際上就是支出乘數 (spending multiplier), 表示社會上某一支出增加以後對於總支出 (及所得) 的最後影響; 而在該社會中, 儲蓄爲所得的惟一遺漏 (leakage), 且邊際消費傾向小於 1 ❺。

　　利用乘數可以理解支出的增加 (或減少❻) 對於所得、消費及儲蓄的影響。至於加速原理 (acceleration principle) 則可說明消費支出比率增加以後, 對於投資支出比率的影響。根據加速原理, 消費支出比率

❺邊際消費傾向必須小於 1 (即有儲蓄發生), 乘數才是有限值。否則, 邊際消費傾向如果爲 1, 乘數便爲無限大。

❻支出減少以後, 由於所得的減少而使消費支出減少, 於是對於所得發生反乘數效果 (reverse multiplier effect)。

的增加會引起投資支出比率的增加，且後者的增加比率較前者的增加比率為高。這種結果的產生，是因消費支出比率增加以後，商品的銷售增加，企業家的預期看好，因而不斷增加存貨，甚至於增置機器、設備、增建廠房、以擴大生產能力。如此一來，消費支出比率增加以後，對於企業預期的影響，便是導致企業投資支出的增加，且其增加比率大於消費支出的增加比率。

乘數作用與加速原理交互影響的結果：首先，支出的增加引起所得及消費的增加（乘數效果）；其次，消費的增加引起投資支出的增加（加速效果）；最後，投資支出的增加引起所得及消費的再度增加。如此一來，乘數作用與加速原理交互影響以後，原始支出的增加終於演成國民支出及國民所得的盤旋上升，產量（就業）或物價亦告對應增加。至於究以產量（就業）的增加較為顯著，抑以物價的增加較為顯著，乃視國民支出及國民所得盤旋上升時，社會上生產能力的利用程度如何而定。

第六節　資本邊際效率

根據凱因斯之後學者的分析，在決定社會支出水準、所得、產量、就業、及物價的各種關係中，新私人投資支出的淨比率，一方面是決定於資本邊際效率，另一方面是決定於利率。

所謂資本邊際效率就是使資本資產的預期收益等於供給價格的貼現率(rate of discount)。資本資產的預期收益，就是該資產在使用期間所生產出來的產品出售以後的預期所得淨額，亦卽等於該資產在使用期間所生產出來的產品之預期總出售價格，減去產品生產所需的一切費用。至於資本資產的供給價格，就是該資產的重置成本 (replacement cost)，這種成本不一定就是該資產的當前市場價格，而是增加該資產一單位所需

的價格。因此，資本邊際效率是以該資產的預期收益及該資產的當前供
給價格表示。

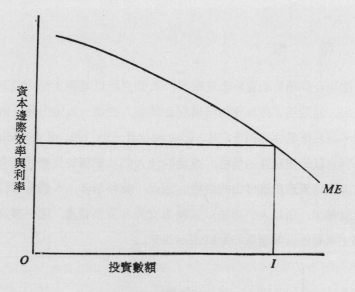

圖18-4

　　假定社會上新私人投資的比率，是決定於資本邊際效率及利率的關
係，則可看出，投資將會繼續進行，直到資本邊際效率等於利率為止。
總投資如果增加，資本邊際效率可能下降，這是因為：（一）在資本供給
增加以後，新資本的預期收益會減少；（二）在資本財的產量增加以後，
新資本資產的供給價格會上升。圖18-4可以說明投資函數（資本邊際效
率）與利率之間的關係。在市場利率為 Oi 時，立即產生 OI 的投資數
額；這是因為在此投資數額之下，資本邊際效率正好等於利率。

第七節 流動性偏好

一、利 率

　　根據現金餘額型的貨幣數量學說，人們之所以需要貨幣，並不僅是為了支出，而是為了持有貨幣作為現金餘額。從這一假定出發，凱因斯乃把利率視為流動性的機會成本 (the opportunity cost of liquidity)。亦即，利息就是流動性的價格，或是誘使人們放棄對於貨幣的持有，而去持有非貨幣資產所應付出的價格。因此，貨幣越多，人們希望持有的意願也就越少，所以人們越想以貨幣去交換非貨幣資產，這一事實可以圖18-5中流動性偏好函數的形狀表示出來。

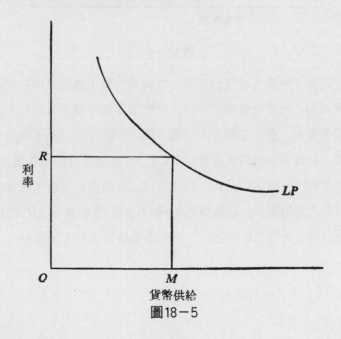

圖18-5

因為總貨幣供給就是被人們持有作為現金餘額的全部貨幣，又因全部貨幣供給須被人們及企業持有作為現金餘額，所以凱因斯進一步指出：在某一時間，流動性偏好表上代表實際總貨幣供給的一點，也是代表同一時間的利率水準。並且，隨着時間的經過，利率乃隨貨幣供給的變動而變動，而整個流動性偏好表亦告向上或向下移動。

但是，只有基於投機性動機去持有現金餘額這一部份所構成的流動性偏好表，在事實上才具有利息彈性。除非利率水準很高，否則基於交易動機及預防動機去持有現金餘額這兩部份所構成的流動性偏好表，並不具有利息彈性；反之，通常在利率水準較低的情況之下，却是具有所得彈性。

二、流動性偏好的構成

如前所述，持有現金餘額的動機有三：交易動機 (transactions motive)、預防動機 (precautionary motive)、及投機動機 (speculative motive)。

交易動機表示為了預先知道的支出而保有貨幣的希望，所以在這種動機下，保有現金餘額的需要，是為了作為融通預期的交易用之正常營運準備。預防動機表示為了事先無法知道的支出而保有貨幣的希望，所以在這種動機下，保有現金餘額的需要，是為了作為融通無法預期的交易之緊急準備用。

基上所述，交易動機及預防動機均可反映保有活動餘額 (active balances) 作為交易媒介的貨幣需要。這兩種動機的強度與社會的總所得水準密切相關，這一所得水準可以決定融通的交易貨幣數額。現金餘額的交易需要，主要是受當期所得水準的影響；而現金餘額的預防需要，主要則受預期所得水準的影響。在所得水準最高時，兩種需要也是

最高; 反之, 在所得水準最低時, 兩種需要也是最低。圖18-6可以說明此點。

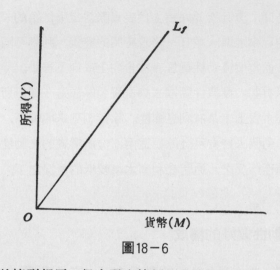

圖18-6

　　與上述的情形相反, 保有現金餘額的投機動機, 可以表示由於預期利率之上升 (證券價格下降), 而以被動餘額 (passive balances) 方式保有貨幣作爲價值儲藏工具之希望。對於未來利率的預期, 主要是受當前利率水準的影響。例如, 當前的利率水準如果已經很高, 則未來利率趨於下降的可能性較大, 而再趨上升的可能性較小。於是, 投資者由於預期證券價格之行將上升 (利率價格下降), 逐把貨幣移轉爲證券, 俾能獲取利潤。如此, 貨幣的投機需要將趨下降。另一方面, 當前的利率水準如果已經很低, 則未來利率趨於上升的可能性較大, 而再趨下降的可能性較小。於是, 投資者逐把證券移轉爲貨幣, 以避免證券價格下跌所遭致的損失。一般而言, 有如圖18-7所示, 在利率最低時, 保有現金餘額作爲價值儲藏工具的投機需要趨於最高, 而在利率最高時趨於最低。

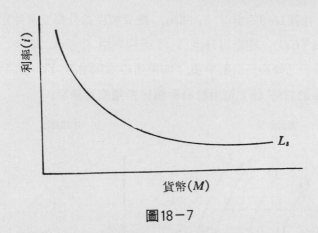

圖18-7

三、貨幣的交易需要與投機需要

根據正常的預期，在同一時期，利率的變動是與所得水準的變動同一方向。玆假定利率與所得均告上升，則作爲交易媒介的貨幣交易需要亦將上升，但作爲價值儲藏的貨幣投機需要却告同時下降。這種情形以圖18-8可以表示出來。在該圖中，假定交易需要（Lt）除非利率甚高，否則缺乏利息彈性。交易餘額的所得效果以 Lt 函數之移動表示。當所得由較低水準升至較高水準時（由 Y_1 至 Y_5），函數向右方移動，而因假定總貨幣供給固定，貨幣遂由休閒餘額轉爲活動餘額。

這種休閒餘額的轉換，是因利率的上升而完成，而利率的上升則是伴隨着所得的增加。如果所得與利率繼續上升，則在某一較高水準的 Y 及 i（圖18-8的 Y_4 及 i_4）下，總貨幣供給應已全部轉換爲活動（交易）餘額。如果所得仍然繼續增加，則在交易性貨幣供給固定的情形下，交易的增加只能透過交易流通速度之增加去完成。流通速度在利率進一步上升時更趨增加；較高的利率又會促使某些私人及企業更會密集使用其所保有的現金，並把資金貸予別人。

例如，由圖18-8的所得 Y_1 開始，總貨幣供給分爲交易餘額（AB）及投機餘額（CD）。在所得升至 Y_2，而利率由 i_1 升至 i_2 時，相當於 a 的休閒餘額乃轉換爲活動餘額。如果所得繼續增至 Y_3，而利率升至 i_3 時，更多的貨幣（b）則由投機餘額轉換爲交易餘額。

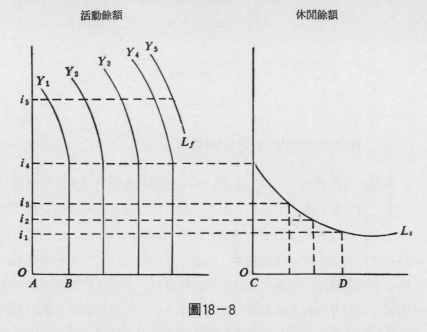

圖18-8

但在所得上升至 Y_4 以後，由於利率由 i_3 升至 i_4，所以最後剩餘的休閒餘額已會轉成活動餘額。如此，若所得繼續增至 Y_5，但因已無剩餘的休閒餘額可供轉用，所以交易的增加，只能透過現有貨幣供給的密集使用而完成，而這些現有的貨幣供給全部均係交易餘額。利率由 i_4 升至 i_5，可以增加交易流通速度，亦即更爲密集使用現有的貨幣供給。由此可見，所得增加以後，全部休閒餘額均會轉成活動餘額，如果所得繼續增加，而利率的上升導致交易流通速度增加以後，對於貨幣的交易需要也會具有利息彈性。

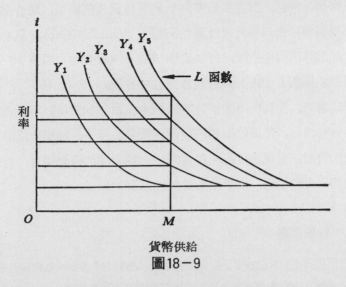

圖18-9

在圖18-8中，對於貨幣的交易需要（Lt）及投機需要（Ls），已被結合爲圖18-9分別表示出來的五個所得水準。於是，可以看出所得的增加，會使流動性偏好函數（L）向上移動。在貨幣供給固定之下，L的向上移動會引起利率的上升。同理，所得的減少，會使流動性偏好函數向下移動；在貨幣供給固定之下，也會引起利率的下降。再且，如果利率水準較低，則流動性偏好函數具有較大的利息彈性；如果利率水準甚低，則流動性偏好函數具有完全的利息彈性。如果這種甚低的利率水準果然發生，則社會便將處於所謂「流動性陷阱」(the liquidity trap) 之中。這種甚低的利率，無疑會與甚低的生產水準及所得水準並存，而將產生甚高的失業水準，一九三〇年代初期的事實便是如此。處於較低的利率之下，證券水準較高，而因預期利率將趨上升（證券價格下跌）的可能性較大，所以債券乏人問津。反之，人人傾向於貨幣（休閒餘額）的保有。

在這種情況之下，爲了刺激總合需要，進而增加產量及就業，而去

320   貨幣銀行學

增加貨幣供給的話，則這些貨幣供給均會轉爲休閒餘額，總合需要反而
絲毫不受影響，所以稱爲「流動性陷阱」（liquidity trap）。只有提高利
率，才能消除流動性陷阱，所以貨幣供給必須相對地大幅減少；亦卽，
把貨幣供給推回 L 函數上具有利息彈性的線段。

由此看來，流動性陷阱使貨幣政策走上眞正的困境，不管流動性陷
阱究竟存在與否，都使政策的決定遭遇難題。所幸，流動性陷阱只是一
種極端的情況，出現的可能性相當微小。就美國的情形而言，自一九三
〇年代的大恐慌以來，似乎已無流動性陷阱的出現。

   討論問題

1 所得支出分析法放棄了數量學說中的何種假定？重新採取何種假定？

2 如果（一）計劃儲蓄的比率小於計劃投資支出的比率；（二）計劃儲蓄的
   比率大於計劃投資支出的比率，則對所得有何影響？

3 在均衡所得水準之下，儲蓄與投資之間應有何種關係？計劃儲蓄與計劃投
   資之間是否也有這種關係？道理何在？

4 公共支出的大小決定於那些因素？

5 在經濟社會中，共同決定私人投資數額的五個獨立變數爲何？

6 何謂產品市場均衡及貨幣市場均衡？這些均衡在所得支出分析法中具有何
   種意義？

7 分別說明投資乘數及加速原理的意義。

8 比較（一）現金餘額學者及（二）新凱因斯學派學者對於利率函數所持的
   觀點。

9 構成流動性偏好的 Lt 部份者及 Ls 部份者有何不同？

10 何謂流動性陷阱？貨幣當局如何採取行動以消除流動性陷阱？

第十九章
凱因斯之後的貨幣理論

　　凱因斯的一般理論問世之後，對於經濟思潮的影響可謂無遠弗屆。在這二、三十年來，貨幣理論的領域裏呈現出一片蓬勃飛躍的發展。過去沈寂單調鮮被注意的這個角落，在今天已成爲經濟理論中最多彩多姿也是最多爭議的部分之一。

　　誠如在凱因斯學派之外獨樹異幟的傅利德曼 (Milton Friedman) 所說，在某種意義下，今天每一個人已都不能否認是凱因斯學派的一員。凱因斯所創用的工具、所開拓的境界，已經不是那一個學者所能取捨趨避。因此，本章題目特別標出「凱因斯之後」(Post-Keynesian)，有其深長意味。但是理由遠不止此。反觀近來關於貨幣理論的研究，可以說不是居於一種註釋者的態度，撿拾凱因斯理論裏的吉光片羽加以應用與推展，便是居於批判者的立場，對凱因斯的理論提出反革命性的攻擊與駁斥。不論目光投向那一方，都會見到凱因斯的巨大身像巍然隱現。對這種情況下發展出來的理論，如不冠以「凱因斯之後」的特稱，還有什麼稱呼更妥善、更弱確？

　　本章擬分五個主題，說明凱因斯之後的貨幣理論：（一）貨幣理論

與價值理論的融合；（二）貨幣的中性與非中性理論；（三）貨幣的特性與定義的商榷；（四）貨幣的需要理論；（五）貨幣的供給理論。

第一節　貨幣理論與價值理論的融合

凱因斯在一般理論中所揭示的最根本的問題，就是對古典學派二分論 (classical dichotomy) 的抨擊。古典學派傳統地把貨幣理論與價值理論截然劃成兩個部分，認爲相對價格這些實質變數只由需要與供給等實質作用決定，不受貨幣部門的影響。

帕廷金 (Don. Patinkin) 在其鉅著「貨幣、利息、與價格」(*Money, Interest, and Prices*) 一書中，細密地顯示，貨幣理論與價值理論如何在實質餘額 (real balance) 的作用下融合起來，因而證明：（一）古典學派的二分法無其必要，可以消除；（二）貨幣數量學說的結論得以確保，亦即認爲在均衡狀態之下，貨幣爲中性，且利率與貨幣數量無關的說法亦可以成立。

帕廷金爲了在實質餘額這種存量概念與個人支出的流量概念之間，建立一種相互作用的關係，特地構造了一個很特殊的交易經濟，把時間斬爲一週一週的小段，而化一切連綿不斷的流量爲各週始點的存量。然後爲了解脫這件緊身衣，又用對充分就業的一種不尋常的解釋，躍入一個凱因斯式的短期總體生產經濟，而在其中展示實質餘額效果的作用。這項跳躍，曾爲許多學者所詬病，但這不是本章的重點所在，不予詳述。但是由於通常受人注意的是這個總體生產經濟，所以以下就此說明上述二項結論如何推演出來。

大家先要知道，帕廷金認爲非自願性失業是一種失衡現象，在正常的經濟均衡狀態下，應當恒常處於充分就業。圖19-1是個常見的 *IS* 與

LM 圖形。圖中的 A 點就是表示充分就業狀態下的初期均衡。充分就業下的產量以 Y_0 表示，對應的利率水準以 r_0 表示。IS 曲線之下的總合需要除了受所得與利率的左右之外，還受實質餘額 $\frac{M}{P}$ 的影響。總合需要函數爲 $E = F(Y, r, M/P)$。LM 曲線之下的貨幣需求函數則爲 $L = P \cdot L_1(Y) + P \cdot L_2(r)$。這點也與常見的形態不同，已經按照帕廷金的見解剔除了貨幣幻覺 (money illusion) 的因素。

　　假定貨幣數量增加，利率暫且維持不變，則有超額的貨幣供給出現。有兩種方式處理這種超額的貨幣供給：（一）增加對於商品的需要，因而創造商品市場的膨脹性缺口；（二）增加對於債券的需要，因而提高債券市價抑抵利率。利率自 r_0 降爲 r_1 之後，轉而刺激投資與當期消費，擴張商品市場的膨脹性壓力，超額的貨幣供給以 LM 曲線的向右下移動表示。由於充分就業之下的產量水準固定不變，膨脹性的壓力只能提高價格水準，且也只能藉着價格水準的充分提高予以消除。價格水準的上升顯現在名目所得（Y）之自 Y_0 擴張爲 Y_1。

　　此時，實質餘額效果就發揮了復致均衡的功能。由於價格水準上升

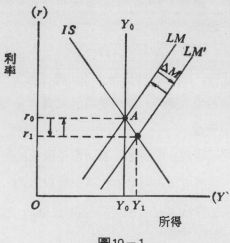

圖19-1

因而降低個人保有的實質餘額水準，爲了使同樣的所得水準之下個人保有的實質餘額不至於不足，個人必須隨着價格水準的上升增加名目貨幣的需要。最後，*LM* 曲線必定復歸原位。同時由於價格水準的上升逐漸消除了超額的貨幣供給，總支出也會逐漸減少，利率水準乃逐漸回升。*LM* 表一旦歸於原位，充分就業的均衡便告恢復。

這個簡單的說明顯示了貨幣理論與價值理論的融合。帕廷金不但認爲這兩項理論應當如此融合，而且認爲過去那種截然二分的主張，根本是與貨幣數量學說不能相容。如果實質部門的需要與供給只受相對價格這些實質變數的決定，則在一組均衡的相對價格之下，若絕對價格水準遭受外來的干擾而改變，經濟裏將不會有任何力量消除這種干擾而使絕對價格水準復歸原來的均衡水準。這也等於主張，經濟裏並沒有一個安定的均衡絕對價格水準。任何水準都是均衡的。但是貨幣數量說却恰在主張，絕對價格水準有一定的均衡。這兩者之間顯然有着矛盾存在。並且這種矛盾旣不能依賴塞伊法則 (Say's Law) 加以解決，也不能放棄數量學說另採其他貨幣理論而逃避。但是，帕廷金指出，只要將古典學派的理論重新修正，使需要與供給函數皆決定於實質現金餘額及相對價格，卽可消除此一矛盾。

利用這種方式，帕廷金否定了古典學派的二分法是必不可缺的，而且根本斥之爲不正確，而在同時也保全了古典學派貨幣理論的基本特性，特別是在貨幣數量改變時，經濟體系的實質均衡（相對價格與利率水準）仍可維持不變 ❶。

帕廷金的大手筆雖然在經濟學界裏引起了廣泛的注意，但是不可否認，在其分析裏的確有着重大的缺陷。其中最嚴重的，就是爲了要把實

---

❶Harry G. Johnson, "Monetary Theory and Policy", *American Economic Review*. LII (June, 1962).

質餘額存量與支出流量強予撮合，而刻意安排一個特殊的週交易經濟模型。又爲了把它的結論引渡到一個更普遍的總體模型，而着意強調充分就業的存在。這個問題，後來斐賽克與謝文 (B. Pesek and T. Saving) 二位曾試圖用另一種方式來解決。結果證明了貨幣是社會的淨財富，然後用資本化或折現的方式，在財富存量與所得流量之間建立一種互相變化的關係。於是便可以將所得川流 (stream) 與支出川流幷觀，抉出實質餘額效果的作用。在這種方式之下，上述那種缺陷都不至於再發生。但是這種方式究竟是否妥當，其準確性如何，則似乎未有定論 ❷。

第二節　貨幣的中性與非中性理論

凱因斯對於古典學派的中性貨幣分析 (neutral-money analysis) 曾經加以攻擊；同時，爲了強調貨幣的非中性，特別大力提倡利息的貨幣理論 (流動性偏好理論)。但在一九四〇年代，由於皮古 (A. C. Pigou)、史西托夫斯基 (Tibor Scitovszky)、及哈伯勒 (Gottfried Haberler) 等學者之努力，曾又引起古典經濟學的復活 (renaissance of classical economics) ❸。由於這些學者導入儲蓄 (消費) 的流動財富效果，因而恢復了古典理論體系中內部邏輯結構的一致性。

麥芝勒 (Lloyd A. Metzler) 在一九五一年所發表的「財富、儲蓄與利率」(Wealth, Savings, and the Rate of Interest) 一文中，曾明

❷B. Pesek and T. Saving, *Money, Wealth, and Economic Theory*, (The Macmillan Company), 1967.

❸A. C. Pigou, *Employment and Equilibrium*, (London), 1941.
Tibor Scitovszky, "Capital Accumulation, Employment and Price.," *Review of Economic Studies*, Vol. Vlll, 1940-41,
Gottfried Haberler, *Prosperity and Depression*, 3rd ed., (Geneva), 1941

確地提出中性貨幣所必需的若干假定 ❹。 麥芝勒指出，「皮古一史西托夫斯基—哈伯勒效果」雖使古典學派的價格彈性與自動充分就業機能得以復活，但却破壞了實質的利息理論。

根據麥芝勒的看法，利息理論共有三種：（一）古典學派實質的利息理論；（二）凱因斯的貨幣利息理論；（三）修正的古典學派理論。在修正的古典學派理論中，認爲資本市場是受到三種重要因素的影響：（一）在古典理論及新古典理論中的當期儲蓄與投資；（二）在凱因斯理論中持有現金或證券的決定；（三）在皮古一史西托夫斯基—哈伯勒分析中流動財富對於當期儲蓄的影響。均衡的利率水準便是決定於上述三種重要因素的相互作用。

基於上述第三種因素的影響，可以把貨幣的擾亂劃分爲兩種類型。貨幣數量的變動，如係來自中央銀行公開市場的操作，以影響大衆持有的資產，則均衡的利率卽由貨幣力量加以決定。卽使是在古典學派自由競爭及價格彈性的假定之下，貨幣亦非中性。另一方面，如果貨幣數量的增加，是來自出口的增加，或來自黃金生產的增加，則表示大衆持有的資產不會改變。在這情況下，貨幣在均衡中便可保持中性，並且利率亦不受貨幣數量的影響。

玆進而討論貨幣不能保持中性的理由。皮古一史西托夫斯基—哈伯勒的儲蓄函數，可以寫成：

$$S=f(Y,r,W)$$

式中，W代表財富。 爲簡單起見， 假定私人財富的持有者對於這些財富， 僅以兩種方式持有：貨幣和普通股票；並且假定，中央銀行可以買賣普通股票。如此，私人財富的實際價值可以下列方程式表示：

❹Lloyd A. Metzler, "Wealth, Savings, and the Rate of Interest," *Journal of political Economy*, Vol. LIX, April. 1951.

$$W = \lambda \frac{dY}{r} + \frac{M}{P}$$

式中，W表示實質財富的價值；λ是普通股票被私人持有的部份；Y是充分就業下的實質所得；d是包括企業利潤在內的實質所得；dY/r表示普通股票的實際價值，是企業利潤按現行利率r加以資本化的價值；M/P代表實質餘額。這一恒等式是把私人財富的實際價值視為私人證券持有及私人貨幣持有的總和。

在這模型中的貨幣中性，亦可利用 IS-LM 圖形加以說明。

圖19-2表示充分就業均衡的最初位置，是在 $(IS)_0$ 曲線及 $(LM)_0$ 曲線的交點之處。在 IS 曲線上的每一點都表示 $I(r) = S(Y, r, W)$。充分就業下的實質所得為 Y_0，而其對應的均衡利率則為 r_0。現在，中央

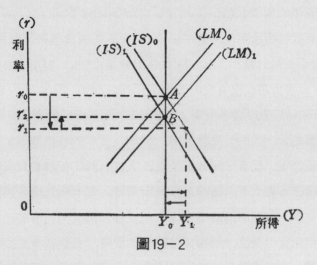

圖 19-2

銀行在公開市場購入私人持有的股票，以增加貨幣供給。於是，LM 表受到影響，由原來的 (LM_0) 向下移至 (LM_1)。同時，利率亦自 r_0 降至 r_1。這結果當然是導致商品市場發生膨脹性的缺口。在這點，實質餘額效果也就隨之發生。LM 表開始向後移至原來的位置。但在同時，

IS, 曲線開始向下移動, λ 則因貨幣當局的操作而降低。結果, 消費亦告減少。最後, 降低以後的 (*IS*)₁ 與向後移動以後的 (*LM*)₁ 在 *B* 點相交, 充分就業的均衡遂又恢復過來。因為 *Y*₀ 並未變動, 所以均衡的利率較前為低。這表示貨幣當局永遠可以降低均衡利率, 並且可以控制經濟成長率。

蔣森 (Harry G. Johnson) 認為:「麥芝勒的公開市場分析, 隱約的是以分配效果為基礎 (民間部門受政府實質債務變動的影響, 而政府部門本身則不受影響); 不過, 後來的學者, 包括帕廷金在內, 都已接受這點, 視為合理的假定, 葛利 (John. G. Gurley) 與蕭 (Edward. S. Shaw) 的分析也是以此為基礎。」❺

在帕廷金所著之「貨幣、利息、與價格」一書及葛利與蕭合著之「金融理論中的貨幣」(*Money in a Theory of Finance*) 一書中, 均曾提出建立貨幣中性所需的若干假定: (一) 工資與價格可以自由調整, (二) 沒有「貨幣幻覺」; (三) 沒有分配效果; (四) 對預期缺乏彈性; (五) 沒有政府債務或沒有公開市場的操作; (六) 沒有「內部貨幣」(inside money) 及「外部貨幣」(outside money) 的並存。沒有貨幣幻覺的意思是說, 人的行為靠所得、餘額及證券的實際價值決定, 而非由貨幣價值決定。沒有分配效果是說, 人的行為不受總實質所得、實值餘額及實值證券在大眾之間的重分配所影響。沒有政府債務或沒有公開市場操作是說, 民間部門的淨債權人地位僅包括其所持有的法定貨幣, 或者如果包括實值公債, 則在貨幣數量改變時, 公債數量必須不變。然則, 何以導入內部貨幣及外部貨幣的概念? 這是因為在葛利與蕭的模型中, 貨幣本身並不視為政府的債務, 而只是由貨幣當局以民間債務作為抵押而發行的, 所以內部貨幣與外部貨幣有所分別。葛利與蕭指出, 這

---

❺同❶。

樣的模型可以決定價格水準，並使貨幣保持中性。基於這點，可以進一步推論，如果一個經濟社會中含有內部貨幣、外部貨幣、外部證券或其他可以作爲貨幣創造基礎的各種證券，則貨幣便不可能保持中性。

第三節　貨幣的本質與定義的商榷

　　選擇適當的貨幣定義，在任何貨幣理論裏都必定是最切要的問題，卽在政策的運用上，也有極其重要的意義。但是，在方今的經濟學界裏，究竟什麼是貨幣，却是一個爭辯最烈的問題。到今天仍然有三、四種不同的主張，互不相容，莫衷一是。

　　另外一個與此有關的問題，雖然爭論不如是之甚，今天也獲得了廣泛接受的共同看法，但是在學術研究的意義上其重要性也絕不多讓。這就是對於貨幣本質的看法。貨幣在若干年來一直被視爲是發行者的債務。所以貨幣本身卽使是持有者的財富，就全社會看，它仍然不構成社會的淨財富。持這種看法的人不僅斷言銀行貨幣是銀行的債務，政府紙幣是政府的債務，甚至於認爲實物貨幣也是全體大衆對自己的債務。斐賽克與謝文二人在一九六七年的著作:「貨幣、財富、與經濟理論」裏，一匡這個幾已成爲定論的說法，力示貨幣不論是實物貨幣、政府紙幣、或銀行貨幣，都不是任何人的債務，都是全社會的淨財富。因而指出，貨幣與其他任何財貨一樣，爲持有者與使用者提供勞務。透過這種勞務，持有者與使用者能够獲得滿足，或增加消費與所得，因而也完全情願地付出代價取得貨幣的勞務。貨幣也當然與其他財富一樣的是社會的淨財富，這種主張除了銀行貨幣這一部分之外，已經爲許多知名學者所共同承認，使貨幣之爲淨財富的本質得以確定，不再蒙上債務的陰影。過去帕廷金由於承認紙幣是政府的債務，把實質餘額效果貶爲一種特殊

意義的分配效果，卽使其所作的貨幣理論與價值理論的融合爲之減色，
經過斐、謝兩人的認定，實質餘額效果得以確保其財富效果的本質，名
正言順的在經濟理論中占有一席之地，無虞於跟不受重視的各種分配效
果一起被冷落。

選擇貨幣定義的問題的確十分複雜。根據蔣森(Harry G. Johnson)
的看法，有關貨幣定義的思想可以分爲四大派別 ❻： 第一、仍以交易媒
介功能爲貨幣的主要特性，而定貨幣爲通貨加上調整之後的活期存款。
第二、芝加哥學派所持的貨幣定義包羅較廣，認爲貨幣是購買力的暫時
留駐 (temporary abode)，所以乃在實驗研究方面把貨幣定義爲通貨加
上調整之後的全部存款，以獲得一貫的長期統計數列。這兩派對於貨幣
的定義固有不同，但都還是相信貨幣需要函數相當安定。第三、第四兩
派大體上可歸爲一類，都在貶低貨幣所充任的角色。前者爲雷克里夫主
義 (Radcliffism)，主張貨幣退入經濟社會的流動性結構中爲其一部，值
得關切的是流動狀況的全部。後者則爲葛利與蕭(Gurley and Shaw)的
見解，認爲現代非銀行金融媒介機構的興起，使貨幣與一大群能密切相
代替的金融機構證券相與進退，無復有其唯我獨尊的超越地位。

上述第三派的見解，主要是就貨幣之作爲資產的性質，而基於對貨
幣與其他可變現資產或融通購買工具之間類似性的認識，而進一步排斥
貨幣，代以現存信用的總量或整個經濟的流動性等更廣濶的概念。依照
這個較趨極端的理論，流通速度是個毫無意義的數字，因爲一個經濟可
以不受限制的用信用去代替貨幣以節省貨幣的使用。這樣其實沒有提出
什麼理論，只是堅持一種立場，以爲流通速度是很複雜，具有很大的彈
性， 而且很不穩定。 第四派也同樣的重視貨幣作爲資產的儲藏價值功

---

❻同❶。

能。這派認爲，由於非銀行金融媒介機構通常提供較原始證券更能密切代替貨幣的債券，並且本身持有少量貨幣準備，所以這些金融媒介機構的成長將減少對於貨幣的需要。這種宣稱的含意，就是認爲與貨幣理論及政策有關的所謂「貨幣數量」，應當把這種非銀行金融媒介機構的債券也包括進去。

最近幾年對貨幣的特性曾有一場尖銳的爭論。引發者是斐賽克與謝文二位學者。這二位在前引的著作裏爲貨幣這個含糊籠統的概念下了一個極其尖銳的定義。如果此一定義能夠成立，則前述的第二、第三、第四各派理論均將不攻自破。所以幾位知名學者立予迎頭痛擊，尤以芝加哥學派的傅利德曼爲烈。斐謝二人本著在均衡時各財貨俱依其邊際勞務索酬的基本概念，認爲凡是支付利息的信用物均爲債券而非貨幣。因而指出，貨幣之爲物，有其特殊的職能；它是一個貨幣經濟社會裏經過一種指定而成的共通交易媒介。雖然交易媒介的功能必須附有儲藏價值的功能，但是總觀其全部勞務，貨幣有遠甚於他物的融通交易的能力。由於個人要持用貨幣主要就在取得這種貨幣最終換取的勞務，所以不必也不能再附以其他如利息等的誘惑。基於這種看法，認爲只有通貨與無息的活期存款等貨幣爲社會的淨財富，其他的存款自有息的定期存款開始，均具有債務的性質，存款以外的各種債券更是如此。

以上以利息與否作爲貨幣與債務的分際，主要是認爲，人們所取於貨幣與債務者不同。在均衡時所求於債務者與其他財富一樣，是一種能延續若干時間的所得流量，這就是通常所說的利息收入，但是求於貨幣的則只是它在融通交易上的優勢。如果對一種占有此類優勢的財富如通貨或活期存款依市場利率付息，則由於個人可以如此藉着一種代價取得兩種報酬——利息收入與最優越的流動性——全體大眾必趨之若鶩，直待貨幣的價格上升一倍，使貨幣成爲一項貨幣加上一項債券爲止，或在

貨幣數量不加限制的情況下，竟至於毀滅貨幣而後已。這種見解也是駁斥了芝加哥學派倡議甚久的對貨幣付息的論調，更無怪傅利德曼對之排擊不遺餘力。

第四節　貨幣的需要理論

一般說來，研究貨幣需要理論的途徑有二：一為凱因斯學派，一為新古典學派。這兩學派在研究方法上的特點是利用資本理論去分析，並且視為一般選擇理論的一種應用。貨幣供給的定義問題，就是這方面的一種發展；貨幣供給的定義之所以重要，乃因選擇適當的貨幣供給定義，必然有助於分析持有現金的各種動機。而且，選擇適當的貨幣供給定義，對於貨幣政策效果之分析，頗為重要。

以下首先說明流動性偏好理論 (liquidity-preference theory) 的發展：其次介紹貨幣數量學說的新詮釋。

一、鮑模的流動性偏好理論

鮑模 (William J. Baumol) 與杜賓 (James Tobin) 首先有系統地說明，貨幣的交易需要可能具有利息彈性❼。這項推論的產生，是基於把貨幣視為資產的概念而來。在分析貨幣交易需要的利息彈性時，鮑模提出這樣的問題：最適的現金餘額能否計算？所得與利率的變動，如何

---

❼ William J. Baumol. "The Transaction Demand for Cash: An Inventory Theoretical Approach." *Quarterly Journal of Economics*, Vol. LXVI, (November, 1952).

James Tobin, "The Interest-Elasticity of Transactions Demand for Cash." *Review of Economics and Statistics*, Vol. XXXVIII, (August, 1956).

影響這個最適的現金餘額？ ❽爲解答這一問題，鮑模把最適存貨水準的決定原理 (principle of determining the optimum level of inventories) 推廣到廠商用以決定最適現金餘額方面。 至其方法， 首先便是找出現金餘額成本方程式。因這方程式可以表現廠商成本極小的目標，如何受到方程式內各變數不同數值的影響，所以一旦方程式找出之後，便可獲得解答上述問題所需的資料。

爲導出成本方程式， 首先假定廠商的一切交易均能事先知道， 而且廠商必須追求所持交易餘額之成本最小。持有交易餘額之總成本包括兩個部份：（一）利息成本；（二）非利息成本。利息成本在本質上是一種機會成本，是先前的利息所得。非利息成本包括諸如佣金、郵費等把現金換成證券及把證券換成現金所需之一切費用。如此，總成本方程式可以寫成：

$$TC = r\left(\frac{W}{2}\right) + n\left(\frac{T}{W}\right)$$

其中，TC 表示總成本；r 爲利率；W爲提出之現金數額；$W/2$ 表示平均的現金餘額；n爲提款之非利息成本；T爲交易總量；T/W 爲提款次數。

使 dTC/dW 之導數等於零，並解 W，即得最低成本之組合：

$$\frac{dTC}{dW} = \frac{r}{2} - \frac{nT}{W^2} = 0$$

$$\frac{r}{2} = \frac{nT}{W^2}$$

$$\therefore \quad W = \sqrt{\frac{2nT}{r}}$$

❽William J. Baumol, *Economic Theory and Operations Analysis* (1sted.). (Prentice-Hall. Inc., 1961). p.241.

佣金如果增加，提款的次數必然減少，亦卽，最適的現金餘額將會上升。同理，如果利率水準上升，提款時間必然儘量延緩，金額也必儘量減少。如此，休閒、不負擔利息的最適現金餘額亦將下降。

二、以應付風險之行爲解釋流動性偏好

現在進而討論貨幣的投機需要。凱因斯曾引進制度性的假設，從而考慮到預期的概念。凱因斯認爲市場的不確定(uncertainty)，與個別投資者心中主觀的懷疑無關，而是明顯地由於許多投資者對於未來利率水準之看法不一致所引起。一九五八年，杜賓以應付風險之行爲解釋流動性偏好，作爲分析凱因斯理論的基礎 ❾。

根據魯斯(R. Duncan Luce) 及賴佛 (Howard Raiffa) 的說法，如果決策者已知各種結果 (outcomes) 的或然率分配，則有風險存在。因此，雖然某一行動的特殊結果無法確實預知，但決策者却可知道某一決策的期待值 (expected value)。這樣一來，從另一方面看，如果或然率分配完全不知道，便有不確定存在。此時，決策者甚至連某一特殊決策的期待值都無法決定。杜賓的分析，便是把不確定的問題，轉變爲含有風險 (risk) 的問題，因爲流動性偏好，可以視爲對於風險較小的投資之偏好加以解釋。保有貨幣並無風險，但是持有債券則有風險。持有債券的最大風險，就是資本損失 (capital loss)；就個別的投資者而言，其資金投入債券的比例愈大，其引起資本損失的風險也愈大。由於債券的持有者負有風險，故其債券之持有，須有相當的債券收益作爲彌補。

關於含有風險的決策問題，古典學派首先設法導出個別投資者主觀的收益函數。這一收益函數在本質上與無異曲線相同，表示個別投資者

---

❾James Tobin, "Liquidity Preference as Behavior towards Risk." *Review of Economic Studies.* Vol. XXV. No.2

對於風險與收益在主觀上恰好相等的組合。這一函數以圖 19-3 表示。

　　在圖19-3中，縱軸表示風險，橫軸表示債券投資的收益。*AB* 曲線表示風險與收益恰好相等的無異曲線。

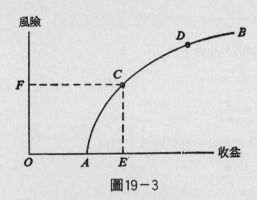

圖19-3

AB 曲線上某一點（如*D*點）所代表的收益，若比較低的另一點（如*C*點）為大，則其所代表的風險亦大，所以 *AB* 曲線向右上方傾斜。至於 *AB* 曲線之形狀，則決定於投資者之嗜好與偏好。假定 *OE* 為原來之收益，則 *OF* 為所含之風險。*OA* 表示確定之收益，因其風險為零。*AE* 為 *OE* 與 *OA* 之差額，即為風險之貼水 (premium for risk)。

　　其次，投資於債券的收益是以損益表 (pay-offs) 中之可能結果的平均值表示，而投資於債券的風險則以損益表的標準差表示。

　　然則，投資於債券的損益表為何？簡單說來，共有兩種：（一）債券的利息，以 i 表示；（二）資本利益，以 G 表示。

　　如以 λ 表示個人資金投資於債券的部份，則總收益的平均值為

$$u = \lambda(i + u_G)$$

其中，u 即為總收益的平均值；u_G 為資本利益的平均值。

　　如果資本利益為零，則總收益的平均值完全決定於 i 及 λ，而且 $u = \lambda i$。

　　與收益同時討論的風險，就是資本利益的風險。利息固定，且為已知；資本利益部份之損益表並無風險存在。因此，風險可以資本利益的標準差表示，卽以 σ_G 表示；而總收益的標準差可以寫成

$$u = \frac{\sigma}{\sigma_G} \cdot i$$

這一方程式之導出方法如下：

$$\sigma = \lambda \cdot \sigma_G$$

$$\lambda = \frac{\sigma}{\sigma_G}$$

把上式代入總收益方程式的平均值，卽得

$$u = \frac{\sigma}{\sigma_G} \cdot i$$

由最後的方程式，便可導出貨幣與債券對於收益與風險的各種不同組合之機會曲線 (opportunity curve)。機會曲線的性質，以圖 19-4 說明。

　　在圖19-4中，投資於債券的總收益之平均值，是從縱軸的原點向上

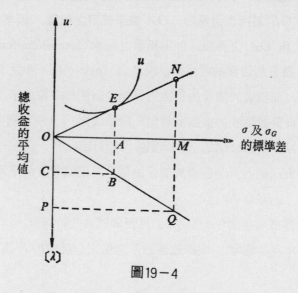

圖19-4

計算, 而總收益的標準差 (風險) 及資本利益的標準差, 則沿橫軸計算, 至於投資於債券部份的資金, 則沿縱軸由原點向下計算。

方程式 $u=(\sigma/\sigma_G)\cdot i$ 以圖的上方表示。假設資本利益 (σ_G) 等於 OM, 而 MN 代表固定且爲已知的利率。則方程式 $u=(\sigma/\sigma_G)\cdot i$ 減爲 $u=i$; 且其關係可以 ON 線表示。

圖的下方表示 $\sigma=\lambda\sigma_G$ 的關係。如果所有的資金都投資於債券, 則以 λ 表示的比例等於 1 (或 100%)。因此, $\sigma=\lambda\sigma_G$ 的關係, 可以 $\sigma=\sigma_G$ 表示, 亦可以 OQ 線說明。因爲 $\lambda=OP=MQ$, 且 OQ 的斜率等於 σ_G 的倒數, 所以亦等於 OM。

現在可把個人的收益與風險之無異曲線畫在圖上。決策者的最適位置可以 E 點表示, 在該點, 有一條無異曲線與機會曲線 (ON) 相切, 因爲圖上表示的風險與收益方向相反, 所以這條無異曲線乃是向下凸出 (convex downwards)。機會曲線 (ON) 則以直線表示, 因爲收益的平均值是保有貨幣的零收益及投資於債券的收益之已知平均值兩者之加數平均。由決策者的最適位置可以看出, 個別投資者是以其資金中之 OC 部份投資於債券, 而把其餘部份的資金 CP 以貨幣的形式保有。

以上所述乃是說明流動性偏好的另一種方法。正如杜賓指出:「這一理論並非決定於未來利率預期之缺乏彈性, 其所根據的假定是: 持有利息負擔之資產的預期資本利益或預期資本損失總是爲零。」❿換句話說, 凱因斯假定: 如果預期的債券價格下跌, 則個人將會保有貨幣; 但上述對於流動性偏好的說明, 却與凱因斯的假定無關。所以, 這種理論「就流動性偏好的說明而言, 比凱因斯理論更有邏輯基礎……。而且, 在解釋多樣化 (diversification), 亦卽在解釋同一投資者同時持有現金

❿Tobin, op. cit., p. 190.

與永續公債 (consols) 時，更具有實證的優點；因為凱因斯理論認為每一投資者只能保有一種資產。」⓫

三、杜維的流動性偏好曲線

杜維 (Ralph Turvey) 則把財富變數視為流動性偏好的決定因素，在一九六〇年為文指出：在 L 函數方面，貨幣數量變動之由公開市場操作所引起的與由財政政策所引起的並不相同⓬。杜維的基本模型如下：

首先列出私人部門的財富：

$$W=M+NH \tag{式1}$$

其中，W 代表私人部門的財富；M 代表已知的貨幣數量；N 代表已知的債券數量；H 為債券的價格 $(1/r)$；NH 為已知債券數量的價值。

對於債券的需要可以寫成：

$$Dn=cW+dH \tag{式2}$$

其中，Dn 代表對於債券的需要；這一方程式表示對於債券的需要為 W 及 H 的函數；c 代表 $(\triangle Dn/\triangle W)$，假定其值小於1；$d$ 代表在債券價格 $(\triangle Dn/\triangle H)$ 變動時，對於債券需要的邊際反應。

債券的供給假定為：

$$Sn=NH \tag{式3}$$

均衡的達成乃以供給和需要相等為條件：

$$Dn=NH=cW+dH \tag{式4}$$

解 H：

$$H=\frac{cM}{(1-c)N-d} \tag{式5}$$

⓫Tobin, p. 190.

⓬Ralph Turvey, *Interest Rates and Asset Prices*. (New York: The Macmillan Company, 1960).

上一方程式表示，如果N下降，或c上升，或M增加，H會上升。如果貨幣制度甚爲簡單，貨幣是惟一可以選擇的資產，則債券偏好理論 (bond-preference theory) 乃與流動性偏好理論相同。

杜維指出：欲適當地說明流動性偏好（或債券偏好）理論，必須利用「固定債券數量的流動性偏好曲線」(constant-number-of-bonds liquidity-preference curve) 或「公開市場操作的流動性偏好曲線」(open-market-operations liquidity-preference curve)。這兩種曲線的差異有如圖19-5所示。在圖19-5中，利率以縱軸表示，貨幣數量以橫軸表示。假設債券數量固定，且等於a，則「固定債券數量的流動性偏好曲線」以 $N=a$ 的曲線表示。這一曲線表示利率、債券數量、及貨幣數量之間的關係。因爲貨幣數量的增加，也會促成財富 $(W=M+NH)$ 的增加，而財富的增加，也表示對於債券需要 $(Dn=cW+dH)$ 的增

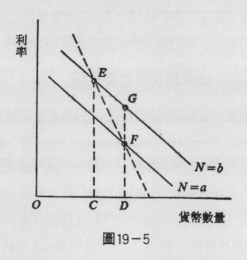

圖19-5

加，所以這一曲線也就向下傾斜。對於債券的需要愈高，表示債券的收益愈低（因爲債券的價格愈高），所以也就表示財富的額外增加。這以式 5 及式 1 表示。圖19-5中的虛線，是另一種流動性偏好曲線，亦卽

「公開市場操作的流動性偏好曲線」。此處，貨幣數量由 OC 增至 OD，是伴隨着債券數量（中央銀行在公開市場購買的債券數量）的減少；反之，貨幣數量之減少，是伴隨着債券數量（中央銀行在公開市場出售的債券數量）的增加。

就圖19-5而言，中央銀行在公開市場購買債券，所以貨幣數量增加了 CD，原來的債券數量爲 b。原來「固定債券數量的流動性偏好曲線」以 $N=b$ 表示。現在，中央銀行所購買的債券爲 $b-a$。已知的債券數量由 b 減至 a；而「固定債券數量的流動性偏好曲線」，則向下移動至 $N=a$。利率的下降爲 GF；意卽，債券價格上升。應該注意的是，在這情況下，利率的下降乃是大於黃金生產增加所引起的貨幣數量之增加。假定圖19-5中，貨幣數量的增加 CD，是由公開市場購買債券以外的方法所引起。其中，債券數量並未減少。「固定債券數量的流動性偏好曲線」仍將停留在原來的位置 $N=b$。在此情況下，該曲線若逐漸向下移動，則是表示利率的小幅下降（卽債券價格的小幅上升）。

四、金融媒介機構與貨幣需要理論

葛利與蕭認爲，貨幣需要的另一決定因素在於非貨幣性金融媒介機構 (nonmonetary financial intermediaries) 的影響。⓭這些金融媒介機構的功能，是把原始證券移轉爲間接證券，提供貸款人各種不同形式的金融性資產，以符合貸款人的特殊需要；同時協助借款人儘量避免發行不宜發行的證券。至於大衆對於非貨幣性間接資產的需要，主要係決定於：（一）實質所得的水準；（二）實際持有的金融資產；（三）初級證券的利率；（四）貨幣體系及非貨幣性媒介機構對其間接債務所付的

⓭Gurley and Shaw, *Money in ɐ Theory of Finance.*

存款利率；（五）資本財的實質租金率；（六）原始債券轉變爲實物資產
的比率。以上各項亦爲對於貨幣及原始證券的實質需要 ⑭。

　　不受非貨幣性金融媒介機構影響的貨幣市場之均衡，以圖 19-6 表
示；在圖中，實質貨幣需要（DD'）與實質貨幣供給（SM）相等之時
可以達成均衡。此時，均衡利率爲 r_0。此與凱因斯的流動性偏好理論相
同。

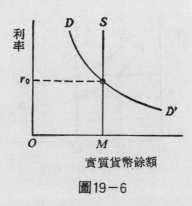

圖 19-6

　　茲進而導入非貨幣性金融媒介機構。假定這些非貨幣性金融媒介機
構可以提供更高的存款利率，結果，大衆增加對於非貨幣性間接資產的
需要，而對於貨幣的需要則會減少相同的數額。如此一來，貨幣的需要
表向左移動，而對貨幣的需要減少 $M'M$，在利率等於 $i_0(r_0)$ 時，正
好等於非貨幣性間接資產的購買。若名目的貨幣存量不變，而且價格水
準爲已知，則利率便由 $i_0(r_0)$ 降至 $i_1(r_1)$。這種調整過程以圖 19-7 表
示。

　　葛利與蕭在其他方面亦對凱因斯理論提出批評。例如，就「流動性
陷阱」（liquidity trap）而言，凱因斯認爲利率可能降至絕對流動性偏好

⑭Gurley and Shaw, p. 203.

所建立的最低水準；但葛利與蕭認爲，由於間接融通的影響，這一最低利率水準可能再度降低。再就利率與流通貨幣之流通速度而言，凱因斯認爲利率與貨幣數量的流通速度之間，有正的相關關係；但葛利與蕭認爲，在所得與債務增加之時，大衆可能放棄貨幣的持有，轉而偏好保險金、年金等其他資產。如此，因爲貨幣佔總金融資產的比例趨減，所以貨幣流通速度對於利率的影響力量也就降低。

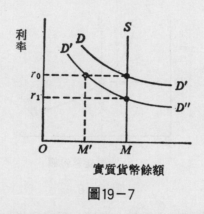

圖 19－7

應該注意的是，凱因斯的理論，幾乎集中於貨幣需要函數的利息彈性分析，卽在同一表上移動。而在另一方面，葛利與蕭特別強調整個表的移動；亦卽認爲應以「金融控制」去取代「貨幣控制」。因爲貨幣控制的影響，僅以貨幣資產爲止。可是在複雜的金融結構之下，其他資產的增加比率很大，所以如只控制貨幣，則對可貸資金的流量以及大衆的支出並不能發生影響力量。

葛利與蕭的分析，可以作爲凱因斯之後把貨幣理論推向一般資產選擇理論的代表。事實上，早在一九五一年，馬斯葛列夫 (R. A. Musgrave) 所發表的「貨幣、流動性、與資產估價」 (Money, Liquidity and

Valuation of Assets) 一文已能隱約代表此一趨勢⑮。

五、貨幣數量學說的新詮釋

正統的凱因斯學派並不重視貨幣在決定總合需要中所擔任的角色，所以認爲：「貨幣無關緊要」(money does not matter)。可是另一方面，現代的數量理論學派 (modern quantity theorists) 却堅稱：「貨幣至爲重要」(money does matter)。所以，在現代數量理論學派與凱因斯學派之間，乃有本質上的差異存在。現代的數量理論學派不再以賽伊法則 (Say's Law) 去解釋充分就業下的產量水準，也不再以制度因素去解釋貨幣的流通速度。正如傅利德曼 (Milton Friedman) 所說：「在這種情況之下，貨幣理論是首次成爲貨幣需要理論，而不是一種產量理論，或貨幣所得理論或價格水準理論。」⑯

因爲貨幣是經濟社會的一種資產，所以貨幣需要理論也就成爲資本理論的一個特殊課題。傅利德曼對於貨幣數量的新詮釋，可以表解說明如下：

---

⑮R. A. Musgrave, "Money, Liquidity, and Valuations of Assets," *in Money, Trade and Economic Growth*; in Honor of John Henry Williams, (New York: The Macmillan Company, 1951), pp. 216–242.

⑯Milton Friedman, ed, *Studies in the Quantity Theory of Money*, (Chicago: University of Chicago Press, 1956). p. 4.

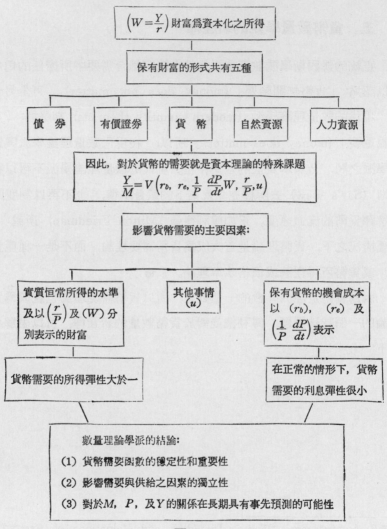

大衆希望持有之貨幣數量的影響因素

$\left(W=\dfrac{Y}{r}\right)$ 財富爲資本化之所得

保有財富的形式共有五種

| 債　券 | 有價證劵 | 貨　幣 | 自然資源 | 人力資源 |

因此，對於貨幣的需要就是資本理論的特殊課題
$$\frac{Y}{M}=V\left(r_b,\ r_e,\ \frac{1}{P}\ \frac{dP}{dt},W,\ \frac{r}{P},u\right)$$

影響貨幣需要的主要因素：

實質恒常所得的水準及以 $\left(\dfrac{r}{P}\right)$ 及 (W) 分別表示的財富

其他事情 (u)

保有貨幣的機會成本以 (r_b)，(r_e) 及 $\left(\dfrac{1}{P}\ \dfrac{dP}{dt}\right)$ 表示

貨幣需要的所得彈性大於一

在正常的情形下，貨幣需要的利息彈性很小

數量理論學派的結論：

(1) 貨幣需要函數的穩定性和重要性

(2) 影響需要與供給之因素的獨立性

(3) 對於 M，P，及 Y 的關係在長期具有事先預測的可能性

圖19-8

由圖21-8可以看出，傅利德曼對於貨幣需要的分析是從財富的廣泛解釋開始。「基於最廣泛及最普遍的觀點，總財富包括各種所得資源或消費性勞務。其來源之一就是人的生產能力，因此，這是保有財富的一種形式。由此看來，利率可以表示財富存量與所得流量之間的關係，所以，如果 Y 為總所得流量，r 為利率，則總財富為 $W=Y/r$。」⓱

傅利德曼所分析的「所得」，與國民所得會計中的「所得」，兩者之概念並不相同。傅利德曼的「所得」，實際上是指財富的收益或恆常所得 (permanent income)。因為恆常所得是以過去的平均所得表示，故其波動趨勢遠比「觀察所得」(observed income) 為小。基於這點，現代的數量理論認為貨幣的需要相當穩定。

至於保有財富的形式，共有五種：（一）貨幣；（二）債券；（三）有價證券；（四）自然資源；（五）人力資源。如就最終擁有財富單位的貨幣需要而言，其貨幣需要實與消費需要的選擇理論相同。因此，決定貨幣需要的主要因素有三：（一）以各種形式保有的總財富；（二）各種形式的財富之價格及收益；（三)擁有財富單位的嗜好與偏好。⓲

因此，對於貨幣的需要（亦即流通貨幣的所得流通速度），可以視為債券收益(r_b)、有價證券收益(r_e)、物價水準的變動率（$\frac{1}{p}\frac{dP}{dt}$）、自然資源對人力資源的比率（亦即來自自然資源之所得對來自人力資源之所得的比率）等之函數。也可以說，對於貨幣的需要，乃與下列各項因素息息相關：財富對所得的比率(w)、實質每人所得的水準 (Y/P)、最終擁有財富單位的嗜好與偏好、以及其他相關因素(u)等等。茲以符號表示貨幣需要函數如下：

⓱Ibid.

⓲Ibid.

$$\frac{Y}{M} = V\left(r_b, \ r_e, \frac{1}{p} \ \frac{dP}{dt}, w, \frac{Y}{p}, \ u \right)$$

式中之 Y 爲貨幣所得，M 爲貨幣存量，V 爲流通速度。至於影響實值貨幣存量的主要因素爲：（一）實質所得水準（Y/P）及財富以財產形式保有之部份（w）；（二）保有貨幣之替代成本，以債券收益（r_b）、有價證券收益（r_e）及物價水準的變動率（$1/p \ dP/dt$）。

傅利德曼認爲，實質所得水準及財富可以影響希望的實值現金餘額。並且，能夠影響現金餘額的所得，就是可以預期的長期所得水準，而非作爲經常收入的所得[19]。在對這些因素進行實證研究時，假定對於貨幣需要的所得彈性大於一，這同時表示，貨幣需要函數就長期看來相當穩定。也就是說，長期貨幣需要函數的利息彈性很小。後來，傅利德曼在對貨幣供給下定義時，特別強調這一利率缺乏彈性的假設。傅利德曼把貨幣定義爲通貨加上公衆在商業銀行所保有的定期存款[20]。因爲已把定期存款包括在貨幣存量之內，利率對於貨幣需要的影響也就大爲降低。

由上所述可以發現，凱因斯學派以前的貨幣數量理論與現代的貨幣數量理論之間，實有共通之處。早期數量理論的特點爲：（一）貨幣需要的所得彈性爲一，亦卽，所得流通速度固定[21]；（二）貨幣需要的利

---

[19] Milton Friedman, "The Demand for Money: Some Theoretical and Empirical Results,"*Journal of Political Economy*, Vol. LXVII (August, 1959) p. 334.

[20] Milton Friedman, *Studies in the Quantity Theory of Money*, p. 16.

[21] 關於這點，可以數量方程式：$M=kPY$ 加以證明。但應注意，傅利德曼是以 Y 代表貨幣所得（PY）；但在以前的論述中，Y 是代表生產。根據定義，$k=M/PY$。假定 k 爲固定，則 $k=\triangle M/\triangle PY$，結果，所得彈性的定義爲：

$$e=\frac{\triangle M/M}{\triangle PY/PY}=\frac{\triangle M}{\triangle PY} \cdot \frac{PY}{M}$$

$$\therefore e = k \cdot \frac{1}{k} = 1$$

息彈性爲零。現代的貨幣數量理論，仍然保留上述的特點，但却加上若干限制：第一、現代的數量理論已不僅是貨幣價值理論，而是以貨幣需要理論作爲中心；關於這點，謝爾頓 (Richard T. Selden) 曾有更進一步的闡釋❷。第二、雖然現代的數量理論也接受貨幣需**要高度**穩定的假定，但却否認流通速度固定，亦卽否認所得彈性爲一。如前所述，現代的數量理論認爲貨幣需要的所得彈性大於一，亦卽認爲，長期而言 V 是向下移動。而且在利率與預期的物價劇烈變動時，V 的向下移動也是十分離譜。

新凱因斯學派 (Neo-Keynesian) 認爲，在利率很低時，貨幣的需要彈性極大，但現代的數量理論却不同意此點。這也就是有名的「流動性陷阱」 (liquidity trap)，乃是否認在蕭條期間，貨幣供給擴張會對利率水準造成影響。反之，現代數量理論認爲，卽使在一九二九年至一九三三年的大蕭條期間，貨幣方面的變動也應被視爲是引起結果的原因。關於這點，傅利德曼與許華玆 (Anna Jacobson Schwartz) 合著的「一八六七年至一九六〇年之美國貨幣史「(*A Monetary History of the United States, 1867-1960*) 一書中，發揮得相當透徹。

第五節　貨幣的供給理論

凱因斯之後對於貨幣理論的研究，是把焦點集中於貨幣需要理論；爲了配合這一趨勢，當代的貨幣理論學者乃把貨幣數量視爲一般資產選擇理論 (general theory of asset choice) 中的內生變數 (endogenous variable)。但在凱因斯的理論以及帕廷金的分析中，貨幣供給是被視爲

---

❷Richard T. Selden, "Monetary Velocity in the United States", *in Studies in the Quantity Theory of Money*, M. Friedman, ed., p. 233.

已知的事實，不受非銀行金融媒介機構的影響，亦不受中央銀行的準備及商業銀行的營利行爲所影響。所以，新的探討方向是把資產選擇導入貨幣的供給面，從而完成價值理論與貨幣理論的融合。貨幣供給函數可以表示貨幣數量與其他許多獨立變數之間的關係，也是從貨幣理論的這種創新衍生而來。這種轉變，實在具有政策方面的重要含義。如前所述的葛利與蕭之論點，就是追隨着這一新的主張。以下分兩部份介紹這方面的研究成果。

一、所得變動對於貨幣供給的影響

一九五五年樸拉克 (J. J. Polak) 與懷特 (William H. White) 首先以開放經濟體系，討論通貨膨脹與貨幣供給之間的關係㉓。根據兩氏的觀察，貨幣數量的減少，往往是膨脹性壓力的徵狀；另一方面，貨幣數量的增加，則爲相反趨勢的徵狀。所以，爲使貨幣理論更具實踐的意義，必須探討所得變動與貨幣數量變動之間的關係。

樸拉克與懷特的分析，可以簡單介紹如下：

假設國內支出由於政府或私人投資者的行爲，而使國內支出的自發性增加擾亂了均衡所得的原始水準。於是，透過乘數的作用，所得開始擴張。在開放的經濟體系下，如果所得擴張，貨幣供給就會受到正反兩面的壓力。一方面有一種趨勢要增加貨幣供給，其原因：（一）所得的增加引起交易餘額需要的增加；（二）對於銀行信用的需要也會增加；（三）商業銀行體系中之引伸存款必然發生倍數擴張而使貨幣供給增加。另一方面貨幣供給又會趨於減少。因爲較高的所得，就會引起較多的進

㉓J. J. Polak and William H. White, "The Effect of Income Expansion on the Quantity of Money", *Staff Papers*, International Monetary Fund. Vol. IV. No. 3. (August. 1955).

口，並且由於國內部門吸收了更多的資源，所以出口也會減少。以前的
國際收支若是處於均衡狀態，則在所得擴張以後，便會開始出現逆差。
於是，大衆從銀行購入的外滙多於大衆售予銀行的外滙，如此大衆所持
貨幣的減少，正好等於大衆所持外滙的增加。因此銀行體系的準備開始
減少，如果中央銀行不採取任何行動加以抵銷，銀行體系就會希望減少
在市面上的貨幣。

　　上述兩種壓力的交互作用，將會導致利率的上升（假定中央銀行堅
持採取中性的貨幣政策）。然則，對於貨幣供給的影響又如何？貨幣供給
可能增加，也可能減少，要視其影響因素而定。玆以圖19-9加以說明：

　　在圖19-9中，利率 (r) 以縱軸表示，貨幣數量 (M) 以橫軸表示。

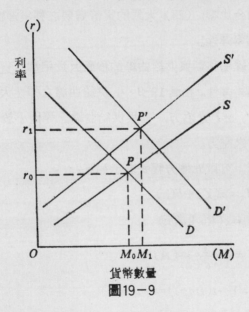

圖19-9

貨幣的需要與貨幣的供給均以同一圖形表示。假定其他因素不變，貨幣
供給與貨幣需要均被視爲利率的函數。貨幣的需要乃隨利率而作反方向
的變動；這是假定在既定的利率之下，大衆需要更多的貨幣，但是如果

貨幣變得更貴，大眾對於貨幣的持有也就趨於減少。至於貨幣的供給則被視為利率的遞減函數。圖19-9之 P 點表示初期的均衡位置，其初期的貨幣供給為 M_0，均衡利率為 r_0。所得增加以後，需要表 D 向右上方移至 D'，而供給表 S 則向左上方移至 S'。需要表的移動距離，主要是決定於貨幣所得流動速度之大小；供給表的移動距離，則決定於國際準備的損失數量，以及商業銀行的準備金比率（準備金對存款加流通通貨之和的比率）。在新的均衡位置 P' 之下，利率乃比以前為高（由 r_0 移至 r_1）。但是，貨幣供給的變動並非十分確定。假定其他條件不變，則貨幣數量的變動與所得的變動，究係同一方向，或係相反方向，乃決定於下列五種因素：（一）貨幣的所得流通速度；（二）邊際進口傾向；（三）銀行體系的準備金比率；（四）大眾的貨幣需要之利率彈性；（五）銀行的貨幣供給之利率彈性。

如果需要曲線的移動與供給曲線的移動大致相當，貨幣供給則決定於兩種曲線的相對彈性。在圖19-9中，供給曲線之彈性大於需要曲線之彈性，所以，P' 在 P 之右方，如果供給曲線之彈性小於需要曲線之彈性，則 P' 在 P 之左方。

以上的分析，可以五個方程式表示如下：

$$M_d = a(Y) + b(r) \tag{式6}$$

$$M_s = c(R) + d(r) \tag{式7}$$

$$Y = \frac{1}{1-c+m}(A) \tag{式8}$$

$$R = [-t(Imp)] = -t(mY) \tag{式9}$$

$$M_d = Ms \tag{式10}$$

式（6）為貨幣的需要函數，表示貨幣的需要（M_d）為國民所得（Y）及利率（r）的函數。方程式中之 a 與 b 均係參數。式（7）為貨

幣的供給方程式。此處的貨幣供給不再視爲已知的外生變數，而是視爲
內生變數，與商業銀行的準備(R)及利率 (r) 有關。c 與 d 也是參數。
式 (8) 爲關於經濟體系下簡化之凱因斯模型，可由下列方程式導出：

$$Y=C+I+X-Imp \qquad\qquad (式11)$$

$$C=cY \qquad\qquad (式12)$$

$$I=I_0 \qquad\qquad (式13)$$

$$X=X_0 \qquad\qquad (式14)$$

$$Imp=mY \qquad\qquad (式15)$$

　　方程式 (11) 就是均衡所得的定義。方程式 (12) 及 (15) 分別代
表消費函數及進口函數。消費 (C) 透過邊際消費傾向 (c) 而與 Y 發生
關聯；進口 (Imp) 透過邊際進口傾向 (m) 而與 Y 發生關聯。國內私
人投資 (I) 及出口 (X) 均被視爲已知常數。把式 (12)、式 (13)、
式 (14) 及式 (15) 代入式 (11) 即可導出：

$$Y=(cY)+(I_0)+(X_0)-(mY)$$

$$Y-cY+mY=I_0+X_0=A \text{（A爲自主性支出）}$$

$$Y(1-c+m)=A$$

$$Y=\frac{1}{1-c+m}(A)$$

　　式 (9) 係行爲方程式，可以表示銀行準備金 (R) 與進口之關係。
由該式可以看出，自主性的支出 (A) 會引起國民所得的變動〔$Y=(1/$
$[1-c+m])(A)$〕，進而引起商業銀行準備 (R) 的變動，等於每年進
口的增加乘以期間 (t)，在這期間，國民所得仍在變動之中。負號表示
進口與準備金的相反關係。

　　式 (10) 就是貨幣市場均衡的定義。

Y 的變動會引起 r 作同方向變動的第一結論，可以簡略表示如下。把式

（9）代入式（7）可得

$$Ms = c(-tmY) + d(r)$$

如把這種表達 Ms 的方式代入式（10），並以式（6）表示式（10）中的 Md，可得

$$a(Y) - b(r) = -tcm(Y) + d(r)$$

解 r：

$$a(Y) + tcm(Y) = d(r) + b(r)$$

$$Y(a + tcm) = r(d + b)$$

$$r = \left(\frac{a + tcm}{a + b}\right) Y$$

現在已以 Y 表示 r，在上列各式中，一切係數均為正值，並且 Y 的變動會引起 r 作同方向的變動。

以 Y 表示 Ms，就可說明有關所得變動（Y）影響貨幣數量（Ms）的第二項結論：

$$Ms = -tcm(Y) + d(r)$$

把 $[r = ([a + tcm]/[d + b]) Y]$ 代入上述的方程式，即得

$$Ms = -tcm(Y) + d\left(\frac{a + tcm}{d + b}\right) Y$$

$$Ms = -tcm(Y) + \frac{daY + btcmY}{d + b}$$

$$Ms = \left(\frac{da - btcm}{d + b}\right) Y$$

以上已以 Y 代表 Ms，但 Y 的變動是否引起 Ms 作同方向的變動？因為上列各式數值的正負不能確定，所以變動方向亦不能確定。就 $t = 0$ 而言，數值為正；若 t 甚大，數值必成為負。換句話說，如果期間甚短，Ms 可從原始位置依 Y 之同一方向導出；如果期間較長，可依相反

方向由 Y 導出 Ms。

由以上的分析可以清楚地看出，貨幣供給函數是凱因斯之後貨幣理論的基本內容之一。在樸拉克與懷特之模型中，貨幣供給函數爲：

$$Ms = -tcm(Y) + d\ (r)$$

這一函數是由大衆與商業銀行的一套行爲假定導出。而且，各種不同的函數也是可由各種不同部門的行爲假定導出。這種貨幣供給函數，有助於預測大衆貨幣需要變動及中央銀行政策變動對於貨幣供給的影響。

二、貨幣需要變動與貨幣政策變動對於貨幣供給的影響

葛利與蕭曾對貨幣需要變動對於貨幣供給的影響作過討論。正如前文所述，其討論的重點，就是把非貨幣性金融媒介機構的影響，認爲是決定貨幣需要的重要因素。至於貨幣需要與貨幣供給之間的關係有如下述：

「非貨幣性的金融資產，在交易、預防、投機及分散餘額中作爲貨幣替代物 (substitutes for money) 的數量越恰當，則爲配合各個國民所得水準所需的貨幣供給也越少。除非銀行所創造的貨幣，及其他媒介機構所創造的金融資產之間的替代程度已經確定，否則任何所得水準所需的貨幣供給也無從決定。貨幣體系的大小，有一部分係決定於儲蓄銀行、人壽保險公司、年金基金會、及其他媒介機構之間的競爭程度。」[24]

葛利與蕭進一步指出，金融方面的競爭可以阻止貨幣體系的成長，乃至於貨幣供給的成長。首先，在旣定的國民所得水準之下，放款的不斷增加必然引起超額的貨幣供給。於是貨幣當局開始設法消除此種超額現象，結果銀行的準備、生利資產、貨幣發行、以及利潤開始收縮。由

---

[24] J. G. Gurley and E. S. Shaw, "Financial Intermediaries and the Saving-Investment Process," *Journal of Finance*. Vol. II, (March, 1956).

此可以看出，在任何所得水準之下，非貨幣性金融媒介機構的競爭，可以取代貨幣餘額，而把初級證券從銀行移轉至與銀行競爭的機構，從而減少貨幣體系所需的準備。

其次，卽使中央銀行並不採取行動以消除上述的超額貨幣供給，但貨幣供給的成長仍會趨於衰退。因爲超額的貨幣可能會被用以償還銀行的貸款，或向銀行購買其他證券，結果反而形成銀行的超額準備。但是，銀行可否利用這些超額準備以從事放款及投資？事實上銀行可以如此，其方法是把所購的初級證券之收益與所創造的存款及通貨之成本間的保證金予以降低。

最後，銀行可以接受超額準備，而不須對初級證券付出太高代價，或對本身發行的債券付出太多收益。

至於中央銀行的行動如何影響貨幣供給這個問題，可以泰堅 (Ronald L. Teigen) 的著作爲代表❹。爲了解釋貨幣供給是由中央銀行的政策操作及商業銀行的決策共同決定這一事實，泰堅曾就貨幣體系提出下述的行爲假定：

「商業銀行是以追求極大利潤的方法，以應付收益及成本的變動。不管是收益或成本，均以短期利率表示；收益主要是指放款收益，成本主要是以爲了獲得準備以應付新放款所需付出的成本表示。如果放款的收益增加，銀行便會提供更多的存款，並且增加貨幣數量。但是，由於聯邦準備制度沒有準備率的規定，所以會員銀行對於存款的提供遂受限制；一旦超額準備趨於減少，會員銀行便會增加借款。」❹

泰堅以上述的行爲假定爲基礎，建立下列的貨幣供給函數。

---

❹Ronald L. Teigen, "The Demand and Supply of Money" in *Readings in Money, National Income and Stabilization Policy*, pp. 44–76.
❹Ibid.

$$\frac{M}{M^*}=f[(r-r_d)]$$

其中，M 為貨幣存量；M^* 表示以自有準備 (unborrowed reserves) 支持的貨幣數額；r 代表短期利率；r_d 為放款成本。

　　泰堅並未把貨幣存量 (M) 視為通常的依變數，而是使用 (M/M^*) 的比率，以表示會員銀行及聯邦準備制度均能促成準備的變動。M^* 之導出步驟如下：

　　首先，全體會員銀行的準備為：

$$R=R^u+B=R^r+R^e \tag{式16}$$

其中，R 為全體會員銀行的準備；R^u 為會員銀行所持的自有準備；B 為會員銀行向聯邦準備銀行的借款；R^r 為會員銀行的法定準備；R^e 為會員銀行的超額準備。

　　為簡化起見，並未考慮定期存款的法定準備在內。為了解非銀行之大眾所持有的貨幣對於銀行準備的影響，泰堅引進了另一個變數 (R^*)，用以表示聯邦準備制度對會員銀行供給之準備金及非銀行大眾所持有的通貨存量 (P) 兩者之總和：

$$R^*=R^u+P \tag{式17}$$

　　貨幣存量包括：流通通貨 (P)、會員銀行的活期存款 (D')、及非會員銀行的活期存款 (D'')：

$$M=P+D'+D'' \tag{式18}$$

　　進一步假定，流通通貨 (P) 及非會員銀行存款兩者均與貨幣存量成比例：

$$P=pM \qquad 0<p<1 \tag{式19}$$

$$D''=hM \qquad 0<h<1 \tag{式20}$$

其次，把式(19)及式(20)代入式(18)，即得：

$$M = pM + hM + D' \quad \text{或} \qquad \text{（式21）}$$

$$M = \frac{1}{1-p-h}D' \qquad \text{（式22）}$$

若平均的法定準備以 g 表示，則 $R^r = gD'$

$$D' = \frac{1}{g}R^r \qquad \text{（式23）}$$

把式(23)代入式(22)，卽得：

$$M = \frac{1}{g(1-p-h)}R^r \qquad \text{（式24）}$$

由式(16)，會員銀行的法定準備可以定義爲：

$R^r = R^u + (B-R^e)$ 把這一方程式代入式(24)，卽得：

$$M = \frac{1}{g(1-p-h)}[R^u + (B-R^e)]$$

若會員銀行的超額準備爲零，則由上一方程式可知，在旣定的制度結構之下，任一時點的最大可能貨幣存量，是以兩種準備爲基礎。第一、以自有準備或以聯邦準備制度自行提供出來的準備爲基礎。這一部份的貨幣存量以 M^* 表示；

$$M^* = \frac{1}{g(1-p-h)}R^u \qquad \text{（式25）}$$

第二部份的最大可能貨幣存量，是以借入準備 (borrowed reserves) 爲基礎。當然，M^* 是一個貨幣政策變數。中央銀行可以透過公開市場的操作或法定準備率的變動而影響 M^*。

玆轉而說明泰堅的貨幣供給函數，$M/M^* = f[(r-r_d)]$，中央銀行行動對於貨幣供給的影響以 M^* 表示。在 M^* 之下，由於商業銀行的作用，貨幣供給將告增加；在 r 之下，放款的收益大於自中央銀行借入準備所需支付的成本 (r_d)。

中央銀行行動對於貨幣供給的影響曾由托利 (George S. Tolley) 就

另一觀點進行分析 ❷。為了分析有關貨幣供給的政策，托利建立一個簡單的結構模型。首先，按照劍橋交易方程式的基本恒等式：

$$M = kPY \qquad (式26)$$

其次，寫出會員銀行準備基數的定義

$$R = gM \qquad (式27)$$

其中，R 為準備金基數，係由流通通貨及會員銀行的準備構成；g 為會員銀行的平均準備比率，係準備金基數對貨幣供給的比率（R/M）；M 為貨幣供給。如此，$M = 1/g(R)$

把式(27)代入式(26)，即

$$R = g(kPY) \qquad (式28)$$

由上可知，中央銀行可以變動法定準備率，以影響平均準備比率（g）；中央銀行也可以透過公開市場的操作，以影響準備基數（R）。托利最重要的論點是認為，有關貨幣數量成長的決策，可能影響租稅水準、政府支出、及國債管理；但反過來也會受到這些因素的影響。托利在其大著中，曾對中央銀行行動、貨幣供給、及國債管理之間的關係進行深刻的分析，限於篇幅關係，不擬詳為介紹。

第六節　凱因斯之後的貨幣理論—結語

以上對於凱因斯之後貨幣理論的介紹，只能勾出幾個大端作簡要的說明，但是已可概見在此一學術領域裏的確呈現著一片蓬勃活躍的進展。而且放眼四顧名家琳瑯滿目的見解與主張，今天可以領會，在許多迄無定論的角落裏，還將會有更重要、更新奇的發展出現。除了以上提

❷George S. Tolley, "Providing for Growth of the Money Supply" *Journal of Political Economy*, Vol. LXV. (Dec. 1957).

到的五個主題之外，還有一些重要的發展，因其深奧與繁雜，本書略而不及。其中，值得注意的是在貨幣與經濟成長模型這項範疇的研究。另外，貨幣理論與貨幣政策本屬一體，在凱因斯之後的經濟學界裏，對貨幣政策裏的種種概念也有深入的檢討，由於超出本書主題之外，在此不作介紹。

　　蔣森在其一九六二年的大作裏，曾預測貨幣理論發展的趨勢，認為貨幣理論將會朝着資本理論的方向發展。 在一九七〇年， 其另一論著「英國的貨幣」裏，極其推崇一位年輕學者賴揚福武特 (A. Leijonhufvud) 的主張，認為正是把握這項趨勢[28]。賴揚福武特運用資本理論的概念與動態過程的分析，對凱因斯重作解釋。依其見解，以前的凱因斯學派利用 $IS-LM$ 模型來解釋凱因斯的思想， 由於模型本身的缺陷，以及深受其弊的一些誤解，不但未能把握凱因斯的真義，而且成為瞭解凱因斯的主要障碍，因此乃用另外一套分析公式，根據凱因斯的一般理論與貨幣論， 提出一套凱因斯對失業現象的貨幣性解釋。 其主要命題是: 在一個貨幣經濟中，由於對財貨與勞務的需要必須透過貨幣才能彰顯出來，因而受到所得的約制，使勞動的超額供給（即非自願性失業）不即顯示為對財貨與勞務的超額需要，因而不能發生作用俾致充分就業均衡。另外指出，凱因斯特別重視低利率水準，但却完全為凱因斯學派所漠視。利率高低直接影響資產價值而左右支出水準。但是，流動性偏好却阻止利率隨著投資機會減少而充分下降，因而造成有效需要不足而非自願性失業現象。賴揚福武特的這種見解深為蔣森所推許，品題之為「凱因斯的復辟」， 以為是對當前凱因斯學派主流之當頭棒喝。 在一般理論問世三十餘年，許多學者孜孜矻矻地鑽研探討之際， 在經濟思想的

---

[28]H.G. Johnson, "Recent Development in Monetary Theory", in *Money in Britain*, (London, 1970).

各個領域裏投下如許深遠的影響之後，忽然宣稱這一切努力都已走錯方向，的確是個令人震驚的晴天霹靂❷。

討論問題

1　試述帕廷金 (Don Patinkin) 之貨幣理論要點。

2　試述鮑模 (W. J. Baumal) 的流動性偏好理論。

3　葛利與蕭 (Gurley and Shaw) 對凱因斯的貨幣理論有何看法？試述之。

4　請以表解說明 Milton Friedman（傅利德曼）對於貨幣數量學說的新詮釋。

5　凱因斯學派以前的貨幣數量理論與現代的貨幣數量理論，兩者之間有何共通之處？

---

❷A. Leijonhufvud. *On Keynesian Economics and the Economics of Keynes*, (Oxford University Press. 1968).

第二十章

貨幣學派與凱因斯學派的論爭

第一節　傅利德曼貨幣理論的探討

一、唯貨幣理論及其貨幣歷史的研究

傅利德曼 (Milton Friedman) 對於貨幣問題的研究可遠溯到一九三五年，但他在這一方面的成就，主要見於一九五〇年後的二十五年期間，在芝加哥大學的貨幣與銀行的討論會與 NBER 的研究報告。他在貨幣理論上的貢獻大略可分為四部份：數量學說的新詮釋、貨幣傳遞機能的觀點、貨幣理論架構的檢討，以及嘗試將福利觀念引進貨幣供給函數。

傅利德曼對貨幣數量學說的新詮釋被稱為對實質貨幣餘額的需求理論。貨幣當局所控制的是名目的貨幣存量，而貨幣持有者所關心的是實質貨幣額。因之，傅利德曼設立一個名目貨幣需求方程式；而此方程式，為貨幣所得與價格的一階齊次式，同時亦包含期望的貨幣報酬值，及其代替資產，如公債、人力資本、非人力資本的預期報酬值。由於他將實

質資產置於有價證券財產的選擇中而使早期費雪(Irving Fisher)的金融行爲理論中的價格預期功能再受到重視，同時在貨幣需求函數中，通貨膨脹預期的行爲，在目前貨幣理論的分析上，亦重顯其重要性。在實證分析中，傅利德曼認爲貨幣需求函數是很穩定而且是少數變數的函數。他認爲貨幣與其他金融資產的代替性很低，因而駁斥凱因斯的流動性陷阱的假設。

從貨幣傳遞功能的觀點上，傅利德曼認爲假如中央銀行利用市場公開操作的方式來改變貨幣存量，會產生資產結構上實際的與長期均衡中預期的離差。家庭與廠商將跟着調整，而將貨幣轉換爲其他資產，迫使金融市場以及非金融市場中資產的價格上揚。這些價格的上升將促使一般的物價水準上升，同時減少對實質貨幣的需求，而趨向於均衡水準。短期間調整的迅速與否，取決於實際價格變動與預期變動率的離差，而這離差的大小依眞實差量與長期趨勢值的差額而決定。他的自然率假說亦引起學者廣泛地討論與實證研究。他認爲，預期的或自然的產出成長率與某既定失業率的水準息息相關，因之，就業與通貨膨脹間的取捨在短期內雖可能，但在長期間是不存在的，同時短期內兩者間的取捨是由預期通貨膨脹而引起，但非起於實際的通貨膨脹。在討論最適貨幣存量時，傅利德曼討論了許多改變實質餘額所涉及的成本與收益問題。傅利德曼的貨幣理論可歸根於古典理論學說的思想，亦卽長期均衡主要是受眞實力量所左右而非財政或貨幣政策，特別是貨幣政策。貨幣當局不能以控制名目貨幣的數量來控制像實質利率、失業率、實質國民所得、實質貨幣數量等實質變數。

在貨幣問題的實證研究上，傅利德曼的貢獻可包括五項：貨幣的定義、貨幣存量的決定、貨幣存量的變動如何改變一般企業的經濟情況、貨幣存量與所得在時間上的關係、以及前述的政策含意。傅利德曼認爲，

選擇任一種形成的貨幣定義須依研究者的目的與方便而定，而非原則性的問題。在貨幣存量決定因素的研究中，他的研究結果一直強謂貨幣存量與當期所得水準無關。他利用年與季資料去驗證用貨幣存量的變數來解釋消費水準遠優於用自發性支出變數（企業淨投資、政府財政赤字及經常帳剩餘等之加總）。傅利德曼對於貨幣與財政政策的研究，曾提出一簡單的問題：中央銀行的決策者較易影響所得水準，還是凱因斯派的財政決策者所增加的公共支出呢？他的結論不但提出所得水準與貨幣有關，同時認爲貨幣政策的效果大於財政政策的效果。在這一方面，他的論文曾使人在建立大型計量模型時包括詳細的貨幣方程式。

二、消費函數的研究

傅利德曼對消費函數的研究導源於布來德（Brady）等人的實際研究結果，同時他所採用的「恒常所得」的觀念亦源自雷德（Reid）所假設的消費爲恒常所得的函數，而最後歸功於傅利德曼對恒常所得理論強有力的詮釋，並使該理論確定其價值。傅利德曼消費函數的研究主要基於四點假設：恒常消費與恒常所得呈某一比率，此比率受利率、非人力財富與所得的比率、時間偏好等因素的影響。在所得與消費中，恒常與暫時部份並不相關，暫時的所得與暫時的消費亦不相關，呈穩定關係的變數只有恒常所得與恒常消費。關於傅利德曼的消費函數理論，由於假設簡單與實證上的容易驗證，該理論應用的相當廣泛。在美國計量模型中，消費函數的設立大都受傅利德曼的影響。在傅利德曼的消費函數研究尚未發表以前，許多人認爲富人的邊際儲蓄傾向較窮人高，因之所得的重分配將使一國的消費支出增加而刺激企業的生產活動。傅利德曼的學說顯示出，假若人們習慣於高的恒常所得，則實際上的儲蓄比率將不會因當期所得的變動而有所改變。在此情形下，凱因斯的財政政策的支出效

果將大為減低。

第二節　貨幣學派與凱因斯學派之比較

欲將貨幣學派與凱因斯學派之差異明示出來, 有時並不很簡單, 因為它們似乎用不同的語言去表達其不同的意見。所以為了比較其想法, 必須將其中一種語言翻譯成另一種語言, 這其中難免有些看法被遺漏。

在所得支出分析法中, 國民所得帳的每一支出項目可用其他變數來加以解釋, 例如消費性支出可能受可支配所得、財富、及其他因素影響; 投資隨設備利用率及利率而改變, 但也受外在因素如食物價格、租稅及其他因素影響。在此制度中, 價格、產出、及失業率受貨幣政策及財政政策的影響極大, 但同時亦受其他因素影響, 且此制度結構的改變是無法事先預知的, 失業率與工資變化的關係可能受工會力量、進口競爭、管制的改變及預期未來政府政策的影響; 投資支出可能受新產業成長率的預期心理、戰爭的威脅及對政府政策是否有信心所影響。

所得支出分析法乃由多方面組成, 用此法的經濟學家對此制度內變數的相對重要性有着不同的意見。例如, 某些人認為財富的改變對消費性支出有很大的影響, 其他人則懷疑財富的影響效果。統計研究的結果並未能有一精確的結果去解決此爭論, 此結果乃因對提議中的政策的影響力判斷有顯著差異, 所以連繫着凱因斯學派的並不是其結論, 而是他們對經濟分析的基本方式。

同樣地, 貨幣學派學者彼此也有爭論, 但他們都相信貨幣成長率變化對解釋價格與產出變化的重要性。他們強調貨幣與支出、價格及產出的直接關係, 所以忽略了在凱因斯模型中複雜的連鎖關係, 即考慮資產市場中實際與預期的價格與產出的變化, 而特別強調貨幣市場。在決定

支出流程中，對資產供給極為重視，所以強調財富的供給與消費性支出
的流程。而且，貨幣學派學者比凱因斯學派更重視預期的重要性，特別
是有關貨幣供給成長率的預期；他們認為價格與工資亦較凱因斯學派的
假定更有彈性，所以他們認為私經濟是相當穩定的。

　　最後，貨幣學派的時間水平，較凱因斯學派長，例如他們通常關心
某一持續期間的貨幣供給的遞增成長的結果，反之凱因斯學派較關心短
期的改變，此會導致某些誤解，因為政策改變的短期影響可能與其長期
影響截然不同。

　　在基本的理論上，凱因斯學派與貨幣學派通常對影響價格、支出及
產出因素本質的看法一致，此二理論的結論亦很類似。不幸地，此相同
點只與梭羅 (Robert Solow) 對經濟系學生的進展的評語一樣：在基本
課程上，學生學得每件事都受其他事的影響；但當他成為一研究生時，
他知道每件事受其他事的兩面影響。

　　為了實務的目的,必要將事情簡化到某程度,忽略只有小影響的交互
作用,此結果常導致凱因斯學派忽略貨幣學派認為重要的;貨幣學派忽略
凱因斯學派認為重要的。在不同的簡化中,通常他們似乎用不同的語言。

　　然而，在許多方面，貨幣學派對貨幣與支出的關係、價格與產出關
係的描述與凱因斯學派相去不遠。傅利德曼對貨幣需求的分析，在基本
上與凱因斯學派的分析並無差異。就某一點而言，可以認為，凱因斯學
派與貨幣學派是用著相同的模型，只是其在數字方面如貨幣需求的利率
彈性的大小有所不同罷了。但到了一九六○年代中期，對 *IS* 與 *LM*
曲線相對斜率的爭論變成焦點，這就是以下要討論的內容。

一、IS-LM 模型中的利率彈性

　　在早期的凱因斯學派與貨幣學派的爭論中，凱因斯學派將貨幣模型

視爲凱因斯模型的特例，他們認爲，如果貨幣需要不隨利率改變，或投資需要對利率爲高彈性時，貨幣理論的名目所得便爲正確，所以他們從事實證爭論去證明二者無一是眞的。

1. 貨幣的需要

許多早期的凱因斯學派學者相信，貨幣需要的利息彈性是無限的，其結果會導致流通速度受利率的微小改變而調整其國民生產毛額。

然而，根据長期的統計研究，貨幣需要的利率彈性並不如凱因斯學派所想的那麼高，另一方面，它又不如固定流通數量理論只强調貨幣因素的那麼低。適度的貨幣需要利率彈性使得 *IS* 曲線的財政政策及 *LM* 曲線上的貨幣政策得以發揮。傅利德曼的恒常所得說對此提出不同的解釋，他認爲依所得趨勢的貨幣需要模型能解釋大多數的流通速度的週期變化，後來的研究顯示，甚至在考慮了恒常所得效果後，貨幣需求彈性對利率仍是相當敏感的。然而，傅利德曼的意見被採納，多數的現行公式採用過去與現在所得的平均去了解貨幣的要求。

貨幣學派與凱因斯學派都同意貨幣需要受利率的影響，另一方面，他們亦同意，短期貨幣需要的利率彈性很低，所以貨幣成長率的改變對總合需求有很大的影響。

2. 支出的利率彈性

對支出的利率彈性其看法亦相似，早期的凱因斯學派透過貨幣對利率及利率對投資的影響去說明貨幣與支出，此貨幣與支出的關係在凱因斯理論中很重要，他的跟隨者則主張投資需要對利率是無彈性的。

另外，根据一連串的統計數字與經驗，利率的變動對企業投資有顯著的影響，但欲精確測量預**期實**質利率非常困難。

利率變動對住宅建造的影響亦已算出，在此例中，名目利率與實質利率的影響一樣重要。

除了利率對消費性支出的影響外，利率對財富亦有影響，事實上，一個著名的凱因斯數量模型提到半數的貨幣改變是由於財富的影響。

至於在貨幣需求的例子，凱因斯學派改變了以往其認為「貨幣並不重要」的立場，同時，利率彈性亦未高至支持只有「貨幣才最重要」的立場，雖在數字方面此二學派仍有不盡相同之處，但支出的利率彈性已不再是凱因斯學派與貨幣學派的主要差別了。

二、最近的模型

在一九六○年代，凱因斯學派與貨幣學派的爭論已不在於對 *IS* 與 *LM* 曲線斜率的爭論。傅利德曼主張斜率只是對短期的分析重要，因為如果貨幣存量增加，利率便會升回原來的水準，在此利率行為的爭論中，兩派意見甚少相同，貨幣學派與凱因斯學派各指出一些實證研究支持他們的論點，貨幣存量對利率的迴歸分析通常支持了貨幣學派的論點，而數量模型分析却支持凱因斯學派的論點，而其中對簡單迴歸分析與數量模型亦有廣泛的辯論，此辯論主要針對數量模型探討。

在布倫那 (Karl Brunner) 和麥芝勒 (Lloyd A. Meltzer) 模型的辯論中，主要為討論貨幣、證券及商品相對價格的改變。對凱因斯學派而言，他們認為相對價格與財富的影響在短期並不重要，所以對政策的決定影響不大，這使得某些凱因斯學派的模型與布倫那和麥芝勒模型多少有些相像。不過大體說來，多數經濟學者採中間立場，在某些主題上同意貨幣學派，在某些方面同意凱因斯學派。

另一重要的爭論值得提出做進一步討論的是，是否在「三資產」模型中，公債比實質資產更可為貨幣的代替品。若公債較像實質資產而非貨幣，則公債供給的增加會抑制實質資產的價格；另一方面來說，若公債較像貨幣而非實質資產，則公債供給的增加會提高實質資產的價格。

爲何此點這麼重要呢？因爲應付政府赤字，若不多發行貨幣，則必須發行公債，若公債的發行抑制實質資產的價格，則赤字財政的擴張影響會減小些；若政府公債的發行提高了資產的價格，則赤字財政的影響會變大。

貨幣學派比凱因斯學派更強調這點，許多貨幣學者與某些凱因斯學者認爲公債與實質資產較相似，所以它減小了財政政策的力量。最後，某些經濟學家認爲長期公債較似實質資產，而短期公債則與貨幣較相像。

儘管有其相異之處，貨幣學者強調資產在市場的相關性。反財政政策的貨幣學者認爲：(1)政府公債不是財富，(2)政府公債爲實質資產的代替品，所以減小了財政政策的效果；但是也有一些貨幣學者則認爲：財政政策的效力大於貨幣政策。

貨幣學者強調資產——證券的影響，而非財政政策的支出流程的概念，他們對財政政策的看法與對貨幣政策一樣，此二政策的影響是從資產證券（貨幣、公債）對財富的改變及已存在與當期生產資產對消費與投資上支出的相對價格而起。同樣地，稅率的改變不只是由其赤字影響支出，而且也由資產價值與未來稅後盈餘的現值影響支出。

三、 政策的差異

每個人都同意，可對實質的國民生產毛額劃出一個實際的限度，也可對失業率劃出一相當低的限度，此失業率乃自然失業率，大家亦都同意，沒有任何政策可將失業率降低到自然失業率。

反之是否爲眞？失業率可能在一長久期間高於自然失業率嗎？凱因斯學派認爲可能，貨幣學派亦認爲不同來源的干擾（特別是貨幣成長率的快速改變）可能使失業率高於自然失業率，然而他們也都相信，若無新的干擾因素，價格與工資的調整會很快地使此制度趨於均衡。

　　貨幣政策與財政政策只對短期的實質產出發生影響，而且，一個活躍的政策可能弊多於利，在原則上，貨幣與財政政策能應付短期的變動，但在實務上，預測的錯誤與政治的決定可能使經濟表現得更差。

　　凱因斯學派的看法，充分就業、儲蓄、與投資的餘額常受干擾，須用貨幣政策與財政政策去矯正，而且，他們相信，以預測去決定政策會使經濟較穩定，也使決策者能較有效地使用預測，因此，對政策的爭論比對經濟理論的爭論為多。當然，此亦牽涉對政治過程有效性的不同看法。典型的例子是：凱因斯學派常用複雜的數學過程去說明聯邦準備當局能穩定經濟，而貨幣學派則認為聯邦準備當局的功用已成過去。

　　對於通貨膨脹的控制，貨幣學者主張：若貨幣成長率等於通貨膨脹率，加可能產出成長率，減流通速度的變動率，則加速的通貨膨脹可被防止。若油價或穀物價格上漲，會導致通貨膨脹的暫時加速，失業會暫時增加，但也很快就會回復原來的水準。所以，貨幣學派對加速的通貨膨脹的處理方法是使貨幣成長的增加率降低，這雖會導致額外失業的發生，但此現象是暫時的。

　　凱因斯學派則認為，要使通貨膨脹率減低，就得忍受長時期的大量失業，而且油價、食物價格及稅率增加的壓力會被更多的失業所沖銷。很多凱因斯派學者認為，我們必須生活在連續的通貨膨脹中，或在工資與定價過程中運用某些原則以避免干擾。

討論問題

1　試述傅利德曼 (Milton Friedman) 貨幣理論與古典理論相異之處。
2　試述傅利德曼貨幣理論與凱因斯貨幣理論相異之處。
3　試述傅利德曼貨幣需求理論之特點。
4　何謂「權衡替代法則」？

第二十一章
產品市場均衡與貨幣市場均衡

　　根據凱因斯學派所得支出決定的體系，共有五個變數：（一）消費（儲蓄）函數；（二）投資函數；（三）交易需要的流動性偏好函數；（四）投機需要的流動性偏好函數；及（五）貨幣供給，五者同時相互

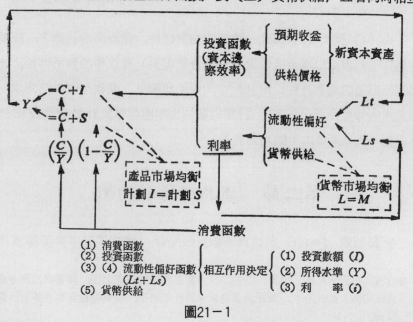

圖21-1

作用以決定三個獨立變數: (一) 投資支出的數額; (二) 社會的所得水
準; (三) 市場利率。上述各種變數之相互作用以圖21-1表示。

第一節　所得支出決定的體系

茲以函數表示所得支出決定的體系如下:

(1) $\quad C=C(Y)$，或 $S=S(Y)$

(2) $\quad I=I(i)$,

(3) $\quad L=L(i,Y)$，或 $Lt=Lt(Y)$ 及 $Ls=Ls(i)$

(4) $\quad L=M$

(5) $\quad Y=C+I$，或 $Y=C(Y)+I$

(6) $\quad Y=C+S$

(7) $\quad S=I$

式 (4) 及式 (7) 爲此一體系的均衡條件。在均衡的狀態下，流動
性偏好 (社會上以現金餘額保有的總貨幣需要) 應該等於貨幣供給，此
爲貨幣市場的均衡條件。而且，在均衡的狀態下，乘數作用如已完成，
儲蓄亦應等於投資; 亦卽， 計劃儲蓄的比率應該等於計劃投資支出的
比率❶，此爲產品市場的均衡條件。

第二節　產品市場的均衡

投資函數 $I=I(i)$ 與投資乘數互相配合， 建立了利率與所得水準

---

❶儲蓄與投資當然總是相等。但是，只有在乘數作用完成之後，儲蓄與投資才會
達成均衡。如此一來，實際儲蓄也就等於計劃儲蓄，而實際投資也就等於計劃
投資。

之間的關係。如果投資函數（資本邊際效率表）爲已知，則在各種利率之下的投資數額即可知道。因此，從式（5）之 $Y=C(Y)+I$，可以決定各種投資支出數額之下的所得水準。換句話說，如果投資函數及消費函數均爲已知，則各種不同利率之下的所得水準即可決定。這種所得水準以圖21-2上之 IS_0 曲線表示。

沿着任何已知的投資（資本邊際效率）函數，可以看出較高的利率乃與較低的投資水準（及其所決定的所得）結合，而較低的利率則與較高的投資水準（及其所決定的所得）結合。爲可以表明這種關係，因此 IS 曲線乃向右下方移動，表示在利率低時所得較高，而在利率高時所得較低。

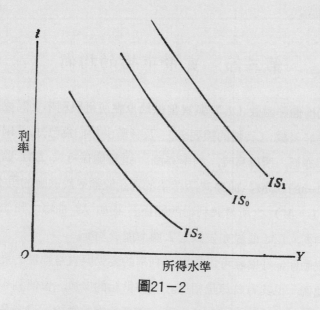

圖21-2

IS 曲線的水準及斜率決定於投資函數及消費函數。投資函數的向上移動（利率並不變動）會使 IS 曲線向上移動，如在圖21-2中，由 IS_0 移至 IS_1。如果利率不變，消費函數的上下移動對於 IS 曲線也會

產生相同的影響。

如果投資函數移動，則 *IS* 曲線隨之移動的程度，乃決定於消費函數的斜率。如果消費函數比較陡峭，投資乘數必然較高❷。也就是說，投資函數上下移動（利率不變）引起投資支出發生任何變動以後，會使 *IS* 曲線移動更多；這是因為投資乘數越高，則其引起的所得變動（增加或減少）越大。至於消費函數比較平坦之時，因為乘數較小，所以所得的變動亦小。

IS 曲線可以表示產品市場中所得與利率的均衡水準（$S=I$）。所以，在任何 *IS* 曲線上的任一點，均可代表產品市場的均衡條件。但是，整個經濟體系的均衡，必須在同一利率之下，產品市場與貨幣市場兩俱均衡才能達成。

第三節　貨幣市場的均衡

流動性偏好函數（L）與貨幣供給也在所得與利率之間建立關係。流動性偏好函數（貨幣的需要表）及貨幣供給如為已知，則在所得低時，利率亦低，所得高時，利率亦高。這種關係可以 *LM* 曲線表示。例如圖21-3的 *LM*。曲線表示希望的現金餘額等於供應的現金餘額時（亦即 $L=M$）之所得與利率的關係。正如 *IS* 曲線之預先假定 S 與 I 處於均衡，*LM* 曲線亦先假定 L 與 M 處於均衡。

由流動性偏好曲線可以看出，利率的變動與貨幣數量的變動，雖不一定成比例，但其方向却是相反。貨幣供給的增加，會使利率降低；貨幣供給的減少，會使利率上升。某一數量的貨幣供給，究竟是大或小，

---

❷因為乘數為 $1/1-\dfrac{\Delta C}{\Delta Y}$，其中 $\dfrac{\Delta C}{\Delta Y}$ 為邊際消費傾向。

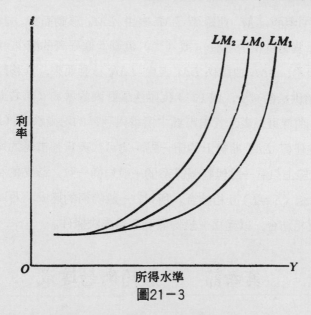

圖21－3

乃視總所得（國民生產毛額）而定。如果貨幣供給不變，則在較低的所得水準之下，貨幣供給相對地仍是很大，從而利率水準亦低。同理，在較高的所得水準之下，貨幣供給相對地却是很小，從而利率水準亦高。此由 LM 曲線可以表示出來。

在較高的所得水準之下，對於固定貨幣供給的交易需要較大。因此，利率急遽上升。亦即，LM 曲線在高的所得水準之時，高度缺乏利息彈性。但在低的所得水準之時，對於固定貨幣供給的交易需要却很有限。因此，在休閒（投機）餘額增加之時，利率下降。

但因流動性偏好函數在利率較低之時，具有高度的利率彈性，故在較低的所得水準之下，即使貨幣過多，也是不能促使利率低於某一最低水準。基上所述，在某一點，不管所得水準的下降如何之低，利率本身不再下降，可能因而導致流動性陷阱的產生。無論如何，在某種低的所得水準之下，LM 曲線開始具有完全的利率彈性。

圖21-3中的 LM_1 曲線係 LM 表由 LM_0 移動而來，其移動的原因：（一）貨幣供給的增加；或（二）流動性偏好表的減少（向左下方移動）。反之，LM_2 曲線係 LM 表由 LM_0 移動而來，其移動的原因：（一）貨幣供給的減少；或（二）流動性偏好表的增加（向右上方移動）。

LM 曲線可以表示貨幣市場中所得與利率的均衡水準（$L=M$）。所以，在任何 LM 曲線上的任一點，均可代表貨幣市場的均衡條件。但是，曲線上只有一點與整個體系的一般均衡一致；該點的利率與產品市場的均衡（$S=L$）互相結合。所以，一般均衡的達成，乃以 IS 表及 LM 表互相結合，以建立一般均衡利率爲先決條件。

第四節　一般均衡的達成

兹把 IS 曲線及 LM 曲線互相結合起來，有如圖21-4所示。兩條曲線互相作用以後的交點，代表均衡利率 i_0 及均衡所得水準 Y_0。這一水準的所得，並不一定代表社會已達充分就業的所得水準，但因包括產品市場的均衡（$S=I$）及貨幣市場的均衡（$L=M$），所以代表社會的一般均衡所得水準。

如上所述，利用「希克斯—韓森」（Hicks-Hansen）的分析❸，可以說明一般經濟均衡的達成過程。兹以圖21-5加以說明❹。圖（a）爲

---

❸這種分析模型之所以稱爲「希克斯—韓森」分析，乃因希克斯（John R. Hicks）首先把凱因斯的創見加以推展，其後並由韓森（Alvin H. Hansen）加以修正。參見：

John R. Hicks, "Mr. Keynes and the 'Classics': A suggested Interpretation," *Econometrica*, V, 1937, pp. 147-59.

Alvin H. Hansen, *Monetary Theory and Fiscal Policy*, (New York: McGraw-Hill Book Co., Inc., 1949), pp. 55-82.

Alvin H. Hansen, *A Guide to Keynes.* (New York: McGraw-Hill Book Co., Inc., 1953).

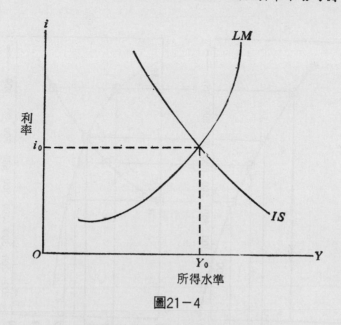

圖21-4

凱因斯的投資（資本邊際效率）函數。圖（b）為儲蓄表，表示儲蓄為所得的函數（$S = S(Y)$）。橫貫兩圖之任何橫線代表儲蓄與投資之均等，其值之大小以線之高度表示。橫線與圖（a）之投資曲線相交，表示利率與某一投資水準互相一致；橫線與圖（b）之儲蓄曲線相交，表示某一所得水準，可以促使儲蓄水準與某一投資水準相等。所以，促使儲蓄等於投資的條件，可以所得與利率的任何組合表示，此即圖（a）及圖（b）之橫線與儲蓄曲線及投資曲線相交的情形。

圖（d）表示利率與所得的組合，此一組合促使儲蓄等於投資。例如，圖（a）及圖（b）的最低橫線，表示 6 ％的利率（圖（a））及 450 元的所得（圖（b））。如此，IS 曲線上的一點為 A，代表這一利率與

---

❹此圖係自 Joseph W. Conard, *An Introduction to the Theory of Interest*, (Berkeley: University of California Press, 1963), Chap. 11 之中引出。

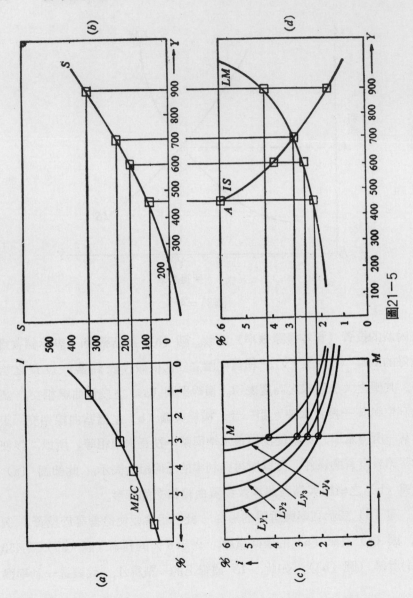

圖21—5

所得的組合。　其餘各點均以同一方法導出；　各點連成一線卽爲　*IS*　曲

線。這一曲線之斜率爲負，表示只有在低的利率之下，才能使投資數額

大到足以等於高所得水準中的儲蓄。

　　圖（a）、圖（b）、及圖（d）表示儲蓄投資均衡所需的利率—所得水準之關係。貨幣供給與貨幣需要之間的均衡也有同樣的關係。在圖（c）中，四條流動性偏好曲線各與圖（a）及圖（b）橫線所示的四條所得水準配合。由這些曲線的位置可以看出，高所得水準之下的交易餘額較低所得水準之下的交易餘額爲高。任何已知的貨幣供給（M）將在不同的利率上與各條流動性偏好曲線相交；並且各種不同的利率均與圖（d）之某一所得水準有關，而該所得水準各與特定的流動性偏好曲線互相配合。例如，Y_1（所得爲 450 元）決定流動性偏好曲線 LY_1，而 LY_1 與 M 約在 2.2％之利率下相交；再且，Y_3（所得爲 900 元）決定流動性偏好曲線 LY_4，而 LY_4 與 M 約在 4.2％之利率下相交。這些點及其他以同樣方法決定 Y_2 及 Y_3 的點連成一線即爲 LM 曲線。這一曲線的斜率爲正，表示在高的所得水準之下，對於活動現金餘額的需要亦高，貨幣供給如爲已知，則此較高的需要必與較高的利率結合，俾能適度降低對於休閒現金餘額的需要。

　　沿着圖（d）的 IS 曲線，均可產生儲蓄與投資（產品市場）的均衡；沿着圖（d）的 LM 曲線，則可產生流動性偏好與貨幣供給（貨幣市場）的均衡。但是，只有在兩條曲線相交的一點，才能達成產品市場均衡與貨幣市場均衡的條件❺。

---

❺此處所述的希克斯—韓森模型相當簡單，一方面假定投資僅爲利率的函數，而非所得的函數；另一方面假定儲蓄僅爲所得的函數，而非利率的函數。凡此均係凱因斯當初的假定。如欲改變這些假定，必須導入比較複雜的方程式，而其圖解則須利用立體幾何。參閱 Gardner Ackley, *Macroeconomic Theory*, (New York: The Macmillan Co., 1961), pp. 364—365.

第五節 一般均衡的實例

茲以實際數字說明上述凱因斯學派的希克斯─韓森一般均衡分析之概念。在說明之前，必先假定這一分析體系的若干基本關係，亦卽若干獨立的變數爲已知。列舉如下：

關　　係	一般式	實例式
儲蓄傾向（由消費傾向導出）……………$S=SY$		$S=0.5Y-50$
資本邊際效率……………………………………$I=Ii$		$I=125-25\,i$
貨幣的交易需要（作爲交易媒介）………$Lt=LY$		$It=0.5Y$
貨幣的投機需要（作爲價値儲藏）………$Ls=Li$		$Ls=100-25i$
貨幣供給…………………………………………$M=$固定		$M=125$

前面四種關係的實例式：

(1) 　　　$Lt=0.5Y$

(2) 　　　$Ls=100-25i$

(3) 　　　$S=0.5Y-50$

(4) 　　　$I=12-25i$

經濟體系的兩個均衡條件：

(5) 　　　　　　$I=S$　　　產品市場均衡

(6) 　　　$Lt+Ls=L=M$　　貨幣市場均衡

並且

(7) 固定的貨幣供給: $M=125$

茲以上述的七個方程式求解 I，Y 及 i 的值。

首先，根據 (1)，(2)，(6)，及 (7) 求得

(8) 　　　$0.5Y+100-25i=125$

(9) $\qquad 0.5Y-25i=25$

(10) $\qquad 25i=0.5Y-25$

(11) $\qquad i=\dfrac{0.5Y}{25}-1$

貨幣市場均衡

其次，根據 (3)，(4)，及 (5) 求得

(12) $\qquad 0.5Y-50=125-25i$

(13) $\qquad 0.5Y+25i=175$

(14) $\qquad 25i=175-0.5Y$

(15) $\qquad =7-\dfrac{0.5Y}{25}$

產品市場均衡

現在，根據 (11) 及 (15) 求得

(16) $\qquad \dfrac{0.5Y}{25}-1=7-\dfrac{0.5Y}{25}$

(17) $\qquad \dfrac{Y}{25}=8$

(18) $\qquad Y=200$

國民所得的均衡水準

最後，把 Y 值代入 (11) 及 (15)，求得

(19) $\qquad i=3 \qquad$ 均衡利率

以上所擧實例亦可圖解如下。利用 (11) 作成表 *A*；利用 (15) 作成表 *B*。

表　*A*		表　*B*	
i	Y	i	Y
0	50	5	100

1	100	4	150
2	150	3	200
3	200	2	250
4	250	1	300
5	300	0	350

利用上式之表*A*及表*B*作成圖21-6如下：

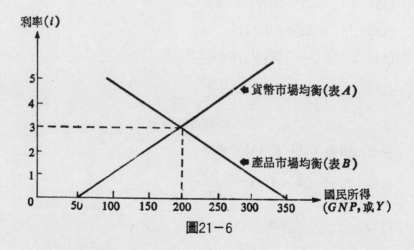

圖21—6

討論問題

1　*IS* 曲線隨着投資函數之移動而移動的程度是由何種因素決定？ 這與投資乘數的大小有何關係。

2　試述*LM*表表示的各種關係。

3　試以文字及圖形說明希克斯—韓森對於一般均衡的 *IS—LM* 分析法。

4　試以下列資料求解一般均衡：

(1) $Lt = 0.6Y$

(2) $Ls = 120 - 30i$

(3) $S = 0.6Y - 70$

(4) $I = 140 - 30i$

(5) $M = 150$

進而建立表A及表B，並且求出均衡所得及均衡利率。

第二十二章
貨幣供給與利率水準的決定

為了簡化起見，一般在研究所得與支出的相互依存關係時，通常是假定一國的貨幣供給相當固定。但在實際上：（一）在任何時期，一國貨幣供給的大小，是決定於商業銀行在放款及投資方面的政策與行動，並且決定於銀行家的牟利傾向。（二）貨幣擴張的最大限度，是決定於銀行體系的平均準備率，以及銀行體系增加準備金所需的成本。所以，在討論中央銀行政策工具的操作，以及貨幣政策的效果時，至少應該考慮貨幣供給變動對於所得與支出的影響，所以本章擬就貨幣供給的變動作一論述，又因利率水準的變動，也是貨幣政策操作所欲影響的因素之一，所以本章亦就利率水準的決定，一併加以說明。

第一節　貨幣供給的增加

茲先假定經濟社會處於所得與支出均衡的狀態之下，從而探討貨幣供給增加以後的影響。一般而言，貨幣供給增加以後，如果其他有關因素並未發生變動，則有下列影響：

第一、貨幣供給雖然增加，但流動性偏好函數 (liquidity-preference function) 並未改變，所以 LM 曲線必然移動，利率水準必然降低，以維持貨幣市場的均衡條件，亦即維持 $L=M$ 的關係。因為所得水準並未變動，所以貨幣的交易需要亦未變動。如此，貨幣供給的增加，加上利率水準的降低，對於現金餘額 (cash balances) 的投機需要必然增加。

第二、利率水準雖然降低，但是資本的邊際效率 (marginal efficiency of capital) 並未改變，所以必然促成投資支出的增加。

第三、投資支出的增加，透過乘數的作用，導致所得作倍數的增加。

第四、如果消費函數相當穩定，則所得的增加會引起消費支出的增加；但此消費支出的增加，小於所得的增加，所以儲蓄也會增加。

所得將會繼續增加，但在新的較高所得水準，沿着較高的 IS 曲線，計劃的儲蓄率再度等於計劃的投資支出率。新的投資水準將會高於原先的均衡水準，但會低於當初利率降低以後所引起的投資水準。所得增加以後，貨幣的交易需要也告增加，所以貨幣的投機需要必須減少，而利率遂而上升。在此同時，利率的上升勢將壓制投資支出的增加。

另一方面，如果原來的投資增加，透過乘數作用對於所得與消費支出的影響，而使企業產生良好的預期，從而促成企業本身加速投資，則投資支出的新均衡水準，會高出當初由利率降低所引起的水準。在此情況之下，所得水準與投資支出水準超出原先的均衡水準甚多以後，經濟社會才能達成新的均衡。

無論如何，假定其他條件不變，則貨幣供給的增加，必使經濟社會的所得水準、產量、就業、或物價水準均告增加。當然，所謂其他條件不變，是指所得與支出模型中的四個變數：Lt、Ls、投資及消費函數不

變而言。但在實際上，這些變數經常變動。

　　貨幣供給的增加，如有下列情況發生，則可能不會引起所得水準的增加：（一）與貨幣供給共同決定 LM 表的流動性偏好函數，發生抵銷性的向上移動；（二）決定 IS 表的兩個因素之一，發生抵銷性的移動；亦卽，資本邊際效率函數向下移動，或儲蓄函數向上移動。

　　總流動偏好包括表示現金餘額交易需要及預防需要之 Lt 函數，及表示貨幣投機需要之 Ls 函數。有如圖22-1所示，在貨幣供給增加時，如果流動性偏好表向上移動，利率並不一定下降。在圖22-1中，貨幣供給增加 MM' （由OM 增至 OM'）以後，會使利率沿着流動性偏好曲線 LP 由 Oi 降至 Oi'。但若流動性偏好向上移至 LP_1，貨幣供給的增加並不引起利率的降低。所以，經濟社會的 LM 表及與支出均衡位置並未受到影響。

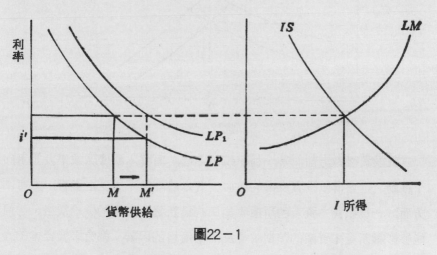

圖22-1

　　但若假定，**流動性偏好函數相當穩定**，則貨幣供給的增加，必使利率發生顯著的下降。但是，利率的下降仍然不能促成投資支出水準及所得水準的增加。事實上，投資函數或儲蓄函數如果發生抵銷性的變動，

兩者均處於 *IS* 表之下，則利率的下降並不能引起投資及所得的增加，這種情形以圖22-2表示。在圖中，貨幣供給的增加，與穩定的流動性偏好函數，促使 *LM* 表向下移動，並且降低利率的均衡水準。但因投資函數或儲蓄函數的抵銷性變動，也會促使 *IS* 表向下移動，所以經濟社會的所得均衡水準並未改變。

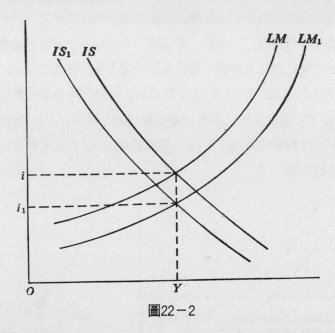

圖22-2

就投資函數方面而言，利率如果降低，而資本的邊際效率表並未向下移動，則會導致投資支出的增加。資本邊際效率所受之影響，共有兩方面，一爲新資本資產的預期收益，一爲新資本資產的供給價格。任何能夠影響新資本資產的預期收益及供給價格的因素，都會影響資本的邊際效率。在某一時間，新資本資產的供給價格，可謂相當穩定，但新資本資產的預期收益，却是變動不居，其主要之決定因素計有：

（一）供給當前產量水準所需的資本存量之適當程度。

（二）現有資本由於技術創新所引起之廢棄比率（rate of techno-logical obsolescence）。

（三）未來產量需要水準之預期。

（四）未來非資本性生產成本之預期。

（五）企業前途之一般預期。

再且，新資本資產的供給價格，又隨時間之不同而異。因此，整個資本邊際效率表的高度或水準，亦隨時間之不同而異；亦卽，由於新資本資產之供給價格與預期收益不同，所以隨着時間的經過，資本邊際效率表乃作上下移動。

如果資本邊際效率表隨着利率的下降，而同時向下移動，其結果並不能引起投資支出水準的增加，有如圖22-3所示。在圖中，利率雖由 Oi 降至 Oi'，但因整個邊際效率表向下移至 ME_1，結果投資支出並未增加。這樣一來，正如圖22-2所示，IS 表乃與利率向下移動。

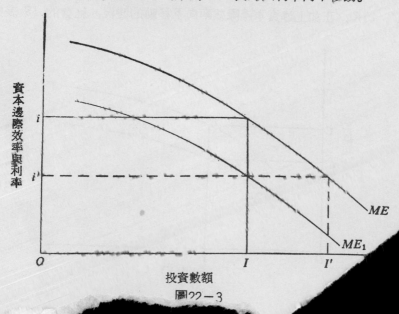

圖22-3

　　如果貨幣供給增加，利率下降，投資支出增加，是否會引起所得水準的增加？關於這點，並無必然的關係。其先決條件是：儲蓄函數不隨投資之增加而上升，亦卽消費函數並未下降。

　　一般在討論國民所得時，總是認爲消費函數相當穩定。當然，這與事實不盡相符。例如，在二次大戰期間，以戰前的消費函數資料預測戰後情形，結果產生許多悲觀的預測，認爲戰後的蕭條與失業難以避免。可是事實上，戰後幾年之間，世界經濟情況却很快地步入充分就業與繁榮之境。經過後來的研究，事實與預測之所以如此懸殊，主要是因整個消費函數劇烈地向上移動所致。戰前，無論所得水準如何，消費支出總是很少；戰後，無論所得水準如何，消費支出總是很多。由此可知，卽使貨幣供給增加以後，利率開始下降，投資支出也因受到刺激而增加，但如消費者對於未來所得水準的預期相當悲觀，以致消費少而儲蓄多，如此一來，消費函數必然向下移動。有如圖22-4所示，消費函數由 C 移至 C'。於是，正如上述資本邊際效率向下移動的情況，社會的 IS 表與

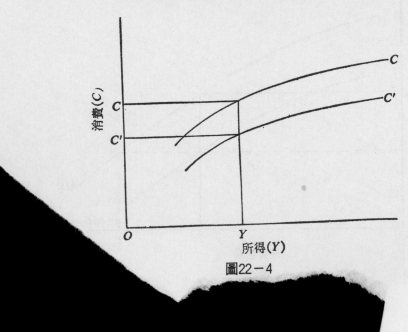

圖22-4

利率亦告向下移動，終又回到圖22-2所示的新情況。

　　即使社會的流動性偏好、投資、及儲蓄函數也很穩定，不會輕易移動，以致抵銷貨幣供給增加對於利率、投資支出、儲蓄、及均衡所得的影響。因此，均衡所得的增加不會太大，除非流動性偏好、投資、及儲蓄函數相對於利率、投資、及所得，彈性很大。圖22-5、圖22-6、及圖22-7就是說明不同的流動性函數彈性、投資函數彈性、及儲蓄函數彈性對於均衡所得的影響。

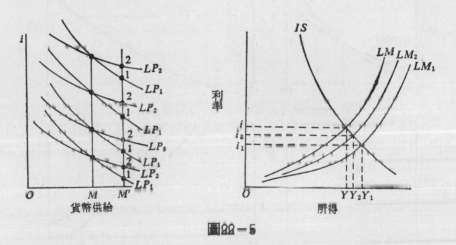

圖22-5

　　在圖22-5中，共有兩套流動性函數，其中一套以 LP_1 表示，另一套以 LP_2 表示；前者對於貨幣供給變動的利息彈性較後者為大。因為兩套流動性函數係在 OM 水準下的貨幣供給相交，故兩套均可在同一 LM 曲線（LM）表示出來。但是，如果貨幣供給增至 OM'，則 LM_1

（與利息彈性較小的流動性函數 LP_2 聯繫）的新均衡所得水準爲高。所以，社會流動性偏好函數對於貨幣供給變動的利息彈性如果越大，則貨幣供給增加所引起的均衡所得之增加也越大。反之，社會流動性偏好函數對於貨幣供給變動的利息彈性如果越小，則貨幣供給增加所引起的均衡所得之增加也越小。

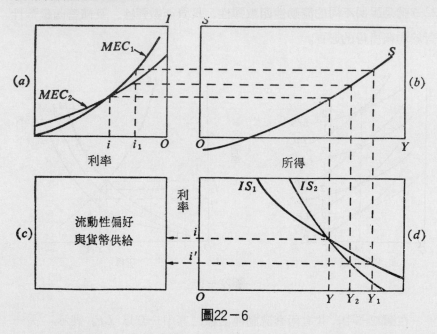

圖22-6

在圖22-6中，共有兩套投資函數，其中一套以 MEC_1 表示，另一套以 MEC_2 表示；前者對於利率變動的投資彈性較後者爲大。在儲蓄量（S）爲已知的情況下，IS 曲線的 IS_1 與投資彈性較大的投資函

資函數 MEC_2 聯繫。所以，社會投資函數對於利率變動的投資彈性如果越大，則貨幣供給增加所引起的均衡所得之增加也越大。反之，社會投資函數對於利率變動的投資彈性如果越小，則貨幣供給增加所引起的均衡所得之增加也越小。

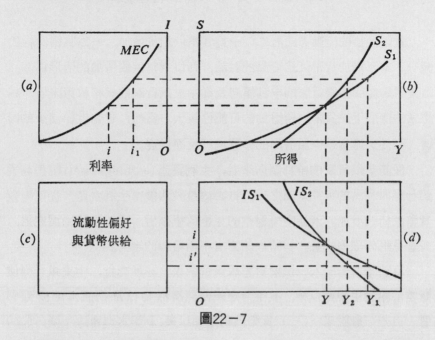

圖22-7

在圖22-7中，共有兩套儲蓄函數，其中一套以 S_1 表示，另一套以 S_2 表示；前者對於利率變動的所得彈性較後者爲大。在投資函數 (MEC) 爲已知的情況下，IS 曲線的 IS_1 與所得彈性較大的儲蓄函數 S_1 聯繫，IS 曲線的 IS_2 則與所得彈性較小的儲蓄函數 S_2 聯繫。貨幣供給增加，引起利率由 Oi 降至 Oi' 以後，則在 IS_1 下的均衡所得之增加，必比在 IS_2 下的均衡所得之增加爲多；此因前者與所得彈性較大的儲蓄函數 S_1 聯繫，而後者則與所得彈性較小的儲蓄函數 S_2 聯繫。所以，社會儲蓄函數對於利率變動的所得彈性如果越大，則貨幣供給增加所引起

的均衡所得之增加也越大。反之，社會儲蓄函數對於利率變動的所得彈性如果越小，則貨幣供給增加所引起的均衡所得之增加也越小。

第二節　貨幣供給的減少

貨幣供給的變動方向有二：一爲貨幣供給的增加，一爲貨幣供給的減少。本章對於貨幣供給變動的討論，乃以貨幣供給增加的情形爲例，這是因爲從商業銀行家的牟利傾向及從中央銀行家的貨幣政策來看，在正常的情形下，貨幣供給增加的可能性較大。當然，貨幣供給減少的影響，可從上述貨幣供給增加的影響進行反面推理。

從商業銀行家的牟利傾向來看，生利資產 (earning-asset) 旣爲商業銀行謀取利潤的可靠來源之一，自必儘量設法獲得生利資產，從而導致貨幣供給的增加。若從中央銀行的貨幣政策來看，爲了避免經濟衰退，並避免阻礙經濟成長，貨幣供給亦有不斷增加的趨勢。

目前雖有若干人士懷疑貨幣政策的效果，亦卽認爲，中央銀行促使貨幣供給發生變動以後，並不一定能使經濟活動以及物價水準受到影響。但是一般說來：（一）貨幣供給增加以後，利率水準會趨下降；（二）利率水準的下降，會使投資支出增加；（三）投資支出的增加，會使消費支出的水準以及所得水準增加。

第三節　利率水準的決定理論

關於利率水準的決定，主要有兩派看法：古典學派認爲是由儲蓄與投資之交互作用所決定；凱因斯認爲是由流動性偏好與貨幣供給所決定。

本章關於利率理論的說明，共有兩個重點：第一、就古典學派可貸基金理論 (loanable-funds theory) 的發展作一探討，並與凱因斯的流動性偏好理論 (liquidity-preference theory) 作一比較；第二、就利率的理論探討與實際事實進行一貫的說明。

一、可貸基金理論

晚近的古典學派學者，在探討貨幣理論時，曾經認為，人們除了對於活動貨幣餘額 (active money balances) 具有需要之外，對於休閒貨幣餘額 (idle money balances) 亦有需要；亦即承認投機性貨幣需要存在的可能性。對於貨幣餘額的累積就是所謂「窖藏」(hoarding)；對於貨幣餘額的消耗就是所謂「反窖藏」(dishoarding)。同時，晚近的古典學派學者也了解，商業銀行在放款與投資的過程中，可以創造貨幣。再且，如不考慮盈餘，商業銀行總是儘量創造貨幣。

古典學派的利率決定理論是儲蓄與投資的理論，但在考慮窖藏、反窖藏、及貨幣供給變動等因素以後，遂成為新古典學派的可貸基金理論。在圖22-8中，S 為來自儲蓄的可貸基金供給，M 為銀行創造而來的可貸基金供給，故 $S+M$ 為可貸基金的總供給。I 為對可貸基金的投資需要，H 為以休閒餘額方式握有之對可貸基金的投機需要 ❶，故 $I+H$ 為對可貸基金的總需要。$I+H$ 與 $S+M$ 相交於 i，表示市場利率的水準，利率即為可貸基金的價格。

更具體地說，可貸基金的利率可以視為在一國貨幣及資本市場上，促使債務證券之供給（可貸基金的需要）與債務證券之需要（可貸基金的供給）相等的價格。所以，可貸基金理論可以說是在某一期間 (period of time) 之內，由於市場供需所引起的資金流量 (flows of funds) 理

---

❶ H 可能為負，此時即為反窖藏。而應視為可貸基金的供給來源，並加入 M 之中。

論。 至於下述的流動性偏好理論則是以存量 (stocks) 的概念取代流量的概念，亦卽認爲利率係在某一時點 (point of time)，由存量供給與存量需要交互作用而決定。

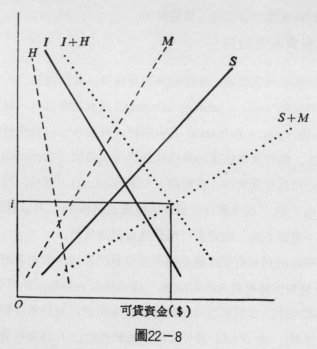

圖22－8

二、流動性偏好理論

以現金形式保有財富的動機計有交易動機、預防動機、及投機動機，這些動機共同構成社會的流動性偏好表；流動性偏好表與貨幣供給則可決定市場利率。

茲以圖22-9說明利率的流動性偏好理論。 在圖22-9 (b) 中， 由流動性偏好與貨幣供給決定的市場利率， 與資本的邊際效率共同作用，以決定社會的投資支出水準。 這一投資支出的均衡水準， 又與圖22-9

（c） 中的消費支出均衡水準共同作用， 以決定社會對於產品總合需要
的均衡水準。所以， 社會的均衡所得水準， 就是對於產品的需要與所得
相等的水準。

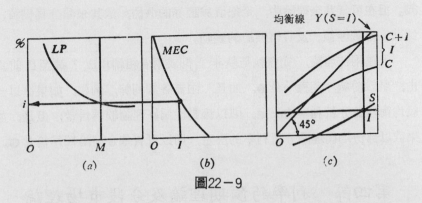

圖22－9

凱因斯認為: 「利率不能算是對於儲蓄或等待的報酬， 因為個人若
將其儲蓄以現金方式加以窖藏， 則其儲蓄將無變化， 亦無利息收入。因
此， 利率應是放棄若干時期的流動性之報酬。 換句話說， 利率並非誘使
大衆對於投資資源的需要及其抑制目前消費的意願趨於均衡的價格; 而
是使現金存量及希望以現金形式保有其財富的願望趨於平衡的價格。所
以， 利率決定於大衆希望保有的貨幣數量及其供給數量的均衡點。」❷

三、兩種理論之比較

如上所述， 關於利率水準的決定， 主要的有流動性偏好及可貸基金
兩種理論。 兩者的最大差異在於: （一） 前者以存量概念為基礎， 後者
以流量概念為基礎; （二） 前者可以視為是貨幣的供需理論， 後者則可

❷John Maynard Keynes, *The General Theory of Employment, Interest,
and Money*, (New York: Harcourt, Brace & World, Inc., 1936), pp.
166-167.

視爲債務證券的供需理論。

再且，在流動性偏好理論中，是把貨幣供給視爲已知，而把貨幣的需要，依照保有現金餘額的動機，分爲交易動機、預防動機、及投機動機。但在可貸基金理論中，是把債券證券的供需，依其來源分爲投資、儲蓄、窖藏淨額、及貨幣供給的變動。

上述兩種理論，究竟孰是孰非？抑或兩者相輔相成？截至目前爲止，聚訟紛紜，莫衷一是❸。而且，兩者各有利弊，例如，如果欲以一般均衡理論分析利率的決定，則以流動性偏好理論較爲恰當；但是，如果欲以部份均衡理論分析利率的決定，則以可貸基金理論較爲恰當❹。

第四節　利率的預期理論及分段市場理論

上節已從理論方面，說明利率水準的決定。但在實際社會中，利率水準的高低是以利率的風險結構（risk structure）及期限結構（term structure）之變動表示；因爲，實際的利率是隨貸款的風險程度而變動，且隨貸款期限的長短而變動。這一主張稱爲「預期理論」（expec-

---

❸對此問題之討論，重要之文獻爲：

Warren L. Smith, "Monetary Theories of the Rate of Interest: A Dynamic Analysis," *Review of Economics and Statistics*, XL, (February 1958), pp. 15-21.

S. C. Tsiang, "Liquidity Preference and Loanable Funds Theories, "*American Economic Review*, XLVI, (September, 1956), pp. 539-564.

Gardner Ackley, "Liquidity Preference and Loanable Funds Theories; Comment" *American Economic Review*, XLVII, (September, 1957), pp. 662-673.

❹自一九五五年以來，美國聯邦準備銀行定期提供有關資金流量的統計資料，這對以可貸基金理論分析利率水準的決定頗有幫助。

tations theory)。

　　爲把決定利率水準的理論因素與實際因素，加以配合說明，通常都是假定經濟理論上及貨幣理論上的利率，是一種「純粹」利率，或係不含風險的利率。但是，這種純粹、不含風險的利率，究係短期利率？或係長期利率？

　　爲了探討貨幣理論上純粹、不含風險的利率與利率期限結構之間的關係，除了假定利率不含風險之外，尚須假定：（一）資金的貸出者及借入者（證券的購入者及售出者），對於短期利率的未來變動，具有充分的信心；（二）對於各種不同期限的利率，可以自由進行套利，並且，利潤極大化的動機，完全有助於套利活動的進行。基於這些假定，一般認爲利率期限結構的原理就是：任何長期證券的到期收益，大約等於短期證券的平均收益。例如，十二月卅一日到期之證券，其在一月一日的收益，等於九十天期證券之當前收益及將於四月一日、七月一日、十月一日發行的九十天期證券之預期收益的平均。基於此點，投資者乃以最有利的條件持有證券，而特別注重證券到期期限的選擇。所以，持有許多短期證券的收益，如果高於持有長期證券的收益，便會發生套利（arbitrage）的現象，從而引起價格的變動，以致消除收益之間的差異。

　　玆進而舉例說明套利的結果：假定，當前的1年期利率爲2％。如果市場上的借款者及貸款者預期1年期的貨幣利率爲6％，則當前的2年期利率大約爲4％。此時，假定套利活動可以自由進行，而2年期證券的收益又少於4％，這種證券必然無人問津。因爲，在這種情況下的投資者，必會轉而購買1年期的證券，其目前利率爲2％；1年到期以後，再投資於利率爲6％的證券，其2年間的平均收益爲4％。同樣道理，借款者對於2年期的貸款，也是不願支付4％以上的利率。因在這種情況之下，借款者可以2％借入1年期的貸款，而在第2年以6％的

利率償還貸款，其 2 年間的平均收益亦爲 4 ％。換句話說，對於到期日不同的證券進行套利以後，可以完成價格的調整，而使 2 年期的借款成本都是等於 4 ％。

對於實際利率水準的決定，尚有一種所謂「分段市場理論」(segmented markets theory)。這一理論認爲，利率水準乃是決定於許多分段的市場；有些投資者偏好短期證券（如商業銀行），可是有些投資者偏好長期證券（如人壽保險公司）。所以，到期日不同的證券對於個別的投資者並無完全替代的可能，對於整個市場也是如此。這些到期日不同的證券，透過供需的交互作用以後，遂而產生不同的收益與價格。長期證券供給的增加，使其價格趨於下降，因而使其收益趨於增加，但對短期證券的利率不會造成顯著的影響。

上述商業銀行及人壽保險公司對於證券的投資形態，一般而言，可以支持這種分段市場理論。再就個別的借款者而言，亦有若干符合之處；例如，個人對於房屋的購買，是由長期抵押貸款融通，但是對於存貨的投資，却由短期貸款融通，當然，其間的市場分段程度不如理論之完整。

討論問題

1 在所得與支出均衡的狀況下，假定 L_t、L_s 投資函數、及消費函數相當穩定，試說明貨幣供給增加對於社會的影響。

2 社會的所得水準增加以後，在何種情況可以避免引起貨幣供給的增加？

3 影響新資本資產之預期收益的因素爲何？

4 在分析貨幣供給變動對於均衡所得水準的可能影響時，何以必須考慮流動性偏好函數、投資函數、及儲蓄函數的相對彈性？

5 繪圖說明貨幣供給減少的影響。何以中央銀行的政策通常不以減少貨幣供給爲目標？

6 有關貨幣政策不能影響經濟活動及物價水準的可能性，中央銀行須作何種假定？何以須作這些假定？

7 試比較利率的流動性偏好理論及可貸基金理論之優劣？

8 試對貨幣理論上的利率下一定義。這種理論上的定義，在實際社會中是否具有實際意義？何故？

9 試對利率的風險結構及利率的期限結構下一定義。

10 純粹、不含風險的利率與利率的期限結構之間有何關係？

11 扼要說明利率的分段市場理論。

第五編　貨　幣　政　策

第二十三章
貨幣政策的目標

　　一般而言，在當代的國際經濟情勢之下，各國政府所追求的經濟政策目標，乃是包括充分就業、快速的經濟成長、穩定的物價、公平的所得分配、平衡的國際收支、以及對於政府的信心等等。同時，政府對於這些目標的達成，須以維持國民的最大經濟自由為原則。

　　當然，以上列舉的各項目標，仍有許多問題存在。例如，這些目標本身的定義，仍然不很明確。何種情況才是「充分就業」？是指勞動力的失業率為零？或為2％？或為4％？何謂「穩定的物價」？如果物價每年上漲2％，是否仍算穩定？物價的下降是否比物價的穩定更受歡迎？如果一種政策的實施，能夠同時達成各種目標，則所謂定義的曖昧問題也就無關緊要。但在實際上，各種目標之間經常發生衝突；例如，對抗通貨膨脹的政策，往往同時導致就業的減少或經濟成長率的降低。所以，政府當局在採取各種政策之前，必先設定各種目標的優先序列。

以下逐一討論貨幣政策所欲達成的主要目標。

第一節　穩定物價水準的目標

在經濟社會中，物價水準的上漲類型有二。第一是某一商品的價格相對於其他所有商品的價格發生變動；這種價格變動乃是自由競爭經濟中的正常現象。社會對於某種商品的需要增加以後，該種商品的價格就會趨於上漲，這種價格的上漲可以刺激生產的增加。如此，在正常的自由經濟之下，透過價格機能的自動運作，供給乃可配合需要而增加。當然，這種價格的上漲，會使部份人們得到好處，而使其他人們受到不利的影響，但對整個社會來說並無任何妨害。事實上，這種物價變動因能促使社會資源趨於更有效的分配，故能提高社會的福利水準。

有時，社會在某一時期會發生所有物價的大幅變動。所有商品的貨幣價格如果上升，就是所謂「通貨膨脹」(inflation)。簡單來說，通貨膨脹就是一般物價水準的上升，這是物價水準上漲的第二種類型。

世界上的人們，對於通貨膨脹的態度大不相同。有人非常恐懼通貨膨脹，認為這是最大的罪惡，有人認為溫和的通貨膨脹非但無害，反有助於經濟繁榮的促進。就社會公平的觀點來說，社會各階層所受通貨膨脹之害的程度並不一致，甚至有些人們可因通貨膨脹之發生而獲致利益。高德斯密 (Raymond Goldsmith) 曾把截至一九五〇年為止，美國各種不同所得階層的資產與負債作過估計，結果發現，低的所得階層是把資產總額的很大部份，以儲蓄存款及保險的形式持有。如此一來，發生通貨膨脹以後，這些資產的價值當然貶低。至於高的所得階層，則把資產總額的很大部份以股票的形式持有，而自一九五〇年以來，股票的價格上漲很多。由此可見，富人不僅可以免於通貨膨脹之苦，有時反能

獲得通貨膨脹之利，　當然，　這種利益乃以所得較低階層的犧牲作爲代價。

通貨膨脹比較重要的問題，就是對於所得產生差別的影響。有些階層的所得可隨物價之上漲而提高；例如，商人所獲的利潤可隨通貨膨脹而增加。　若干勞動階層，因其勞動契約訂有「逃避條款」(escalator clauses)，　故其工資可隨物價之上漲隨時調整。　但是，　絕大多數的人們，　其所得的增加無法與物價的上漲保持一致。例如，依靠年金或退休金生活的人們，因其所得固定，所以無論價格如何上漲，所得水準總是相同。政府機構的公務人員以及企業機構的白領階級，所得雖然可隨生活費用之上漲而獲提高，但是時間往往配合不上。

基上所述，　反對通貨膨脹的理由是因其在基本上造成社會的不公平。事實上，沒有任何政策可以促使通貨膨脹帶給社會各階層的影響完全相同。大體說來，對於通貨膨脹具有好感的人們究係少數；不過，絕大多數的人認爲，通貨膨脹雖然可怕，但比「通貨緊縮」(deflation)好得很多。在大多數的國家，通貨膨脹總是不受歡迎，卽使是「潛行性的通貨膨脹」(creeping inflation)也是極力避免。但這並非表示，物價水準的穩定就是所要達成的目標。古典學派的經濟學家認爲，由於技術及生產力的改進，物價水準應該「下降」；亦卽，貨幣工資可以保持穩定，但是工人應從較低的物價水準獲得生活程度的改善。如此一來，退休人員以及所得固定的人們，也可分享生產力改進的利益。

從另一角度來看，穩定物價水準的目標就是假定生產力提高以後，工人的貨幣工資可以增加，而因物價水準固定不變，故可購買較多較好的財貨與勞務，享受較高的生活水準。不過，如此一來，固定所得的人們當然無法享受生產力提高所引起的生活水準之改善。這裡遂又引起一個倫理方面的問題，亦卽：生產力的提高究應歸由全國人民享受？抑僅

歸由對於生產力之提高有直接貢獻的人們享受？這實在是一個非常難以解決的問題。但就實際情況來說，今天各國所採的政策，乃以達成物價水準的穩定（而非下降）爲目標。至於何種水準才算穩定，則隨實際情況之不同而異 ❶。

就美國的情況而言，物價的上漲主要是發生於戰爭時期。表25-1的統計資料顯示，在內戰、一次大戰、二次大戰、韓戰、以及越戰時期，物價水準均有急遽上升的現象。但在承平時期的一百二十年間，一般而言，物價水準並無大的變動。每次發生大的戰爭，總是引起某種程度的通貨膨脹，這是因爲戰爭爆發以後，一國的大多數資源必須投入國防物資的生產，如此，所得雖然增加，但是消費用途的財貨均未隨之增加，當然引起物價水準的上漲。

美國在內戰及第一次世界大戰以後，均曾發生大規模的物價下跌。但在第二次世界大戰以後，消費者物價非但遲遲未見下跌，反有持續上升的現象。推其原因，主要是因一九四五年以來，經濟方面並無承平時期出現，國民生產主要就是國防物資。

---

❶何種物價水準才算「穩定」，乃隨實際情況之不同而異。在沙苗生 (Paul A. Samuelson) 所著經濟學第二版中，允許物價上漲的幅度每年爲 5 ％；第三版改爲 3 ％；第四版改爲 2 ％；第五版改爲 2 ％以下。在其第七版中則是指出：「越戰期間，由於潛行性通貨膨脹的加速發展，政府政策的目標，已經不是物價的穩定，因爲這個目標無法達成。反之，政府的目標是把物價的上漲率從 4 ％——6 ％壓低到 2 ％——4 ％。參閱：
林倫禧、白俊男編譯：經濟學，沙苗生原著第八版，中央圖書出版社出版，民國六十年九月初版，頁三二四。

表23-1　美國物價水準的變動（1947—1949＝100）

期　　　間	最初一年物價指數	最後一年物價指數	每年平均變動比率
1820—1861	28	27	－ 0.1%
1861—1866（內戰）	27	44	＋12.6
1866—1915	44	43	0.0
1915—1920（一次大戰）	43	86	＋20.0
1920—1940	86	60	－ 1.5
1940—1947（二次大戰）	60	96	＋ 8.6
1947—1950	96	103	＋ 2.3
1951—1953（韓戰）	103	114	＋ 3.7
1953—1964	114	133	＋ 1.4
1964—1968（越戰）	133	147	＋ 2.3

資料來源：Federal Reserve Bank of St. Louis

第二節　達成充分就業的目標

　　長期以來，充分就業就已成為一國經濟政策的主要目標之一。但就美國而言，這項目標的達成正式成為政府的一項責任，則以一九四六年通過的「就業法案」（Employment Act）作為根據。

　　因為政府及民間主要關心的就是失業（unemployment），故以失業率來表達就業水準較有意義。因為失業所引起的後果相當嚴重，所以失業已經不是一項單純的經濟問題。就個人來說，失業以後不僅沒有所得，使其本人及家屬的生活無所依靠，而且還會喪失個人的自尊以及社會地位。再就整個社會來說，失業代表生產資源的一種浪費，代表經濟成長的最終目標並未達成。

　　當然，要對失業下一精確的定義也是很不容易。並非所有不在工作的人，都應視為失業。目前廣泛採用的是勞工統計局（Bureau of Labor

Statistics) 所下的定義: 年滿十四歲以上, 正在主動尋找工作, 有一週之久並未從事任何支付工資或其他報酬的工作 ❷。在這定義之下, 可以發現幾項有趣的事實, 例如: (一) 十二歲的學童如果一直沒有找到課餘的工作, 不能視爲失業。(二) 每週工作二十小時的人, 如想增加爲每週工作四十小時, 但是一直沒有找到這類工作, 也是不能視爲失業。(三) 家庭主婦雖無就業的「需要」, 但是正想尋找賺取外快的工作, 也應視爲失業。許多人士並不同意這樣的一種定義。有人認爲, 正在尋找兼職的家庭主婦, 不應視爲失業。有人認爲, 剛從學校畢業出來, 剛剛開始尋找工作的人不應視爲失業。

目前, 各國政府是對就業情況按月統計。就美國的情形來說, 失業的統計對象是以已婚男人爲限。這樣一來, 因可排除正在尋找工作的家庭主婦, 所以失業的數字大爲降低。而且, 缺乏工作經驗而無工作的人, 也不列入失業的範圍, 所以, 剛從學校畢業急待就業的青年, 不能視爲失業。

戰後以來, 美國的就業情況並不令人滿意。根據過去的經驗, 景氣衰退時期, 失業總是增加, 所以, 在此情況之下, 提高就業水準以及恢復經濟繁榮, 也就成爲政府急欲同時達成的兩項目標。但是近年以來, 衰退時期過去以後, 就業情況往往沒有隨之恢復過來, 所以引起有關當局的密切注意。一九五四年, 美國曾經發生景氣衰退; 而至一九五五至五七年, 景氣恢復以後, 失業並未減至衰退發生以前的水準。一九五八年, 美國再度發生景氣衰退, 但是, 一九五七年及一九六〇年的失業水

---

❷但在若干情況之下, 並不主動尋找工作的人也被視爲失業, 例如: 有人因爲生病, 暫時不想工作; 有人已經辭去舊的工作, 但是新的工作尚未開始上班; 有人處於較長期間的休假, 也許半年之後就要恢復工作。上述種種情況, 有時會被列入失業統計之中。

準反比一九五五至五七年時期爲高。一九六〇至六一年間，景氣衰退再
度來臨，但是，一九六一年及一九六二年的失業水準，却比一九五九
年及一九六〇年的水準爲高。一九六一年以迄一九六六年，由於經濟
景氣的長期繁榮，失業降至 4 ％以下。但在失業者中，很多的人却已失
業一段很長的時期。一九六八年，長期失業（十五週以上的失業）的人
數則佔失業總人數的15％左右。一九七〇年以後，美國又再面臨景氣衰
退的局面，但是此時的景氣衰退却與一九六〇年代初期的景氣衰退不盡
相同。因在一九六一年之時，消費者物價指數幾無變動，躉售物價指數
且見下降，而在一九七〇年，消費者物價指數約漲 6 ％，躉售物價指數
的上漲更快。所以，一九七〇年代初期的美國經濟，乃是處於景氣衰退
與通貨膨脹並存的所謂「停滯膨脹」(stagflation) 狀態。根據統計，一
九七〇年以來，大多數月份的失業率約在 6 ％左右之水準，加之越戰降
低，武裝部隊及國防工業方面又再解僱二百萬人。當時預測，未來十
年尙有二千萬人等待安置。處此情況之下，美國總統尼克森 (Richard
M. Nixon) 遂於一九七一年八月十五日以「和平的挑戰」爲題，宣佈新
經濟措施，企圖謀求通貨膨脹問題與失業問題的同時解決❸。

　　關於失業問題，有一現象必須認清，就是：失業（至少根據勞工統
計局的定義）無法完全消除。即使就業機會與工作人數能够完全平衡，
但因有些廠商擴大就業機會，有些廠商却在同時解僱工人，所以眞正的
充分就業還是無法達致。有些工人在未找到新的工作機會以前，就辭
去舊的工作，在此期間就是失業。每年六月，成千成萬的畢業青年踏入
社會，在被僱用之前就是失業。這些情況之下的失業，稱爲「摩擦性的
失業」(frictional unemployment)。即使整個社會對於這些摩擦性失業

❸白俊男：「美國新經濟措施與我國新經濟情勢」，臺灣經濟金融月刊，第七卷第
　十期，民國六十年十月。

的勞力，有着完全的需要，但因時間方面無法完全配合，所以摩擦性失業總是永遠存在。卽使是在第二次世界大戰期間，國防單位的後勤工廠急需勞力，但是，失業率仍在２％左右。

根據以上的討論可以看出，如果提到所謂「充分就業」，實在是指低的失業水準，而不是指完全沒有失業的狀態。所以，政府提高就業水準的目標，究竟可以容許何種程度的失業水準也是見仁見智。有些機構認爲３％就是目標，有些機構則是認爲長期平均可以容許４％至５％的失業水準。一九四六年的就業法案以及貨幣與信用委員會所提的報告，均未指出確切的水準。但在一九六二年，經濟顧問委員會所提報告則以４％爲暫定目標。

第三節　促進經濟成長的目標

一般而言，經濟成長是經濟政策所追求的重要目標之一，特別是在第二次世界大戰結束以後，開發中國家更把經濟成長列爲首要目標。當然，追求經濟成長的目的，不是在於經濟成長本身，而是在於獲取其所帶來的成果。經濟成長可以改善人們的生活水準，爲子孫後代謀求更大的幸福，一國經濟成長達到相當程度以後，更有能力協助其他國家追求經濟成長。

經濟成長的具體表現，旣然是在於提高生活水準，自然須以「實質」指標加以測度，不能單以「貨幣」指標作爲標準。測度經濟成長之時，普遍採用的標準就是實質的國民生產毛額。又因國民生產毛額的增加如與人口的增加同其幅度，實在不能認爲生活水準已獲改善，所以採用「每人平均國民生產毛額」作爲測度標準，比較具有意義。雖然如此，這種測度標準，還是不能令人感到滿意。因爲，生產力提高，人們

生活水準改善以後，有時是以增加閒暇 (leisure) 的方式表現出來。此
因所得到達某一水準以後，其與閒暇之間，也就保有某種程度的替代關
係。因此，有些機構認為「每一人時的產量」(output per man-hour)，
乃是測度經濟成長的最佳標準。

　　近年以來，經濟成長問題已經引起很大的注意。不過，一國的經濟
是否成長，必須經過比較之後才能判斷，也就是要以現在的成長情形和
過去某一時期的成長情形加以比較。所以，作為比較標準的基期之選擇
十分重要。基期的選擇如果不當，根本無法顯示真正的成長。此外，經
濟成長的目標，是否應該設定具體的水準，也有各種不同的看法。例如，
貨幣與信用委員會的報告就曾指出：「本委員會雖對近年以來的經濟成
長率不表滿意，但不建議訂定確切的成長率作為目標❹。」不過，有人
認為，經濟成長既為經濟政策所追求的目標之一，自應訂定確切的成長
率，藉以判斷政策實施以後的效果。例如，貨幣與信用委員會的報告，
雖未提出確切的成長率數字，但是魯坦柏格 (Stanley Ruttenberg) 却
在同一報告的附錄之中，提出相當於 5 % 的成長率，作為經濟政策的目
標。

　　不過，另有一派見解比較極端的人士甚至認為，經濟成長根本不應
作為一國經濟政策的目標。例如傅利德曼 (Milton Friedman) 曾說：
「在一個自由的社會，不應該說必須達成某種成長率，或者希望達成某種
成長率，或者說較高的成長率比較低的成長率更好……自由社會之中，
每一個人根據個別的意願所造成的成長率，就是最好的成長率。」❺

---

❹Commission on Money and Credit Report, p. 31.

❺U. S. Joint Economic Committee, "Employment, Growth, and Price
Levels," *Hearings*, Part 9A, 86th Congress lst session, (Washington,
D. C., Government Printing Office, 1959).

第四節　平衡國際收支的目標

　　貨幣當局在實施某種貨幣政策之前，尚須同時考慮國際收支以及黃金、外滙準備方面的因素。就美國的經驗而言，一九三四年以前金本位制時代的情形確是如此。但自一九三〇年代的經濟大蕭條以來，美國已有二十五年之久，在實施其貨幣政策之時，並未顧及國際收支方面的因素。在一九三〇年代，美國有着巨額的黃金外流。第二次世界大戰以後，由於美國商品在國際市場的競爭力量佔盡絕對優勢，所以國際收支出現巨額的盈餘。但自一九五〇年代以來，其他國家的經濟潛力已從廢墟中重建起來，使美國商品在國際市場上逐漸遭遇強烈的競爭對象。一九五〇年代的最初幾年，美國並未警覺事態的嚴重，直至一九五八年，由於黃金的大量外流，美國才從夢中驚醒過來。所以，自從一九五八年以後，美國的經濟政策逐漸加上國際收支方面的考慮，尤其是自近年以來，不斷採取各種措施，企圖消除或減少國際收支的巨額逆差。目前，國際收支逆差的消除，則已成為貨幣政策所欲達成的主要目標之一。

　　從美國立場來說，所謂國際收支的逆差，當然是指黃金外流的淨額，加上外國持有的美元餘額（主要就是外國在美國銀行的存款以及外國持有的美國政府證券）。當然，國際收支的逆差並非壞事，因這表示美國獲得所需的外國商品與勞務，支付必須支付的年費及外援，並且增加美國在海外的私人投資。這些支付的絕大部份是以美國商品的輸出以及美國在海外的投資所得抵補。這樣的抵補尚有差額，乃以黃金的輸出以及短期債務的增加清償。

　　表面看來，上述的國際收支逆差並無任何不妥。但主要的問題就是：這種情況不能永遠持續下去。美國的存金雖然勉強算是較多，但是

並非無限；始終依賴黃金的輸出抵銷，並非長久之計。如果外國願意持有不斷增加的美元，而不要求黃金的兌換，一切倒也相安無事，但是無其可能。一旦外國要求以其所持美元兌換黃金，美元危機(dollar crisis)就會隨時發生。

第五節　各項目標的衝突及其實現

一、目標之間的衝突

一國貨幣政策所擬追求的各項目標已經如上所述，但是實現這些目標的最大困難，就是在於各項目標之間，具有相當程度的衝突。例如，物價穩定目標與充分就業目標之間的衝突，就是極其顯著的情形。社會如有大量的失業存在，貨幣當局往往採取擴張信用的政策，藉以刺激需要。但是，需要增加以後，會使社會的某些部門發生膨脹性的壓力。

一般認為，失業的比率如果很高，需要的增加比較不會造成通貨膨脹的壓力。另一方面，如果失業是在 3 ％以下，則為減少失業所採的措施，可能就會進一步造成通貨膨脹的壓力。但是，至今尚無一定的標準可以判斷，在通貨膨脹的壓力完全消除之前，失業究將達到如何嚴重的程度。

關於失業率與工資上升之間的關係，曾有許多的研究作過探討。一般論及兩者之間的關係之時，總是提到英國菲力浦 (A. W. Phillips) 所創用的「菲力浦曲線」(Phillips curve) ❻。此外，沙苗生 (Paul A. Samuelson) 及梭羅 (Robert Solow) 的共同研究指出：美國的失業率如

---

❻ 「菲力浦曲線」(Phillips curves)是以最簡單的方式表示失業率與工資或物價變動率之間的函數關係。

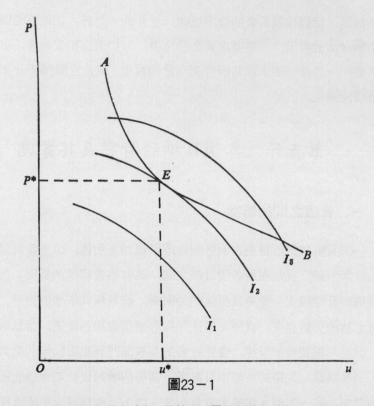

圖23－1

在上圖，橫軸表示失業率 (u)，縱軸表示通貨膨脹率 (P)，亦即物價水準的變
動率。曲線 AB 即爲菲力浦曲線，表示社會可能選擇之 P 與 u 的組合。曲線
AB 的斜率表示失業與通貨膨脹之間的選擇。無異曲線 I_1、I_2 與 I_3 可以反映
社會的集體效用 (collective utility)，但是，$I_1 > I_2 > I_3$，不管是失業或通貨膨
脹的邊際集體效用均爲負數。因此，P 與 u 的邊際替代率也是負數。在圖中，
可能達成的最大集體效用爲 E 點；E 點代表通貨膨脹率 P^* 與失業率 u^* 爲最
理想的組合。貨幣政策與財政政策的目的就是在於達成這種組合。這是一種有
用的分析工具，可以具體表示如何在充分就業與物價穩定之間加以選擇，以達
到最大的集體效用。

A. W. Phillips, "The Relation between Unemployment and the Rate
of Change of Money Wage Rates in the United Kingdom, 1861—
1957." *Economica*, Vol. XXV, (November, 1958). pp. 283—99.

F. Brechling, "The Trade-off between Inflation and Unemployment."
Journal of Political Economy, Vol. 76, No. 4, Part 11, (July/August
1968), pp. 714—17.

侯金英:「貨幣政策的檢討」，中國財政季刊，第三十七、八期，民國五十八年
七月。

果保持在 8 ％的水準，就可避免貨幣工資的上升；失業率如果降爲5至6
％，工資的上升每年可能達到2至3％的水準 ❼。

生產力的提高，如果每年可以達到 3 ％，則以刺激需要的方法而使
失業率降至 4 ％以下，可能就會引起一般物價水準的上漲。另一方面，
如以貨幣政策及財政政策去降低需要，企圖消除任何物價水準的上漲，
可能也會導致高的失業水準。

促進經濟成長與維持低的失業水準之間，似乎沒有嚴重的衝突 ❽。
反之，兩種目標却可互相激勵，加強效果。因在事實上，失業水準如果
很高，經濟就不可能有高度的成長；有時，失業水準降低以後，反可鼓
勵企業家增置節省勞力的設備，而使生產力提高。

經濟成長目標與物價穩定目標之間，是否有所衝突，引起很大的爭
論。有人認爲，如果不能維持物價的穩定，也就不能達到持續的長期成
長。有人認爲，通貨膨脹可以刺激經濟成長。另有懷抱中立見解的人指
出，通貨膨脹雖然不能促進經濟的快速成長，但與經濟成長形影不離。

有人認爲通貨膨脹可以促進經濟成長，主要是因通貨膨脹之時借款
有利（償還同額借款時幣值已經貶低），可以降低投資的金融風險。但
亦有人認爲，由於通貨膨脹可以鼓勵投機活動，而使正常的生產投資受

---

❼Paul A. Samuelson and Robert Solow, "Analytical Aspects of Anti-Inflation Policy," *American Economic Review*, May, 1960, pp. 186—194.

❽但在亞洲地區，各國農村爲了抑抵生產成本，相率採用機械以替代勞力，所以，單位土地面積所能容納之勞力漸呈降低趨勢，這些農村土地無法容納之勞力，也就成爲失業人口。這些失業人口之中，不乏受過良好教育，但因缺乏工商界所需的職業技能，以致無法在都市謀生立足的知識份子。根據勞工統計局的報告指出：亞洲知識份子的失業人數有增無已，其比例較之一般失業人數更高。這種情形尤以巴基斯坦、錫蘭、及印度爲甚。以印度爲例，其知識份子的失業人數，由一九五六年之二十萬人增至一九六七年之一百萬人。

到壓制，故為經濟成長的阻力。不過，通貨膨脹之與經濟成長並行並進，則為不爭之事實。這是因為，充分就業的達成常係促進經濟高度成長的先決條件之一，但是，在達成充分就業的過程中，總是引起通貨膨脹。

以上的分析雖然指出，各種經濟目標的達成之間，雖有若干衝突之處。但在另一方面，若干實證研究却是指出，各種目標之間，並無必然的衝突關係存在。例如，貨幣與信用委員會的報告，就曾提出樂觀的看法：⑨

「本委員會認為，適度的經濟成長、較低的失業水準、以及合理的物價穩定等三大目標，可以同時達成，各種目標之間並無互相排斥之處。卽使在某種情況之下，合理的物價穩定與較低的失業水準之間有着某種程度的衝突，但在較低的失業水準與經濟成長，或在合理的物價穩定與適度的經濟成長之間，却無衝突存在……

本委員會認為……貨幣、財政、信用、及其他經濟措施的適度配合，可以消除各種目標之間的可能衝突，促使各種目標同時達成。」

但在達成充分就業、促進經濟成長、以及平衡國際收支之間，情形不容樂觀。因為快速的成長以及高水準的就業，均會提高所得水準，結果，輸入增加，輸出減少，勢將促成國際收支趨於惡化。國際收支問題雖可透過緊縮的財政政策及貨幣政策加以解決，但是這些政策的採取，却會阻礙其他目標的達成。

二、目的與手段

主張運用權術的人認為，為達目的可以不擇手段，但在經濟決策方

---

⑨Commission on Money and Credit Report, pp. 44—45.

面絕對不可如此。在經濟決策方面，爲了達成某種目的，所採的手段必須配合某種標準，依據某種信念。所以，爲了追求經濟成長、物價穩定、以及充分就業，必須基於不致損害經濟自由、違背經濟制度的原則。但這並非表示，經濟自由絕對不可侵犯；有時爲了達成某種其他極爲重要的目標，可以放棄某一限度的自由。當然，所謂某一限度，究竟範圍多大，亦有各種不同的見解。今天各國普遍採取累進課征的所得稅，以達成所得的平均分配；這種累進課征的所得稅，就會損害經濟自由，但爲平均社會財產，這種自由必須放棄。再且，今天各國普遍推行的社會安全制度，也會損害經濟自由，但因能使社會安全獲得保障，所以必須犧牲部份的自由。

爲了穩定物價，許多國家均以法律禁止罷工，甚或採取凍結物價與工資的措施。爲了減少國際收支的逆差，有時可對外國輸入商品設定限額 (quotas)，或者課征進口關稅。凡此措施，均將或多或少損害國民的經濟自由，但是爲了國家的利益，或者爲了達成某種政策目標，必須容忍此種自由的犧牲。例如，美國總統於一九七一年八月十五日所宣佈的新經濟措施中，爲了壓制通貨膨脹，乃對物價與工資宣佈凍結九十天，爲了改善國際收支，乃對輸美商品課征10％的進口附加稅。

三、法則與權衡

在貨幣政策方面，還有一個長久以來就已引起爭論的所謂「法則與權衡」(rules vs. authorities) 問題。這個問題是指：貨幣政策究竟應由某一擁有權衡力量的機構隨時加以決定？或是應該按照某些預先決定的法則加以決定？

古典學派的西門思 (Henry Simons) 主張法則，而不贊成權衡，因

其認爲，貨幣政策如由某些機構決定，會對經濟自由構成威脅 ⑩。

採取「法則制度」(rule system) 的最大好處，就是大衆可以預先瞭解貨幣政策究將如何演變，如此一來，當可避免錯誤的判斷與決定，消除風險與不安的因素，特別是在證券的交易方面，可以減少投機活動，增強投資信心。美國目前的貨幣政策，是由貨幣當局權衡決定，所以企業決策階層，如能正確預知聯邦準備當局卽將採取的行動，常能積極地謀取很大的利益，或消極地避免不當的損失。

當然，實施「法則制度」的最大困難，就是不易選定適當的法則，足以應付各種情況的變化。如能選定某種優良的法則，卽使沒有經過立法程序，貨幣當局還是能够據此法則權衡應用。不過，問題還是在於：法則何在？

根據西門思的主張，聯邦政府當局應該賦予較大的行政權力，以便穩定物價。所以，政府當局仍然擁有財政方面及貨幣方面的權力，俾在物價上漲時採取緊縮性的措施，而在物價下降時採取鬆弛性的措施。此處應該注意，貨幣當局對於政策的權衡力量並未消失，僅僅是把經濟政策的目標限於穩定物價的惟一目標而已。至於充分就業目標及經濟政策目標，在經濟政策的決定中，並非重要的考慮因素。

今天，許多贊成「法則制度」的學者，並不贊成西門思的主張，而是就其主張加以修正 ⑪。目前所提的主張是：貨幣當局應使貨幣供給每

---

⑩Henry Simons, "Rules Versus Authorities in Monetary Policy," *Journal of Political Economy*, (February, 1936), p. 3.

⑪對於西門思主張的主要修正，參閱：

Edward S. Shaw, "Money Supply and Stable Economic Growth," in *United States Monetary Policy*, (American Assembly, 1958).

Milton Friedman, *A Program for Monetary Stability*, (New York: Fordham University Press, 1959).

年穩定地增加３％。如此，不管經濟情勢如何變動，總是照此規則執行
貨幣政策。例如，通貨膨脹卽使相當嚴重，貨幣供給每年還是增加３
％；反之，失業情況卽使相當嚴重，貨幣供給每年還是只能增加３％。
貨幣當局對於貨幣供給的增加，可謂毫無「權衡應變」(leaning against
the wind) 的力量。

　　近年以來，以傅利德曼 (Milton Friedman) 爲首的「貨幣論者」
(monetarists) 認爲，對於諸如膨脹性缺口、蕭條、以及緩慢成長時期，
總體經濟數量方面的控制，只能透過貨幣供給的控制一途，因此建議：
每年及每月，聯邦準備當局應把貨幣供給穩定地維持在每年增加4.5％
的速度，或至少維持在４％至５％的範圍之內。因此，不必採取主動的
財政政策，不必考慮精密的調和政策 (fine tuning)，而讓自由市場自
行處理諸如利率、失業、以及價格水準等等問題。換句話說，傅利德
曼認爲，貨幣政策應該透過「法則」發揮作用，而不主張透過「由少數
人或少數委員會加以權衡(discretionary authority by men or commi-
ttees)，任意支配」⑫。

討論問題

1　何謂「充分就業」？

2　何謂「穩定的物價」？

3　何謂「高度的經濟成長」？

4　如果各項不同的經濟目標，應該設定優先的順序，請就我國經濟發展的現
　　況，列出應該達成的政策目標之優先順序。

5　何以通貨膨脹總在戰爭時期發生？

---

⑫林倫禧、白俊男編譯：經濟學，沙苗生原著第八版，中央圖書出版社，民國六
十年九月，頁四二五。

6 「大多數目前失業的人，並非急於想要工作。」這話有無道理？

7 （一）6％的失業配合相當穩定的物價；（二）4％的失業配合2％的物價上漲；（三）2％的失業配合5％的物價上漲等三種情況，就我國現況而言，那一情況較爲適合？何故？

8 若由政府凍結物價與工資水準，固可壓制通貨膨脹，但是，有何不妥？

9 何謂「非力浦曲線」(Phillips curve)？

10 何謂「以法則代替權衡」？

第二十四章
貨幣政策的作用

以前已在理論方面探討貨幣供給與經濟活動水準之間的關係，並已說明貨幣當局如何運用各種政策工具，藉以控制經濟活動的水準以及其他的經濟變數。本章擬就這些基礎作一連貫，藉以理解中央銀行的貨幣政策，如何影響整個經濟社會。

關於貨幣政策與經濟社會之間的連鎖關係，擬從貨幣數量學說及所得支出學說的觀點加以分析。首先就是檢討貨幣政策發揮作用的機能，其次則是觀察貨幣政策發揮作用所遭遇的困難。

第一節　貨幣政策的連鎖作用

中央銀行最重要的政策工具之一，就是在公開市場買賣政府證券的力量。美國的聯邦準備銀行如果購入政府證券，會員銀行的準備數額就會立即增加，商業銀行對此準備增加以後的反應，大抵上是購入生利資產。商業銀行不管是以放款方式，或以在市場購買證券的方式取得生利資產，總是必須開出支票，或者貸記某一存款帳戶。如此，便是活期存

款的增加，也是貨幣供給的增加。

利用貨幣數量學說連貫貨幣供給變動與經濟活動水準變動之間的關係，可謂極其簡單。如果貨幣的所得流通速度 V_y 相對穩定，根據貨幣數量學說，貨幣供給M的增加，最後必將導致貨幣所得(money income) $Y(=PyTy)$ 的增加。此時，社會如有失業及超額的生產能力存在，可能就會引起「實質所得」(real income) 的增加，但是物價仍然相對穩定。反之，社會如係處於充分就業的狀態，則對財貨的需要 MV_y 增加以後，最後必將引起一般物價水準的上漲。

如果利用所得支出學說連貫貨幣政策與所得變動之關係，情形比較複雜。本章討論的焦點，是在聯邦準備銀行及會員銀行購買證券的影響，以及銀行放款對於證券價格與利率的影響。因為貨幣供給的變動可以透過利率影響經濟，所以，利率降低以後，可以引起投資支出的增加，透過乘數的作用，進而引起國民所得水準的增加。

在此應該注意，以數量學說分析和以所得支出學說分析，主要差別是在貨幣政策影響所得水準時所發揮的機能不同。不過，在相同的假定之下，還是可以得到相同的結論；亦卽，聯邦公開市場委員會購買證券以後，同樣引起貨幣所得的增加。以下進而分析這些假定：

一、超額準備

第一個嚴密的假定，在於聯邦準備銀行實行公開市場操作以後，會員銀行的反應就是購買生利資產以增加準備。當然，銀行也會僅僅持有超額準備，而不運用這些準備以承做放款或購買證券。如果銀行的反應眞是這樣，則以貨幣政策去提高所得與就業，必將失去效果。而且，如係處於景氣蕭條的時期，企業家本身因為對於未來的展望較為悲觀，所以也是較少向銀行告貸。卽使有些企業家對於景氣的前途較為樂觀，但

因鑑於目前的銷售情況不佳，所以並不計劃擴充生產設備或增加存貨。
再就銀行的立場來說，即使廠商急於告貸，銀行對於放款的考慮也會趨
於愼重。而在景氣衰退時期，廠商的財務狀況總是較差，所以難以取得
銀行的貸款。如此，銀行的超額準備較少轉爲生利資產。

　　銀行運用超額準備的另一方式，就是向大衆購買證券。但在景氣衰
退時期，一般利率水準較低，此時，政府債券在市場出售以後的收益既
低，銀行也就認爲並不值得大量購買。因爲銀行完全瞭解，在利率水準
較低時期購買證券，而在利率水準升高，企業活動轉趨熱絡以後出售，
可能引起大量的資本損失。

　　基於以上的分析，可以看出，處於景氣衰退之下，銀行對於超額準
備的需要甚高，且其現金所佔銀行資產總額的比率亦高，完全不足爲
奇。此時，中央銀行雖然可以創造大量的超額準備，但因不能強迫商業
銀行運用這些準備，所以蕭條時期的貨幣政策總是不易發揮效果，道理
在此。回憶一九三〇年代的大蕭條時期，銀行確曾持有大量的超額準備
❶；但是，當時銀行對於超額準備的需要亦非無限。事實上，既然處於
大蕭條的情況，銀行持有大量的現金資產，不能不視爲一種合理的「資
產管理政策」(portfolio policy)。如果當時能夠創造更多的超額準備，
銀行可能也會以之用於購買生利資產。總之，在大蕭條時期的超額準備
水準，只能視爲恰敷銀行持有的需要。由此看來，超額準備的創造，應
該達到某一相當的水準，俾使銀行除去持有之外，尚可用以購買生利資

❶以貨幣觀點分析大蕭條時期之情況，可以參閱：

Milton Friedman and Anna Schwartz, *A Monetary History of the United States, 1867-1960*, (Princeton University Press, 1963), Chapters 7-9. J.M. Culbertson, "United States Monetary History: Its Implications for Monetary Theory," *National Banking Review*, (March, 1964).

產。

二、流動性偏好

利用貨幣政策以對抗景氣衰退，如欲達成效果，須有第二個重要的假定，就是利率應隨貨幣供給的變動而變動。貨幣政策如欲有效對抗景氣衰退，則在中央銀行實施公開市場操作，導致貨幣供給增加以後，利率水準應趨下降。 在正常的情況下， 這一假定或可達成； 但在蕭條時期，這一假定可能無法成立。

如果利率水準原已甚低, 則在貨幣供給增加以後, 利率水準可能無法再降。利用圖24–1可以說明凱因斯的「流動性陷阱」(liquidity trap)。圖中， 貨幣供給由 M 向 M' 增加以後， 利率水準不受影響。

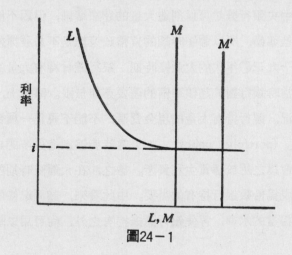

圖24–1

經濟學家對於流動性陷阱的存在爭論已久。關於流動性陷阱的實證結果, 並不十分明確。比較合理的看法就是認為, 利率一旦低至某一水準之下, 大眾總會持有休閒貨幣, 而不用以出借或用以投資。但是, 此一甚低的利率水準, 歷史上可能尚未出現。目前, 就貨幣政策的觀點來

說，流動性陷阱是否存在之爭已不重要。蕭條過後數年的利率水準，遠比當初設想的流動性陷阱之水準為高。當然，如果不幸嚴重的蕭條再度來臨，流動性陷阱必然重又引起高度的注意，而且，這種注意並不僅是理論上的探討而已。

三、投資的利息彈性

第三個重要的假定，就是利率的降低應能刺激投資支出。因為除非投資增加，利率水準的降低才能促成所得的增加。但是，資本的邊際效率表 (marginal efficiency of capital schedule) 可能缺乏利息彈性，亦卽，利率的降低並不引起投資的增加。圖24-2可以表明這種缺乏利息彈性的投資表。圖中，利率由 i 降至 i' 以後，並不引起投資支出的增加。

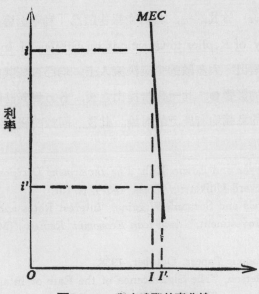

圖24-2　資本邊際效率曲線

在貨幣政策決定者的眼中，投資決策對於利率水準變動的敏感程度如何，是一件非常重要的事。如果可以證明，投資決策對於利率水準的變動，並無太大的關聯，則以利率的變動爲手段的貨幣政策，不能作爲達成某種經濟目標的有效工具。

許多學者對於上述的問題，曾經進行實證的研究，對於實際投資與利率的關係，曾經提出許多的統計分析；並有許多學者多次訪問企業決策階層的意見，問其是否以利率水準作爲決策的重要參考因素。其中，麥宜(John R. Meyer) 及辜 (Edwin Kuh) 的研究指出：利率因素並不值得重視❷。但是，約在同一時期，給拉斯 (Franz Gehrels) 及威京斯 (Suzanne Wiggins) 的研究則是指出：投資與利率之間，有着重要的相反關係，但在投資支出方面，則有一年之時間落後 (time lag)❸；所以，如果今年的利率由 5 ％降爲 4.5 ％，明年的投資將會增加 9 ％。至於實地訪問方式的研究，則由米德 (James E. Meade) 及安德略 (P. W. S. Andrews) 啓其端倪，其研究報告題爲「利率影響問題之答覆摘要」(Summary of Replies to Questions on Effects of Interest Rates)❹。此一報告指出：大多數的企業決策人士，均已否認其決策行爲直接受到利率變動的影響❺。此一報告提出之後，各方對其訪問調查的技術以及結果顯示的意義均有廣泛的討論。此後，同樣的研究不斷進行，但

❷John R. Meyer and Edwin Kuh, *The Investment Decision, Cambridge, Mass.*, (Harvard University Press, 1957), p. 181.

❸Franz Gehrels and Suzanne Wiggins, "Interest Rates and Manufacturers, Fixed Investment," *American Economic Review.* (March, 1957), p. 79.

❹Oxford Economic Papers, October, 1938.

❺H. D. Henderson, "The Significance of the Rate of Interest," *Oxford Economic Papers*, (October, 1938).

其結果大致相同 ❻。

　　有關利率對於投資的影響之分析，大多集中於長期投資方面。克萊因 (Lawrence Klein) 在一項研究報告中指出: 利率對於鐵路及電力事業的投資，具有甚大的影響 ❼。但在另一方面，哈屈萊 (Ralph G. Hawtrey) 的推論指出: 利率的變動，對於存貨的投資具有甚大的影響 ❽。

　　關於投資支出的利率敏感程度問題，雖在實證方面已有很多的研究報告出現，但是迄今仍無定論。有些經濟學者認為，投資對於利率的變動有着充分的反應，所以貨幣政策有其效果。但是，另有一些經濟學者認為，情況並非如此，所以利用貨幣政策去達成經濟穩定，不能發揮顯著的效果。兩派意見相反的經濟學者，都可據其個別的實證，提出政策方面的不同建議，但其理論分析却是相同。

第二節　通貨膨脹的貨幣政策

　　以上的說明可以看出，欲在景氣衰退時期有效運用貨幣政策，必須依存於許多假定: （一）銀行準備的增加，必須促成銀行對於生利資產之購買的增加;（二）貨幣供給增加以後，必須引起利率之下降;（三）利率下降以後，必須導致投資支出的增加。上面這些假定是從景氣衰退的觀點加以探討，但是，緊縮的貨幣政策如何對抗通貨膨脹，則未論及。

　　中央銀行在公開市場出售證券以後，將會引起銀行存款及生利資產

---

❻T. E. Wilson and P.W.S. Andrews, ed., *Oxford Studies in the Price Mechanism*, (Clarendon Press, 1951).

❼"Lawrence Klein, Studies in Investment Behavior," *Conference on Business Cycles*, (New York: National Bureau of Economic Research, 1951).

❽Ralph G. Hawtrey, *A Century of the Bank Rate*, London (Longmans Green & Co., 1938).

的減少，至少會使獲得生利資產的速度減緩下來。而在採取鬆弛貨幣政策的情況，因為商業銀行可能持有太多的超額準備，以致中央銀行政策不能發生顯著的效果。但是，商業銀行若無一些超額準備，顯然無法長期經營下去，所以緊縮的貨幣政策較易發生效果。

當然，中央銀行的政策可以任意緊縮，直到利率升至某種希望水準為止。但因投資表缺乏利息彈性，所以緊縮的貨幣政策仍有若干問題存在。有時，卽使利率的上升幅度很大，還是無法壓制投資支出的擴張。但是，鬆弛貨幣政策的情形則非如此。在通貨膨脹時期，中央銀行在原則上可以迫使利率升至相當的高水準，俾使投資支出減至希望的目標。但在景氣衰退時期，中央銀行並非可以無限制地降低利率水準。在一九六八年，國際金融市場曾經進入空前的高利率時代，就是最好的證明。

但在通貨膨脹時期，如欲貨幣政策發揮效果，尚有其他問題存在。如果某種緊縮的貨幣政策確能發生效果，那就表示若干支出已被壓制下來。不過，因為緊縮的貨幣政策之效果無法遍及整個經濟社會的每一部門，所以有些部門所受緊縮貨幣政策的打擊，乃比其他部門為重。例如，營建業，特別是住宅營建業對於緊縮貨幣政策的反應就是特別敏感。再者，中小企業所受緊縮貨幣政策的影響也是特別嚴重。其他易受緊縮貨幣政策影響的部門，就是各州政府及地方政府的支出。

既然貨幣政策對於社會各個部門的影響不盡相同，所以也就牽涉到所謂社會公平的問題。也就是說，在通貨膨脹時期，某些支出固須加以壓制，但是，何以營建業必須首當其衝？卽使是在緊縮貨幣政策的時期，大的企業仍可輕易地獲得資金的融通，但是，何以急於覓求新居的人卻是告貸無門？美國在一九六六年及一九六八年的緊縮貨幣政策，曾使住宅營建受到很大的影響。所以，緊縮的貨幣政策，在原則上雖可壓制社會的膨脹性壓力，但是亦應考慮社會公平方面的影響。

第三節　資金供應可能性理論

以上乃是利用所得支出學說，分析貨幣政策及其對於社會的最終影響。這種學說應該溯及凱因斯 (John M. Keynes) 的理論。但在第二次世界大戰以後，關於貨幣政策如何發揮作用的理論，曾有許多不同的見解被提出來。其中，最關重要、影響最大的是羅薩 (Robert V. Roosa) 提出的「信用供應可能性理論」(credit availability doctrine)；羅氏曾任紐約聯邦準備銀行的經濟顧問及財政部次長，現爲華爾街銀行界的領袖之一。

根據羅薩的理論，貨幣政策的作用主要是透過信用供應可能性的變動，而非透過貨幣成本（利率）的變動。這一理論指出：處於通貨膨脹時期，卽使投資表對於利率的變動不甚敏感，仍可在不提高利率的情形下壓制支出。

以前探討的理論，是把資本的邊際效率表當作需要表，用以表示對於投資資金的需要。但是，信用供應可能性理論却是觀察對於投資資金的供給情形。也就是說，卽使借款者願意支付很高的利率，而不減少對於投資資金的需要，但是，卽使利率提高，恐怕貸款者不願或無法貸出資金。

在中央銀行提高利率以後，貸款者之所以比較不願對於企業提供放款，主張信用供應可能性理論的學者認爲，基本理由有二：首先，中央銀行透過在公開市場出售政府證券的方式，藉以壓制通貨膨脹之時，商業銀行的放款活動必然受到影響。因爲中央銀行出售證券的立卽影響，就是銀行準備的減少，以及證券價格的降低（提高證券的收益），在這情況之下，商業銀行如果要對企業放款，必須出售若干政府證

券，以獲取所需之資金。提倡信用供應可能性理論的學者認爲，銀行總是不願爲了放款而去出售證券，以致遭受損失。因爲政府證券的價格既已降低，所以銀行出售任何債券均須蒙受資本損失 (capital losses)，銀行自然不願出售❾。其次，一旦政府債券的價格下跌，則與其他投資相比，也就更爲有利，除非其他投資的收益以相同的幅度提高。假設，政府債券的收益爲4.5%，而對優良企業放款的收益則爲5.5%。此時，就商業銀行的立場來說，這兩種投資之間有着「正常」的關係。現在進而假定，由於中央銀行採取政策的結果，政府債券的收益升爲5.5%，因此，相形之下，對於企業放款的收益也就顯得太低。此時，沒有一家銀行願對企業提供貸款，而仍獲得 5.5% 的收益；因爲，以其資金購買政府債券的收益也是 5.5%，但却絕對安全可靠。所以，事實上除非對於企業放款的利率升爲 6 %，否則銀行不願放款。

提倡信用供應可能性理論的學者指出，卽使銀行的態度確是如此，卽使企業完全願意負擔 6.5% 的利息，但因受到制度因素的限制（規定不准放高利貸等），銀行對於企業的放款利率還是不能提高爲 6.5%。在此情況之下，銀行只好縮減放款業務。

上述的理論曾獲聯邦準備當局的支持❿，正如杜賓 (James Tobin) 教授所說：「何以新的貨幣控制理論能被視爲合理的聯邦準備政策，這

---

❾提倡信用供應可能性理論的學者認爲，商業銀行方面採取這種態度並不應該。新的放款扣除風險以後，如能獲得比政府債券更高的收益，顯然應該出售債券，進行放款，卽使這種債券的出售必須負擔損失，也是應該如此。事實上，美國稅法對此也有鼓勵的規定，亦卽，這種債券出售引起的損失可自盈餘之中扣除，藉以減輕稅負。

❿聯邦準備銀行以「官方」立場接受此一理論，首先見於一九五三年三月聯邦準備月報所載「貨幣政策對於貸款者及借款者的影響」(The Influence of Monetary Policy on Lenders and Borrowers) 一文；該文係由楊格 (Ralph A. Young) 所撰，楊氏後來擔任聯邦準備理事會研究處處長。

點極易理解。因爲這種理論認爲利率不須大幅波動，貨幣政策亦能發生效果；而在過去，利率的大幅波動，乃是貨幣政策之重要因素。……同時，新的理論指出，這些措施既能減少對於私人借款者所提供的信用可能性，所以也能有效壓制私人支出⑪。」

雖然上述的理論頗能引起共鳴，但是仍有許多經濟學家不願完全加以接受。主要是因這些理論賴以建立的基礎甚爲脆弱；例如，這種理論必須假定市場的不完全、剛性，銀行家以及其他金融機構決策人員的不合理行爲等等。例如，實證的研究證明，提倡這種理論的學者所說的市場之不完全並不存在，事實上，不管借款者願意負擔多高的利率，銀行家乃是十分願意承做這種高利的放款。

第四節　貨幣政策與數量學說

以下再以貨幣數量學說探討貨幣政策及其對於經濟社會的影響。在通貨膨脹時期，中央銀行可能提高準備率或在公開市場出售證券。如此一來，可以降低銀行體系創造信用的能力，並且減少或限制貨幣供給的增加。根據貨幣數量學說，這種貨幣政策的目標，在於降低總支出（*MV*）及物價水準。

但是，限制銀行準備的增加以後，並不一定立卽引起貨幣供給的減少。因爲銀行仍然可就其所擁有的少數準備，進行比較密集、有效的運用。聯邦資金市場的發展，就是節省所需準備的一個例子⑫。

---

⑪James Tobin, "Monetary Policy and the Management of the Public Debt: The Patman Inquiry" *The Review of Economics and Statistics*, (May, 1953), p. 124.

⑫Hyman P. Minsky, "Central Banking and the Money Market Changes," *Quarterly Journal of Economics*, (May, 1957).

再進一步，即使中央銀行可以有效地降低貨幣供給，但因 V 可能增加以彌補 M 的減少，所以可能無法促成總支出的減少。正如史密斯 (Warren L. Smith) 所說：「在信用狀況緊縮，而銀行體系對於新貨幣的創造受到限制以後，該國的金融機能乃以更加有效動員現有貨幣供給的方式，開始發生作用 [13]。」

爲了證明這種見解之正確，必須深入探討 V 之決定因素。因爲 V 的背後有着若干機能性的因素，故可合理地假定，在某一時期，在某些特定的制度條件之下，V 有若干限制因素存在。就像過去二十多年的實際情形一樣，V 可增加若干，但有一些因素會去限制 V 的增加幅度，俾能抵銷因 M 減少所引起的影響。如果中央銀行在其政策之中考慮 V 可能發生的影響，仍可單獨操縱 M 的變動，而使總支出（MV）的水準受到某種程度的限制。

以上乃是分析中央銀行如何對抗通貨膨脹；玆再進而分析中央銀行如何對抗景氣衰退。在景氣衰退時期，中央銀行所採取的對策正與通貨膨脹時期所採對策相反。例如，中央銀行可能在公開市場購買證券，或者降低準備率，或者兩者兼施。

中央銀行採取這些措施的目的，就是在於增加銀行體系擴大放款與投資的能力與意願，進而增加貨幣供給。如果貨幣的流通速度固定，貨幣供給的增加就會促成總支出的增加。如果 MV 增加，P 或 T 必然增加。在企業活動蕭條時期，支出增加以後，主要希望能够促成交易數量 T 的增加，其次才是希望引起 P 的上升。

有關當局總是認爲，中央銀行雖然不能有效地對抗景氣蕭條，但在對抗通貨膨脹方面却能發生預期的效果。因此，貨幣政策的效果被認爲

---

[13] Warren L. Smith, "On the Effectiveness of Monetary Policy," *American Economic Review*, (September, 1956).

是不對稱的。因爲有人認爲：（一） 中央銀行並不一定能够增加M； 而且，（二）M的增加可能會被V的減少所抵銷。所以, 如上所述（從所得支出學說的觀點）， 以貨幣政策對抗景氣衰退遂被認爲不能發生預期效果。 前已指出， 中央銀行採取鬆弛的貨幣政策以後， 商業銀行雖會累積超額的準備， 但不一定會促成貨幣供給的增加。銀行方面對於超額準備， 雖有高度的需要， 但是如前所述, 亦有若干因素限制了銀行持有超額準備的數額。

　　不過， 無論如何， 卽使由於採取某種貨幣政策致使貨幣供給增加以後， 並不一定引起總支出的增加。 M的增加可能會被V的減少完全抵銷。貨幣政策另一不對稱效果的原因與V有關。在通貨膨脹的情況下, 一般認爲M的減少會被V的增加抵銷；可是， V却不能無限制地增加。而在景氣衰退之下， V可降至極低；至少, 一九三〇年代大蕭條時期的情形就是如此。

　　上述的情況如以現金餘額型的數量學說 $(M=kPT)$ 分析當更淸楚。M如增加, 人們可能僅僅持有這些增加的貨幣所得, 不會用於支出； 亦卽， M如增加， k亦可能隨之增加。但是， 人們似乎不可能無限制地持有大量的休閒貨幣, 因爲人們雖不用於一般財貨的支出， 但却可能支用部份貨幣去購買證券。於是， 對於證券的需要增加以後, 可能促成證券價格的上漲， 進而導致利率的下降。

　　在此可對以上所述, 貨幣政策在促進經濟穩定方面所能發揮的效果作一結論： 如果流通速度相對穩定， 貨幣政策便能有效地對抗通貨膨脹或景氣衰退。根據所得支出學說, 如果投資支出對於利率的變動相當敏感, 貨幣政策便能有效地對抗經濟的不穩定；卽使利率的變動不大, 也能發生相當的效果。但是， 根據一般的觀察, 投資支出對於利率的變動並不十分敏感， 所以貨幣政策如欲發生預期的效果， 須有利率水準的大

幅變動。不過，利率水準的大幅變動並非社會所能接受。再就信用供應可能性理論來說，即使投資對於利率的變動並不敏感，即使利率的變動幅度不大，貨幣政策在對抗通貨膨脹方面還是能够發揮某種程度的效果。

討論問題

1 試從貨幣數量學說的觀點說明緊縮的貨幣政策如何壓制通貨膨脹。

2 根據所得支出學說，在有大量失業現象存在的時候，鬆弛的貨幣政策如何發揮作用？

3 商業銀行何以持有超額準備？

4 何謂「流動性偏好」？實際社會上是否有流動性偏好存在？

5 何種型式的投資支出對於利率的變動最敏感？

6 何謂「信用供應可能性理論」？

7 貨幣政策在通貨膨脹時期是否比在景氣衰退時期更能發揮效果？何故？

8 利用貨幣數量學說及所得支出學說去分析貨幣政策，各有何種特色？

9 就美國聯邦準備制度公開市場委員會的立場來說，對於貨幣政策的作用，是否應該充分了解？

第二十五章
貨幣政策的效果

　　貨幣政策的目標在於達成穩定的物價、充分的就業、適度的經濟成長、以及國際收支的平衡，至於中央銀行，為了達成這些目標，則須適當地運用諸如公開市場操作、變動準備率及貼現率等的政策工具。茲擬進而討論貨幣政策的實施，究竟能否達成上列的各項目標，亦卽討論貨幣政策的有效性 (effectiveness) 問題。

第一節　貨幣政策的數量效果

　　貨幣政策對於社會的影響，計有兩種效果：一為檢討貨幣政策有效性之強度 (strength) 的「數量效果」(magnitudinal dimension)；一為檢討貨幣政策有效性之落後 (lag) 的「時間效果」(time dimension)。貨幣政策的執行如欲達成預期的目標，貨幣當局對於上述兩項效果的瞭解必須非常清楚。貨幣當局瞭解貨幣政策有效性之強度以後，才能知道應該採取何種程度的貨幣政策；而且，貨幣當局也須瞭解貨幣政策有效性之時間落後究有多久以後，才能決定應在何時採取貨幣政策。

　　先就貨幣政策的數量效果來說，貨幣政策的強度是決定於：（一）
經濟社會中各種經濟變數之間函數關係的彈性；（二）經濟社會中各種
經濟變數之間函數關係的穩定性。就函數關係的彈性而言，貨幣政策的
強度是隨貨幣需要的利率彈性成反方向的變動，但却直接隨着實物資產
需要的利率彈性而同方向變動。如果貨幣需要的彈性很高，而實物資產
需要的彈性很低，則可發現貨幣政策的效果非常微弱。在此情況之下，
利率少許變動以後，大衆對於貨幣供給的運用會發生很大的變動；但此
利率的少許變動，僅會引起大衆對於實物資產更小的變動。所以，財貨
與勞務之生產所受利率變動的影響相當輕微。當然，可以加強貨幣政策
的「劑量」(dosage)，而使財貨與勞務之生產受到更大的影響。另一方
面，如果貨幣需要的彈性很低，而實物資產需要的彈性很高，則可發現
貨幣政策具有很強的效果。在此情況之下，須使利率水準發生很大的變
動，才能促使大衆調整貨幣餘額，而此利率水準的大幅變動，會使對於
實物資產的需要發生更大幅度的變動。結果，財貨與勞務的生產便會受
到很大的影響。❶

　　但在實際的經濟社會中，上述的利率彈性究係如何？根據估計，貨
幣需要的利率彈性變動很大，但一般而言總在－0.1至－0.9之間❷；
因此，貨幣政策可以說具有相當強烈的效果。至於對於實物資產需要之
利率彈性，根據估計結果，變動也是很大，能使貨幣政策的作用發生強

❶Dwayne Wrightsman, *An Introduction to Monetary Theory and Policy*, (New York: The Free Press, 1971), p. 213.
❷關於這一方面的實證研究，請閱：
Thomas Mayer, *Monetary Policy in the United States*, (New York: Random House, 1968), pp. 124.
至於我國貨幣需要之實證研究，請閱：
柳復起：臺灣之貨幣需求，中央研究院經濟研究所經濟論文專著選刊之九，民國五十九年六月。

烈的效果。

　　再就函數關係的穩定性而言，貨幣政策效果的強度是隨着這些函數的不穩定移動而降低。例如，貨幣當局為了實施緊縮性的貨幣政策，因而減少貨幣供給以提高利率水準，但在此時，貨幣需要曲線如甚穩定，且係向下傾斜，當可提高市場利率，而使貨幣供給與貨幣需要恢復均衡。但是，貨幣需要曲線如不穩定，亦卽，不僅是沿着需要曲線變動，而且整條需要曲線也會移動。此時，貨幣供給的減少就不必然會促成市場利率的上升。而在另一方面，如果商業銀行以外的金融媒介機構 (financial intermediaries) 諸如相互儲蓄銀行、儲蓄與貸款協會、以及信用組合等，鑒於抵押放款以及債券投資等的市場利率已經提高，便會跟着提高其儲蓄存款的利率，藉以吸收資金。如此，儲蓄存款的利率提高以後，會使貨幣需要減少（引起貨幣需要曲線向左下方移動），同時促成市場決定的利率下降，結果，以提高利率為目標的緊縮性貨幣政策，便會受到抵銷性的影響[3]。換句話說，聯邦準備當局如果透過公開市場的操作，而使證券價格下跌，證券利率上升，則會促使儲蓄機構提高儲蓄存款的利率，藉以吸收資金，進行證券投資。一旦這些儲蓄機構利用吸進的資金購買證券以後，當會促成證券價格的上升以及證券利率的下降。結果，證券的利率又會降到當初的水準；所以，貨幣當局當初透過公開市場操作所欲達成的目標，便會受到阻礙。這是貨幣需要方面的一種不穩定移動。

　　資本財需要以及其他實物資產需要的不穩定移動，也會帶來上述的

----

[3]關於這一方面的討論，可以參閱：

John G. Gurley and Edward S. Shaw, *Money in a Theory of Finance*, (The Brookings Institution, 1960).

Warren L. Smith, "Financial Intermediaries and Monetary Controls," *Quarterly Journal of Economics*, Vol. 73. (November 1959), pp. 533-553.

影響。通常，貨幣政策的變動，會使實物資產的持有者對於未來的預期發生變動，而對預期的改變，會使需要發生移動。至於這種移動在性質上究係穩定或不穩定，乃視這些實物資產的持有者，對於預期 (expectations) 究係缺乏彈性或具有彈性而定。例如，貨幣當局採取緊縮性的貨幣政策，減少貨幣供給，藉以提高利率。此時，假定實物資產持有者認為貨幣當局對於利率的提高將會變本加厲（對於預期具有相當的彈性），則其對於實物資產的當前需要便會增加，這會引起財貨與勞務之生產的增加。但因貨幣當局實施緊縮性貨幣政策的目的，乃在壓制生產的擴張，由此可見，如果實物資產的持有者對於預期具有相當的彈性，貨幣政策的效果便會受到抵銷的影響。另一方面，如果實物資產的持有者認為，利率水準不久之後就會回降（對於預期缺乏彈性），則其對於實物資產的當前需要便會減少，這會引起財貨與勞務之生產的減少，從而達成緊縮性貨幣政策的目標。不過，貨幣政策對於預期的影響究竟如何，迄今少有實證研究提出。

　　一般說來，沒有一種資產的需要函數 (demand function) 是完全穩定的。毫無疑問地，有些函數由於受到貨幣政策的影響，常會發生不穩定的移動。但是，至今仍無實證研究指出這種移動對於貨幣政策究會產生如何的抵銷效果。不過，根據過去的經驗看來，貨幣政策的確充分有效，只是其對各個經濟部門的影響不盡一致而已。貨幣政策既然有效，所以，這種效果究有多大，須有充分的瞭解，否則，貨幣當局實施貨幣政策的「劑量」如有偏差，還是不能達到預期的效果。一九五〇年代以來，各國貨幣當局對於貨幣政策效果之強度的推斷，大致已有相當的經驗，近且由於計量經濟模型 (econometric models) 的推廣應用，更可解決決定貨幣政策最適「劑量」的困難。

第二節　貨幣政策的時間效果

貨幣政策的作用雖然能夠發生上述的效果，但其採取的時機 (tim-ing) 如果不當，還是不能發生預期的效果。換句話說，貨幣政策的效果有着「時間落後」(time lag) 存在。

貨幣政策的時間落後之種類很多。第一、從客觀環境必須改變政策到認識採取行動之必要，這一過程中有着「認識上的落後」(recognition lag)。第二、從認識採取行動之必要到眞正將其付諸實施，這一過程中有着「行動上的落後」(action lag)。認識上的落後與行動上的落後，常常合稱爲「內部的落後」(inside lag)。至於「外部的落後」(outside lag) 亦有兩種：第一、在貨幣政策變動及其影響利率、貨幣供給、以及其他金融資產供給之過程中有着「信用市場的落後」(credit market lag)；第二、在貨幣與金融市場情況變動及其影響實質所得與產量之過程中有着「生產的落後」(output lag)。

貨幣政策效果方面的落後稱爲「分配的落後」(distributed lag)，這是因爲貨幣政策變動以後，其對物價、所得、與就業的影響，不在同一時點發生，而是分配於整個時期。在理論上，貨幣政策一經變動，立卽就可發生效果，而在相當長的時期以後，這種效果才會停止。

就美國的情形來說，貨幣政策是由聯邦準備當局執行。聯邦準備當局擁有足夠的權力，可以影響銀行準備、貨幣供給、信用供應總量、以及其他貨幣情勢等指標。如果聯邦準備當局想要變動貨幣政策，僅須改變上述一種或若干種貨幣指標卽可。因爲聯邦準備當局擁有這種權力，所以美國的貨幣政策乃是一種權衡的 (discretionary) 貨幣政策。

貨幣當局實施某種貨幣政策之後，究須經過多少時間才能發生效

果？這種時間落後的程度是否可以預測？如果貨幣政策的時間落後程度
比較有限， 而且非常均勻可以預測， 貨幣政策自然可以發生應有的效
果。反之， 如果貨幣政策有着長期且不安定的時間落後， 則因這樣的時
間落後無法加以預測， 貨幣政策也許會在錯誤的時間發生作用， 甚或將
使貨幣情勢更趨惡化。 此時， 權衡的貨幣政策也就不能加以信賴。 因
此， 貨幣政策的時間落後及其可測性與貨幣政策的效果之間， 具有相當
密切的關係。

　　有些學者認爲， 貨幣政策因爲有着長期且不安定的時間落後， 所以
政策實施之後， 反而促成經濟社會更不穩定。基於這種見解， 傅利德曼
(Milton Friedman) 等人認爲， 權衡的政策應以法則加以取代， 亦卽，
貨幣當局應當遵行貨幣供給按照固定比率增加的法則❹。如此， 由於貨
幣供給的穩定成長， 不會帶來其他擾亂因素， 所以可以促成經濟的穩
定。

　　如上所述， 貨幣政策由於有着長期且易變動的時間落後， 所以有人
認爲權衡的貨幣政策乃是經濟不穩定的根源， 而非用以解決經濟不穩定
的對策。以下擬從實證方面檢討時間落後， 藉以明瞭權衡的貨幣政策是
否能够迅速發生作用， 達成一般的穩定效果， 再或者其作用相當緩慢，
致使經濟穩定受到不利的影響。

　　自一九六〇年代以來， 經濟學者對於貨幣政策效果之時間落後問題
的實證研究， 貢獻不少。萊茲曼 (Dwayne Wrightsman) 曾將主要的研
究成果列表如次： ❺

---

❹Milton Friedman, *A Program for Monetary Stability*, (Fordham University Press, 1959), pp. 84-99.

❺原表所列資料引自：

Mark H. Willes, "Lags in Monetary and Fiscal Policy," *Federal Reserve Bank of Philadelphia Review*, (March 1968), pp. 3-10.　　　下接次頁

表25-1　貨幣政策之時間落後

性　質	提出研究學者	發表時間	平均落後長度
內　部 落　後	Mayer	1958	6個月
	Kareken 及 Solow	1963	$5\frac{1}{2}$個月
	Brunner 及 Meltzer	1964	2個月
	Willes	1967	$1\frac{1}{2}$個月
信用市場 的 落 後	Horwich	1957	2個月以內
	Mayer	1958	2個月以內
	Rangarajan 及 Severn	1965	2個月以內
	Bryan	1967	2個月以內
	Kareken 及 Solow	1963	表面看來很長
外部落後	製造業設備投資方面		
	Mayer	1958	$8\frac{1}{2}$個月
	deLeeuw	1962	18個月
	Fromm 及 Klein	1965	15個月
	Jorgenson	1965	15個月
	存貨投資方面		
	Mayer	1958	1個月
	Kareken 及 Solow	1963	$8\frac{1}{2}$個月
	住宅建造方面		
	Muth	1960	12個月
	Liu	1963	12個月
	Maisel	1965	6個月
	消費方面		
	Hamburger	1967	12個月
	全部生產方面		
	Mayer	1958	6個月
	Friedman 及 Schwartz	1963	
	各轉捩點法		14個月
	分段資料法		5個月
	Liu	1963	18個月
	Evans	1966	30個月

資料來源: 引自 Dwayne Wrightsman, An Introduction to Monetary Theory and Policy, The Free Press, New York, 1971, p. 227.

　　貨幣政策的時間落後究有多長，各種研究所持觀點不盡相同，不過，時間落後的長度大致不會超過半年。在這樣的長度下，權衡的貨幣政策是否比「法則」更會引起經濟的不穩定？根據美爾(Thomas Mayer)在一九六七年所提的報告指出：時間的落後如僅半年而已，權衡的政策與貨幣法則之間的差異也就不會太大；但是，時間的落後如果長達一年之久，權衡的政策就比貨幣法則遜色 ❻。

　　從上表可以看出：第一、貨幣政策的中期落後比較穩定而可預測。第二、內部落後的時間較短，雖因研究方法不同，學者所獲結果仍有相當差異，但是多數學者通常承認貨幣政策的內部落後比較有限。第三、外部落後的時間甚長，且各部門所受的影響程度並不相同。

　　貨幣政策的時間落後如果只是平均時間較長的問題，貨幣政策的有效性也就不會受到太大的影響。因為不論時間長度如何，只要有一確定的範圍，貨幣當局便能根據預期的時間落後之長度，預先採取將來可以影響某一時期之經濟情況的貨幣政策。但很不幸，貨幣政策效果的時間落後，短者半年，長者則達十八個月，以致貨幣當局所採的權衡政策不能實現當初預期的目標，甚至造成與所懸目標背道而馳的後果。傅利德曼等人一再標榜「以法則代替權衡」的主張，道理在此。此外，有人鑒於貨幣政策的外部落後在時間上長於財政政策的時間落後，而財政政策

——, "The Inside Lags of Monetary Policy: 1952–1960," *Journal of Finance*, Vol. 22, (December 1967), pp. 591–593.

Thomas Mayer, "The Lag in the Effect of Monetary Policy: Some Criticisms," *Western Economic Journal*, Vol. 5, (September 1967), pp. 324–342.

Michael J., Hamburger, "The Impact of Monetary Variables: A Selected Survey of the Recent Empirical Literature," *Staff Economic Study*, No. 34, (Board of Governors of the Federal Reserve System, 1967).

❻Thomas Mayer, op. cit., pp. 324-342.

的內部落後在時間上又長於貨幣政策的時間落後，　且內部落後又是制度問題，　可以運用人為方法加以解決，　所以主張財政政策優於貨幣政策。

　　要之，如果不能預測貨幣政策的時間落後，貨幣政策的效果便成問題，所以必須對於時間落後的問題進行深入的探討，才能促使貨幣政策發揮預期的效果。

第三節　貨幣政策對於各別經濟部門的影響

　　一般而言，貨幣政策的效果很強，但此效果的強度並非對於各別經濟部門皆相同。以下檢討貨幣政策對於下列各別部門的影響：（一）消費；（二）住宅營建；（三）設備投資；（四）企業存貨；（五）中央政府支出；（六）地方政府支出。

　　先就對於消費的影響來說。根據凱因斯的經濟理論，總合消費主要係決定於經濟社會的總合所得。但是，　人們持有的貨幣數額、利率水準、以及一般信用情況對於消費均會構成相當影響。較多的貨幣，較低的利率，以及較鬆的信用情況，均會促成消費的增加；反之，較少的貨幣，較高的利率，以及較緊的信用情況，均會促成消費的減少。

　　在事實上，利率是否能夠影響消費的問題，尚有許多爭論存在。修玆（Daniel B. Suits）曾對一九六〇年以前的實證研究文獻作過觀察，結果發現利率對於消費的影響可謂微不足道：

　　「古典學派及凱因斯的理論，雖然極力強調利率在消費支出的決定方面，具有直接及間接的角色，但是經過實證研究結果證明，利率對於消費支出縱有影響，若與其他因素相比，可謂微不足道。如以利率作為

主要的控制工具，顯將陷於錯誤❼。」

　　但是，近來的研究指出：利率的變動會使消費作相反方向的大幅變動。賴特 (Colin Wright) 曾經利用兩套資料分析，結果認爲消費的債券收益（與利率有關）彈性爲－0.026及－0.022❽，可見消費可隨利率之變動而變動，且其估計的彈性亦高。漢柏格 (Michael J. Hamburger) 的研究發現，汽車及其他耐久性消費財需要的利率彈性分別爲－0.85及－0.17，而且，汽車以外之耐久性消費財需要的儲蓄存款之利率彈性爲－0.40❾，由此看來，利率爲耐久性消費財需要之重要決定因素。就賴特及漢柏格的研究加以比較，可以發現：非耐久性消費財需要的利率彈性遠較耐久性消費財需要的利率彈性爲低；事實上，耐久性消費財以分期付款方式的購買較爲普遍，所以此一論斷相當合理。

　　如果賴特的估計正確，亦卽，消費需要的利率彈性如爲－0.022，則可算出利率變動對於消費的影響。例如，假定在緊縮性的貨幣政策下，利率由 6 ％升至 8 ％，卽約增加三分之一，因爲彈性爲－0.022，消費的減少應爲－0.007，此爲－0.022與 0.333 之積。一九六八年第三季，美國的消費約爲 5,400 億美元，以之乘以－0.007，結果發現消費的減少約爲40億美元以下，此爲利率提高所引起的部份。

　　次就對於住宅營建的需要而言，利率與信用情況對此需要無疑佔有

❼Daniel B. Suits, "The Determinants of Consumer Expenditure: A Review of Present Knowledge", *Impacts of Monetary Policy*, A Series of Research Studies Prepared for the Commission on Money and Credit, (Prentice-Hall, 1963), p. 41.

❽Colin Wright, "Interest Elasticity of Consumption," *American Economic Review*, Vol. 57, (September 1967), pp. 850-855.

❾Michael J. Hamburger, "Interest Rates and Demand for Consumer Durables," *American Economic Review*, Vol. 57. (December 1967), pp. 1131-1153.

相當重要的份量。一般說來，新的住宅比較昂貴，總是利用抵押貸款加以融通。由於貸款的期限較長，信用額度(line of credit)又高，抵押利率的少許增加，就會加重未來漫長時期之內的利息負擔，所以使人對於住宅的購買較爲遲疑却步。而且，貸款期限的縮短，也會增加每期本金償還的負擔。

利率與信用情況對於住宅營建支出的影響，曾有實證研究提出說明。一九六〇年以前的有關研究，曾由葛利柏利 (Leo Grebler) 及麥塞爾(Sherman J. Maisel) 作過綜合分析，結果發現：「大多數的文字說明及計量經濟模型指出，信用可能是決定均衡狀態下新住宅需要的重要因素 ❿。」而且，從美國在一九六六年及一九六七年的經驗看來，貨幣與信用的情況確能影響住宅的營建。一九六六年，聯邦準備當局採取緊縮性的貨幣政策（一九六六年最後三季的貨幣供給停止增加），結果，住宅的需要一季之內減少50萬間。一九六七年，聯邦準備當局採取擴張性的貨幣政策（一九六七年前三季的貨幣供給增加 7 %），結果，住宅的需要一季之內增加50萬間。由此可見，一九六六年及一九六七年之間，貨幣與信用情況雖非影響住宅營建的惟一因素，但已普遍認爲屬於重要因素無疑。

雖然一般認爲，住宅的營建對於信用情況比較敏感，但是，其敏感程度如何，則無定論。有人指出，住宅營建需要及抵押信用需要對於抵押利率具有很高的彈性，亦卽，抵押利率稍爲上升以後，對於住宅營建及抵押信用的需要必然減少很多。這種理論特別強調借款人的信用成

---

❿Leo Grebler and Sherman J. Maisel, "Determinants of Residential Construction: A Review of Recent Knowledge," Research Study Prepared for the Commission on Money and Credit, Impacts of Monetary Policy, Prentice-Hall, 1963, p. 608.

本。

　　另有一種理論指出，住宅營建的效果係受抵押信用的供給所影響。
在實施緊縮性貨幣政策的時期，銀行雖然減少抵押及其他信用的供給，
但是會因抵押市場的不够健全，以致抵押利率無法像其他利率一樣，迅
速上升至均衡的水準。由於其他利率較抵押利率上升爲快，抵押貸款人
對於這些其他利率又甚敏感，故在資金流出抵押市場而進入其他資本市
場以後，就會進一步引起抵押資金之供給的減少。在此理論中，抵押利
率對於抵押信用的需要，以及需要彈性之間並無直接的關連。

　　玆擬進而討論貨幣政策對於企業設備投資方面的效果。在理論上，
擴張性的貨幣政策會使利率及其他資金來源的成本降低，結果，以前認
爲收益較低的設備投資，將因資金成本之降低，而使收益相對提高。如
此一來，投資也就趨於增加。另一方面，緊縮性的貨幣政策則會促成
利率及其他資金成本的上升。在資金的成本上升以後，若干過去認爲獲
利較豐的投資將會變爲無利可圖。如此一來，投資就會趨於遲滯或減
少。

　　然則，上述的理論是否曾有實證研究加以支持？一九六三年，艾斯
奈(Robert Eisner)及斯托玆(Robert H. Strotz)曾把一九六〇年以前的
有關文獻加以綜合分析，結果指出:「有時發現利率與資本支出之間有
着相反的關係，但是，這種發現並不普遍。廻歸係數 (coefficients of
regression)常不確定，或者，其與利率變動之間的關係很小 ❶。」另一方
面，美爾在一九六八年指出，一九六〇年以來的研究發現，在固定設備
投資與利率之間有着非常重要的關係。根據估計，固定投資的利率彈性

---

❶Robert Eisner and Robert H. Strotz, "Determinants of Business Invest-
ment," Research Study Prepared for the Commission on Money and
Credit, *Impacts of Monetary Policy*, (Prentice-Hall, 1963), p. 192.

約在－0.15至－0.50之間⑫。

　　何以最近的研究與一九六○年以前的研究相比，發現設備投資對於利率較為敏感？這有兩個理由：　第一、在事實上，利率過去對於設備投資的影響不大，而在今天，利率却是設備投資的主要影響因素。時至今日，決定投資因素業已變動。今日的投資，大多注意「益本比」(revenue-cost ratio)，　所以影響資金成本的利率遂為主要的考慮因素，而投資需要的利率彈性也就隨之提高。第二、最近的研究較以前的研究，更為注重統計技術，所以可把各種影響投資與利率之關係的因素進行精確的認定與估計。　結果逐漸發現，　設備投資支出所受利率變動的影響甚大。比較保守的估計指出，　利率彈性約為－0.15，故可據此算出利率變動以後對於設備投資的影響。例如，　假定利率水準相對上升三分之一，則以－0.15乘以0.33即得－0.05，　此為利率上升以後，設備投資的減少。　在一九六八年第三季，　美國的設備投資約為900億美元，　變動－0.05以後，　即為45億美元。

　　至於貨幣政策對於存貨投資的影響如何？在理論上，因為利率代表保有存貨的一種機會成本，一旦成本上升，存貨的最適存量必然下降。此時，社會存貨的實際存量如已超出最適存量，將會引起存貨反投資的增加；但如社會存貨的實際存量低於最適存量，將會引起存貨投資的減少。至於利率下降以後，則將發生相反效果。

　　不過，上述的理論關係，並未獲得實證研究方面的支持。艾斯奈及斯托兹於一九六三年就一九六○年以前的文獻綜合分析以後，並無有關的結論。一九六七年，漢柏格對於最近的文獻加以分析以後，也是不能

---

⑫關於固定投資之利率彈性的估計，可以參閱：

Thomas Mayer, *Monetary Policy in the United States*, (Random House. 1968), pp. 122-123.

提出結論。雖然如此，一般還是認爲，貨幣政策在存貨投資方面可以發生效果，但很微弱。

最後，中央政府的支出是否受到貨幣政策的影響，迄無實證研究可作證明。但就美國的情形而言，地方政府的投資支出顯然深受利率變動的影響，尤其是若干州政府的舉債均須遵守最高限度的規定，投資支出當然就會受到緊縮性貨幣政策的影響。因此，蓋爾布雷 (John K. Galbraith) 認爲，緊縮性的貨幣政策是引起學校教室及其他公共設施不足的主要原因。雖然如此，處於高利率的時期，政府若能給予適當的補助，公共投資方面的支出還是可以避免緊縮性貨幣政策的影響。

第四節　制度因素與貨幣政策的效果

以上論及貨幣政策可以透過各種貨幣變數的作用，對於各個經濟部門發生不同程度的影響。但是，這些作用大多是在金融市場之內進行，所以金融市場以及參加金融活動的金融媒介機構，對於貨幣政策的效果自亦發生相當的影響。在現實的經濟社會中，由於金融市場的不夠完全，資金供給的數量有限，而且，金融媒介機構的變化亦大，所以這些制度因素對於貨幣政策效果之影響，可謂相當顯著。

就美國當前的制度而言，在理論上：（一）利率提高以後，債券餘額的價值下降，持有債券之金融機構的流動能力因而降低，但是爲了維持原有的流動能力，只得減少放款，此爲資產效果 (portfolio effect)；（二）債券價格下降以後，持有債券的人不願因爲債券的出售而發生損失，只得繼續持有債券，此爲套住效果 (locking-in effect)；（三）利率提高以後，債券價格下跌，但因放款利率及民間債券利率的上升，常會發生時間的落後，故在短期之內可以提高保有政府債券的興趣，此爲收

入差別效果 (yield differential effect)；(四) 放款人預期利率將再提高，但是，借款人預期利率將趨降低，所以資金的供需曲線均向左方移動，以致投資支出減少，此為預期效果 (expectation effect)；(五) 提高利率之時，投資銀行代銷證券的意願降低，投資支出因而減少。前面三項提高保有政府債券的意願，可以避免大量政府債券出售以後對於經濟安定的不利影響，後面兩項促成投資支出之減少，可以壓低社會的有效需要，凡此均能發揮維持經濟穩定的效果。由此看來，制度方面的因素對於貨幣政策的效果似乎有利。但在一九六〇年代，這種見解却也引起不少爭論，例如⓭：

第一、由於政府債券的發行餘額甚大，易使休閒貨幣(idle money)餘額轉為活動貨幣(active money)餘額，從而提高貨幣的流通速度。例如，假使顧客願意舉借，商業銀行可以出售政府債券，而人們亦因利率較高，樂於放棄休閒貨幣，尤其是利率提高以後，商業銀行以外的金融機構亦提高其存款利率以吸收休閒貨幣，增加其融通數量，但因這些其他金融機構尚未列入聯邦準備制度管制之列，故其抵銷貨幣政策效果的情形甚為嚴重。

第二、在中央銀行採取提高利率的信用收縮政策時，貨幣市場上常有新創的資金融通工具出現，例如可轉讓的定期存單(negotiable certificated deposits) 及金融債券 (debentures) 等，使每單位貨幣的週轉效率提高，因而抵銷貨幣政策的效果。特別是在中央銀行取消信用收縮政策之後，這些新工具依然存在，而且繼續發生作用，因而加重放寬信用的膨脹效果，這當然不利於貨幣政策的有效性。

第三、第二次世界大戰以後，商業銀行以外之金融媒介機構不斷興

⓭林鐘雄:「貨幣政策有效性的論爭」，美國研究，第四期，民國六十年十二月，頁三三三～三四。

起，存款遂亦漸從活期存款轉爲定期儲蓄存款，因而提高貨幣流通速度，並提高金融機構創造信用的能力，貨幣政策的效果也就漸被削弱。

以上三種抵銷貨幣政策效果的制度因素之發展，通常稱爲「葛利與蕭理論」(Gurley-Shaw Thesis)，並且據以主張將中央銀行貨幣政策的管制範圍擴及商業銀行以外的其他金融機構，甚至更進一步主張將貨幣定義所包括的範圍擴及全體金融機構的各種存款，才能靈活運用貨幣政策。

討論問題

1　經濟社會中各種經濟變數之間，函數關係的彈性與貨幣政策效果之強度有何關係？

2　經濟社會中各種經濟變數之間，函數關係的穩定性與貨幣政策效果之強度有何關係？

3　試述貨幣政策的時間落後之種類。

4　何謂貨幣政策之「分配的落後」？

5　傅利德曼等人一再標榜「以法則代替權衡」，試從貨幣政策的時間落後方面說明其道理。

6　試述貨幣政策對於消費的影響。

7　試述貨幣政策對於投資的影響。

8　試述貨幣政策對於住宅營建的影響。

9　試述貨幣政策對於中央政府支出與地方政府支出的影響？

10　試述制度因素對於貨幣政策效果之利弊。

第二十六章
經濟成長與通貨膨脹的貨幣政策

第一節　經濟成長與經濟政策

自一九六〇年代初期以來，經濟成長這一目標與其他經濟目標相比，更受各國政治領袖的重視。在一九五〇年代，美國的經濟成長情況並不令人滿意，其後，隨着經濟成長目標的重視，一九六〇年代已有相當顯著的成就。但至近年，由於通貨膨脹、國際收支逆差、以及赤字預算等的經濟問題急待解決，所以經濟成長所受的重視程度漸趨降低。雖然如此，但在開發中國家，經濟成長仍爲各國一致追求的首要目標，所以對於經濟成長政策的討論，有着相當重要的意義。

大致說來，各國之所以追求高度的經濟成長，基本的理由有二。首先，經濟成長以後，國民所得必然增加，國民所能享用的財貨與勞務也就增加。其次，經濟成長以後，亦可達成充份就業的目標。一國之內，如有大量的失業存在，則可透過失業的減少而增加財貨與勞務的供給，以應付國民所得增加以後，對於財貨與勞務需要的增加。就實際情況而

言，一國的人口總是不斷增加，所以，一國必須竭力謀求國民生產毛額的增加，否則，平均每人所得將趨下降。這種平均每人所得的增加，以及國民生產毛額的增加，最能顯示經濟成長的成果。

　　再就當前的世界形勢以及安全方面的考慮而言，經濟成長的追求更有至高無上的理由。由於國際現勢的緊張，各國莫不隨時備戰，以確保本國的安全，如果一國的生產水準較高，則在需要之時便可隨時擴大國防用途的生產，所以，應付戰爭的能力也就較高。除非一國的經濟發展，已達極高的水準，否則，一般的情況總是「槍枝與牛油」(guns and butter) 無法兼顧。正如馬賀魯普(Fritz Machlup)教授所說：「電視機、住宅、以及洗衣機的增加，對於強化戰力或避免毀於戰爭，幾無幫助。❶」無論如何，一國如欲繼續享有當前的消費水準，同時又能增加國防生產，則非促進經濟成長不可。

　　今天，由於自由集團與共產集團的長期冷戰，所以經濟成長具有更為重大的歷史意義。在自由世界，有經濟進步的國家，也有經濟落後的國家；而在共產世界，情形也是如此。所以，戰後許多新興的獨立國家，在追求經濟發展之時，處於自由主義與共產主義之間，不知如何抉擇。又因貧窮往往成為共產主義的溫床，遂有若干新興的落後國家，落入共產主義的圈套，無法自拔。所以，自由國家在經濟發展競賽方面的領先，乃是戰勝共產主義的一環。此外，基於人道主義的立場，經濟高度發展的國家，必須保持持續的經濟成長，才能增強援助落後國家的潛力。

　　為了促進經濟成長，當然必須增加生產能力；生產能力的增加，則以投資水準的提高為先決條件。處於充分就業的社會，投資水準的提高

---

❶ "Fritz Machlup, Employment, Growth, and Price Levels," *Hearings,* Part 9 A, p. 280.

胥賴消費之減少。在共產主義國家，消費之減少，可以基於統治階層之命令達成，但在自由主義國家，必須採取若干政策，才能壓制消費水準，累積經濟發展所需的資本。在所採取的各種政策之中，則以財政政策為主，貨幣政策居於輔助的地位。

經濟成長政策首先追求的目標，就是維持較高的生產水準，並且引導支出的方向，使從消費財的消費，轉向投資財的投資。上述兩項目標，可藉財政政策的實施同時達成。例如，對於私人所得以及消費支出訂定較高的稅率以後，將使消費趨於減少。政府稅收增加以後，則可直接用於促進經濟成長的支出；這種支出的形式很多，例如，研究發展的推動，公路、水壩、以及發電設備的增建等等。至於直接或間接鼓勵私人投資支出的措施很多；例如，透過租稅的減免或由政府酌予補貼，即可鼓勵私人企業擴建廠房，增購設備❷。

上述促進經濟成長的政策，雖以財政政策為主，但非表示貨幣當局在經濟成長的過程中，無須發揮積極的作用。如前所述，貨幣政策乃是維持高度就業與生產水準的重要手段之一，而就業與生產水準的提高，則為經濟成長的先決條件。再且，任何促進經濟成長的計劃，無不包括投資支出的增加在內。在此情況之下，鬆弛的貨幣政策以及較低的利率水準，可以說是鼓勵投資的重要手段，尤其是在廠房及設備等的長期投資方面，遠比存貨等的短期投資，更有賴於貨幣政策的刺激。

不過，刺激投資與經濟成長的鬆弛貨幣政策，常與對抗通貨膨脹的目標發生衝突。基於經濟成長的考慮，貨幣當局應該採取低利的政策，俾能刺激投資；但若同時處於嚴重的通貨膨脹壓力之下，又須採取緊縮

---

❷關於這一方面的討論，可以參閱：

K. Knorr and William J. Baumol, eds., "What Price Economic Growth?" *Englewood Cliffs*, (New Jersey Prentice-Hall Inc., 1961).

的貨幣政策，兩者之間，究將如何取捨？通常，爲求經濟成長與經濟穩定之同時達成，最理想的經濟政策，就是緊縮的財政政策與鬆弛的貨幣政策搭配運用的政策。亦卽，貨幣當局維持較低的利率水準以刺激投資，而由財政當局採取提高稅率或減少政府支出的措施，以壓制通貨膨脹。

但是，緊縮的財政政策就政治觀點加以考慮，並不經常妥當。而且，根據過去幾年的經驗看來，財政政策因有「時間落後」(time lags) 的因素存在，故在對抗短期的景氣波動方面，並不十分成功。當然，緊縮的財政政策有一最大的困難，就是容易引起失業，以致抵銷經濟成長的效果。

如上所述，在促進經濟快速成長與維持物價相對穩定兩種目標之間，有着相當的衝突存在，故在決定貨幣政策之時，須就兩種目標作一權衡。

第二節　通貨膨脹的原因

在傳統上，經濟學家是把通貨膨脹視爲超額需要所致。亦卽，消費者、企業、及政府在發生總支出時，物價的上漲超過社會總生產的價值（以當時價格計算）。根據貨幣數量學說，若 T 固定，則在總需要 (MV) 變動時，P 亦隨之變動。這種情形正與某一缺乏供給彈性商品之價格的決定相同，以圖26-1表示。

需要由 D 向 D' 增加以後，物價水準由 P 向 P' 上升。這種通貨膨脹的原因，就是：「太多的貨幣追逐太少的商品」(too much money chasing too few goods)。

當然，上面的圖形太過簡單。例如，產量的供給以圖中的垂直線難

作精確的表示。早期凱因斯學派的分析，是把社會的供給表畫成圖26-2
中 S 曲線的形狀。

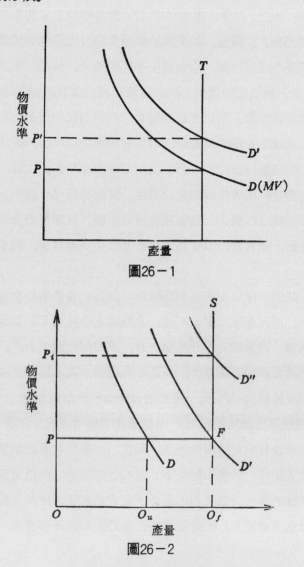

圖26-1

圖26-2

在圖26-2中，失業與通貨膨脹同時存在。社會的總需要如果為 D。

產量水準爲 O_u，物價水準則爲P。因係處於失業的狀態，根據凱因斯的分析，需要的增加，將會引起產量以及就業的增加，至於物價水準，不會因而上漲。因此，需要如果增加至 D'，則會移向充分就業的產量 O_f，物價水準則仍爲P。但是，如果處於供給曲線（充分就業的產量水準）之下，則需要的任何增加，均會發生不同的結果。例如，需要如果增加至 D'，結果只會引起物價的上漲。當然，因爲實質產量的增加，不能超過充分就業的水準，所以支出的增加，只能引起物價的上漲 (P_t)。

如果社會總產量的供給曲線，形狀有如圖26-2所示，經濟政策也就相對簡單。總需要增加以後，乃與供給曲線相交於F。在此，可以達成充分就業的產量，同時維持物價的穩定。需要如較 D' 爲小，則有失業存在，需要如較 D' 爲大，則會發生通貨膨脹。政府支出及租稅（財政政策）的變動，或貨幣因素變動以致影響企業支出以後，均會影響需要曲線。

但是，問題不像以上所述那樣單純，因爲社會的供給曲線大多是像圖26-3所示，而與圖26-2所示不同。P點與充分就業互相對應，此爲希望的產量水準。產量如向這一水準上升，成本却也隨之上升。個別產業的產量水準漸漸達到高峯以後，生產如再增加，成本將趨上漲。

情況如果像圖26-3所示，適當的貨幣政策與財政政策也就不易決定。如果採取放寬信用的政策，雖然會使需要增至充分就業產量的水準，但是同時也會引起物價的上漲。反之，如果採取緊縮的貨幣政策，雖可避免通貨膨脹，却會引起失業。現在的問題是：供給方面的因素，對於通貨膨脹的發生，究竟如何重要？社會總產量的供給曲線，是否有如圖26-3所示？事實上，社會的供給函數乃是如圖26-3所示，位於菲力浦曲線(Phillips curve)之後。

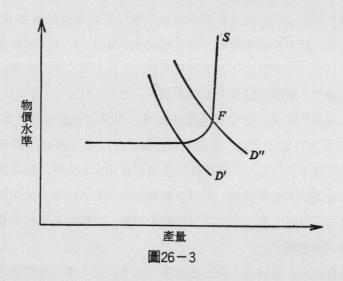

圖26-3

　　以上對於通貨膨脹的解釋，似乎可以說明充分就業時期或接近充分就業時期的物價上漲。但是對於戰後的通貨膨脹加以研究以後發現，不僅是在一九五五年至一九五七年，韓戰、以及越戰時期，物價趨於上漲，卽使是在一九五四年及一九五八年的衰退時期，也有物價上漲的現象。利用圖26-3雖可解釋失業率爲3至4%時之物價上漲，但却不能解釋失業率爲6至7%時之物價上漲。

　　鑒於大量的失業與持續的通貨膨脹並存已久，近年以來對於有關「成本推動的通貨膨脹」(cost-push inflation)之討論，頗爲引人注目，如在原來價格之下，並無超額需要存在，但是廠商却因成本之上升，以致提高價格，則會發生成本推動的通貨膨脹。在一般情形之下，是因工會的壟斷力量，迫使工資的上升超過勞動生產力的上升。但有時候，成本推動的因素則是來自若干擁有壟斷力量的廠商提高利潤所致。

　　上述的過程，可能產生盤旋膨脹的現象。如果工會提高工資的抗議獲得成功，則廠商爲了保持利潤，可能因而提高價格。但是如此一來，

因為價格的提高引起生活費用的增加，所以工會可能再度要求提高工資。結果，終於形成物價與工資追逐上漲的局面。此時，盤旋膨脹的現象既已發生，則不管膨脹的原因是來自工會的工資推動，或是來自廠商的提高價格，實際上已無太大的差別。

工會以及廠商，常常存有某種誤解，以為即使沒有需要方面的增加，工資與物價的推動，仍然能夠獲得成功。很明顯地，企業家之所以同意提高工資，並把工資提高以後所引起的成本上升，歸由消費者負擔，主要是認為需要很強，足以吸收價格的上升。反之，如果企業家認為價格提高以後，產品的銷路可能發生問題，恐怕也就不會輕易答應工會提高工資的要求。

現在假定工會提高工資的要求獲得成功，則在當前的需要之下，除非允許失業的發生，才能促成價格的上漲；以圖26-4表示，供給曲線由 S 向 S' 移動以後，物價水準上升，產量水準則告下降。面對這種情況，貨幣當局究應如何採取行動？

茲就圖26-4詳細觀察。先由充分就業的位置開始，價格則由 D 曲線與 S 曲線的相交決定。現在，由於工資的上升，供給曲線已經移至 S'。此時，社會的新均衡乃是較高的價格 P_1 以及較低的產量水準 O_1，貨幣當局則可採取措施，增加貨幣供給，而使需要上升至 D'。如此一來，雖然可以減少失業，却會引起更進一步的通貨膨脹。另一方面，貨幣當局亦可緊縮信用，而使需要下降至 D''，俾能對抗價格的上漲。如此，可使物價回至原來的水準 P_0，但會引起更進一步的失業現象。故對貨幣當局而言，顯然陷於進退維谷的局面。

有些學者認為，上述的悲慘境況不至於真的發生。因為這些學者認為，工會的領袖可以體諒一連串的工資上升，也會導致一連串的物價上漲，結果實質工資的增加，可能極為有限。但是，即使個別的工會瞭

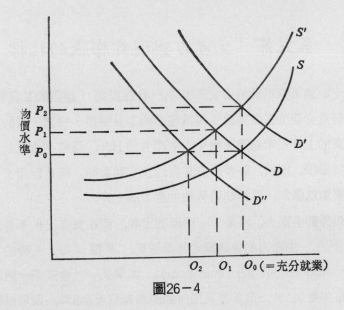

圖26－4

解，工資的提高總是引起物價的上漲，這個工會還是照樣提高工資。這是因為單就工會本身來說，工資的提高雖然引起物價的上漲，但是工資的提高，總是工會的一項重要成就。所以，卽使工會完全瞭解，工資與物價追逐上升以後，將有悲慘的情況發生，每個工會對於工資的提高，總是領先發動。

　　當然，工會的領袖如果深知工資上升引起失業以後，貨幣當局仍將無動於衷，並不採取任何行動以放寬信用，則工會可能不會過份要求工資的提高，亦卽不會發生「超額的工資需要」（excessive wage demands）。不過，要使工會及工人相信，不管失業程度如何，貨幣當局總是不會採取任何行動，確有相當的困難。

第三節　生產力與通貨膨脹的指標

以上討論工資推動的通貨膨脹時，曾經提到「超額的工資需要」，但是，何爲合理的工資需要？何爲超額的工資需要？根據一般的看法，如果工資的上升並未超過勞動平均生產力的上升，通常不會引起工資推動的通貨膨脹。所以，許多政府官員以及有關當局，總是促請工會將工資的需要加以限制，以免超過勞動生產力的上升。

所謂勞動生產力，不易下一精確的定義，而在實際上也不易加以測定❸。不過，生產力的普通概念卻很清楚，是指「每一人時的實質產量」(physical output per man-hour)。如果某一社會或某一廠商的總生產，每年增加5%，但其每人工作的時數却只增加2%，則可以說生產力的增加爲3%。

有關當局之所以認爲，工資的上升不宜超過勞動生產力的上升，主要是因這種程度的工資上升，不會引起每一單位產量工資成本的上升，所以不會形成物價上漲的壓力。如果某一工人每天工作8小時可以生產100枝的鋼筆，每1小時可得工資2.5美元。因此，每枝鋼筆的工資成本便爲0.2美元。現在假定，由於生產力的提高，工人每天生產的鋼筆增加10%，亦卽，每天工作8小時可以生產110枝的鋼筆。如果工人的工資每1小時增加10%（與生產力的增加同一速度），如此，每枝鋼筆的工資成本仍爲0.2美元。亦卽，工人每天的總產量爲110枝，每天的收入爲22美元，每1單位產品的勞動成本仍爲0.2美元。

❸有關生產力的測定，可以參閱：
　王孝崑譯：「生產力及其測量法」，自由中國之工業，第三十七卷第一期，民國六十一年一月。

　　但有若干人士反對，工資可隨勞動生產力的增加而作同一速度的增加。這是因為勞動生產力的增加，可能來自生產設備或管理方法的改善，所以不能全部歸由勞動享有。但是，這一反對理由，如果加以嚴密的分析，還是不能成立。事實上，工資的增加與勞動生產力的增加同一比率，並不表示每一人時的產量增加，全係歸由勞動享有。茲以下例說明：

　　如果某一廠商每年生產的鋼筆總值１億美元，而總勞動成本為6,000萬美元，則其利潤總額便為4,000萬美元。現在假定，勞動生產力的增加為10%，工資的增加亦為10%。因此，生產總值便為 1.1 億美元（假定價格沒有變動），而工資則為6,600萬美元，此時，利潤總值亦為4,400萬美元，也是增加10%。由此看來，在生產力與工資上升之前，勞動享有總生產的60%；而在生產力與工資上升之後，勞動還是享有總生產的60%，亦即，生產力的增加部份，並未全部歸由勞動享有❹。

　　另一重要的問題，就是所謂經濟社會的「平均生產力」必須提出明確的範圍。如果工會要求提高工資的建議，希望獲得實現，但也希望能夠避免工資上升以後對於物價的壓力，此時，工資的上升速度，不宜超過整個經濟社會平均生產力的上升速度，但不一定不能超過該一特定產業平均生產力的上升速度。事實上，並非所有產業的生產力增加速度完全相等；有時鋼鐵工業的生產力增加最快，有時則為紡織工業、塑膠工業等等。所以，即使某年鋼鐵工業生產力的增加為所有產業之冠，但在該年，鋼鐵工人的工資增加率還是不宜超過整個經濟社會生產力的增加率。

---

❹關於工資、生產力、與物價關係的討論，可以參閱：
"Average Labor Productivity as a Guide to Wage Adjustments," (Federal Reserve Bank of Kansas, *Monthly Review*, March-April, 1962).

上述工資的增加率不宜超過整個經濟社會生產力的增加率，除了可以避免物價上漲的壓力之外，還可保持勞動市場的平等，俾使勞動市場在對各個產業分配所需勞力之時，可以發揮積極的效能。否則，將使勞動市場的功能無法發揮，工資結構爲之混亂。例如，假設鋼鐵工業的生產力，每年增加 6%，但是煉鋁工業的生產力，每年只有增加 1%。在此情形之下，各業工人的工資，如果隨着該業生產力的增加而作同幅增加，結果兩個產業的工人所得便將趨於懸殊。如此一來，由於鋼鐵工業的工資較高，故能吸收大量工人，但因鋼鐵工業的生產力提高甚多，故對勞動的需要反而較少，所以反將引起勞動市場的混亂。

雖然有關工資之增加宜與生產力之增加同其步調的討論，已經持續多年，但是將其視爲經濟政策處理，則爲一九六二年以後的事。該年，美國經濟顧問委員會 (Council of Economic Advisors) 的年報建議：美國經濟社會生產力的長期增加率爲 3.2%，所以每年工資的增加不宜超過此一比率。並且，各業的工資增加，如與各業生產力的增加同其速度，則在工資增加引起物價上漲以後，對於各業的工人而言，顯然並不公平。所以，生產力增加最快的產業，應該降低價格。此一物價與工資的指標政策提出之時，美國適有大量失業存在，所以確能發揮若干作用。當時，工資的提高極少超過 3.2%，而且，物價的上漲極爲微小。

但在一九六四年末以及一九六五年，上述的指標政策却受嚴重的考驗。當時，由於企業活動相當蓬勃，失業現象大量減少；而在一九六四年末，汽車工人以及營建工人的工資提高甚多，接着，在一九六六年，航空機師經過 43 天的罷工以後，工資的提高更多。結果，反對這種指標政策的勢力相當龐大，有關當局難以招架。反對這種指標政策的主要論調指出：美國係一自由企業並以利潤作爲動機的社會，工人以及企業均可追求最大的所得。而且必須工人以及企業，均可追求最大的所得，價

格機能才可促成有效的資源分配。何以工人貢獻勞力以後的所得，應比供需自由決定的價格爲低？❺

　　對於指標政策的爭執，始終沒有得到結論。但在最後，事實顯示指標政策歸於失敗。原來這種政策並無强制性質，僅能基於勸告而已。尤其是在一九六六年，航空機師的大幅提高工資，更使指標政策澈底失敗。當時，航空機師生產力的上升非常迅速，但其工資如與汽車工業的同類工作相比，的確落後很多。這種工資落後的部份原因，在於一九五〇年代之時，航空事業的財務困難重重，所以工資提高的要求難以達成。但至一九六〇年代中期，航空事業開始步入黃金時代，利潤急遽增加，在此情況之下，還想繼續壓制航空機師提高工資的要求，當然已不可能。

　　根據以上的事實可以看出，處於自由經濟的價格制度之下，欲以一套簡單的指標，限制工資的上漲速度，使其脫離供需定理的支配，顯然不易達成。

第四節　部門膨脹

　　以上討論的工資政策，僅能用以對抗成本推動的通貨膨脹。但是，如果通貨膨脹是因「部門的不平衡」(sectoral imbalance) 所致，則此政策不能發揮效果。這種部門膨脹的過程，是由修玆 (Charles L. Schultze) 在向經濟顧問委員會所提的論文中指出 ❻。修玆認爲，不管是成本推動的通貨膨脹，或是「需求拉力的通貨膨脹」(demand-pull inflation)，

❺事實上，除非勞動市場與產品市場均有相當程度的競爭，價格制度才能充分發揮有效分配資源的作用。但在當時，許多工會及大的企業，對於市場具有甚大的影響力量，所以價格機能不能充分發揮出來。

都不能用以解釋美國近年以來所發生的通貨膨脹。

　　根據修玆的分析,近年以來的美國經濟,工資與物價均具下降的「剛性」(rigidity), 亦卽不易下降。因此, 社會的某些部門如果需要上升, 各該產業的價格與成本也會上升。但如其他產業的需要下降, 價格與成本並不下降。所以, 平均說來, 因為有些部門的價格上升(這些部門的需要增加較快), 所以價格普遍上升; 僅有若干部門, 由於需要下降, 所以價格保持不變。

　　上述的理論, 對於需求拉力的因素以及成本推動的因素均可解釋。在這理論模型中, 整個經濟社會雖無超額需要, 通貨膨脹也能發生; 亦卽, 只要社會的某些部門發生超額需要, 就會引起各該部門價格與成本的上升。接着, 透過成本機能的作用, 通貨膨脹就向其他部門迅速傳播。其他部門對於這種成本上升的反應, 就是提高價格, 或者至少在需要下降時並不降低價格。結果, 某些部門的價格上升, 無法透過其他部門的價格下降加以抵銷。例如, 在一九五五年至一九五七年之間, 因為對於汽車與住宅的需要, 轉向對於資本財的需要, 以致資本財產業(鋼鐵、機械等)的價格急遽上升, 但是汽車及住宅產業, 在需要大量減少之後, 並不降低價格。此其結果, 就是通貨膨脹的來臨。

第五節　金融媒介機構與貨幣政策

　　如上所述, 通貨膨脹如係由於供給方面的因素所引起, 貨幣政策比較不易發生對抗的效果。關於利用貨幣政策以對抗通貨膨脹, 葛利與蕭 (John G. Gurley and Edward S. Shaw)亦曾提出獨特的見解 ❼。

---

❻ "Recent Inflation in the United States," *Study Paper* No. 1, Employment. Growth, and Price Level.

如所週知，中央銀行的主要政策，都是對於商業銀行發生作用。但是，葛利與蕭特別指出，美國自從聯邦準備制度在一九一三年成立以後，金融結構 (financial structure) 已有很大的變動。首先，金融機構迅速成長，金融媒介機構資產的增加，遠比經濟社會中國民生產毛額或人口的增加更爲迅速。其次，各種不同形態的金融媒介機構，在二十世紀前半世紀的成長速度大不相同。根據高德斯密 (Raymond W. Goldsmith) 的估計 ❽：就資產總額比較，銀行體系所佔的比重大大下降，保險公司以及其他金融媒介機構的比重大見上升。在一九〇九年及一九一二年，就資產總額比較，商業銀行（各行信託部除外）所佔全體金融媒介機構的比重約在二分之一以上；但至一九二九年，此一比重降至五分之二；再至一九五二年，此一比重降至三分之一。

於是，葛利與蕭根據以上的事實指出：

（一）當前貨幣政策的工具，乃以商業銀行的貸放能力作爲對象，但因商業銀行在經濟社會的比重下降，所以貨幣政策並無顯著效果。

（二）當前貨幣政策中的信用緊縮措施，乃以商業銀行作爲對象，但因商業銀行在機能方面既與其他金融機構大致相同，所以負擔並不公平。

（三）因此，貨幣政策加諸商業銀行的一切管制措施，諸如準備率

---

❼John G. Gurley and Edward S. Shaw, *Money in a Theory of Finance*, (Washington: Brookings Institution, 1960).

John G. Gurley and Edward S. Shaw, "Financial Aspects of Economic Development," *American Economic Review*, (September, 1955).

John G. Gurley and Edward S. Shaw, "Reply", *American Economic Review*, (March, 1958).

❽Raymond W. Goldsmith, *Financial Intermediaries in the American Economy Since 1900*, (Princeton University Press, 1958), p. 4.

的規定等，亦應加諸其他金融機構才屬合理。

　　葛利與蕭的論點提出之後，引起許多方面的批評。有人認為，貨幣政策的對象如果擴至非銀行的金融機構，事實上不易操作。至於所謂商業銀行在經濟社會的比重下降，所以貨幣政策並無顯著效果一點，也曾引起許多反駁。不過，對於葛利與蕭的最大攻擊，還是在其所謂「商業銀行在機能方面乃與其他金融機構大致相同」一點。因在事實上，商業銀行與其他金融機構在機能方面大不相同。如前所述，商業銀行是惟一能夠創造貨幣的機構，保險公司雖然能夠創造保單 (insurance policies)，但是，貨幣可以用於一般支付，保單只是一種流動資產，不能作用一般支付的工具。而且，商業銀行的貨幣創造過程，是由放款而來，商業銀行承做放款以後，整個社會便有購買力的淨增加，而商業銀行也有同額的「活期存款」出現，這一活期存款就是貨幣。此時，借款者的貨幣增加，但在社會上，他人的貨幣並不減少，故能「創造」貨幣。反之，儲蓄與貸款協會乃以現金的支付承做放款，故與商業銀行放款之出現活期存款大不相同。此時，借款者的貨幣雖亦增加，但是，儲蓄與貸款協會的現金却作同額減少，故未「創造」貨幣 ❾。

　　但是，以上所說並非表示儲蓄機構的存在，對於貨幣制度或經濟社會沒有影響。因為，卽使非銀行的金融媒介機構並不創造貨幣，但其所持貨幣的減少，却可增加支用單位所持的貨幣供給。由此可見，金融媒介機構的存在，可在信用緊縮時期，增加貨幣的流通速度。如此一來，對於貨幣政策的執行，當然增加困難。

　　葛利與蕭的見解，係於一九五〇年代中期提出，此後，有關金融媒

❾Ezra Solomon, "The Issue of Financial Intermediaries," *Proceedings* of the 1959 Conference on Savings and Residential Financing, U. S. Savings and Loan League, 1959.

介機構與貨幣政策之關係的爭論，持續大約十年之久。但至一九六〇年代後期，由於事實的發展，已使有關的爭論自動歸於平息。第一、在一九六〇年代，商業銀行的儲蓄存款大量增加，而與儲蓄機構分庭抗禮；第二、在緊縮的貨幣政策時期，儲蓄機構的確受到相當的影響。事實上，非銀行的儲蓄機構，非但未能避免一九六六年至一九六八年期間，緊縮的貨幣政策之影響，而且比之商業銀行，所受的影響程度更大。有此經驗之後，已經無人討論中央銀行的準備率政策或其他管制措施，應否擴至非銀行的金融媒介機構，才能發揮效果的問題。

討論問題

1　經濟學家所說的「槍枝與牛油」，代表什麼意思？

2　如何運用貨幣政策以促進經濟成長？這種方法是否與其他經濟目標的達成發生衝突？

3　試以「需求拉力的通貨膨脹」和「成本推動的通貨膨脹」兩種理論，分析美國在一九六〇年代中期的物價上漲。

4　通貨膨脹如係來自供給方面的因素，採用貨幣政策能否有效對抗通貨膨脹？

5　如果工資的上升與平均生產力的上升同其速度，所有物價是否可以穩定下來？平均的物價水準是否可以保持穩定？

6　工資與物價的指標政策是否具有強制性質？應否具有強制性質？何故？

7　如果非銀行的金融機構比之商業銀行更為重要，貨幣政策能否發揮效果？一般的儲蓄機構應否受到準備率政策的限制？

8　商業銀行如何創造貨幣？商業銀行的放款與儲蓄機構的放款有何不同？

9　工資的增加若與勞動生產力的增加同一比率，是否表示每一人時的產量增加，全係歸由勞動享有？舉例回答。

10　葛利與蕭 (John G. Gurley and Edward S. Shaw) 對於金融媒介機構

與貨幣政策之關係的主要見解爲何？其所引起的主要爭論何在？這些爭論在一九六〇年代末期，何以自動歸於平息？

第六編　國際貨幣制度

第二十七章
外滙與國際收支

　　以上對於貨幣問題及貨幣政策的討論，主要是以國內的貨幣關係作
爲對象。爲了討論的方便，如此簡化固然有其必要，但從本章開始，擬
把視野擴大，討論國際的貨幣關係。

第一節　外滙的意義

　　國內貨幣關係與國際貨幣關係之間，最大的差異在於：前者只有一
種貨幣單位 (monetary unit)，後者却有多種貨幣單位。今天的世界，
分成一百多個獨立的國家，所以就有一百多種不同的貨幣制度。介於種
種不同類型的貨幣制度之間，却有一種共通的國際貨幣制度，包括各種
協定、機構、與活動；經由這一共通的國際貨幣制度，乃能履行國際之
間的各種支付，而將購買力從一種通貨移轉到其他各種通貨。

　　假如整個世界就像一個國家一樣，有着統一的貨幣制度，各種國際
支付的履行，就同各種國內支付的履行一樣方便，並且不會引起種種國
際貨幣問題。

國內支付的履行，因為只與一種通貨發生關係，可說毫無困難。但當牽涉不同的通貨，如何履行支付？凡在不同通貨之間履行國際支付的機能，通常稱為「外匯」(foreign exchange)；也就是說，由於各國均有其獨立不同的貨幣單位，故在履行國際支付之際，必須先把本國通貨兌成外國通貨，或把外國通貨兌成本國通貨，才能完成任務，這種不同通貨的兌換過程，就是所謂「外匯」。再者，每一國家為了適應國際支付的需要，隨時均須儲存相當數量的外國通貨，此時，若從本國立場看來，這些外國通貨就是本國的「外匯」。所以，「外匯」一詞具有動態與靜態的兩種意義。

一國貨幣對外國貨幣的價值，稱為該國貨幣之匯價或對外匯價(foreign exchange value of money)。在各國立法或習慣中，由於計算基礎不同，匯價的表現方法可分為二：（一）應收匯價 (receiving quotation)：此卽本國貨幣1單位折合外國貨幣若干單位之謂；例如，新臺幣1元折合美金0.025元。（二）應付匯價 (giving quotation)：此卽外國貨幣1單位折合本國貨幣若干單位之謂；例如，美金1元折合新臺幣40元。

以上兩種匯價的計算方法，雖然計算基礎不同，但所表示之一國貨幣對外匯價的高低，意義並無不同。換句話說，當一單位本國貨幣折合外國貨幣之單位數目增多，或一單位外國貨幣折合本國貨幣之單位數目減少，均可視為本國貨幣之匯價的上升；反之，當一單位本國貨幣折合外國貨幣之單位數目減少，或一單位外國貨幣折合本國貨幣之單位數目增加，均可視為本國貨幣之匯價的下降。

上述的匯價，實係一國貨幣之對外價值(external value of money)的表現，乃以兩國貨幣之交換比率 (rate of exchange) 作為計算的基礎；此一交換比率，既然作為兩種貨幣換算之根據，乃可表現匯價之高

低，稱爲「外滙滙率」(rate of foreign exchange)，或簡稱爲「滙率」。

滙率既係各種不同通貨之間的連繫，故其波動將對國際收支產生明顯的影響。以下擬從經濟理論方面說明外滙滙率的決定，至於銀行方面的外滙業務，可從專門的著作中加以理解❶。

第二節　外滙滙率的決定

一、外滙的需要

簡單地說，一國居民之所以希望獲得外滙，乃是爲了購買外國商品與勞務的需要。圖27-1是美國對於巴西咖啡的需要表(demand schedule)。根據該圖，咖啡的價格越高，對其需要越少；反之，咖啡的價格越低，對其需要越高。此處因係假定美國根本不產咖啡，所需咖啡全由巴西輸入，所以情況非常簡單。

如果某種商品的來源，部份係由國內自行生產，部份係由巴西輸入，則其需要表較爲複雜。圖27-2（a）表示美國對於皮鞋的供給與需要。在該圖中，皮鞋的價格如爲 P_1，美國所需的皮鞋，全部便由國內自行生產。除非價格較低，美國才會開始輸入。價格如爲 P_1，美國對於皮鞋的需要便爲 q_1。如果價格降至 P_1 以下，需要的增加全由輸入

---

❶有關銀行外滙業務方面，可以參閱：

Marris T. Rosenthal, *Techniques of International Trade*, (New York: McGraw-Hill Book Company, 1950).

Norman Crump, *The ABC of the Foreign Exchanges*, Rev. ed., (London: Macmillan and Co., 1957).

Alan R. Holmes and Francis H. Schott, *The New York Foreign Exchange Market*, (New York: Federal Reserve Bank of New York, 1965).

供給。同時，價格如果降低，國內生產的皮鞋便會減少。由圖 27-2(a)
中的供需表，便可導出圖27-2(b) 中對於輸入商品的需要表。

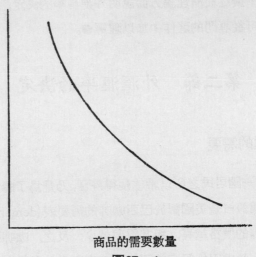

商品的需要數量

圖27－1

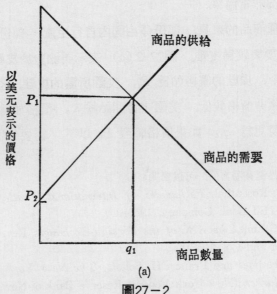

(a)

圖27－2

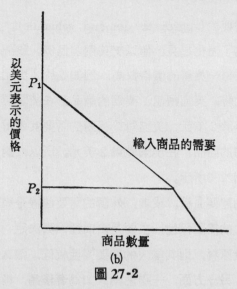

圖 27-2

如果一國國內有着輸入競爭的產業 (import-competing industry) 存在，該國對於輸入的需要與該國對於商品本身的需要相比，具有較大的彈性。

圖27-3是先把一國對於各種不同輸入商品的需要表彙總而成對於輸

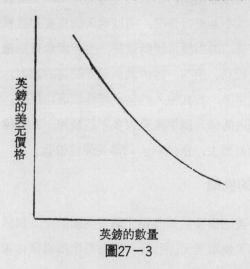

圖27-3

入商品的總合需要表（aggregate demand schedule），然後換成對於外滙的需要表。爲了簡化起見，僅以美英兩國爲例。該圖表示美國對於英鎊的需要。如果每一英鎊的價格較高，例如等於 4 美元，則對英鎊的需要較少，因在此時，英國價值 1 英鎊的商品，在美國便爲 4 美元。如果每 1 英鎊只是等於 2 美元，美國對於英鎊的需要就會增加，因在此時，英國價值 1 英鎊的商品，在美國僅爲 2 美元。所以，對於外滙的需要表之斜率，便如圖27-3所示。

輸入商品的需要曲線，或者，外滙的需要曲線是與輸入的需要彈性有關。至於輸入的需要彈性，主要是由四種因素決定：第一、一國之輸入如爲必需品及原料，則其輸入的需要彈性較低，輸入數量對於價格變動的反應較小；另一方面，一國之輸入如爲奢侈品，則其輸入的需要彈性較高，輸入數量對於價格變動的反應較大。第二、一國如有許多相當發達的輸入競爭產業存在，則其輸入的需要彈性較高；這是因爲價格上漲以後，國內的輸入競爭產業開始佔有較大的市場，輸入因而減少；價格下降以後，情形剛好相反。第三、考慮的期間如果較短，則因價格變動以後，生產因素不易重行分配，所以輸入的需要彈性較低；反之，考慮的期間如果較長，則因價格變動以後，生產因素可以重行分配，所以輸入的需要彈性較高。第四、經濟發展程度較高的國家，大多擁有相當發達的輸入競爭產業，故其輸入的需要彈性較高；反之，經濟發展程度較低的國家，國內的輸入競爭產業大多不甚發達，且其輸入乃以經濟發展所需之生產設備爲主，所以輸入的需要彈性較低。

二、外滙的供給

如上所述，美國需要英鎊是爲了購買英國的商品與勞務；同理，英國供給英鎊是爲了換取美元。所以，一國在外滙市場供給本國通貨的供給

表，最好視爲倒轉的外滙需要表。假設英國的襯衫輸往美國，則此襯衫在美國的價格，乃視滙率而定。亦卽，一美元所換成的英鎊越多，則英國襯衫在美國的售價也越便宜。此時，美國爲了輸入英國襯衫，而在外滙市場供給的美元數量，就是襯衫價格乘以需要數量。如果滙率變動，英國襯衫在美國的售價隨之變動，美國對於英國襯衫的需要數量也會變動，因而美國在外滙市場供給的美元數量亦告變動。當然，外滙的供給乃隨需要彈性而變動。如果需要彈性爲1，則因不管價格如何變動，對於商品的支出總是不變，所以美國供給的外滙數量還是相同。如果需要彈性在1以上，一旦英國襯衫在美國市場的售價下跌，美國所需的襯衫數量也就增加較多，所以美國爲了輸入英國襯衫，而在外滙市場供給的美元數量也會增加。上述美國在外滙市場供給美元的兩種供給曲線，以圖 27-4 表示。

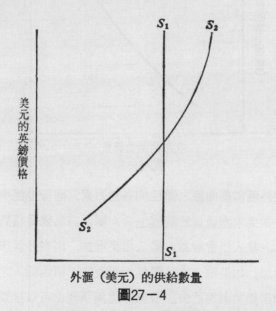

図27－4

根據以上所述可以看出，外滙的供給曲線是由輸入的需要導出。如

果對於輸入商品的需要彈性爲1，供給曲線也就完全缺乏彈性，有如該圖的 $S_1 S_1$ 所示。如果對於輸入商品的需要彈性具有彈性，外滙的供給曲線也就具有彈性，此如該圖的 $S_2 S_2$ 所示。

如把爲了輸入個別商品，而在外滙市場供給本國通貨的外滙供給曲線全部彙總起來，就可構成一條外滙的總合供給曲線(aggregate supply curve)，表示在不同的滙率之下，該國供給的本國通貨數量，有如圖27-5所示。

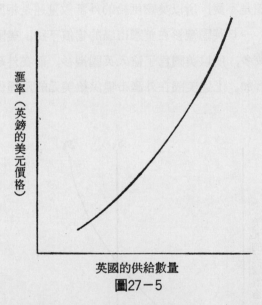

滙率（英鎊的美元價格）

英國的供給數量

圖27-5

上述決定外滙需要曲線之彈性的各種因素，同樣也能決定外滙供給曲線之彈性。如果本國通貨的價值上升，輸入商品變得相對便宜，假定需要彈性甚大，輸入便會增加。輸入如果增加，則在外滙市場供給的本國通貨也會增加。如果輸入商品變得相對便宜，則因輸入之增加，國內原有的輸入競爭產業漸趨消失。根據上述兩項理由可以推斷，外滙的供給具有很高的彈性。此外，考慮的時間越長，外滙的供給彈性也是越

高。

三、均衡滙率的決定

現在可將外滙的需要表與供給表合併起來，以便觀察均衡滙率之決定。均衡滙率的決定過程，以圖27-6表示。在該圖中，需要曲線 DD 表示美國所需的英鎊數量，乃視滙率而定；供給曲線 SS 表示滙率變動之後，英國供給的英鎊數量。需要曲線與供給曲線的交點為 P；此時，均衡的滙率 (equilibrium rate of exchange) 為 r_1，外滙的需要數量與供給數量均為 Oq_1。在滙率為 r_1 之下，美國所需的英鎊等於英國供給的英鎊。

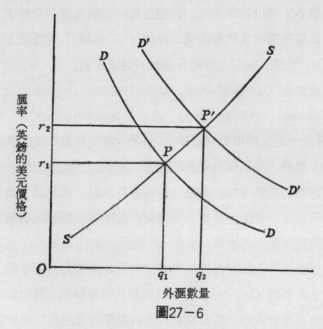

圖27-6

假定美國對於外滙的需要曲線由 DD 移至 $D'D'$；如此移動的原因很多，例如：（一）由於嗜好 (taste) 的改變，不管滙率如何，美國人民

對於輸入商品的需要總是增加；（二）美國的國民所得提高，對於輸入商品的需要隨之增加。不管移動的原因為何，結果是在 P' 點達成新的均衡；此時，新的滙率為 r_2，外滙的需要數量與供給數量增為 Oq_2。

　　美國對於外滙的需要，是以對於輸入的需要作為根據。如果英鎊的相對價格較高，須以很多美元才能換取 1 英鎊，則為輸入商品所需的外滙也就較少。如果英鎊的價格較低，美國對於英國商品的輸入需要較大，所以對於英鎊的需要也就較多；此由圖27-6中的需要曲線 DD 之形狀可以看出。另一方面，英國的英鎊供給曲線是由英國的商品輸入決定。如果外滙市場的英鎊價格較高，外國商品在英國的售價就較便宜，假定此時的輸入需要彈性又大於 1，英鎊的供給必然較多；此由圖27-6中的供給曲線 SS 可以表示出來。需要曲線與供給曲線相交於 P，故可達成均衡。如果美國輸入的英國商品共值 Oq_1 英鎊，英國輸入的美國商品也值 Oq_1 英鎊，兩國之間的貿易就可達成平衡。

　　需要曲線如由 DD 移至 $D'D'$，如圖27-6所示，一則表示美元「貶值」(depreciation)，一則表示英鎊「升值」(appreciation)。一種通貨的貶值，就是此一通貨的相對價值減少。美元貶值的意思是說，美國為了換取同樣的 1 英鎊，必須付出更多的美元。同理，一種通貨的升值，就是此一通貨的相對價值增加。英鎊升值的意思是說，英國為了換取同樣的 1 美元，只須付出較少的英鎊。美國對於英國商品的輸入需要增加以後，對於英鎊的需要亦告增加，故在 P' 點達成新的均衡，r_2 為新的滙率。此時可以表示美元的貶值以及英鎊的升值。由於需要的移動，美國需要更多數量的英鎊 Oq_2，此由英國以較高的價格供給。又因此時美國對於外滙的需要等於英國的外滙供給，所以國際收支處於均衡狀態。

第三節　國際收支平衡表

上面已經說過，一國爲了履行國際之間的支付，必須使用外滙。外滙是由種種交易提供而來，其中主要的是商品與勞務的輸出、資本內流、單方移轉的收入、以及黃金的流出等等。至於外滙的使用，主要在於商品與勞務的輸入、資本外流、單方移轉的支出、以及黃金的流入等等。上述各種外滙來源與使用之間的關係，以及外滙與國內經濟和國際經濟方面的相互連繫，遂而產生許許多多的國際貨幣問題。

分析這些國際貨幣問題的根據，就是國際收支平衡表(balance of payments)。一國的國際收支平衡表，就是該國在特定時間之內，一切國際經濟與金融交易的記錄。部分的國際收支平衡表則只包括一國與若干外國（並非全部外國）之間的交易。

國際收支平衡表記載的交易，都是在「某一時期」(a period of time)之內發生；如欲記載一國至「某一時點」(a point of time)爲止，在國際經濟情勢方面的景象，則可使用國際債務平衡表(balance of international indebtedness) ❷。

美國的商務部(Department of Commerce)每年均就當年的國際交易作一估計，並且作成記錄。這些交易包括: 商品輸出及商品輸入、貨幣借出或貨幣借入、黃金移動、旅行支出、收入利息及紅利、或支出利息及紅利、以及航運等等。這些交易都是構成國際收支平衡表的內

---

❷國際債務平衡表是一種資產負債表形式的報表，表示截至某一日期爲止，本國居民對於外國居民的債權，以及本國居民所負外國居民的債務。如果本國對於外國的債權，超過本國所負外國的債務，本國則爲「國際淨債權國」(net international creditor)；反之，則爲「國際淨債務國」(net international debtor)。

容，又因國際收支平衡表是就這些項目作成複式記錄(double-entry)，所以兩邊必須永遠平衡 ❸。

國際收支平衡表分成三大部份：

(一) 經常帳戶

　　私人：

　　　　商品（或「貿易收支」）

　　　　無形項目：

　　　　　　運輸（航運等）

　　　　　　旅行支出（旅行等）

　　　　　　投資所得（利息、特許權使用費、紅利等）

　　　　　　私人贈與（移民滙款等）

　　　　　　其他勞務

　　政府：

　　　　政府對盟國的軍品輸出

　　　　政府對外國的單方贈與（經濟援助、軍事援助）

(二) 資本移動

　　長期：

　　　　私人

　　　　政府

　　短期：

　　　　私人

　　　　政府

(三) 黃金及準備資産的移動（流出及流入）

---

❸走私及若干不明項目，無法列入記錄，所以須有雜項收支以表示這些遺漏項目，正如國民生產淨額統計中的「統計誤差」(statistical discrepancy)。

經常帳戶的收支　國際收支平衡表上，第一部份各項的總和，通常稱為「經常帳戶的收支」(balance on current account)。這一部份在於說明，一國商品及勞務的輸出與商品及勞務的輸入之差額。

隨後就可看到，經常帳戶收支的盈餘或逆差，如何利用第三部份的黃金及準備資產或第二部份的資本移動加以「融通」(financed)，或更明確地說，加以「抵銷」(offset)。在此先就第一部份經常帳戶的各項，分成私人及政府兩類加以說明。

一個世紀以前，國際交易乃以「商品」項目為主，所以學者僅列這一項目。商品的輸出總值如果大於商品的輸入總值，稱為「貿易順差」或「有利的貿易收支」(favorable balance of trade)；反之，輸入如果大於輸出，稱為「貿易逆差」或「不利的貿易收支」(unfavorable balance of trade)。但是，這一名詞並不恰當；因為隨後就可看到，所謂「不利的」貿易，事實上對於一國也許有利。

除去所謂「有形的」(visible) 商品項目之外，今天尚有一些非常重要的所謂「無形的」(invisible) 項目。這些項目包括：本國向外國提供或外國向本國提供的航運及保險、本國人民在外國的旅行支出、本國人民在外國所賺款項、以及移民滙回本國的贈與等等。就美國來說，美國人民在巴黎飲酒的支出，是屬於無形的項目，但其對國際收支的最後效果，則與從法國把酒輸入，但在美國消費的情形相同。再且，如果美國向外國提供航運及保險，則其效果與輸出相同。

借方與貸方　國際收支平衡表上的每一項目，究應如何加以處理，必須根據下面的原則：該項是否與商品的輸出相同，可使一國獲得更多的外國通貨？這種輸出型的項目稱為「貸方項目」(credit item)，可使一國增加外國通貨的供給。或者，該項是否與商品的輸入相同，可使一國用盡外國通貨的存底，而須設法獲得更多的外國通貨加以補充？這種

輸入型的項目稱爲「借方項目」 (debit item)，可使一國增加對於外國通貨的需要。

表27-1 美國19××年的國際收支平衡表（單位: 百萬美元）

編 號	項 目	(a) 貸 方	(b) 借 方	(d) 貸方淨額（＋）或借方淨額（－）
	一、經常帳戶			
	私人:			
1.	商品（經過調整）	$ 33,598	$ 32,972	＋ $ 626
	無形項目:			
2.	運 輸	2,924	3,248	－324
3.	旅行支出	1,770	3,022	－1,252
4.	投資所得（利息、特許權、使用費、紅利等）	8,213	2,231	＋5,982
5.	私人滙款		753	－753
6.	其他勞務	1,546	625	＋ 921
7.	私人經常收支			＋$ 5,200
	政府:			
8.	軍事用品及軍事勞務輸出（＋）	1,427		
	對盟國軍事援助支出（－）		1,427	0
9.	其他軍事交易	838	3,103	－2,265
10.	其他捐獻及其他支出		2,950	－2,950
11.	其他政府交易	1,117	1,451	－ 334
12.	政府經常交易			－$ 5,549
13.	經常帳戶淨額			－$ 349
	二、資本帳戶			
	長期貸款（－）或長期借款（＋）			
14.	私 人			－1,259
15.	政 府			－ 449
16.	長期對外投資淨額			－ 1,708
17.	經常帳戶淨額＋長期投資（美國國際收支基本逆差）			

短期貸款（－）或短期借款（＋）	－＄2,057
18. 私　人	＋　998
19. 外國購買美國資產淨額	＋3,094
20. 政　府	－　428
21. 短期債務投資淨額	＋3,654

三、黃金及準備資產淨額　流出（＋）或流入（－）

22. 黃　金	＋1,173
23. 準備資產	－2,053
24. 黃金及準備資產變動淨額	－880
25. 誤差與遺漏	－717
26. 美國基本「逆差」的抵銷數額	＋2,057
27. 總合國際收支淨額	0

資料來源: 美國商務部

　　如欲理解這些原則如何加以利用，可先觀察下列的問題: 如何處理利息、特許權使用費、以及在國外投資的紅利所得？因為這些項目可使一國獲得外國通貨，所以很明顯地，像輸出一樣，應該屬於貸方項目。同理，如果外國向該國收入這些項目，則應當作借方項目加以處理，因為這些外國向該國的收入就像該國的輸入一樣，可以用盡該國所持的外國通貨。

　　此處應該注意表27-1　這是美國官方所編的國際收支平衡表。該表分成三大部份: 經常帳戶、資本帳戶、黃金及準備帳戶; 再且，並以第25行的項目，表示統計的誤差與遺漏。每一橫行標以數字，便於查考。(a) 欄列出每一項目的名稱; (b) 欄列出貸方項目的金額，亦即列出如同輸出一樣，可以賺取外國通貨的項目之金額; (c) 欄列出借方項目的金額，亦即列出如同輸入一樣，必須付出外國通貨的項目之金額。

　　該年，美國的商品輸出記於貸方，達 33,598 百萬美元，而其商品輸入記於借方，為 32,972 百萬美元。此時，貸方與借方的淨差為 626 百萬美元; 這一差額記於第一橫行的 (d) 欄。即使時至今日，仍然有

人把這種商品輸出的盈餘，誤稱爲「有利的貿易」。

至於每行的無形項目，極易理解。美國人民在外國旅行的結果，就是旅行支出項下的借方淨額或負值。美國人民私人對於國外親戚的贈與或捐獻，都會用盡外國通貨，所以列入第5行的借方。當然，外國的國際收支平衡表，是把美國的借方作爲該國的貸方，而且，後面兩個項目可替該國「帶來更多的美元」。

由表可以看出，在私人部門的經常帳戶中，商品項目的貸方超過借方，而有小額盈餘❹，再由無形項目的影響，盈餘更爲擴大。無形項目的主要收入，係獲自外國的利息和紅利。

前面7行私人項目的全部貸方淨額，不能充份抵銷其次5行的政府項目。政府的軍事交易和各種對外的援助性贈與及支出❺，其餘額共爲負的5,549百萬美元，如第12行所示，這一數額足可抵銷大部份的私人餘額，而使最後的「經常帳戶淨額」等於負的349百萬美元，成爲逆差。

計算表中的第一部份，就可得出經常帳戶的餘額。至於一國抵銷經常帳戶餘額的方法有二：一爲以黃金及準備資產支付，例如輸出黃金，或出售美元資產；一爲向國外借入，因爲根據同語反復 (tautology) 的原理，得到的東西，不是支付代價而來，就是欠債而來，國際收支平衡表既是根據複式簿記而來，兩方就須相等。

資本移動 所謂資本移動包括本國居民的私人長期放款及短期放

---

❹美國的商品貿易收支自一八九三年以來都是盈餘，直到一九七一年出現小額逆差；這是促成美國總統尼克森(Richard M. Nixon) 於一九七一年八月十五日宣佈新經濟措施的原因之一。

❺政府對於設備的直接贈與，例如對於德國陸軍的贈與，列於第8行，係一自動抵銷的項目。國內帳戶雖予列入，但對德國而言，係一贈與性項目。如果作爲輸出信用加以處理，則由借方項目之變動以求配合。

款，或得自外國居民的私人款項。例如，通用汽車公司在海外設一汽車工廠，或美國人民購入法國債劵，或美國人民把資金存入瑞士銀行，或比利時人民購買紐約的房地產，或購買美國財政部的短期債劵。並且，包括各種直接或間接方式的長期政府放款與信用，以及短期政府放款與信用。

在資本帳戶方面，決定何者爲貸方項目，何者爲借方項目，有一原則：即美國究爲資本證劵之輸出國家或輸入國家？或簡單言之：美國究竟輸出借據 (IOUs) 或輸入借據？確定這一原則以後，再把借據的輸出當作商品的輸出處理，並把借據的輸入當作商品的輸入處理。如果外國從美國借入款項，究爲貸方或借方？因在這種情形之下，美國輸入借據，輸入通常記於借方，所以這一項目屬於借方。

同理，如果美國從外國借入款項，便是借據的輸出，故應屬於貸方。如不根據這個原則判斷，便會發生這樣的誤解：既然外國向美國借款，美國的資本就向外國輸出，所以應該屬於貸方。事實上，這是外國向美國借款，就是美國輸入借據，所以應該屬於借方，可以抵銷經常帳戶上貸方的餘額。

從表的第16行可以看出，美國在該年乃是長期資本的淨借出國家；亦卽，美國借給外國的長期資本或在外國的投資，大於外國借給美國的長期資本或在美國的投資。所以，美國是長期借據的淨輸入國家，該年輸入的借據爲 1,708 百萬美元。再且，該年外國人在美國華爾街 (Wall Street) 證劵市場購買好幾十億美元的股票。因爲這種資產的投資反覆無常，變動甚大，所以並不列入長期投資，而是列入第19行表示出來。

基本逆差　現在不擬單獨考慮經常項目、資本項目、及黃金項目，而是進一步觀察美國的「基本逆差」(basic deficit) 這個概念。若干短期資本的移動，可以彌補並且抵銷美國的貸方項目。例如，持有美國的國

庫券 (Treasury bills)、銀行存款、或反覆無常地購買美國的股票。所以，必須不考慮這些短期項目，才能理解長期項目的情形。

第17行就可說明所有的經常交易，以及長期資本的移動。因為政府的經常借方項目以及私人的長期投資借方項目太大，以致美國成為所謂淨「基本逆差」的國家。該年，基本逆差多達21億美元。

一般常說「國際收支平衡表的逆差」，實在有點危險；因為前已說過，國際收支平衡表是一種複式簿記方式的記錄，根據恒等的原理，全表的借貸兩方總是應該平衡。但是，報紙以及國會議員一再提及，一九五八年以來，美國國際收支平衡表發生逆差，意義何在？這大體上是指第17行所表示出來的意義 ❻，就是指經常帳戶逆差的總和。由於這種逆差，美國須以黃金支付，或以短期資本帳戶上的流動資產支付。而且，外國人總是經常改變主意，一旦其他金融市場比紐約金融市場的利率更高，或資本的獲利機會更大，外國人總向美國要求黃金。

黃金移動及準備移動　美國20億美元的基本逆差，絕大部份是以第 18 行及第 19 行的短期資本移動加以抵銷。由於美國的利率較高，而有 998 百萬美元的短期資金流入美國。再因華爾街股票市場的繁榮，又有 3,094 百萬美元的資金流入美國購買股票。第 25行的誤差與遺漏，表示須以這些資本流入抵銷的隱藏之資本流出。

第22行表示美國的黃金流出，主要發生於一九六八年三月黃金兩價

---

❻這種 「基本逆差」 與政府統計資料上常見的其他兩種國際逆差不容混淆。「基本逆差」一詞，首先見於甘廼廸 (John F. Kennedy) 總統在一九六一年的國情咨文；但在此處，是把資產投資從長期項目中扣除。表中該年的基本逆差為 21億美元，但是官方清算的餘額却有盈餘16億美元。在一九六九年，雖然美元的地位仍屬堅強，美國的銀行仍以10%、11%、乃至12%的高利，在所謂「歐洲美元市場」(Euro-dollar market) 借入款項，這些借入的款項，也是成為流動性逆差。不過，因為這種借入並未涉及政府的交易，所以官方清算的餘額不受影響。

制 (two-tier system of gold) 建立以前；因在黃金兩價制建立以後，美國已經不對自由市場出售黃金。美國的黃金流出為 1,173 百萬美元；美國的借據輸入淨額為 2,053 百萬美元，記為準備資產的借方項目。這些準備資產包括外國持有的美元通貨、美元存款、或短期的流動證券。

最後，正式的餘額乃以第 27 行表示。因為整個國際收支平衡表是由複式簿記的借方項目與貸方項目構成，所以乃有這個正式的餘額。卽使遠在一九四六年至一九四九年，美國從外國獲得黃金及流動資產的期間，也就是在所謂「美元缺乏」(dollar shortage) 的時期，這個正式餘額就是表示借貸兩方相等。而且，卽使是在近年以來，一反美元缺乏的情況，美國發生所謂「慢性逆差」(chronic deficit)，以致經常帳戶餘額和長期資本帳戶餘額，須以黃金的外流抵銷，或以短期的美元債務抵銷，這個正式餘額還是表示借貸雙方相等。

第四節　國際收支的變化階段

從歷史觀點來看，美國已從一個青年的農業國家，歷經國際收支的四個階段，成為高度發展的工業國家。茲就這一發展的歷史過程作一觀察：

（一）**青年債務國** (young and growing debtor nation)：美國從獨立革命戰爭以迄內戰時期，經常帳戶上的輸入項目大於輸出項目。為了維持資本結構，乃向英國及歐洲借款，所以，這段期間的美國，係一典型的青年債務國。

（二）**成熟債務國** (mature debtor nation)：約從一八七三年以迄一九一四年，美國的貿易收支開始成為順差。但因過去對外借款的關係，所以對外支付的紅利和利息增加，經常帳戶大約可以平衡。因為外

國開始向美國借款，約可抵銷美國的對外借款，所以資本的移動大致可以保持平衡。

（三）**青年債權國** (young creditor nation)：在第一次世界大戰期間，美國的輸出急速擴張。首先，美國人民以私人身份向交戰的協約國(allied powers)提供貸款。美國參戰以後，美國政府向英國和法國提供貸款，使其整備武力，並且進行戰後的救濟，由於戰爭，美國一躍成為新債權國。但是，美國的心理狀況，並未隨着這種債權國地位的建立而調整過來。一九二〇年代及一九三〇年代，先後通過高度關稅法案。因為美國的限制輸入，外國不易獲得美元，所以利息及紅利的支付已有困難，更遑論本金的償還。

美國處於這種青年債權國的階段時，整個一九二〇年代，美國的私人對外貸款非常盛行，表面的一切可謂相當順利。美國可以繼續以買少賣多的方式，保持「債權地位」(on the cuff)。由於美國的輸出盈餘，其他國家乃把黃金和借據送往美國。當時，華爾街的銀行家能使購買外國債券的投資者滿心歡喜，一切似乎充滿樂觀和希望。詎料，一九二九年以後，美國再也不能對外貸款。於是，大恐慌終於來臨，國際貿易陷於停滯，債務無法清償，凡此種種，美國以及很多國家，實在難辭其咎。

從很多方面看來，一九七〇年代的西德，似乎是在重蹈美國一九二〇年代的覆轍。

（四）**成熟債權國** (mature creditor nation)：英國已在數年以前進入這一階段，並且，輸入大於輸出，所以英國發生所謂「不利的」貿易收支。

茲先觀察其眞正意義：因為英國可以輸入非常便宜的食物，而又不須輸出價值較高的商品作為交換，所以，英國人民的生活水準可以提

高。 英國過去因有對外貸款， 所以就以這些貸款的利息收入及紅利收入， 支付英國的輸入。

英國的情形固然很好， 但是， 其他國家的情形如何？其他國家因爲輸出至英國的商品， 多於從英國輸入的商品， 情形豈非不利？事實上， 並不必然如此。正常說來， 英國在以前借給這些國家的資本， 可以增加這些國家的國內生產， 而且， 增加的數額大於這些國家應該付給英國的利息和紅利。所以， 英國和其他國家都是有利。十九世紀的對外貸款可謂嘉惠雙方， 一則嘉惠貸款國家， 一則嘉惠借款國家。當然， 國際貿易及國際金融， 並非總是這樣順利進行。有些投資， 事後證明其爲不智。殖民地和國家主義的問題， 使得情況趨於複雜。 結果， 第一次世界大戰以後， 整個過程趨於瓦解。

就美國的情形而言， 由於進行冷戰， 美國必須提供對外援助和國防負擔， 所以必須利用投資所得以應付來自國外的經常收支。美國的經常帳戶， 應有巨額的盈餘， 以應付對外援助和對外投資的方案。但自一九七一年以後， 美國貿易收支盈餘的維持開始發生困難， 尼克森(Richard M. Nixon)總統遂於一九七一年八月十五日宣佈新經濟措施， 希望日本能夠分擔美國在海外的防衛費用。

討論問題

1 何謂「外匯」？何謂「匯率」？「匯價」的表現方法有幾？

2 外匯的需要曲線是與輸入的需要彈性有關， 然則， 輸入的需要彈性是由那些因素決定？

3 外匯的供給曲線何以是由輸入的需要導出？

4 如何利用外匯的需要曲線和供給曲線決定均衡的匯率？何謂通貨的「貶值」？何謂通貨的「升值」？

5　國際收支平衡表與國際債務平衡表有何不同？

6　美國的國際收支平衡表分成幾大部份？每一部份包括那些重要的項目？

7　國際收支平衡表上的每一項目，究應列入貸方抑應列入借方，有何原則可循？資本帳戶方面，何爲貸方項目，何爲借方項目？有何原則可循？

8　國際收支平衡表上經常帳戶餘額的抵銷，可用那些方法？

9　試以美國爲例，說明國際收支的四個變化階段。

10　英國的國際收支已在數年以前進入成熟債權國的階段，其眞正意義何在？在此意義之下，與英國有關的其他國家之情形如何？

第二十八章
國際貨幣制度

　　一國的國際收支長期失衡以後,必然引起經濟方面的調整以資適應;這種調整過程,又必然促成國際貨幣關係的變化。所以,國際收支調整的本質,及其對於國內與國際經濟所發生的影響,共同構成國際貨幣問題。

　　根據以往的經驗, 國際收支失衡的調整,是一種痛苦的過程,對一國本身及其他國家,均會帶來不利的影響。而其所以如此,主要是因理想的國際貨幣制度尚未產生使然。然則, 那一種制度才能合乎理想的標準?事實上,每一種制度都有優點與缺點。何謂理想的國際貨幣制度,自無定論可言。在過去, 國際貨幣制度業已歷經各種類型的轉變,而達成目前的型態。但是,對於當前重要貨幣問題的解決,仍然不免顯出無能為力。

　　為了理解現行國際貨幣制度的特徵及其運作, 對於歷史上的各種貨幣制度, 必先檢討其演進經過, 及其所曾發揮的特殊功能。

第一節　國際貨幣制度的演進

一、國際金本位制: 1880-1914

　　從十九世紀到二十世紀的前半葉, 國際貿易及國際投資的擴張極為

迅速，而國際經濟結合的現象又復盛行一時，穩定的國際貨幣制度也就應運而生，以資配合國際交易急遽擴張的需要。國際貨幣制度的形成，另一方面又促進國際交易上更大的擴張。所以，國際貨幣制度與國際交易可以說是互為因果，相需而生，相輔而成。此種國際貨幣制度逐漸演進，至十九世紀末遂形成金本位制度。當然，傳統金本位制度的形式，在目前已告銷聲匿跡。但是，現行的國際貨幣制度卻繼承了金本位制時代的許多觀念和本質。

在金本位制最原始、最單純的階段中，黃金可以充當國際通貨，作為進行國際交易的媒介。一國的貨幣，主要是以金幣（gold coins）構成。此種金幣則包含一定數量的黃金，因而在世界各地可被接受以充支付的工具。後來，由於國內貨幣制度逐漸改變成以紙幣及銀行存款形式為主的制度，金本位制遂為金塊本位制（gold bullion standard）所取代。於是，棒狀及錠狀的金塊乃取代過去的金幣以清算國際收支。但這僅是表面上的改變而已，因為國內的貨幣單位仍與定量的黃金發生聯繫，而流通通貨與銀行存款仍可自由地兌成定量的黃金。

不管一國的貨幣制度中，是以金幣直接清算國際收支，或以信用貨幣兌換定量的黃金，但在金本位制之下，國際間貨幣單位的比價，彼此是固定的，僅能在極小的範圍內變動。

匯率穩定機能　金本位制下的匯率，由於透過私人的套匯交易（arbitrage transactions）而使匯率保持在相當穩定的狀態。其實際運作情形如何，可就一九三一年以前英鎊與美元的關係作一觀察而得到理解。（英國於一九三一年九月，美國於一九三三年先後放棄金本位制。）

當時，一單位美元的法定含金量定為 23.22 格令（grains），一單位英鎊的含金量約為 113 格令。為了保持其通貨以等量黃金的價值，在市

場上有效流通，各國貨幣機構必須無限制地買賣金塊。因爲，只要有人願以1美元比23.22格令或20.67美元對1盎司純金的條件出售其藏金，美國財政部便須購買；如有需要，亦須以相同條件買進黃金。英國貨幣當局的情形亦相同。

一國通貨的相對含金量可決定基本匯率。因爲一英鎊的含金量爲一美元含金量的4.86倍，因此基本匯率便爲一英鎊比4.86美元而實際市場的匯率便不便超越2％上下的範圍。當然，市場匯率與官定黃金平價之所以能相對地保持穩定，主要因是外匯商人的謀利活動使然。如果紐約市場的英鎊匯率略升至4.88美元，則外匯商人只要：(一)向美國財政部購買黃金；(二)運送黃金至倫敦售予英國貨幣當局；或(三)在紐約市場出售英鎊換取美元，便可獲得利潤。

如上所述，在金本位時代，貨幣單位含有定量之黃金，而貨幣面值卽以所含金量而定。兩種金本位幣兌換之價值常與面值相去甚微。此係因爲黃金可以自由輸出入，匯價雖有變動，但僅限於黃金由一國運往他國之輕微運費及保險費限度之內。此種限度，稱爲黃金輸送點（gold points），所以在國際金本位制下，各國實際匯率與各國鑄幣平價之距離，均不會超出黃金輸出點（gold export point）與黃金輸入點（gold import point）的上下限度（upper and lower limits）。此所以具有穩定匯率作用機能之道理所在。

國際收支的調整機能　既然在金本位制下，匯率的變動範圍極其微小，所以在調整國際收支失衡的情況時，對國內經濟所發生的影響很大。而且，傳統金本位制的本質，乃是藉自由市場的作用以自動調節國際間的貨幣關係，也因此而排斥了政府政策在自動調節機能中所能發揮的影響。

在金本位制下，國際收支失衡的調整，是藉貨幣用黃金（monetary

gold) 的國際移動達成。一個國家所以損失黃金，是因該國的外匯需要超過外匯供給， 迫使匯率趨向黃金輸出點; 反之， 一國之所以獲得黃金，是因該國的外匯供給超過外匯需要，迫使匯率趨向黃金輸入點。傳統的理論認為這種調節過程的本質，就是一國損失或獲得黃金之後，所產生的貨幣方面之影響。因為，一國的貨幣供給與其黃金存量產生直接的聯繫，當黃金輸出， 則貨幣減少; 反之， 黃金輸入， 則貨幣增加。進一步，根據貨幣數量學說，古典經濟學者認為，物價變動是黃金移動的最初結果。一國黃金存量的減少必然會產生緊縮性的影響，而使物價下跌; 反之，黃金存量的增加也必然導致物價上漲。如果對於貿易數量不加管制，則國內價格必然不能脫離世界價格水準。如果由於國際貿易結構上的失衡，而使某些國家成為出超國家，並發生黃金內流及國內物價上升的現象，同時並使其他國家成為入超國家，而發生黃金外流及國內物價下降的現象，則將促使高物價國家成為優良的出售市場和惡劣的購買市場。 如此一來， 前者的對外輸入超過輸出， 而後者的對外輸出超過輸入。 為了平衡國際收支起見， 黃金遂由高物價國家流向低物價國家。 但黃金由高物價國家流出， 將迫使該國物價下降， 直至各國之間的物價水準重新平衡為止。這種透過物價變動而引起黃金移動的調整過程， 稱為「黃金與物價流出入機能」(gold-specie flow mecha-nism)。 由此可見，通過黃金流出及流入的循環過程，金本位制可使各國物價維持密切的聯繫，國際收支獲得自動調整的機能。

二、戰爭時期: 1918-1939

第一次世界大戰結束了金本位制的命運。戰事使國際資金的流動大受影響,國際金融關係趨於緊張,黃金在國際間之流動自亦受到管制。政府嚴格管制黃金及外匯之持有。由於戰爭開支的大量需要， 只好大量發

行貨幣作爲因應, 其結果是戰前的平價 (parities) 無法繼續維持下去。

因爲在戰爭期間及戰後初期, 大多數的歐洲國家均曾經歷快速的通貨膨脹, 故在戰後再也不可能恢復舊匯價的金本位制。但是, 美國所經歷的通貨膨脹較輕, 故於一九一九年六月恢復到舊平價的金本位制。戰爭也結束了英國的金融霸權, 並使美國升級爲主導世界金融的銀行家。戰後初年, 英鎊相對於美元是依購買力平價 (purchasing power parity) 自由波動。

戰前以來, 英國的物價水準就已開始上漲, 但至一九二五年, 英國仍然恢復金本位制, 而且回到戰前舊的匯率水準。凱因斯 (John Maynard Keynes) 曾經正確指出: 高估的英鎊會使英國的出口受到傷害, 導致工資與物價的緊縮。由於黃金價格降低, 英國居民乃以貨幣向英國政府兌換黃金, 而引起貨幣供給的緊縮。到了一九三一年, 只好宣布英鎊停止兌換黃金, 以避免黃金進一步流失; 當然, 金本位制也告結束。由於英鎊停兌黃金, 市場轉向以美元兌換黃金。因此, 到了一九三一年底, 美國的黃金庫存減少了百分之十五。到了一九三三年, 美國也把黃金的官價提高到每盎斯三十五美元, 以阻止黃金的外流。

隨後的不景氣年代, 國際貨幣戰火燎原, 爲了刺激國內經濟, 各國競相實施貨幣貶值以擴張出口, 甚至實施外匯管制, 以渡過戰時的財政危機。

外匯管制制度, 開始盛行於一九三〇年代末期, 經濟、貨幣、與政治危機之時。這種制度從此繼續存在, 並且在第二次大戰中變本加厲。大戰結束後的最初幾年, 除掉少數例外, 一直維持不墜。一國之所以採取外匯管制, 主要便是認爲其外匯準備或外匯收入, 不足以適應當前的需要。在一九三〇年代, 歐洲的外匯市場極度混亂, 並且當時各國的國際貿易及投資總額急遽萎縮, 所以對外收支感感困難, 加之資本逃避情

形嚴重，許多國家的外匯準備飽受威脅。貨幣當局只得採取措施以壓制外匯外流的現象，在這種情況下，各國乃先後走上外匯管制之途。

外匯管制自實行迄今，爲時不過半個世紀。但是各國政府已從管制方法中，獲取了許多經驗。因此，今日實施外匯管制的理由已不再限於當初防止資金逃避一端而已。在外匯管制制度之下，可以高估本國幣值，演變至今，已經成爲一個具有多種目的的制度。

三、金匯兌本位制

戰後的國際貨幣制度，可謂係以國際貨幣基金 (International Monetary Fund; IMF) 爲中心的金匯兌本位制度 (gold exchange standard)❶。在此制度之下，黃金與國內貨幣脫離兌換關係，但在對外方面，各國則仍保留黃金或外匯作爲國際準備資產 (international reserves assets)。而美元與英鎊因其佔有特殊的重要地位，故被稱爲關鍵通貨 (key currency) ❷。因此，戰後的國際貨幣制度又被稱爲「黃金—美元—英鎊—國際貨幣基金制度」 (Gold-Dollar-Sterling-IMF System)。

這種以國際貨幣基金爲中心的國際貨幣制度，在一九六○年代末期以前的運作相當良好。在此制度之下，國際之間商品與勞務的移動，達到空前未有的規模，對各參加國家的嘉惠很大。但是，自從一九七○年

---

❶戰後在國際上，僅美國仍維持金本位制。美國應各國政府或中央銀行之請，允將美元兌換黃金。美國的黃金買價原爲每盎司34.9125美元，賣價則爲35.0875美元。但在一九七一年十二月十八日的十國財長會議中，美國同意美元對黃金貶值7.89%，亦卽一盎司的黃金官價由35美元升爲38美元。

❷作爲關鍵通貨的通貨，必須具備三項條件： (一) 須爲準備通貨 (reserve currency)，亦卽各國以此通貨作爲準備資產之一； (二)須爲媒介通貨 (vehicle currency)，亦卽國際之間以此通貨作爲進行國際交易之媒介之一； (三)須爲干預通貨 (intervention currency)，卽各國以此通貨作爲在外匯市場干預滙率升降的工具之一。

代以來，這種制度的缺點逐漸暴露出來，其間雖經若干改進，國際貨幣危機却仍層出不窮，尤以近年以來爲烈。在此情況之下，各國貨幣當局以及專家學者，咸認這種制度迫切需要進行長期的改革。

自第二次世界大戰爆發以後，各國政府爲了應付戰時經濟之需要，相繼實施嚴格的外匯管制，馴至國際貿易與投資之進行，毫無自由可言。大戰結束以後，聯合國以實現國際間自由貿易與投資爲目的，致力於國際貨幣制度的重建。這一傾向的具體發展，也就促成國際貨幣金融會議的召開。

這項國際貨幣金融會議於一九四四年七月在美國新罕普夏州（New Hampshire）的布里敦森林（Bretton Woods）舉行，共有四十四國參加。由於各國均已飽歷舊創，因此莫不滿懷信心，企圖爲新的世界展開新的局面。與會代表經過共同檢討的結果，認爲：第一、金本位制已證明不合時宜，必須另覓新的制度加以取代；第二、經濟恐慌時期所帶來的外匯管制及經濟國家主義，必須在新的制度之中加以擯除；第三、因爲投機性的短期資本流動，在外匯市場混亂時操縱匯率的漲跌，阻礙國際貿易與投資的進行，因此浮動匯率制度不能再度採用。鑒於這些認識，當時各國對於金本位制、浮動匯率制、以及外匯管制可謂深懷戒心，因此力求在新的制度中加以避免。

按在布里敦森林會議召開之前，各種重建國際貨幣制度的建議，曾由美國、英國、和加拿大分別提出。其中，美國的懷特方案（The White Plan）和英國的凱因斯方案（The Keynes Plan）由於代表兩大強國的意見，成爲會議討論的主題。兩種方案的基本立場相同，均以多邊自由貿易及各國政策之相互調整爲目標，且又均以設置國際性的中樞機構去推動目標的實現。但其實現的具體方法，兩種方案並不相同。懷特方案乃以基金制（fund system）爲基礎，各國分攤一定資金，設立共同

的外匯基金；凱因斯方案則以清算制 (clearing system) 爲基礎，而以借貸抵銷的方法進行清算。至於匯率變動的調整，懷特方案限在基金的同意之下才能進行，凱因斯方案則主張各國可視實際情況機動調整。

上述的兩種方案，經過三十多個國家的熱烈討論，於一九四四年四月發表「關於設立國際貨幣基金之專家共同聲明」(Joint Statement by Experts on the Establishment of an International Monetary Fund)。此一聲明，大致以美國的懷特方案爲基礎，可謂採取「基金制」。由於這一聲明的發表，作爲國際貨幣基金之基礎的布里敦森林協定 (Bretton Woods Arrangement)，遂於國際貨幣金融會議之中順利簽訂，次年十二月卽告正式生效。IMF 的會員國從三十國開始，至一九八九年底已有一六〇個以上的會員國，甚至包括若干東歐國家。

IMF 成立之時所揭櫫的主要任務，在於：(一)建立各會員國通貨之間的平價；(二)利用各種措施，協助各會員國維持此一平價，主要原則在於融通國際收支短期失衡所需的資金；(三)如遇會員國國際收支的長期困難，應該加以協助，使其調整工作順利進行。爲了達成第一任務，基金乃以採取固定匯率制度作爲運作基礎。基金協定第四條規定：一個會員國的通貨平價，須以黃金或一九四四年七月一日實施的重量及成色的美元，表示其共通單位。平價設定之後，各國卽應盡力設法穩定其匯率於狹隘的幅度之內，卽實際匯率的變動，不得超出平價上下各1％的範圍。換言之，一國的匯率有跌至平價1％以下的傾向時，該國的貨幣當局就須在外匯市場無限制拋售外匯加以支持；反之，則須無限制供給本國貨幣加以平抑。

會員國宣告其通貨與黃金（或美元）的平價之後，雖有義務遵行並且防範平價的改變，但爲矯正該國經濟上之基本失衡時，仍可變更平價。當會員國向基金提議變更匯率時，基金則就過去該會員國對最初平價(卽

該國加入基金之時所訂的平價)所作的變更作一考慮。如果上述所提議的變更與過去一切變更的合計：第一、不超過最初平價10％者，基金並不反對；第二、不超過最初平價之其次的10％者，基金可予同意或反對；第三、超過以上所述的程度者，基金可經較長期間的考慮而宣佈其態度。

　　上述基金的現行平價制度稱爲「可調整的釘住匯率制度」(adjustable peg system)；其原來的精神，在於匯率的「安定」，而非在於「剛硬」。故如上所述，各會員國如發生國際收支的基本失衡，仍可改訂匯率，但是現在各國却均極力避免運用這項規定。亦卽，各國大多不願改訂自己的匯率，於是軟弱的通貨要求強勢的通貨升值（如貶值前的法郎），而強勢的通貨要求軟弱的通貨貶值（如升值前的馬克），如此雙方相持不下，結果釀成國際貨幣的危機❺。

　　平價制度順利運行約達二十年之久，但有兩個主要原因導致其在一九六○年代末期遭受漸增之壓力而於一九七一年終告崩潰：

　　第一、平價匯率制度缺乏充分彈性，無法適時調整以因應由於西歐各國恢復其世界經濟之傳統角色及日本之躍居世界貿易主要競爭國所導致之國際貿易和投資之結構性轉變。這些結構性轉變對美國產生了很大的衝擊，並且需賴西歐各國與日本之通貨升值或美元貶值以緩衝之。

　　第二、一九六六年以來，美國之通貨膨脹逐漸損害其貿易競爭地位，而且導致其經常呈現鉅大的逆差，而需由外國貨幣當局以其累積之美元予以融通。

　　由於其他國家不願意握存如此鉅額之美元，因此美國終於在一九七一年八月終止美元與黃金之兌換，並允許美元浮動，各主要通貨亦實施

────────

❺在一九七一年八月十五日，美國宣佈實施新經濟措施以後，主要國家的滙率相率浮動。而在重返固定滙率以前，美國與其他各國之間的意見互相對立；亦卽，美國要求日圓、馬克、法郎等的升值，但是，日本、西德、法國則均要求美元貶值。由於相持不下，國際貨幣危機延續相當時期才告解決。

浮動匯率。在美元浮動之後四個月，亦卽一九七一年十二月，十國財長在華盛頓簽訂史密松寧協定（Smithsonian Agreement），達到多邊匯率調整（包括美元的貶值，及其他一些主要通貨之升值，特別是日圓、馬克及瑞士法郎之升值），與擴大各國匯率波動幅度的協議，國際間又恢復固定匯率制度。但此舉並未能改善美國之國際收支地位，同時，外國貨幣當局之美元的累積仍繼續維持著龐大數量。一九七三年二月之美元第二次貶值，仍未能遏止美國資本之外流，因此美國乃於一九七三年三月放棄新平價而再次容許美元浮動。同年二月，日圓開始浮動，三月間，西德馬克小幅升值而歐洲各主要通貨則爲聯合浮動。至此，第二次大戰後的國際貨幣體制已告崩潰。

四、浮動滙率：1973年以後

雖然一九七三年以後的匯率制度稱爲「浮動匯率制度」（floating rate system），但是匯率仍不是由自由市場的供需力量單獨決定。因爲中央銀行常基於政治目的進場干預，最好稱爲「管理浮動」（managed float）。不過，各國所採行的匯率制度極不一致。美國是完全自由浮動；其他國家有的選擇對某一通貨維持固定價值，稱爲「釘住」（peg），有的選擇對某一集合或一籃通貨釘住。應該注意的是，有的釘住 SDR。所謂 SDR 就是由 IMF 創造出來的一種特別的國際準備資產，名稱是 Special drawing rights。

另有一些簽署「合作協定」（Cooperative Arrangements）的國家集合成立「歐洲貨幣制度」（European Monetary System; EMS）。因爲這些國家互相依賴，不想彼此浮動。EMS 的會員國之間維持固定匯率，但是對外則是「聯合浮動」（float jointly）。

最後，還有一些國家採取折衷的制度，介於浮動與釘住之間，稱爲

「爬行的釘住」（crawling peg）。亦即，在短期採取固定匯率，但依固定時段調整以反映供需的壓力。

第二節　國際貨幣制度的選擇

完全固定的匯率制度與金本位制幾乎沒有不同。所有國家的通貨都將其匯率釘住單一通貨，例如美元，因此，其匯率也等於釘住所有的通貨。如此一來，各國只要在外匯市場買賣本國貨幣便可使匯率固定。

而如果匯率是由供需的市場力量決定，便是浮動匯率。對一種通貨的需求（供給）相對於供給（需求）如果增加，該通貨就會升值（貶值）。中央銀行並不干預，以影響其貨幣之價值。

有關浮動匯率與固定匯率對比之利弊，看法並不一致。有人認為，浮動匯率的最大優點是各國國內的總體經濟政策可以獨立，不受其他國家的政策所影響。為了維持匯率的固定，各國的通貨膨脹趨勢也是大致相同，否則，購買力平價指數（purchasing power parity; PPP）將會大幅波動。各國之通貨膨脹率既然趨勢一致，貨幣政策也就大致相同。在第二次世界大戰後的固定匯率制下，由於各國的貨幣政策常常背道而馳，以致引發不少問題。例如，在一九六〇年代，美國為了對付貧窮及越戰，採取比較西德更為擴張的政策。因此，當時的固定匯率無法維持下去。而若採取浮動匯率制度，各國便可選擇適當的通貨膨脹率，匯率也可隨之調整。這樣一來，如果美國的通貨膨脹率選擇8％，而西德選擇3％，則美元便會相對於馬克貶值（depreciation）。亦即，在浮動匯率制下，匯率可隨通貨膨脹率之不同而作不同之調整。

但是，支持固定匯率的人認為，各國選擇適當通貨膨脹率的能力並不可靠。他們認為，只有在固定匯率制下，各國在採取對抗通貨膨脹的

政策方面，才有一致的國際紀律。

　　浮動匯率制度，有其優點，亦有缺點。學者之間贊成者有，反對者亦有，莫衷一是。又因浮動匯率與固定匯率在其意義上互相對立，所以兩者之利弊正好相反，互為對照。大體上，前者之利即為後者之弊，後者之利即為前者之弊。

　　一般認為，在固定匯率之下，具有下述各種缺點：第一、合理的平價甚難訂定。二次世界大戰以後，各國訂定平價之時，大多尚處於外匯管制之下，故所訂平價因受戰時通貨膨脹的影響，不免偏高。所以，平價的不合理，引起一再的變更。例如：一九四九年英鎊貶值以後，各國相繼調整匯率；其後，一九五〇年代末期，法郎貶值；一九六〇年代初期，馬克升值；一九六七年秋，英鎊再度貶值；一九六九年秋，馬克再度升值，法郎再度貶值。第二、平價的變更不能順利進行。因在現行制度之下，過去已貶值10％的國家，再擬貶值時，必須商得國際貨幣基金的同意，此時往往不能事前保密，而招致投機。第三、對於投機者甚為有利。因在一國國際收支惡化時，常發生貶值的謠言，而引起投機，此種投機幾乎毫無風險。第四、合理的平價既難訂定，所以常有偏低或偏高的現象。如果一國平價偏低，國際收支常會持續出現盈餘，以致外匯準備過度累積，形成資源的浪費，且易引起通貨膨脹；如果一國平價偏高，則將發生慢性的國際收支逆差，不得不因此管制外匯與貿易，緊縮經濟，從而阻礙經濟成長。

　　如果採取浮動匯率，則有下述各種優點：第一、匯率容易趨於合理水準。因為匯率既可自由變動，則能藉供需關係以決定匯率，而充分反映出一國國際收支情況的順逆傾向。如果漲跌是由於暫時性的因素，則易於恢復平衡；如其漲跌是由於基本上的原因，則投機性的交易將加速其漲跌，而可覓得適當的匯率水準。第二、具有自動平衡國際收支的功

能。因在一國國際收支發生順差時，外匯匯率下降，此時，如以本國貨幣計算，進口商品價格較前下降，而出口商品價格較前上升。因此，進口趨於增加，出口趨於減少，國際收支的盈餘漸告消失，反之亦然。第三、可以節省國際流動性的使用。因爲匯率既由市場供需力量決定，政府完全不予干預，而且國際收支也能自動調節，在理論上自然無需保有大量黃金及外匯。第四、可以防止投機性的活動。因在自由決定的外匯市場上，匯價看跌的投機過度時，市場上就有看漲的投機發生，結果容易恢復均衡。

　　有些學者認爲，浮動匯率在理論上縱有其優點，但因歷史的實證經驗非常有限❺，所以不一定切合實際，因而主張加以修改。意卽建議在集團與集團之間，實行浮動匯率，而在集團內的各國之間，實行固定匯率。這種建議係依地理區域劃分，而把固定匯率與浮動匯率聯結起來。每個通貨集團，當係包括貿易、投資、及文化關係最爲密切，匯率變動的風險最少，彼此採取平行的經濟政策亦較無困難的國家。故在這些國家採取固定匯率，以解決國際收支差額。又因集團與集團之間，不同的主要通貨可以自由浮動，所以經濟發展上的基本差異所引起的國際收支差額，可以降低至最小程度。如此，匯率自由浮動於集團之間，比浮動於國家之間，顯然較爲合理。

第三節　最適通貨區域

　　從一九六〇年代以來，所謂匯率制度的選擇，在文獻上是指「最適通貨區域」(optimum currency area) 的選擇。通貨區域是指區域內的匯率固定，而對區域外的通貨則採浮動匯率。而「最適」通貨區域是一群國家的最佳組合，可以達成某些共同目標，諸如充分就業及物價穩

定等。

比較流行的理論是，最適通貨區域的選擇，其最主要的考慮是生產因素（勞動與資本）的移動之成本相對較低。舉例說明如下：

假設甲乙兩國分別生產電腦與棉花。現在，消費嗜好改變，社會之需求由電腦移向棉花。結果，甲國將會發生貿易逆差，以致勞力與資本出現超額供給，此因對電腦之需求減少。至於乙國則會發生貿易順差，以致對於勞力與資本出現超額需求，此因對於棉花之需求增加。面對此一改變，國際調整如何進行？

第一、生產因素會由甲移向乙國，而在每一區域之內達成工資與物價方面的新均衡。

第二、相對於乙國，甲國的物價會下降，而若兩國之間的勞力與資本不能移動，則物價的相對變動會使國際收支的失衡消除。

第三、如果甲國與乙國各自使用不同的通貨，則匯率的變動會使物價相對變動。

所以，「最適通貨區域」的特徵是生產因素的自由移動。如果勞動能夠自由而便宜地由失業情況嚴重的地區移向對於勞動的需求較大的地區，則該區域內的生產因素移動就能恢復均衡，因為該區域內的失業情況已因移民而消除了。所以，既然相對價格的變動已經不是區域之內恢復均衡的惟一手段，則在區域之內採取固定匯率再也恰當不過。

但若區域之內的生產因素不能自由移動，以致相對價格的變動成為恢復均衡的惟一手段，則在區域之內採取浮動匯率較為有利。如果各國的貨幣當局堅持維持物價的穩定，則最簡單的調整手段就是採取浮動匯率，因為這樣一來，調整目標的達成可以透過匯率的變動而不是物價的變動。

基於上述的理由，北美與西歐最應建立「最適通貨區域」，特別是

在地理位置上最緊密的加拿大、墨西哥及美國。既然美元、加元及墨西哥披索之間的匯率已經緊密聯結（披索與美元長期釘住），故這三個國家彼此之間應該採取固定匯率，而對外國採取浮動匯率。而事實上，西歐國家已經採取「最適通貨區域」的制度。「歐洲貨幣制度」(European Monetary System; EMS) 的特徵就是制度之內採取固定匯率，但是，EMS 對其他國家則採浮動匯率。

歐洲貨幣制度於一九七九年三月十三日開始實施，參加的國家有西德、法國、比利時、盧森堡、荷蘭、義大利、丹麥及愛爾蘭等八個國家。歐洲貨幣制度的主要目的有三: 第一、建立歐洲通貨穩定區 (European zone of monetary stability)。以往由於匯率不穩定，致使歐洲各國的投資意願低落。今後匯率若能趨於平穩，將可刺激各會員國增加投資，加速經濟活動，降低失業率，且不至於引發通貨膨脹。第二、維持歐洲自由貿易體系以及其共同農業政策。第三個目的爲使歐洲經濟免受美元不穩定的影響。

根據一九七八年十二月布魯塞爾召開之歐洲共同體 (European Communities, 簡稱 EC) 理事會達成之協議，歐洲貨幣制度主要由①匯率與干預機能; ②清算機能; ③信用制度等三大部門構成。茲分述如次:

　　(一) 導入歐洲通貨單位 (European Currency Unit, 簡稱ECU) 概念，作爲匯率制度之中心。歐洲通貨單位係由一定比率之 EC 九國通貨組成之複合通貨單位，其作用計有: (1) 匯率之表示單位; (2) 乖離指標之基準; (3) 干預及信用制度運用上之表示單位; (4) EC 中央銀行間之清算手段等四項。

　　(二) 全體參加通貨設定與歐洲通貨單位關聯之中心匯率。歐洲通貨單位的中心匯率係以相當於某一單位之通貨額表示，由各國中央銀行

發表。由於歐洲通貨單位中心匯率之連繫，形成一連串通貨間之基準匯率，據此設定相互之干預點。

（三）干預機能之基本架構與蛇形浮動時相同，採用相互平價方式。原則上，干預時利用參加國之通貨，參加國若到達基準匯率上、下2.25%之干預點時，將義務地，且無限制地使用本國通貨進行干預，以維持不超出干預點。不過，鑑於蛇形浮動當時，利用此方式干預，經常由於固定匯率關係而引起投機性交易，另一方面，亦爲滿足前述法、義、英等弱勢通貨國家之要求，乃導入「乖離限度」之新概念，作爲到達平價藩籬（parity grid）干預點前之警報裝置。其意義爲，各國通貨對歐洲通貨單位匯率之變動率到達一定水準時，可要求其干預市場，變更中心匯率或是實施一般性經濟政策等，此時之進行干預，乃具備預備性干預之特性。

（四）干預所需之資金融通，由各國中央銀行間提供無限制金額之信用（此種信用稱之超短期信用）。因干預而產生之中央銀行間債權、債務，全部換算以歐洲通貨單位表示，再轉換爲歐洲通貨基金之帳戶，進行干預後七十五天以內，由債務國中央銀行加以清算。

債務國由於任何原因，無法於期滿日前履行清算，在承諾滿足一定條件之基礎上，債務國可以利用前述超短期信用之短期信用額度，將清算期間最長延至十八個月，若經濟情況繼續惡化，亦可利用中期金融支援額度，享用長達五年之信用融通。

第四節　國際準備通貨

在世界上，有多少國家則有多少種的貨幣。但因種種原因，大多數的貨幣在國際商業方面並不使用。事實上，只有少數幾種（甚至只有一

種）貨幣在國際經濟活動中扮演貨幣的角色。 這些貨幣稱爲「準備通貨」(reserve currency)。在貨幣銀行學的教科書上,貨幣的功能爲: (1)記帳的單位,(2)交易的中介, 及(3)價值的儲藏。在國際金融上, 準備通貨的選擇也是根據這些功能而來。列表如下:

國際準備通貨的角色

功　　　　能	理　　由	民間角色	官方角色
1. 國際的記帳單位	情報成本	記價通貨	訂價通貨
2. 國際的交易媒介	交易成本	媒介通貨	干預通貨
3. 國際的價值儲藏	價值穩定	銀行通貨	準備通貨

上表可見,國際記帳單位的角色之扮演與情報成本有關。目前,若干諸如咖啡、錫或橡膠等初級商品,在全世界都以美元計價。因爲這些商品是同質性的 (homogeneous),所以,相對於製造業的產品,如以某一種通貨計價,其價值情報之傳播較爲迅速。而且,在民間交易中,準備通貨除了作爲記帳單位之外,也是其他通貨釘住其匯率的基礎。

準備通貨之所以作爲國際交易媒介,則與交易成本有關。以美元爲例,國際之間廣泛地以美元交易,此因甲國貨幣兌換爲美元,再兌換爲乙國貨幣, 其成本比甲國貨幣直接兌換爲乙國貨幣還低。 所以, 以美元作爲國際交易媒介非常方便而有效率,而美元也成爲買賣其他通貨的「媒介」(vehicle)。由於美元在民間（主要爲銀行之間）作爲媒介通貨的角色,所以中央銀行乃以美元爲工具在外匯市場進行干預,以支持匯率的目標水準。

準備通貨之所以作爲國際的價值儲藏,在於其價值之穩定。亦卽,其未來價值之確定性,使其有能力扮演作爲購買力儲藏之角色。美元在

這方面的角色已見下降，而美國的貨幣政策也使這一角色更見下降。但在民間市場，國際間的貸款與存款仍以美元表示。此外，各國官方也以美元作爲保有其官方準備的主要準備通貨。

一種通貨的國際角色是來自市場的力量，而非來自政府的意圖。國際準備乃是清算國際債務的工具。在金本位制下，黃金是最重要的國際準備。在第二次世界大戰結束以後所採取的金匯兌本位制，則以黃金及準備通貨（美元）爲國際準備。持有準備通貨（美元）的外國人，可將其通貨自由兌換爲黃金。一旦這一「兌換性」（convertibility）出現懷疑，或者大量要求同時兌換，這一制度也就無法維持下去。

第二次世界大戰後的美元就曾出現上述的情況。戰後初期及整個一九五〇年代，全世界以美元作爲國際準備的需求極爲殷切。而在此時，由於美國發生國際收支的逆差，國際準備成長的需求乃能獲得來源。隨著美國以外其他國家的發展與成熟，美國對外國人的負債持續增加，最後到達黃金準備遠遠不足以兌換其負債的地步。一九六〇年末期以後，美國的政治與經濟事件層出不窮，美元的國際地位問題開始受到嚴厲的挑戰。由於壓力持續上升，美國官方乃於一九七一年八月宣布美元停止兌換黃金。

美元雖然是最重要的準備通貨，但也不是惟一的。馬克及日圓的重要性與日俱增。 然則， 作爲準備通貨有何好處？ 就一個國家的立場來說， 他國以本國的國際收支逆差作爲融通世界貿易的手段， 會有類似「貨幣發行稅」（seigniorage）的收入。這是一種貨幣的匯兌價值與其製造成本之間的差異。不過，過去的英鎊及美元之「貨幣發行稅」的收入顯然極其有限，也沒有那些國家願意積極主動爭取扮演準備通貨國家的角色。反之，西德、日本及瑞士等國儘力避免。自一九七〇年代以後，美元在準備通貨市場的比重已見下降，但是仍爲最重要的準備通貨。由

於西德、日本及瑞士等國相對於美國，經濟規模較小，一旦其貨幣作為準備通貨，國際資金的大量移動必使國內經濟活動受到影響。

第五節　集合準備通貨

集合通貨（composite currency）是一種人造的通貨，由幾種真正的通貨集合而成。最重要的例子是 SDR 及 ECU。前者是由 IMF 所創造，以五種通貨集合而成; 後者是由 EMS 所創造，以歐洲通貨集合而成。雖然，在各國之間的官方與民間交易中，各別主要通貨的使用仍佔絕對性的優勢，但是仍有不少偏好以「集合通貨」作為銀行帳戶或貿易契約之計價標準的。在一九九二年，有三十九個國家的貨幣釘住SDR。

何以一個國家的貨幣不釘住某一通貨，而要釘住集合通貨？實際的情況是，一個國家的貿易對象可能極為分散，而不是集中於某一國家，故其通貨釘住其貿易伙伴的通貨之集合平均，總比釘住單一通貨來得較有意義。何況，集合通貨的組成份子及其比重可以自行設計。不過，因為現成的 SDR 及 ECU 的價值每日均刊載於金融性的報章，在國際間較被廣泛接受。

SDR 已經成為 IMF 會員國中新的國際準備，其價值是五種主要通貨之價值的加權平均（weighted average）。自一九八一年一月以後，五種通貨是美元、馬克、法國法郎、日圓及英鎊。SDR 並非實質上的存在，只是 IMF 的帳上紀錄而已。所以，早期的 SDR 僅限於中央銀行之間交易。一國如果需要某種特定的通貨，可以其從 IMF 分配而得的 SDR 交換（swap）該種通貨。目前，SDR 的民間用途已見擴大，若干民間已經開始以 SDR 計價辦理存款及放款。

一九八一年一月以前，SDR 是以十六種主要貿易國家的通貨之加權平均計算其價值。其後，改以五種通貨的加權平均計值。如此一來，SDR 更具吸引力。以一九九一年十二月十九日來說，1 SDR 是由 0.572 美元、0.453 馬克、31.8 日圓、0.8 法國法郎及 0.0812 英鎊集合而成。只要任一種通貨的價值變動，SDR 的價值也會同時變動。在一九九一年十二月十九日當日，1 SDR 等於 1.4104 美元。

以 SDR 作為記帳單位在國際間雖已漸被接受，但其作為官方準備通貨的地位則仍有限，各國仍然偏好保有可以自由兌換的美元及英鎊。

第一次以 SDR 計價的債券於一九七五年六月發行。在一九七五至一九八一年間，SDR 債券一共發行十三次，合計 5.63 億 SDR；十三次中，官方機構為十一次，民間為二次。第一次以 SDR 計值的銀行存款則是一九七五年六月由一家倫敦的銀行開端。一九八一年三月，摩根銀行(Morgan Guaranty Bank)的布魯塞爾分行首先辦理以 SDR 計值的活期存款。一九八○年六月，華友銀行 (Chemical Bank) 的倫敦分行發行以 SDR 計值的存單(certificate of deposits; CDs)5,000 萬 SDR。到一九九一年，SDR CDs 的發行額達 7 億 SDR。一九八○年代初，也有若干以 SDR 計值的銀行聯合貸款 (syndicated loans)。要之，民間使用 SDR 的高峯是在一九八○年代的初期。

至於 ECU 並於一九七九年三月由歐洲貨幣制度所創造的一種「集合通貨單位」。其最終目標是使ECU演進成國內共同使用的歐洲貨幣。ECU 是歐洲共同體（EC）正式的計帳單位，用於 EC 內的預算及交易。ECU 也是 EMS 的準備資產。就像 SDR 一樣，ECU 並不是一種實際上存在的通貨。ECU 只是財務報表上資產與負債的轉帳記錄而已。比之 SDR，ECU 在民間市場的使用成長較快。作為一種「集合通貨單位」，ECU 比起任何一種通貨在價值上更為穩定。而且，由於

ECU 完全排除美元的成份，故在美元價值波動時，ECU 反而成爲一種避險（hedge）的工具。反之，美元則是決定 SDR 價值的最重要通貨。值得注意的是，一九九五年九月卅日，歐洲聯盟各國財長及中央銀行總裁在西班牙瓦倫西區集會，宣布一致支持於一九九九年實施「歐洲單一通貨」，以求挽救各國個別貨幣的危機，恢復國際金融市場的信心。

第六節　外匯管制制度

上述的金本位制度與浮動匯率制度,在構成國際貨幣制度的方法上,雖然大不相同，但是兩者都依賴自由市場機能的作用，却是共同具有的特徵。外匯管制制度與上述的兩種制度則大相逕庭；其目的是在對於自由市場的影響因素加以壓制，其方法是由政府制定法律，避免公私機構或私人在毫無限制的情形下，按固定匯率或自由匯率買賣外匯。在徹底的外匯管制制度中，國內一切國際交易均須依照法令規定，先向外匯管制機構申請核准；一切經常的外匯收入，必須結售給管制當局，同時一切外匯的使用均須向管制當局結購。

外匯管制制度，開始盛行於一九三〇年代末期，經濟、貨幣、與政治危機之時。這種制度從此繼續存在，並且在第二次大戰中變本加厲。大戰結束後的最初幾年，除掉少數例外，一直維持不墜。一國之所以採取外匯管制，主要便是認爲其外匯準備或外匯收入，不足以適應當前的需要。在一九三〇年代，歐洲的外匯市場極度混亂，並且當時各國的國際貿易及投資總額急遽萎縮，所以對外收支咸感困難，加之資本逃避情形嚴重，許多國家的外匯準備飽受威脅。貨幣當局只得採取措施以壓制外匯外流的現象，在這種情況下，各國乃先後走上外匯管制之途。

外匯管制自實行迄今，爲時不過半個世紀。但是各國政府已從管制

方法中，獲取了許多經驗。因此，今日實施外匯管制的理由已不再限於當初防止資金逃避一端而已。 在外匯管制制度之下， 可以高估本國幣值，減輕外債負擔； 可以提高貨幣信心，便利經濟計劃之實施； 可以保護本國工業，對抗在貿易上之限制； 可以利用外匯之隨意分配，採取對國家或對商品之差別待遇； 可以實施多元匯率，增益國庫收入。所以外匯管制演變至今，已經成爲一個具有多種目的的制度。

外匯管制制度可以分成兩類: 複式匯率制度 (multiple exchange rate system) 與單一匯率制度 (single exchange rate system)，其主要區別是在匯率的結構方面。在單一匯率制下，國際交易的進行僅以惟一的一個匯率爲依據，買進匯率與賣出匯率之間僅有小小的差距，所有的交易， 都在這一範圍之內進行。 但有許多國家， 國際交易係按不同的匯率進行，匯率之間的差距大多越出這一範圍，此卽複式匯率制度。此種制度之實行，可以達成多方面之目的，顯而易見者如改善貿易條件、 平抑國內價格、 保護本國工業、 鼓勵輸出、 保持外匯存底、增益國庫收入等。在此種匯率制度下，除固定匯率外，常有自由市場之存在，或者依照用途之不同，設定兩種以上之匯率。凡屬必要輸入商品或必需之外匯，則按低額匯率核給； 如屬奢侈品或非必需之支出，則按高額匯率核給。至於輸出外匯，亦按輸出之性質收購。凡屬政府鼓勵輸出之商品，則按最優匯率購進，反之則按普通匯率購買。

當然，外匯管制制度的存在，嚴重地妨害國際貿易的擴張以及國際投資的進展。解除各國的外匯管制，一向是國際經濟合作所追求的目標之一。雖然如此，此種國際貨幣制度却是各國貨幣當局最經常採用以應付國際收支危機的制度。決策者以爲沒有這項管制措施，便會產生國際收支的困難，或者至少顯示政府對處理不斷變化的國際經濟情勢缺乏信心。正如佛里德曼 (Irving S. Friedman) 所說: 「判斷有無管制的必

要，不能與其他因素分開，特別是這個國家的國際收支情勢，以及決定
這個國家目前和未來國際收支情勢的各種因素。」

　　基上所述，如要避免外匯管制的實施，基本上要有其他可以取代的
制度，以調節國際收支的失衡。如果一個國家面臨國際收支的嚴重逆差，
而無其他辦法可以挽救困境；如果一個國家透過價格與所得的變動去調
節國際收支，却又導致大量的失業；如果一個國家遵守穩定匯率的允諾，
無法利用外匯貶值以達成調節；或已運用種種方法仍舊無法達成穩定的
均衡；在此種種困境下，必然被迫只有採取外匯管制一途。所以外匯管
制制度不是應否採取的問題，而是有沒有其他制度可以取代的問題。總
之，力倡解除外匯管制，而却不能提出適切可行的制度加以取代，實乃
不切實際。

討論問題

1　請概述國際貨幣制度的演進。

2　試比較固定匯率制度與浮動匯率制度之利弊。

3　試述歐洲貨幣制度之特徵。

4　試述國際準備通貨的角色。

5　試比較 SDR 與 ECU 的異同。

6　試述外匯管制制度的類型。

第二十九章
國際金融市場

第一節　國際金融市場的興起

　　由於科技的進步，國際之間的交通、旅行以及各種交易已經變得無遠弗屆，而整個世界也因之變得更小，更為息息相關，互相依賴。國際統計資料顯示，不僅國際交易的成長速度相當驚人，各國對外貿易相對於國民生產的比率也是與日俱增，尤其是多國企業（multinatinational firms）在直接投資及經營活動方面的擴張，更已凌駕傳統的國際商品與勞務交易之上。

　　伴隨著上述的國際貿易與直接投資之擴張，國際金融交易（國與國間的金融投資與借貸）亦趨頻繁。一九六〇年代及一九七〇年代的國際金融更為獨特，國際金融交易的本質與數量均有重大的改變。改變的原因來自於「外部金融市場」（external financial markets）的崛起；最初是與傳統的國際及國內資本市場亦步亦趨，其後則是出現後來居上的態勢。外部金融市場在管理規則、組織結構及利率決定方面大不相同，而在資金的流入與流出方式上亦有差異。這些市場雖常冠以「歐洲」（Euro-）的字首，但這所代表的只是它的發源地而已，經常引起

誤解。傳統的市場是以國家的金融中心爲據點，而這些外部金融市場則與傳統市場處於隔離或平行的狀態。

國際金融市場（或稱歐洲金融市場）的發展如此波瀾壯濶，乃與美國國際收支逆差、國際利率差異以及蘇俄對於國際金融方面之圖謀不軌有關。外部金融市場的發展對於世界貿易與投資的大幅成長貢獻至鉅，對於開發中國家經濟開發資金之取得亦有幫助。而在最近數年，對於石油資金之「回流」（recycling）更扮演著關鍵性的角色。

當然，外部金融市場的發展也有不良的影響。近年以來，世界性通貨膨脹之難以遏止以及外滙市場之動盪不安，外部金融市場具有推波助瀾的作用。而也由於外部金融市場的聲勢囂張，各國中央銀行當局的影響力難免相對削弱。

第二節　國際金融市場的性質

國際之間的借貸活動與國際之間的商品交易一樣，古老之時就已開始，好幾個世紀以來，在若干通都大邑，高度發達的金融市場，已對別的國家之居民提供信用及投資方面的便利。二十世紀以來的國際金融市場則濫觴於一九二〇年代及一九三〇年代的「歐洲美元體系」（Eurodollar system）。那時，歐洲的一些銀行就已積極地吸收外國貨幣的存款。不過，眞正具有重大意義的國際金融市場是在一九五〇年代末期的倫敦開始的，其後迅速發展，遍及全球，並進一步形成「歐洲債券市場」（Eurobond market）及「歐洲商業票券市場」（Euro-commercial paper market）。

國際金融文獻上最常使用的「歐洲通貨市場」（Eurocurrency market(s)）一詞，常常引起兩種誤解：①以爲這是類似或與外滙市

場有關的外國通貨之市場；②以爲這個市場的地點是在歐洲或其所交易的是歐洲國家的通貨。

爲澄清上述的誤解，我們先把交易媒介市場（貨幣市場）及遠期資金市場（信用市場）加以區別：

在現代的社會，貨幣具有嚴格的國家色彩，它是由政府所發行的，其接受性是國家的法律加以確保。在法律的保障之下，該國的貨幣成爲償債的合法工具。不過，其法律效力仍以該國的疆界爲限。因此，爲了完成對於國外的支付，各國的貨幣乃有互相交換的需要，這是「外滙市場」（market for foreign exchange）形成的原因，在此市場上，不同國家的「支付手段」（means of payments）互相交換。

至於「信用市場」（credit market）所交易的則是請求在未來期間付款的「債權」（claims）。在某一特定期間所得額超過資金使用金額的人稱爲「儲蓄者」（saver），而資金的需求數額超過所得數額的人稱爲「投資者」（investor）；於是，儲蓄者對投資者供應資金，因而產生信用的授受。此時，貨幣雖有助於購買力的移轉，但非絕對必須。

在一般教科書上，對於貨幣市場與資本市場的區分，是以信用工具的長短爲主。但在此處，我們所著重的是資金從儲蓄者向投資者移轉的過程「如何」進行？「從何」開始？

當然，儲蓄者與投資者也可以直接互相聯繫，卽由儲蓄者購買最終借款者（將資金投資於實物資產者）所發行的證券（securities）。股票（equities）、債券（bonds）及商業票券（commercial paper）的市場屬於此類。儲蓄者也可投資於「金融媒介機構」（financial inter-mediaries）所發行的債券，其結果也是把資金貸予投資於實物資產的人。這兩種管道的主要區別在於，在直接融通時，儲蓄者直接面對著發行者的信用風險（credit risk）；而在透過金融媒介的情況下，金融媒

介機構介入了資金的提供者與需求者之間。

　　大多數的「儲蓄→投資」之移轉是在一國的國內金融市場上發生。
但是，大多數的金融市場也與國外有所聯繫；國內的投資者購買國外的
證券，也可能投資於國外的金融機構。反之，國內的銀行也可能對國外
的居民貸款，而國外的居民也可能發行證券或存款於國內的銀行。這些
都是傳統形態的國際金融交易。

　　傳統的國際借貸之特徵，是所有的交易均受到有關各國國內市場的
政策規定與機構之直接限制。

　　但是，在過去的二、三十年來，國際金融市場已發展出不受各國金
融當局的政策與法令拘束的借貸機能。　其道理非常簡單，　只因為這個
市場的信用交易雖以某一國的通貨為準，但市場地點卻不在該國領土之
內。例如，在歐洲，以美元為準的貸款、存款及債券非常發達，但卻不
受美國有關銀行與證券規定的拘束。這種市場冠以「歐洲」或「外部」
的名稱，表示它並非國內金融體系的一部份。所以，我們對於金融市場
的分類，著重點在於是否受到法令的拘束。

　　基上所述可知，所謂「國際貨幣市場」是指資金的媒介是以某國通
貨為準，　但交易地點不在該國的市場（funds are intermediated
outside the country of the currency in which the funds are
denominated）。所以，歐洲通貨市場上的金融機構所吸收的是美元的
定期存款，並對美國以外的地區放款。歐洲通貨市場透過國際交易，除
與各國的市場密切相關，也與歐洲債券市場及歐洲票券市場有所聯繫。
不過，外滙市場因為在性質上不同於信用市場，所以不是國際貨幣市場
的一部份。

第三節 歐洲通貨市場

歐洲通貨市場的主體是歐洲美元市場 (Eurodollar market); 在此市場上, 有許多銀行辦理外國通貨的存款與放款。雖然歐洲通貨市場與外滙市場密切相關, 幾乎所有的歐洲銀行均辦外滙業務, 但是兩種市場之功能卻是大不相同。在外滙市場上, 一種通貨可以兌換成另外一種通貨; 而在歐洲通貨市場上, 不同通貨的存款與放款活動相當頻繁。

上述的外部金融媒介活動是由特定的金融機構所進行, 通常稱爲「歐洲銀行」(Eurobanks)。歐洲銀行同時辦理某種通貨或數種通貨的存款與放款業務, 但業務地點卻不在該通貨發行國家的領域之內。

當然, 並非只有美國銀行才辦理歐洲通貨業務。例如, 大多數的英國大銀行, 除了其國內及傳統的英鎊交易之外, 在歐洲通貨業務方面也很活躍。

以美元表示的資產與負債可能分別屬於各種不同的金融與非金融主體; 基本上, 大部份是銀行間的債權。換句話說, 銀行間的市場構成歐洲通貨資產與負債的主體。

所以, 所謂「歐洲美元存款」其實是美國領土以外的銀行所接受的以美元表示之定期存款。所謂「歐洲美元貸款」就是美國領土以外的銀行或分行所辦理的以美元表示之貸款, 除了地點不同之外, 這種存款及放款在性質上與美國國內銀行所辦理的存款及放款並無不同。而事實上, 銀行經理及企業的財務人員常將兩者轉換運用。

由此可見, 國際金融市場與國內金融市場的最大區別, 並不在於存款與放款的顯著不同, 而是在於: 國際金融市場上的銀行業務不受諸如法定準備及利率限制等國內銀行業務方面那樣的法令所拘束。也只有這

樣，才能使歐洲銀行更有效地操作，也以比較有利的條件與國內的同業
競爭，並導引金融媒介機構進入國際金融市場。總之，有利競爭條件以
及不受法令拘束是歐洲市場成功的秘訣。

歐洲通貨市場所操作的通貨主要是美元及馬克，因爲它們比較可以
自由兌換成其他通貨。而歐洲銀行只在不以法令拘束銀行經營外國通貨
業務的地區操作；所以，蘇俄及美國並無歐洲銀行業務。許多國家的確
發現，實在沒有必要去管制歐洲銀行的業務活動，因爲它並沒有直接影
響到國內的貨幣情況，反而可以從這些業務得到一些收入。例如，在傳
統上，英格蘭銀行對於銀行在倫敦經營非英鎊方面的業務一向放手不管，
尤其是存款人與借款人都是非居民時更是不管。

由於不受法定準備方面的限制，歐洲銀行乃能對存款人及借款人提
供比較優惠的條件。所以，比之美國的貨幣市場，歐洲美元存款的利率
較高，有效的放款利率較低。那麼，何以所有或大多數的借款人與存款
人不會轉向歐洲通貨市場？當然，這是因爲尚有外滙管制存在之故。在
外滙管制的國家，居民很難將其資金移至國外存款，也很難從國外借入
資金。另外一個原因是，歐洲通貨市場的經營，在性質上主要是「批發
市場」(wholesale market)，其交易金額通常總在10億美元以上，所
以總是對大規模而著名的企業、銀行或政府放款。當然，大多數的存款
人及借款人對於歐洲市場的性質與技巧並不熟諳，不敢冒然介入，以免
承受過多的風險。

歐洲通貨市場的起源，據說是因共產國家的政府，害怕把美元存在
美國，總有一天可能會被美國政府凍結，所以東歐的共產國家乃把美元
存在西歐國家。 不過， 眞正重要的促成因素， 還是導因於一九五七年
的英鎊危機。在那時，由於受到蘇彝士運河危機以及國內通貨膨脹的影
響，英鎊遭到貶值的強大壓力，英國政府不得不採取保衛英鎊的措施。

爲了穩定滙率，遂而實施資本管制。特別是非居民的英鎊借款及英國銀行對非居民的英鎊貸款更須加以管制。於是，美元存款與貸款逐漸取英鎊存款與貸款而代之。

由於英鎊的地位相對於美元日漸下降，金融業務勢必會由倫敦移向紐約。 但因美國政府的限制， 這種轉向並未實現。 美國政府的限制有二：(1)課征利息平衡稅 (Interest Equalization Tax)；(2)限制對外的直接投資。

美國爲了避免「儲蓄與貸款協會」(Savings and Loan Associations) 的資金流向銀行，乃限制銀行存款的最高利率，稱爲「Ｑ號規則」(Regulation Q)。 不過， Ｑ號規則並不適用於在國外分行開戶的存款，以免削弱美國銀行在國外的競爭能力。如此一來，歐洲美元市場也就應運而生。因爲，如果市場利率上升，超過Ｑ號規則的上限時，客戶便不可能在銀行存款，此時，紐約的銀行爲了避免失去存款，便會鼓勵客戶在其倫敦的分行開設定期存款帳戶。這樣，不僅該倫敦分行不受Ｑ號規則的限制，而且不必受到法定準備的限制。而在歐洲美元市場中，也以倫敦最爲發達，這與它的金融傳統及英國政府政策的鼓勵有關。

第四節　歐洲債券市場

歐洲債券市場在性質上是長期的資本市場， 在名稱上之所以冠以「歐洲」， 是因其所操作的債券是以某種通貨爲準， 但操作的地點卻不在發行該種通貨的國家。歐洲債券市場的規模較小。

在基本上，此一市場所發揮的功能與歐洲通貨市場相同。亦即，在國際上籌措資金，以各種不同的通貨爲準，對不同國家的借款人提供資金。當然，這些業務的操作也不受任何一國法令的限制。有人以爲這種

業務是歐洲通貨市場的長期化, 故以「歐洲美元債券」(Eurodollar bonds) 的名稱去代表「歐洲債券市場」。

其實,「歐洲債券」與「歐洲美元」大不相同。因為, 債券市場可使投資者直接持有最終借款人所發行的證券, 而歐洲美元市場上的金融媒介機構只讓投資者持有對歐洲銀行的短期債權。換句話說, 歐洲債券市場的功能與操作大不同於貨幣市場。在歐洲債券市場上, 借款人與存款人之間並無金融媒介機構介入, 只有在債券承銷時才由銀行及其他金融機構擔任而已。

傳統的國外債券是由某一國外借款人在某一特定的國家發行, 並以該國的通貨為準。 反之, 歐洲債券市場與歐洲美元市場一樣, 是一種「外部的」(external) 市場, 並不與某一特定的地點聯結起來。

歐洲債券本身是對公司或政府的直接債權,故與國內債券極為相同。但是, 仍然特別具有下列四個特徵:

(1)歐洲債券的發行, 在技巧上採取「分配」(placing) 的方式, 以避免各國當局對於新債券發行的限制。

(2)歐洲債券乃是透過由承銷銀行 (underwriting banks) 組成的多國系統, 在許多國家同時向全世界的投資客戶銷售; 這些投資客戶都是在承銷銀行開有投資帳戶的非居民。

(3)歐洲債券的銷售地點, 主要是在該債券表示的通貨發行國家之外。例如, 以美元記帳的歐洲債券是在美國以外的地區銷售。

(4)歐洲債券的利息不受稅法的限制。

第五節　境外金融中心

凡有鉅大金融交易的城市或國家, 均可稱為金融中心 (Financial

Center)，一般國際金融中心必備的條件爲：政局穩定，政府甚少甚或沒有限制資金的流入與滙出。境外金融中心（Offshore Center）雖亦爲金融中心，然其主要係指非居民（包括自然人與法人）爲獲取資金以及非居民爲提供資金，而進行大規模國際金融業務之市場。

狹義的「境外金融」，指接受非居民的存款，以及對非居民提供資金之純銀行業務。廣義的「境外金融」，則尚包括代理非居民發行債券或銷售債券等證券業務。

境外金融業務最早係源起於倫敦的「歐洲美元市場」，此一市場的建立，可以溯及一九五〇年代末期，東西兩大集團冷戰惡化，蘇聯及若干東歐國家唯恐存放在美國的資產遭凍結，乃將之移轉至歐洲國家，歐洲銀行並轉貸予外國銀行或客戶，從而展開一連串的境外金融活動。

其後，由於西歐各國放寬外滙管制，歐洲銀行所提供的存款條件較其他地區優惠，並不受美國實施「Ｑ」規則（Regulation Q）的影響，歐洲美元市場遂呈現蓬勃發展的局面，至1991年底市場規模已達六兆美元，對於國際經濟與金融活動都有深遠的影響，目前除倫敦外，尚有蘇黎世、法蘭克福與巴黎等地，均係歐洲著名的國際境外金融中心。

目前亞洲地區亦有四個類似的境外金融中心，卽新加坡、香港、馬尼拉與巴林。它們的出現，使亞太地區的潛在過剩美元能夠滙聚一堂，增加各種投資與短期運用之機會，形成所謂的「亞洲美元市場」。

一個地區或國家要發展成爲成功的境外金融中心，必須具備以下幾項基本條件：

(1) 應儘量解除在境外金融交易上的限制，特別是資金的流入與流出，應予完全自由，對於該中心的外滙管制與利率管理措施，亦應大幅放寬。

(2) 應提供各種優惠措施以降低境外金融中心交易活動的成本，例

如各種利息所得稅、營利事業所得稅、印花稅等，均應設法減免或廢除之，且不能要求提存存款準備。

(3) 除安定的政治經濟情勢外，並應具備各種有利的客觀條件，包括優良的通訊設施與電話電報聯絡網，境外金融中心的人員的出入境應予放寬便利，通關手續力求簡化等。

(4) 應培養各種人才以應開辦國際金融業務之需要，包括金融、法律、語言等專業人才，與外滙操作人才。

(5) 良好優越的地理位置。

我國政府爲了在實質上提高我國在國際金融上的地位及加強我國國際金融活動能力，於民國七十二年五月由行政院函送「境外金融業務特許條例」草案給立法院審議，同年十一月獲立法院三讀通過，惟條例名稱改爲「國際金融業務條例」，其要點如下：

一、經營主體

限以分行組織形態設立。並需由符合資格條件銀行之總行向主管機關申請設立，其營業地址如爲本國銀行之分行，得與其總行同址營業，如爲外國銀行分行，得與其現在中華民國境內經指定辦理外滙業務之分行同址營業。但會計應予獨立。所謂符合資格條件之銀行包括： (1)經中央銀行指定辦理外滙業務之本國銀行。(2)經中央銀行指定在中華民國境內辦理外滙業務之外國銀行。(3)經政府核准備案設立代表人辦事處之外國銀行。(4)著名之外國銀行，其資格由主管機關報請行政院核定之。

二、業務範圍

1.資金籌措： ①收受中華民國境外之個人、公司或政府機構之外滙存款。②收受金融機構之外滙存款。③透過國際金融市場吸收資金。但

辦理前述存款時，不得收受外幣現鈔或兌換爲新臺幣提取。

2.資金運用：①辦理個人、公司、政府機構或金融機構之放款。②透過國際金融市場運用資金。但辦理前述資金運用時：①中華民國境內個人、公司、政府機構或金融機構向境外金融中心銀行辦理外滙融資，適用國內有關規定。②不得辦理直接投資及房地產投資業務。

3.外幣之買賣及滙兌：但非經中央銀行核准，不得辦理外幣與新臺幣間之交易及兌換業務。

4.外幣放款之債務管理及記帳業務。

三、優惠措施

1.租稅減免：①境內金融中心銀行①免納營利事業所得稅。②營業額免征營業稅。③書立或使用之各種憑證免納印花稅。②存款人利息所得免予扣繳利息所得稅。

2.金融優惠：①存款得免提存款準備金。②存、放款利率由存款人、借款人與銀行自行商定。

3.管理優惠：①除總行所在地法律及金融主管機關規定應提之呆帳準備外，境外金融中心銀行之應收帳款免提呆帳準備。②境外金融中心銀行經營前述範圍內之業務時免除管理外滙條例、利率管理條例、銀行法及中央銀行法所加之限制。③除依法院裁判或特別法律規定者，對第三人無提供業務資料之義務。

四、業務資料隱密

國際金融業務分行除依法院裁判或法律規定者外，對第三人無提供資料之義務，以符合國際金融中心做法，保持其業務資料之隱密性。

　　綜合而言，對於在我國設立之境外金融中心（國際金融業務分行），根據國際金融業務條例看，有下列特色：①以區域性金融中心爲原則，維持國內金融外滙管理之獨立性；②以租稅減免措施，鼓勵國內外銀行參與經營；③以分行組織形式爲營業主體；④保持營業主體業務資料之隱密性；⑤存款免提存款準備金，放款除其總行所在國法律及其金融主管機關規定，應提之呆帳準備外，免提呆帳準備；⑥准許營業主體專案引進必須之通訊設備；⑦專案特別立法等爲籌設原則。

　　就我國的金融部門言，境外金融中心的設立有助於提高服務品質、改善金融環境。因爲國際銀行將引進最新的銀行管理技術、提供寶貴的外滙操作經驗；而本國銀行亦可藉機觀摩學習，擴大金融活動的領域。

　　境外金融中心的籌設固然可以爲我國帶來相當大的經濟效益，但其伴隨而來的問題實亦不容忽視，這些問題包括：

　　(1) 境外金融中心對創造存款並無監督管制的能力（譬如不提存款準備金），該中心的業務如果不斷擴展，以致國際流動性無限制擴大，其後果將不堪設想。

　　(2) 對境外金融中心的金融機構，假若無法行使充分的監督權，則即使發生輕微的毛病，亦將引發不可收拾的國際金融危機。

　　(3) 創設境外金融中心所在國的國內貨幣政策，往往易受干擾，而使政策效果大爲減弱。譬如中央銀行在採取緊縮性貨幣政策之際，由於透過該中心而有大量資金流入，以致緊縮效果已被抵銷大半。

　　(4) 境外金融中心自由放任的活動，可能對國內金融制度與慣例破壞無遺，從而產生不良影響。

第六節　臺灣的「亞太金融中心計畫」

一、模式

中央銀行與財政部完成亞太金融中心計畫，決定採取「中華民國模式」，即採境外完全自由，境內逐步開放原則，發展臺北成為亞太金融中心，以兼顧國內經濟穩定。

財金主管將在短期內明確區隔境內、境外金融市場，讓境外市場完全開放，取消管制措施。

亞太金融中心是政府推動亞太營運中心計畫之一，並由中央銀行擔任協調中心，負責央行、財政部、經濟部、行政院經建會等跨部會協調事宜。

區域金融中心模式

模　式	特　　　　　　　色	形成過程	金融部門資產規模（億美元）*
中華民國	1.境外金融朝向完全自由，境內逐步開放 2.境內金融規模大於境外金融	政府推動	7,373
新加坡	1.事權集中 2.區隔境內、境外金融業務	政府大力推動	6,183
香　港	1.金融國際化 2.香港政府採取「積極不干預」政策	長期演變自然形成	9,363

資料來源：中央銀行

＊1995年7月30日數字

央行擬定的亞太金融中心計劃主要內容如下：

——發展模式：既非「香港模式」，也不是「新加坡模式」，而是採取「中華民國模式」，因我國製造業比重達29％，產值遠大於香港和新

加坡。央行表示,「香港模式」是不分境內、境外, 資金完全自由;「新加坡模式」則是區隔境內、境外金融業務, 探「境內管制, 境外自由」的原則, 以免國內市場受國外市場變動衝擊, 雖有可取法處, 不宜全盤引用。

「中華民國模式」的主要內涵是「境外完全自由, 境內逐步開放」, 境外金融的主體是指國際金融業務分行 (OBU), 參與者是非中華民國居民與中華民國境外的法人和自然人, 從事外幣與外幣間的業務。不是指境外客戶從事任何業務都可享受自由。

至於境內金融的主體是國內銀行 (DBU), 參與者包括中華民國境內外的法人和個人, 從事新臺幣業務或新臺幣與外幣兌換的業務。

── 規劃重點: 短期內區隔境內、境外金融市場, 擴大外滙市場、境外金融市場、及外幣拆款市場, 以發揮區域性籌款中心功能; 循序發展衍生性金融商品; 發展黃金市場及保險市場; 擴大債券市場及股票市場規模, 推動資本市場國際化。中長期則發展國際聯貸市場及債券市場。

二、與香港及新加坡的比較

香港是遠東最大的「聯貸」(syndicated loans) 中心, 新加坡則扮演著資金供應中心的角色。角色扮演之不同, 主因在於稅率不同, 付給非居民的利息之稅率, 香港為15%, 而新加坡免稅。另外, 對於境外所得, 新加坡的稅率為10%, 而香港則免。結果, 兩個金融中心形成互補的效果; 亦卽, 新加坡從四面八方滙集資金, 而香港則把這些資金消化出去。當然, 香港資金消化容易, 除了稅率優惠之外, 其地理位置比較接近資金需求較大的南韓、臺灣及菲律賓也是原因之一。至於資金需求亦大的印尼及馬來西亞, 則向新加坡市場求貸資金, 這也是與地理位置有關。不過, 稅的優惠還是最重要的。在租稅結構方面, 新加坡比

之香港較無吸引力。以公司稅來說，新加坡高達40％,香港只有16.5％。在個人所得稅方面，外國人在新加坡的所得稅爲40％，但香港是累進的，最高亦僅爲25％。而且，就銀行的經營環境而言，香港比較自由。例如，新加坡的貨幣局要求銀行定期提出詳細的報告，但香港不必。香港對銀行體系的管理與監督，確比新加坡爲少。香港金融方面的最大特色之一，就是根本沒有中央銀行或貨幣局這樣的機構，也沒有外債必須管理，更沒有外滙管制。在新加坡，貨幣局成立以後雖無發行鈔票之權，但卻執行著中央銀行的功能，其任務是監督銀行及金融機構，實施外滙管制，並檢查境外銀行的業務。

新加坡的貨幣局對於辦理境外業務的銀行，所核准的執照分爲四個類型：①全部銀行業務的執照；②部份銀行業務的執照；③境外銀行業務的執照；④投資銀行（merchant bank）業務的執照。持有全部銀行業務執照的銀行可以經營所有的商業銀行業務。持有部份銀行業務執照的銀行，不准吸收25萬美元以下的存款，也不准接受境外的儲蓄存款。故其所經營的銀行業務事實是批發性的而非零售性的。持有境外銀行業務執照的銀行，不准接受新加坡元的存款，但可對居民及非居民辦理新加坡元及其他外國通貨的放款。其業務限於批發性銀行業務的範圍。至於持有投資銀行業務執照的銀行，可以經營傳統的股票與債券承銷、投資顧問及對遠東地區放款的業務。

新加坡貨幣局對於銀行業務執照的核准相當嚴格，主要是爲避免外國銀行經營以後對於國內貨幣市場的影響，並避免打擊當地銀行業者的經營。新加坡政府對於國內銀行業者的保護，也可從財稅方面看出來。境外銀行雖可自由地對國內居民放款，但其稅率較高，對國內居民放款的稅率爲40％，而對非居民放款的稅率僅爲10％。這樣低的稅率加上ACU帳戶之不必提出法定準備，使新加坡在發展成爲境外金融中心方

面與其他地區處於相同的競爭地位。

三、配合措施

國際性的企業大多將其「亞太營運中心」（Asia Pacific regional operation center）設在香港或新加坡。香港房租逐年上漲，且在一九九七年後將回歸中國，國際性企業遷移其亞太營運中心的目標，大多為新加坡而非臺北。這與臺灣的資本移動的不夠自由、金融市場不夠成熟以及政治環境不夠穩定有關。

所以，臺灣要順利發展成為亞太金融中心，資本移動的限制必須大幅放寬，特別是多國公司在臺子公司的資本與盈餘之滙出應予放寬。而且，所有成熟的「衍生性金融商品」均應全面開放，外資投入臺灣股市、債券及貨幣市場的比例亦應不斷提高。

有關新臺幣的國際化方面，應先擴大國內新臺幣美元的「互換」（swap）市場，暢通以遠期外滙市場避險的管道及成本。更具體的做法是開放境外的金融機構，進入我國新臺幣美元的互換市場。當然，國內外新臺幣利率的期貨市場也應建立起來。如此才能健全國內的貨幣市場，使企業的利率風險可以規避。再進一步則應把國內外新臺幣無實體公債（notional bond）的期貨市場與選擇權市場建立起來。

值得注意的是，在十年前的民國七十四年十信風暴發生之後，民國八十四年八月上旬，彰化第四信用合作社及國際票券金融公司由於人謀不臧，竟又爆發舞弊案件，其損失分別高達新臺幣28億元及104億元左右，對於建立亞太金融中心的前途發生不利影響。但是，也因這一兩次金融風暴的發生，更凸顯出臺灣發展亞太金融中心的迫切性與重要性。因為，可以藉此機會，凝聚民意的壓力，使立法部門與行政部門充分合作，迅速完成法規制度的修正、監督檢查功能的提升，而更順利地讓政

府所規劃的目標早日達成。

　　茲將十信、四信及國票事件比較如下:

事　　件	十信事件	四信事件	國票事件
爆發時間	74年1月	84年7月	84年8月
發生原因	蔡辰洲違法放款達77億元，並挪用客戶票據及存款，於金檢時被發現。	葉傳水挪用庫存現金28億元，從事丙種交易不順所致。	導因於股市表現欠佳，市場人士鄭楠興被約談而爆發，整個事件尚未明朗化，而檢調單位正在調查臺銀信託部等關係人，是否有共同舞弊行為。
擠兌金額	約67億元。	約79億元。	數百億元。
行庫融通	合庫融資並墊付款達118億元。	合庫存單質借63億元。	中央銀行喊話全力支持，並由中國商銀、農民銀行、臺灣銀行等合力支援。
善後處理	合庫概括承受。	原先宣布暫時接管3個月，後來仍採合庫概括承受模式。	目前尚未明朗化，但可能以先減資再增資的方式，避免淨值巨幅萎縮，低於每股5元，遭下市或變更交易的處分。
事件影響	金融市場動盪。	造成股市接連下挫，財經主管再次重視金檢問題。	造成股市大跌200餘點，匯市亦直逼27元大關，貨市、債市異常冷清。

　　資料來源: 引自 84.8.13 經濟日報。

第七節　上海的國際金融中心

　　中國大陸一向標榜發展「社會主義式的市場經濟」，計劃以五十年的時間把上海建設成為一個重要的國際金融中心。

　　其實，上海早在一九三○及一九四○年代就已憑其優越的地理位置及自由開放的政策，發展成為通商大埠。一九四七年，英國麗如銀行（東方銀行）的設立，開創了上海現代銀行業的先河。其後，國際著名銀行相繼開展業務，上海外灘地帶一時成為中國的「華爾街」。同時，華人銀行也告相繼設立; 一八九七年設立中國通商銀行、一九○五年設

立戶部銀行（後改稱大清銀行、中國銀行，爲臺灣的中國國際商業銀行之前身）、一九〇八年設立交通銀行。迄抗戰之時，上海計有外資銀行約30家，華資銀行80餘家。在抗戰期間，總計金融機構超過 300 多家。一九三六年，上海各銀行之存款總額佔全國銀行存款總額之 48%。上海並已成爲世界金融外滙中心之一；其黃金市場之規模僅次於倫敦及紐約，排名第三。

中共接管上海之後，金融業開始變化。到一九五二年，外資銀行只剩 4 家，業務幾乎停頓，私營銀行及錢莊停業者多，全國各種金融業務，改由中國人民銀行統一管理。

一九七〇年代末期以後，中國實施「改革開放」政策，銀行業逐步恢復發展，尤以上海浦東地區的開發，上海的金融業重現春天。一九九三年底，上海各類金融機構及其分支已達 2,262 個，形成一個多層次的金融體系，辦理存放款、B 種股票、出口信貸、境外基金、票據貼現等國際金融業務。當年，上海的外資金融機構已有26家，代表處有64家。至於上海的證券業亦有顯著的發展，一九九〇年成立中國第一家證券交易所 —— 上海證券交易所，且有申銀、海通、萬國、上海財政等證券公司，市場流通之證券多達一百種以上。

上海如欲進一步發展成爲「境外金融中心」，宜採美國、日本及新加坡的「內外差異」之模式。亦卽，境內、境外的資金交易業務分別進行。等到十或二十年之後，上海境內、境外的金融市場達到相當規模之後，應再及時向內外統一型的境外金融中心轉進。

上海向現代化的境外金融中心轉進，有其優越的條件。在硬體方面，電話總量已達百萬門以上，各大銀行都已建立電腦作業系統，水陸空之交通四通八達，並有復旦大學、上海財經大學及新上海大學等可培養國際金融之專業人才。在軟體方面，一九九三年十二月二十三日，中

國大陸頒布「關於金融體制改革的決定」，將建立「以國有商業銀行爲主體，多種金融機構並存的金融組織體制」、「建立統一開放、有序競爭、嚴格管理的金融市場」。中國工商銀行、中國銀行、中國農業銀行及中國人民建設銀行這四大銀行的商業化以後，將循資金「安全性、流動性、效益性」之原則，實行自主經營、自負盈虧、自擔風險及自我約束的機制。這對其在國際金融市場競爭力之提升大有裨益。

　　當然，上海建立國際金融中心的道路仍極漫長，包括外滙交易中心的建立，人民幣完全自由兌換之實現及金融網路之完成等，均有待進一步的解決，才能期其有成。

第八節　墨西哥金融風暴與英國霸菱事件

一、墨西哥金融風暴

　　國際金融市場在豬年（1995）開始，災情頻傳，並由墨西哥首先登臺。

　　墨西哥的金融風暴，源於一九九四年大選獲勝的新總統上臺後，爲了挽救經濟，縮小貿易赤字（1994 年之貿易赤字爲 280 億美元），乃於一九九四年十二月二十日宣布取消墨幣披索交易的限制，放任披索大幅貶值15％。如此一來，引發了墨西哥的信用危機，金融體系瀕臨崩潰邊緣。一九九五年一月，將近 4,000 家的企業倒閉，預估全年的通貨膨脹率將達20％以上。因之，外國投資人的信心盡失，股市賣壓沈重，外資大量流出，使惡化的國際收支更爲惡化。

　　墨西哥金融風暴之威力波及全球股市，特別是拉丁美洲及亞洲的所謂「新興市場」（emerging markets)更是飽受池魚之殃。與墨西哥同

樣債臺高築的阿根廷，外流的資金多達18億美元。

亞洲的新興市場包括香港、泰國、馬來西亞、新加坡、菲律賓及印尼在內，均受衝擊，導致股價下跌、貨幣貶值。尤其是日本神戶大地震的重建費用愈估愈高，加重投資人的恐慌，以致亞洲的股市（包括東京在內）全面下挫。

墨西哥金融風暴的根源在於經常收支赤字佔國內生產毛額的比率高達 8 ％，而又採取披索釘住美元的滙率制度。亞洲的菲律賓、印尼、泰國及馬來西亞均有類似情況，幸運的是沒有像墨西哥這樣龐大的外債負擔，甚至擁有可觀的外滙存底，使其中央銀行可於必要之時出面制衡。而且，經常收支的赤字，墨西哥起因於消費財的進口大幅增加，亞洲國家則係受到資本財進口增加的影響。再者，外資在亞洲國家以直接投資為主，集中於廠房及設備之投資，有助於經濟之持續發展，而外資在墨西哥則以投機性的熱錢（hot money）為主，期間短，容易流竄而不穩定。

國際金融市場的資金流向，以一九九〇年為分水嶺。在這之前，由於開發中國家須對世界銀行等國際金融機構償還貸款，所以，資金是由開發中國家流向已開發國家。但在一九九〇年代以後，資金流向由「還債」轉為「投資」，由已開發國家流向開發中國家，參予新興市場的經濟建設。以一九九三年觀察，根據世界銀行的統計，外資湧入新興市場至少 470 億美元，比一九八九年的 35 億美元增加十幾倍。由於資金氾濫，新興國家的股市大多飆漲。

但在一九九四年一年之內，美國六度調高利率，新興市場的投資熱開始退燒。以美國投資人為例，一九九三年投入海外證券與債券市場約為 1,250 億美元，但到一九九四年則只剩下 500 億美元左右。上升的新興市場遂轉變為下沈的「貧困市場」(submerging markets)。由此可

見，新興國家由於經濟發展而需要外資，但是，外資不可長期憑恃，否則，一旦外資獲利了結而撤出，反而引發新的經濟震盪。

二、英國霸菱事件

霸菱公司（Barings p/c）爲英國具有233年歷史之商人銀行，一九九五年二月間竟因其新加坡期貨公司總經理李森（Nick Leeson）之投資錯誤而虧損8.6億英鎊，係整個霸菱集團資本之兩倍。英格蘭銀行遂於一九九五年二月二十六日宣布委託 Ernst & Young 會計師事務所接管，並於數日之後，以「概括承受」的方式由荷興銀行集團(ING)接手。

李森從事之交易工具很多，如日經股價指數期貨、日本公債、日本股票、利率期貨等所謂「衍生性金融商品」(derivatives)，而此次致命之交易工具是「日經股價指數期貨」。李森採取之交易策略是選擇權 short straddle，即以相同之執行日（exercise date）及執行價格（exercise price）同時出售一個買入選擇權（call option）及一個賣出選擇權（put option）。當市場價格變動在其設定之straddle範圍內時就可獲利，反之，則會損失。李森預測日本股市會翻空爲多，應有勝算。豈料，一月十七日神戶發生大地震，日經股價指數期貨開始持續盤跌，李森又再大幅加碼買進，以致李森不斷虧損，終至不可收拾。

李森之案例在臺灣之華僑商業銀行及省屬三家商業銀行同樣發生，尤以僑銀虧損多達新臺幣20億元以上最爲嚴重，都是因爲操作「衍生性金融商品」失敗所致。

近兩年來，國際清算銀行（BIS）等機構先後發布許多報告及準則，建議銀行注意控制衍生性金融商品之風險。而其風險不是商品的本身，而是機構內部的「風險管理」（risk management）。而且，交易人員常因豐厚獎金之誘惑，或自營商部門之盈餘壓力，以致鋌而走險，規避

內控規定。所以，內部控管制度之建立與嚴格執行是銀行操作衍生性金融商品的前提條件。

　　茲將霸菱與僑銀事件比較如下：

事　　件	霸　菱　事　件	僑　　銀　　事　　件
爆發時間	84年2月	83年7月
發生原因	交易員以超過授權額度操作日經225指數期貨，加上霸菱內部控管不當所致。	交易員以超出授權額度投資美國公債及操作利率交換等衍生性金融商品，卻未被及時制止。
虧損金額	數十億美元。	已實現300餘萬美元，最大損失為6,000萬美元。
善後處理	先依破產法保護，最後由荷興銀行購併。	提呆帳準備並向交易商索賠，而在控制損失後，84年1月公布。
事件影響	全球股市滙市重挫，引起各國財經單位重視，國際清算銀行亦對衍生性金融商品進行總體檢。	金融市場未受影響，但已引起金融業界及財經當局高度重視。

資料來源：引自 84.8.13 經濟日報。

　　再就臺灣的情況而言，不少上市公司為達到避險目的，或著眼於衍生性商品的高獲利率，而從事這類交易。證管會為避免其交易之高度財務槓桿特性，造成公司之營業外巨額虧損，擬定了「公開發行公司從事衍生性商品交易應行揭露事項注意要點」，規定須在財務報表中揭露商品合約面值、市值及其風險。其所規範的衍生性商品交易是指價值由一般貨品、貨幣、有價證券、利率、指數或其他標的所衍生的交易契約，包括遠期契約、選擇權、期貨、利率或匯率交換等商品。

　　與英國霸菱銀行事件有異曲同工之妙的是，日本大和銀行紐約分行債券交易員井口俊英涉嫌未經授權，在過去十一年間操作三萬筆交易，造成十一億美元的損失，並篡改銀行帳冊以圖掩飾。如被定罪，井口最高可能被判卅年徒刑，外加一百萬美元罰金，並須歸還大和銀行的損失。本案於一九九五年九月底爆發之後，全球金融市場受其影響，日圓滑落，美元翻揚。日本政府立卽公布一項金融改革方案，重拾外人對日本金融體制的信心。

討論問題

1　試述國際金融市場的性質與發展。

2　試述歐洲通貨市場的興起。

3　試述發展境外金融中心的基本條件。

4　試述區域金融中心的主要模式及臺灣的亞太金融中心計畫。

5　試述上海發展成爲國際金融中心的前景。

6　試述英國霸菱金融事件之起因。

附錄一　銀　行　法

總統八十一年十月三十日華總㈠義字第五二九四號令公布

第一章　通　　則

第一條　為健全銀行業務經營，保障存款人權益，適應產業發展，並使銀行信用
　　配合國家金融政策，特制定本法。

第二條　本法稱銀行，謂依本法組織登記，經營銀行業務之機構。

第三條　銀行經營之業務如左:

一　收受支票存款。

二　收受其他各種存款。

三　受託經理信託資金。

四　發行金融債券。

五　辦理放款。

六　辦理票據貼現。

七　投資有價證券。

八　直接投資生產事業。

九　投資住宅建築及企業建築。

十　辦理國內外匯兌。

十一　辦理商業匯票承兌。

十二　簽發信用狀。

十三　辦理國內外保證業務。

十四　代理收付款項。

十五　承銷及自營買賣或代客買賣有價證券。

十六　辦理債券發行之經理及顧問事項。

十七　擔任股票及債券發行簽證人。

十八　受託經理各種財產。

十九　辦理證券投資信託有關業務。

二十　買賣金銀及外國貨幣。

二一　辦理與前列各款業務有關之倉庫、保管及代理服務業務。

二二　經中央主管機關核准辦理之其他有關業務。

第四條　各銀行得經營之業務項目，由中央主管機關按其類別，就本法所定之範圍內分別核定，並於營業執照上載明之。

但其有關外匯業務之經營，須經中央銀行之許可。

第五條　銀行依本法辦理授信，其期限在一年以內者，為短期信用；超過一年而在七年以內者，為中期信用；超過七年者，為長期信用。

第五條之一　本法稱收受存款，謂向不特定多數人收受款項或吸收資金，並約定返還本金或給付相當或高於本金之行為。

第五條之二　本法稱授信，謂銀行辦理放款、透支、貼現、保證、承兌及其他經中央主管機關指定之業務項目。

第六條　本法稱支票存款，謂依約定憑存款人簽發支票，或利用自動化設備委託支付隨時提取不計利息之存款。

第七條　本法稱活期存款，謂存款人憑存摺或依約定方式，隨時提取之存款。

第八條　本法稱定期存款，謂有一定時期之限制，存款人憑存單或依約定方式提取之存款。

第九條　本法稱儲蓄存款，謂個人或非營利法人，以積蓄資金為目的之活期或定期存款。

第十條　本法稱信託資金，謂銀行以受託人地位，收受信託款項，依照信託契約約定之條件，為信託人指定之受益人之利益而經營之資金。

第十一條　本法稱金融債券，謂銀行依照本法有關規定，為供給中期或長期信用，報經中央主管機關核准發行之債券。

第十二條　本法稱擔保授信，謂對銀行之授信，提供左列之一為擔保者：

一　不動產或動產抵押權。

二　動產或權利質權。

三　借款人營業交易所發生之應收票據。

四　各級政府公庫主管機關、銀行或經政府核准設立之信用保證機構之保

證。

第十三條　本法稱無擔保授信，謂無前條各款擔保之授信。

第十四條　本法稱中、長期分期償還放款，謂銀行依據借款人償債能力，經借貸雙方協議，於放款契約內訂明分期還本付息辦法及借款人應遵守之其他有關條件之放款。

第十五條　本法稱商業票據，謂依國內外商品交易或勞務提供而產生之匯票或本票。

前項匯票以出售商品或提供勞務之相對人為付款人而經其承兌者，謂商業承兌匯票。

前項相對人委託銀行為付款人而經其承兌者，謂銀行承兌匯票。出售商品或提供勞務之人，依交易憑證於交易價款內簽發匯票，委託銀行為付款人而經其承兌者，亦同。

銀行對遠期匯票或本票，以折扣方式預收利息而購入者，謂貼現。

第十六條　本法稱信用狀，謂銀行受客戶之委任，通知並授權指定受益人，在其履行約定條件後，得依照一定款式，開發一定金額以內之匯票或其他憑證，由該行或指定之代理銀行負責承兌或付款之文書。

第十七條　本法稱存款準備金，謂銀行按其每日存款餘額，依照中央銀行核定之比率，存於中央銀行之存款及本行庫內之現金。

第十八條　本法稱銀行負責人，謂依公司法或其他法律或其組織章程所定應負責之人。

第十九條　本法稱主管機關：在中央為財政部；在省（市）為省（市）政府財政廳（局）。

第二十條　本法所稱銀行，分左列四種：

一　商業銀行。

二　儲蓄銀行。

三　專業銀行。

四　信託投資公司。

銀行之種類或其專業，除政府設立者外，應在其名稱中表示之。

第二十一條　銀行及其分支機構，非經完成第二章所定之設立程序，不得開始營

業。

第二十二條 銀行不得經營未經中央主管機關核定之業務。

第二十三條 各種銀行資本之最低額，由中央主管機關將全國劃分區域，審酌各
區域人口、經濟發展情形，及銀行之種類，分別核定或調整之。

銀行資本未達前項調整後之最低額者，中央主管機關應指定期限，命其辦理
增資；逾期未完成增資者，應撤銷其許可。

第二十四條 銀行資本應以國幣計算。

第二十五條 銀行股票應為記名式。

非經中央主管機關之許可，同一人持有同一銀行之股份，不得超過其已發行
股份總數百分之五。同一關係人持有之股份總數不得超過百分之十五。

前項所稱同一人，指同一自然人或同一法人；同一關係人之範圍，包括本
人、配偶、二親等以內之血親，及以本人或配偶為負責人之企業。

本法修正施行前，同一人或同一關係人持有股份超過第二項之標準者，中央
主管機關限期命其調整。

第二十六條 中央主管機關得視國內經濟、金融情形，於一定區域內限制銀行或
其分支機構之增設。

第二十七條 銀行在國外設立分支機構，應由中央主管機關洽商中央銀行後核准
辦理。

第二十八條 商業銀行及專業銀行得附設儲蓄部及信託部。但各該部資本、營業
及會計必須獨立，並依第二十三條、第二章及第四章或第六章之規定辦理。

第二十九條 除法律另有規定者外，非銀行不得經營收受存款、受託經理信託資
金、公眾財產或辦理國內外匯兌業務。

違反前項規定者，由主管機關或目的事業主管機關會同司法警察機關取締，
並移送法辦；如屬法人組織，其負責人對有關債務，應負連帶清償責任。

執行前項任務時，得依法搜索扣押被取締者之會計帳簿及文件，並得拆除其
標誌等設施或為其他必要之處置。

第二十九條之一 以借款、收受投資、使加入為股東或其他名義，向多數人或不
特定之人收受款項或吸收資金，而約定或給付與本金顯不相當之紅利、利
息、股息或其他報酬者，以收受存款論。

第三十條　銀行辦理放款、開發信用狀或提供保證，其借款人、委任人或被保證人為股份有限公司之企業，如經董事會決議，向銀行出具書面承諾，以一定財產提供擔保，及不再以該項財產提供其他債權人設定質權或抵押權者，得免辦或緩辦不動產或動產抵押權登記或質物之移轉占有。但銀行認為有必要時，債務人仍應於銀行指定之期限內補辦之。

借款人、委任人或被保證人違反前項承諾者，其參與決定此項違反承諾行為之董事及行為人應負連帶賠償責任。

第三十一條　銀行開發信用狀或擔任商業匯票之承兌，其與客戶間之權利、義務關係，以契約定之。

銀行辦理前項業務，如需由客戶提供擔保者，其擔保依第十二條所列各款之規定。

第三十二條　銀行不得對其持有實收資本總額百分之三以上之企業，或本行負責人、職員、或主要股東，或對與本行負責人或辦理授信之職員有利害關係者，為無擔保授信。但消費者貸款及對政府貸款不在此限。

前項消費者貸款額度，由中央主管機關定之。

本法所稱主要股東係指持有銀行已發行股份總數百分之一以上者；主要股東為自然人時，本人之配偶與其未成年子女之持股應計入本人之持股。

第三十三條　銀行對其持有實收資本總額百分之五以上之企業，或本行負責人、職員、或主要股東，或對與本行負責人或辦理授信之職員有利害關係者為擔保授信，應有十足擔保，其條件不得優於其他同類授信對象，如授信達中央主管機關規定金額以上者，並應經三分之二以上董事之出席及出席董事四分之三以上同意。

前項授信限額、授信總餘額、授信條件及同類授信對象，由中央主管機關洽商中央銀行定之。

第三十三條之一　前二條所稱有利害關係者，謂有左列情形之一而言：

一　銀行負責人或辦理授信之職員之配偶、三親等以內之血親或二親等以內之姻親。

二　銀行負責人、辦理授信之職員或前款有利害關係者獨資、合夥經營之事業。

三　銀行負責人、辦理授信之職員或第一款有利害關係者單獨或合計持有超過公司已發行股份總數或資本總額百分之十之企業。

四　銀行負責人、辦理授信之職員或第一款有利害關係者爲董事、監察人或經理人之企業。但其董事、監察人或經理人係因投資關係，經中央主管機關核准而兼任者，不在此限。

五　銀行負責人、辦理授信之職員或第一款有利害關係者爲代表人、管理人之法人或其他團體。

第三十三條之二　銀行不得交互對其往來銀行負責人、主要股東，或對該負責人爲負責人之企業爲無擔保授信，其爲擔保授信應依第三十三條規定辦理。

第三十三條之三　中央主管機關對於銀行就同一人或同一關係人之授信或其他交易得予限制，其限額由中央主管機關定之。

前項所稱同一人及同一關係人之範圍，適用第二十五條第三項規定。

第三十四條　銀行不得於規定利息外，以津貼、贈與或其他給與方法吸收存款。但對於信託資金依約定發給紅利者，不在此限。

第三十五條　銀行負責人及職員不得以任何名義，向存戶、借款人或其他顧客收受佣金、酬金或其他不當利益。

第三十五條之一　銀行之負責人及職員不得兼任其他銀行任何職務。但因投資關係，並經中央主管機關核准者，得兼任被投資銀行之董事或監察人。

第三十五條之二　銀行負責人應具備之資格條件，由中央主管機關定之。

第三十六條　中央主管機關於必要時，經洽商中央銀行後，得對銀行無擔保之放款或保證，予以適當之限制。

中央主管機關於必要時，經洽商中央銀行後，得就銀行主要資產與主要負債之比率、主要負債與淨值之比率，規定其標準。凡實際比率未符規定標準之銀行，中央主管機關除依規定處罰外，並得限制其分配盈餘。

前項所稱主要資產及主要負債，由中央主管機關斟酌各類銀行之業務性質規定之。

第三十七條　借款人所提質物或抵押物之放款值，由銀行根據其時值、折舊率及銷售性，覈實決定。

中央銀行因調節信用，於必要時得選擇若干種類之質物或抵押物，規定其最

高放款率。

第三十八條　銀行對購買或建造住宅或企業用建築，得辦理中、長期放款。但最長期限不得超過二十年。

第三十九條　銀行對個人購置耐久消費品得辦理中期放款；或對買受人所簽發承銷商背書之本票，辦理貼現。

第四十條　前二條放款，均得適用中、長期分期償還放款方式；必要時，中央銀行得就其付現條件及信用期限，予以規定並管理之。

第四十一條　銀行利率應以年率為準，並於營業場所揭示。

第四十二條　銀行各種存款準備金比率，由中央銀行在左列範圍內定之：

一　支票存款：百分之十五至四十。

二　活期存款：百分之十至三十五。

三　儲蓄存款：百分之五至二十。

四　定期存款：百分之七至二十五。

前項存款準備金，應按銀行每日存款餘額調整；其調整及查核辦法，由中央銀行定之。

中央銀行為調節信用，於必要時對自一定期日起之支票存款及活期存款增加額，得另定額外準備金比率，不受第一項所列最高比率之限制。

第四十三條　為促使銀行對其資產保持適當之流動性，中央銀行經洽商中央主管機關後，得隨時就銀行流動資產與各項負債之比率，規定其最低標準。未達最低標準者，中央主管機關應通知限期調整之。

第四十四條　為健全銀行財務基礎，非經中央主管機關之核准，銀行自有資本與風險性資產之比率，不得低於百分之八。凡實際比率低於規定標準之銀行，中央主管機關得限制其分配盈餘；其辦法由中央主管機關定之。

前項所稱自有資本與風險性資產，其範圍及計算方法，由中央主管機關定之。

第四十五條　中央主管機關得隨時派員，或委託適當機構，或令地方主管機關派員，檢查銀行或其他關係人之業務、財務及其他有關事項，或令銀行或其他關係人於限期內據實提報財務報告、財產目錄或其他有關資料及報告。

中央主管機關於必要時，得指定專門職業及技術人員，就前項規定應行檢查

事項、報表或資料予以查核，並向中央主管機關據實提出報告，其費用由銀行負擔。

第四十六條　爲保障存款人之利益，得由政府或銀行設立存款保險之組織。

第四十七條　銀行爲相互調劑準備，並提高貨幣信用之效能，得訂定章程，成立同業間之借貸組織。

第四十七條之一　經營貨幣市場業務或信用卡業務之機構，應經中央主管機關之許可；其管理辦法，由中央主管機關洽商中央銀行定之。

第四十八條　銀行非依法院之裁判或其他法律之規定，不得接受第三人有關停止給付存款或匯款、扣留擔保物或保管物或其他類似之請求。

銀行對於顧客之存款、放款或匯款等有關資料，除其他法律或中央主管機關另有規定者外，應保守祕密。

第四十九條　銀行每屆營業年度終了，應對營業報告書、資產負債表、財產目錄、損益表、盈餘分配之決議，於股東會承認後十五日內，分別報請中央主管機關及中央銀行備查，並將資產負債表於其所在地之日報公告之。

第五十條　銀行於完納一切稅捐後分派盈餘時，應先提百分之三十爲法定盈餘公積；法定盈餘公積未達資本總額前，其最高現金盈餘分配，不得超過資本總額之百分之十五。

法定盈餘公積已達其資本總額時，得不受前項規定之限制。

除法定盈餘公積外，銀行得於章程規定或經股東會決議，另提特別盈餘公積。

第五十一條　銀行之營業時間及休假日，得由中央主管機關規定，並公告之。

第二章　銀行之設立、變更、停業、解散

第五十二條　銀行爲法人，其組織除法律另有規定或本法修正施行前經專案核准者外，以股份有限公司爲限。

依本法或其他法律設立之銀行或金融機構，其設立標準，由中央主管機關定之。

第五十三條　設立銀行者，應載明左列各款，報請中央主管機關許可：

一　銀行之種類、名稱及其公司組織之種類。

二　資本總額。

三　營業計畫。

四　本行及分支機構所在地。

五　發起人姓名、籍貫、住居所、履歷及認股金額。

第五十四條　銀行經許可設立者，應依公司法規定設立公司；於收足資本全額並辦妥公司登記後，再檢同左列各件，申請中央主管機關核發營業執照:

一　公司登記證件。

二　中央銀行驗資證明書。

三　銀行章程。

四　股東名冊及股東會會議紀錄。

五　董事名冊及董事會會議紀錄。

六　常務董事名冊及常務董事會會議紀錄。

七　監察人名冊及監察人會議紀錄。

銀行非公司組織者，得於許可設立後，準用前項規定，逕行申請核發營業執照。

第五十五條　銀行開始營業時，應將中央主管機關所發營業執照記載之事項，於本行及分支機構所在地公告之。

銀行非公司組織者，得於許可設立後，準用前項規定，逕行申請核發營業執照。

第五十六條　中央主管機關核發營業執照後，如發現原申請事項有虛偽情事，其情節重大者，應即撤銷其許可。

第五十七條　銀行增設分支機構時，應開具分支機構營業計畫及所在地，申請中央主管機關許可，並核發營業執照。遷移或裁撤時，亦應申請中央主管機關核准。

銀行設置、遷移或裁撤非營業用辦公場所或營業場所外自動化服務設備，應事先申請，於申請後經過一定時間，且未經中央主管機關表示禁止者，即可逕行設置、遷移或裁撤。但不得於申請後之等候時間內，進行其所申請之事項。

前二項之管理辦法，由中央主管機關定之。

第五十八條 銀行之合併或對於依第五十三條第一款、第二款或第四款所申報之事項擬予變更者，應經中央主管機關許可，並辦理公司變更登記及申請換發營業執照。

前項合併或變更，應於換發營業執照後十五日內，在本行及分支機構所在地公告之。

第五十九條 銀行違反前條第一項之規定者，中央主管機關應勒令停業，限期補正。

第六十條 申請銀行營業執照時，應繳納執照費；其金額由中央主管機關定之。

第六十一條 銀行經股東會決議解散者，應申敘理由，附具股東會紀錄及清償債務計畫，申請主管機關核准後進行清算。

主管機關依前項規定核准解散時，應即撤銷其許可。

第六十二條 銀行因業務或財務狀況顯著惡化，不能支付其債務或有損及存款人利益之虞時，中央主管機關得勒令停業並限期清理、停止其一部業務、派員監管或接管、或為其他必要之處置，並得洽請有關機關限制其負責人出境。

中央主管機關於派員監管或接管時，得停止其股東會、董事或監察人全部或部分職權。

前二項監管或接管辦法，由中央主管機關定之。

第一項勒令停業之銀行，如於清理期限內，已回復支付能力者，得申請中央主管機關核准復業。逾期未經核准復業者，應撤銷其許可，並自停業時起視為解散，原有清理程序視為清算。

前四項規定，對於依其他法律設立之銀行或金融機構適用之。

第六十三條 銀行清算及清理，除本法另有規定外，準用股份有限公司有關普通清算之規定。但有公司法第三百三十五條所定之原因，或因前條第二項之情事而為清算時，應依特別清算程序辦理。

前項清理之監督，由主管機關為之；主管機關為監督清理之進行，得派員監理。

第六十四條 銀行虧損逾資本三分之一者，其董事或監察人應即申報中央主管機關。

中央主管機關對具有前項情形之銀行，得限期命其補足資本；逾期未經補足

資本者，應勒令停業。

第六十五條　銀行經勒令停業，並限期命其就有關事項補正；逾期不為補正者，應由中央主管機關撤銷其許可。

第六十六條　銀行經中央主管機關撤銷許可者，應即解散，進行清算。

第六十七條　銀行經核准解散或撤銷許可者，應限期繳銷執照；逾期不繳銷者，由中央主管機關公告註銷之。

第六十八條　法院為監督銀行之特別清算，應徵詢主管機關之意見；必要時得請主管機關推薦清算人，或派員協助清算人執行職務。

第六十九條　銀行進行清算後，非經清償全部債務，不得以任何名義，退還股本或分配股利。銀行清算時，關於信託資金及信託財產之處理，依信託契約之約定。

第三章　商業銀行

第七十條　本法稱商業銀行，謂以收受支票存款，供給短期信用為主要任務之銀行。

第七十一條　商業銀行經營左列業務：

一　收受支票存款。

二　收受活期存款。

三　收受定期存款。

四　辦理短期及中期放款。

五　辦理票據貼現。

六　投資公債、短期票券、公司債券及金融債券。

七　辦理國內外匯兌。

八　辦理商業匯票之承兌。

九　簽發國內外信用狀。

十　辦理國內外保證業務。

十一　代理收付款項。

十二　代銷公債、國庫券、公司債券及公司股票。

十三　辦理與前列各款業務有關之倉庫、保管及代理服務業務。

十四、經中央主管機關核准辦理之其他有關業務。

第七十二條 商業銀行辦理中期放款之總餘額，不得超過其所收定期存款餘額。

第七十三條 商業銀行得就證券之發行與買賣，對有關證券商或證券金融公司予以資金融通。

前項資金之融通，其管理辦法由中央銀行定之。

第七十四條 商業銀行不得投資於其他企業及非自用之不動產，但為配合政府經濟發展計畫，經中央主管機關核准者，不在此限。

第七十五條 商業銀行對自用不動產之投資，除營業用倉庫外，不得超過其於投資該項不動產時之淨值；投資營業用倉庫，不得超過其投資於該項倉庫時存款總餘額百分之五。

第七十六條 商業銀行因行使抵押權而取得之不動產或股票，除符合第七十四條或第七十五條規定者外，應自取得之日起二年內處分之。

第四章　儲蓄銀行

第七十七條 本法稱儲蓄銀行，謂以收受存款及發行金融債券方式吸收國民儲供給中期及長期信用為主要任務之銀行。

第七十八條 儲蓄銀行經營左列業務：

一　收受儲蓄存款。

二　收受定期存款。

三　收受活期存款。

四　發行金融債券。

五　辦理企業生產設備中期放款、長期放款，及中、長期分期償還放款。

六　辦理企業建築、住宅建築中期放款，及中、長期分期償還放款。

七　投資公債、短期票券、公司債券及公司股票。

八　辦理票據貼現。

九　辦理商業匯票承兌。

十　辦理國內匯兌。

十一　保證發行公司債券。

十二　代理收付款項。

十三　承銷公債、國庫券、公司債券及公司股票。

十四　辦理經中央主管機關核准之國內外保證業務。

十五　辦理與前列各款業務有關之倉庫及其他保管業務。

十六　經中央主管機關核准辦理之其他有關業務。

第七十九條　定期儲蓄存款到期前不得提取。但存款人得以之質借，或於七日以前通知銀行中途解約。

前項質借及中途解約辦法，由中央主管機關洽商中央銀行定之。

第八十條　儲蓄銀行發行金融債券，得以折價或溢價方式發售，其開始還本期限，不得低於兩年。

儲蓄銀行債券之最高發行額，以發行銀行淨值之二十倍爲限；其發行辦法，由中央主管機關洽商中央銀行定之。

第八十一條　商業銀行及專業銀行附設之儲蓄部，不得發行金融債券。

第八十二條　儲蓄銀行得辦理短期放款。但其短期放款及票據貼現之總餘額，不得超過所收活期存款及定期存款總餘額。

第八十三條　儲蓄銀行投資有價證券，應予適當之限制；其投資種類及限額，由中央主管機關定之。

第八十四條　儲蓄銀行辦理住宅建築及企業建築放款之總額，不得超過放款時所收存款總餘額及金融債券發售額之和之百分之二十。但爲鼓勵儲蓄協助購置自用住宅，經中央主管機關核准辦理之購屋儲蓄放款，不在此限。

中央主管機關必要時，得規定銀行辦理購屋儲蓄放款之最高額度。

第八十五條　銀行附設儲藏部者，該部對本行其他部分款項之往來視同他銀行；銀行受破產之宣告時，該部之負債得就該部之資產優先受償。

第八十六條　第七十五條之規定，於儲蓄銀行準用之。

第五章　專業銀行

第八十七條　爲便利專業信用之供給，中央主管機關得許可設立專業銀行，或指定現有銀行，擔任該項信用之供給。

第八十八條　前條所稱專業信用，分爲左列各類：

一　工業信用。

二　農業信用。

三　輸出入信用。

四　中小企業信用。

五　不動產信用。

六　地方性信用。

第八十九條　專業銀行得經營之業務項目，由中央主管機關根據其主要任務，並參酌經濟發展之需要，就第三條所定範圍規定之。

第九十條　專業銀行以供給中期及長期信用為主要任務者，得準用第八十條之規定，發行金融債券。

專業銀行依前項規定發行金融債券募得之資金，應全部用於其專業之投資及中、長期放款。

第九十一條　供給工業信用之專業銀行為工業銀行。

工業銀行以供給工、礦、交通及其他公用事業所需中、長期信用為主要任務

工業銀行經中央主管機關之核准，得經營第七十三條第一項之業務。

第九十二條　供給農業信用之專業銀行為農業銀行。

農業銀行以調劑農村金融，及供應農、林、漁、牧之生產及有關事業所需信用為主要任務。

第九十三條　為加強農業信用調節功能，農業銀行得透過農會組織吸收農村資金，供應農業信用及辦理有關農民家計金融業務。

第九十四條　供給輸出入信用之專業銀行為輸出入銀行。

輸出入銀行以供給中、長期信用，協助拓展外銷及輸入國內工業所必需之設備與原料為主要任務。

第九十五條　輸出入銀行為便利國內工業所需要重要原料之供應，經中央主管機關核准，得提供業者向國外進行生產重要原料投資所需資金。

第九十六條　供給中小企業信用之專業銀行為中小企業銀行。

中小企業銀行以供給中小企業中、長期信用，協助其改善生產設備及財務結構，暨健全經營管理為主要任務。

中小企業之範圍，由中央經濟主管機關擬訂，報請行政院核定之。

第九十七條　供給不動產信用之專業銀行為不動產信用銀行。

不動產信用銀行以供給土地開發、都市改良、社區發展、道路建設、觀光設施及房屋建築等所需中、長期信用爲主要任務。

第九十八條　供給地方性信用之專業銀行爲國民銀行。

國民銀行以供給地區發展及當地國民所需短、中期信用爲主要任務。

第九十九條　國民銀行應分區經營，在同一地區內以設立一家爲原則。

國民銀行對每一客戶之放款總額，不得超過一定之金額。

國民銀行設立區域之劃分，與每戶放款總額之限制，由中央主管機關定之。

第六章　信託投資公司

第一百條　本法稱信託投資公司，謂以受託人之地位，按照特定目的，收受、經理及運用信託資金與經營信託財產，或以投資中間人之地位，從事與資本市場有關特定目的投資之金融機構。信託投資公司之經營管理，依本法之規定；本法未規定者，適用其他有關法律之規定；其管理規則，由中央主管機關定之。

第一百零一條　信託投資公司經營左列業務。

一　辦理中、長期放款。

二　投資公債、短期票券、公司債券、金融債券及上市股票。

三　保證發行公司債券。

四　辦理國內外保證業務。

五　承銷及自營買賣或代客買賣有價證券。

六　收受、經理及運用各種信託資金。

七　募集共同信託基金。

八　受託經管各種財產。

九　擔任債券發行受託人。

十　擔任債券或股票發行簽證人。

十一　代理證券發行、登記、過戶及股息紅利之發放事項。

十二　受託執行遺囑及管理遺產。

十三　擔任公司重整監督人。

十四　提供證券發行、募集之顧問服務，及辦理與前列各款業務有關之代理

服務事項。

十五、經中央主管機關核准辦理之其他有關業務。

經中央主管機關核准，得以非信託資金辦理對生產事業直接投資或投資住宅建築及企業建築。

第一百零二條　信託投資公司經營證券承銷商或證券自營商業務時，至少應指撥相當於其上年度淨值百分之十專款經營，該項專款在未動用時，得以現金貯存，存放於其他金融機構或購買政府債券。

第一百零三條　信託投資公司應以現金或中央銀行認可之有價證券繳存中央銀行，作為信託資金準備。其準備與各種信託資金契約總值之比率，由中央銀行在百分之十五至二十之範圍內定之。但其繳存總額最低不得少於實收資本總額百分之二十。

前項信託資金準備，在公司開業時期，暫以該公司實收資本總額百分之二十為準，俟公司經營一年後，再照前項標準於每月月底調整之。

第一百零四條　信託投資公司收受、經理或運用各種信託資金及經營信託財產，應與信託人訂立信託契約，載明左列事項：

一　資金營運之方式及範圍。

二　財產管理之方法。

三　收益之分配。

四　信託投資公司之責任。

五　會計報告之送達。

六　各項費用收付之標準及其計算之方法。

七　其他有關協議事項。

第一百零五條　信託投資公司受託經理信託資金或信託財產，應盡善良管理人之注意。

第一百零六條　信託投資公司之經營與管理，應由具有專門學識與經驗之財務人員為之；並應由合格之法律、會計及各種業務上所需之技術人員協助辦理。

第一百零七條　信託投資公司違反法令或信託契約，或因其他可歸責於公司之事由，致信託人受有損害者，其應負責之董事及主管人員應與公司連帶負損害賠償之責。

前項連帶責任，自各該應負責之董事或主管人員卸職登記之日起二年間，未經訴訟上之請求而消滅。

第一百零八條　信託投資公司不得爲左列行爲。但因裁判之結果，或經信託人書面同意，並依市價購讓，或雖未經信託人同意，而係由集中市場公開競價購讓者，不在此限。

一　承受信託財產之所有權。

二　於信託財產上設定或取得任何權益。

三　以自己之財產或權益讓售與信託人。

四　從事於其他與前三項有關的交易。

五　就信託財產或運用信託資金與公司之董事、職員或與公司經營之信託資金有利益關係之第三人爲任何交易。

信託投資公司依前項但書所爲之交易，除應依規定報請主管機關核備外，應受左列規定之限制：

一　公司決定從事交易時，與該項交易所涉及之信託帳戶、信託財產或證券有直接或間接利益關係之董事或職員，不得參與該項交易行爲之決定。

二　信託投資公司爲其本身或受投資人之委託辦理證券承銷、證券買賣交易或直接投資業務時，其董事或職員如同時爲有關證券發行公司之董事、職員或與該項證券有直接間接利害關係者，不得參與該交易行爲之決定。

第一百零九條　信託投資公司在未依信託契約營運前，或依約營運收回後尙未繼續營運前，其各信託戶之資金，應以存放商業銀行或專業銀行爲限。

第一百十條　信託投資公司得經營左列信託資金：

一　由信託人指定用途之信託資金。

二　由公司確定用途之信託資金。

信託投資公司對由公司確定用途之信託資金，得以信託契約約定，由公司負責，賠償其本金損失。

信託投資公司對應賠償之本金損失，應於每會計年度終了時確實評審，依信託契約之約定，由公司以特別準備金撥付之。

前項特別準備金，由公司每年在信託財產收益項下依主管機關核定之標準提撥。

信託投資公司經依規定十足撥補本金損失後，如有剩餘，作爲公司之收益；
如有不敷，應由公司以自有資金補足。

第一百十一條　信託投資公司應就每一信託戶及每種信託資金設立專帳；並應將
公司自有財產與受託財產，分別記帳，不得流用。

第一百十二條　信託投資公司之債權人對信託財產不得請求扣押或對之行使其他
權利。

第一百十三條　信託投資公司應設立信託財產評審委員會，將各信託戶之信託財
產每三個月評審一次；並將每一信託帳戶審查結果，報告董事會。

第一百十四條　信託投資公司應依照信託契約之約定及中央主管機關之規定，分
別向每一信託人及中央主管機關作定期會計報告。

第一百十五條　信託投資公司募集共同信託基金，應先擬具發行計畫，報經中央
主管機關核准。
前項共同信託基金管理辦法，由中央主管機關定之。

第七章　外國銀行

第一百十六條　本法稱外國銀行，謂依照外國法律組織登記之銀行，經中華民國
政府認許，在中華民國境內依公司法及本法登記營業之分行。

第一百十七條　外國銀行在中華民國境內設立，應經中央主管機關之許可，依
公司法申請認許及辦理登記，並應依第五十四條申請核發營業執照後始得營
業。

第一百十八條　中央主管機關得按照國際貿易及工業發展之需要，指定外國銀行
得設立之地區。

第一百十九條　外國銀行之申請許可，除依公司法第四百三十五條報明並具備各
款事項及文件外，並應報明設立地區，檢附本行最近資產負債表、損益表及
該國主管機關或我國駐外使領館對其信用之證明書。其得代表或代理申請之
人及應附送之說明文件，準用公司法第四百三十四條之規定。

第一百二十條　外國銀行應專撥其在中華民國境內營業所用之資金，並準用第二
十三條及第二十四條之規定。

第一百二十一條　外國銀行得經營之業務，由中央主管機關洽商中央銀行後，於

第七十一條、第七十八條及第一百零一條第一項所定範圍內以命令定之。其
涉及外匯業務者，並應經中央銀行之許可。

第一百二十二條　外國銀行收付款項，除經中央銀行許可收受外國貨幣存款者外，
以中華民國國幣為限。

第一百二十三條　本章未規定者，準用商業銀行章、儲蓄銀行章第七十九條、第
八十四條及信託投資公司章之規定。

第一百二十四條　外國銀行購置其業務所需用之不動產，依公司法第三百七十六
條之規定。

第八章　罰　　則

第一百二十五條　違反第二十九條第一項之規定者，處一年以上七年以下有期徒
刑，得併科新臺幣三百萬元以下罰金。

法人犯前項之罪者，處罰其行為負責人。

第一百二十六條　股份有限公司違反其依第三十條所為之承諾者，其參與決定此
項違反承諾行為之董事及行為人，處三年以下有期徒刑、拘役或科或併科新
臺幣一百八十萬元以下罰金。

第一百二十七條　違反第三十五條之規定者，處三年以下有期徒刑、拘役或科或
併科新臺幣一百八十萬元以下罰金。但其他法律有較重之處罰規定者，依其
規定。

第一百二十七條之一　銀行違反第三十二條、第三十三條或第三十三條之二規定
者，其行為負責人，處三年以下有期徒刑、拘役或科或併科新臺幣一百八十
萬元以下罰金。

第一百二十七條之二　違反中央主管機關依第六十二條第一項規定所為之處置，
足以生損害於公眾或他人者，其行為負責人處一年以下有期徒刑、拘役或科
或併科新臺幣六十萬元以下罰金。

銀行董事、監察人、經理人或其他職員於中央主管機關派員監管或接管時，
有左列情形之一者，處一年以下有期徒刑、拘役或科或併科新臺幣六十萬元
以下罰金：

一　拒絕移交。

二 隱匿或毀損有關銀行業務或財務狀況之帳册文件。

三 隱匿或毀棄銀行財產或爲其他不利於債權人之處分。

四 無故對監管人或接管人詢問不爲答復。

五 捏造債務或承認不眞實之債務。

第一百二十七條之三 銀行負責人或職員違反第三十五條之一規定兼職者，處新臺幣十五萬元以上一百八十萬元以下罰鍰。其兼職係經銀行指派者，受罰人爲銀行。

第一百二十八條 銀行董事或監察人違反第六十四條第一項之規定怠於申報或信託投資公司之董事或職員違反第一百零八條之規定參與決定者，各處新臺幣十五萬元以上一百八十萬元以下罰鍰。

第一百二十九條 有左列情事之一者，處新臺幣十五萬元以上一百八十萬元以下罰鍰:

一 違反第二十一條、第二十二條或第五十七條規定者。

二 違反第二十五條規定發行股票或持有超過規定標準股份者。

三 違反第二十八條規定對資本、營業及會計不爲劃分者。

四 違反中央主管機關依第三十三條之三或第三十六條規定所爲之限制者。

五 違反中央主管機關依第四十三條規定所爲之通知，未於限期內調整者。

六 違反中央主管機關依第四十四條第一項規定所爲之限制者。

七 未依第一百零八條第二項規定報核者。

八 違反第一百十條第四項規定，未提特別準備金者。

九 違反第一百十五條第一項募集共同信託基金者。

第一百三十條 有左列情事之一者，處新臺幣九萬元以上一百二十萬元以下罰鍰:

一 違反中央銀行依第四十條所爲之規定而放款者。

二 違反第七十二條、第八十二條或中央主管機關依第九十九條第三項所爲之規定而放款者。

三 違反第七十五條或第八十三條之規定而爲投資者。

四 違反第一百零九條之規定運用資金者。

五 違反第一百十一條之規定者。

第一百三十一條　有左列情事之一者，處新臺幣三萬元以上六十萬元以下罰鍰:

一　違反第三十四條之規定吸收存款者。

二　違反第四十五條、第四十九條或第一百十四條之規定，不申報營業書表或不爲公告或報告者。

第一百三十二條　違反本法或中央主管機關或中央銀行依本法所爲之規定者，除本法另有規定外，處新臺幣三萬元以上六十萬元以下罰鍰。

第一百三十三條　第一百二十九條至第一百三十二條所定罰鍰之受罰人爲銀行或其分行。

第一百三十四條　本法所定罰鍰，由主管機關依職權裁決之。受罰人不服者，得依訴願及行政訴訟程序，請求救濟。在訴願及行政訴訟期間，得命提供適額保證，停止執行。

第一百三十五條　罰鍰經限期繳納而逾期不繳者，自逾期之日起，每日加收滯納金百分之一；逾三十日仍不繳納者，移送法院強制執行，並得由中央主管機關勒令該銀行或分行停業。

第一百三十六條　銀行經依本章規定處罰後，於規定限期內仍不予改正者，得對其同一事實或行爲再予加一倍至五倍處罰。其屢違而情節重大者，並得責令限期撤換負責人或撤銷其許可。

第九章　附　　則

第一百三十七條　本法施行前，未經申請許可領取營業執照之銀行，或其他經營存放款業務之類似銀行機構，均應於中央主管機關指定期限內，依本法規定，補行辦理設立程序。

第一百三十八條　本法公布施行後，現有銀行或類似銀行機構之種類及其任務，與本法規定不相符合者，中央主管機關應依本法有關規定，指定期限命其調整。

第一百三十九條　依其他法律設立之銀行或其他金融機構，除各該法律另有規定者外，適用本法之規定。

前項其他金融機構之管理辦法，由行政院定之。

第一百三十九條之一　本法施行細則，由中央主管機關定之。

第一百四十條　本法自公布日施行。

附錄二　中央銀行法

中華民國六十八年十一月八日總統令修正公布

第一章　總　　則

第一條　中央銀行（以下簡稱本行）爲國家銀行，隸屬行政院。

第二條　本行經營之目標如下：

一　促進金融穩定。

二　健全銀行業務。

三　維護對內及對外幣值之穩定。

四　於上列目標範圍內，協助經濟之發展。

第三條　本行設總行於中央政府所在地，並得於國內各地區設立分行。分行之設立及撤銷，須經理事會決議，報請行政院核准。

第四條　本行資本，由國庫撥給之。其資本全部爲中央政府所有，不得轉讓。

第二章　組　　織

第五條　本行設理事會，置理事十一人至十五人，由行政院報請總統派充之，並指定其中五人至七人爲常務理事，組織常務理事會。

前項理事，除本行總裁、財政部長及經濟部長爲當然理事，並爲常務理事外，應有實際經營農業、工商業及銀行業者至少各一人。

除當然理事外，理事任期爲五年，期滿得續派連任。

第六條　理事會之職權如下：

一　有關貨幣、信用及外滙政策事項之審議。

二　本行資本額調整之審議。

三　本行業務計畫之核定。

四　本行預算、決算之審議。

五　本行重要章則之審議及核定。

六　本行各分行設立及撤銷之審議。

七　本行各局、處、會正副主管及分行經理任免之核定。

八　總裁提議事項之審議。

前項各款職權，理事會得以一部或全部授權常務理事會。常務理事會之決議應報請理事會追認。

理事會應訂定會議規則，並報請行政院備查。

第七條　本行設監事會，置監事五人至七人，由行政院報請總統派充之。行政院主計長爲當然監事。

除當然監事外，監事任期爲三年，期滿得續派連任。

監事會置主席一人，由監事互推之。

第八條　監事會之職權如下：

一　本行資産、負債之檢查。

二　本行帳目之稽核。

三　本行貨幣發行準備之檢查。

四　本行貨幣發行數額之查核。

五　本行決算之審核。

六　違反本法及本行章則情事之調查，並提請理事會予以糾正。

第九條　本行置總裁一人，特任；副總裁二人，簡任，任期均爲五年，期滿得續加任命。

第十條　總裁綜理行務，執行理事會之決議，對外代表本行；副總裁輔佐總裁處理行務。

總裁爲理事會及常務理事會之主席，總裁缺席時，由代理總裁職務之副總裁代理之。

第十一條　本行總行爲辦理各項業務，經理事會之決議，報請行政院核定，得設下列各局、處：

一　業務局

二　發行局

三　外滙局

四、國庫局

五、金融業務檢查處

六、經濟研究處

七、秘書處

八、會計處

本行總行為處理特定事務，得設各種委員會。

第三章　業　　務

第十二條　本行業務，除法令另有規定外，其範圍如下：

一、政府機關。

二、銀行及其他金融機構。

三、國際及國外金融機構。

第十三條　中華民國貨幣，由本行發行之。

本行發行之貨幣為國幣，對於中華民國境內之一切支付，具有法償效力。

貨幣之印製及鑄造，由本行設廠專營並管理之。

第十四條　本行於必要時得分區委託公營銀行代理發行貨幣，視同國幣；其有關發行之資產與負債，均屬於本行。

第十五條　國幣之基本單位為圓，輔幣為角、分，拾分為壹角，拾角為壹圓。

本行所發行紙幣及硬幣之面額、成分、形式及圖案，由本行擬定，報請行政院核定之。

本行應將紙幣及硬幣之規格於發行前公告之。

第十六條　本行發行及委託發行之貨幣，應以金銀、外滙、合格票據及有價證券，折值十足準備。

硬幣免提發行準備。

第十七條　本行發行及委託發行之貨幣數額及準備狀況，應定期公告之。

第十八條　本行對汚損或破損而不適流通之紙幣及硬幣，應按所定標準予以收兌，並依法銷燬之。

本行對已發行之貨幣，得公告予以收回。經公告收回之貨幣，依公告規定失其法償效力。但公告收回期間不得少於一年，期內持有人得向本行兌換等值之貨幣。

第十九條 本行得對銀行辦理下列各項融通:

    一合格票據之重貼現, 其期限: 工商票據不得超過九十天; 農業票據不得超過
      一百八十天。

    二短期融通, 其期限不得超過十天。

    三擔保放款之再融通, 其期限不得超過三百六十天。

    本行對銀行之重貼現及其他融通, 得分別訂定最高限額。

第二十條 本行為協助經濟建設, 得設立各種基金, 運用金融機構轉存之儲蓄存款
    及其他專款, 辦理對銀行中、長期放款之再融通。

第二十一條 本行之重貼現率及其他融通利率, 由本行就金融及經濟狀況決定公告
    之。但各地區分行得因所在地特殊金融狀況, 酌定其重貼現率及其他融通利率,
    報經總行核定公告之。

第二十二條 本行得視金融及經濟狀況, 隨時訂定銀行各種存款之最高利率, 並核
    定銀行公會建議之各種放款利率之幅度。

第二十三條 本行收管銀行存款準備金, 並得於下列範圍內隨時調整各種存款準備
    金比率:

    一支票存款, 百分之十五至四十。

    二活期存款, 百分之十至三十五。

    三儲蓄存款, 百分之五至二十。

    四定期存款, 百分之七至二十五。

    本行於必要時對自一定期日起之支票存款及活期存款增加額, 得另訂額外準備金
    比率, 不受前項所列最高比率之限制。

    本行對繳存存款準備金不足之銀行, 得就其不足部分按第十九條第一項第二款短
    期融通, 依第二十一條所定之利率加收一倍以下之利息。

第二十四條 本行依法收管信託投資公司繳存之賠償準備。

第二十五條 本行經洽商財政部後, 得隨時就銀行流動資產與各項負債之比率, 規
    定其最低標準。

第二十六條 本行得視金融狀況, 於公開市場買賣由政府發行或保證債券及由銀行
    發行之金融債券與承兌或保證之票據。

第二十七條 本行為調節金融, 得發行定期存單、儲蓄券及短期債券, 並得於公開

市場買賣之。

第二十八條　本行於必要時，得就銀行辦理擔保放款之質物或抵押物，選擇若干種類，規定其最高貸放率。

第二十九條　本行於必要時，得就銀行辦理購建房屋及購置耐久消費品貸款之付現條件及信用期限，予以規定，並管理之。

第三十條　本行就銀行辦理對證券商或證券金融公司之融通，訂定辦法管理之。

第三十一條　本行認為貨幣及信用情況有必要時，得對全體或任何一類金融機構，就其各類信用規定最高貸放限額。

第三十二條　本行得於總行及分行所在地設立票據交換所，辦理票據交換及各銀行間之劃撥結算。在未設分行地點，並得委託其他公營銀行辦理。

第三十三條　本行持有國際貨幣準備，並統籌調度外滙。

第三十四條　本行得視對外收支情況，調節外滙供需，以維持有秩序之外滙市場。

第三十五條　本行辦理下列外滙業務：

一　外滙調度及收支計畫之擬訂。

二　指定銀行辦理外滙業務，並督導之。

三　外滙之結購與結售。

四　民間對外滙出、滙入款項之審核。

五　民營事業國外借款經指定銀行之保證、管理及其清償、稽催之監督。

六　外國貨幣、票據及有價證券之買賣。

七　外滙收支之核算、統計、分析與報告。

八　其他有關外滙業務事項。

第三十六條　本行經理國庫業務，經管國庫及中央政府各機關現金、票據、證券之出納、保管、移轉及財產契據之保管事務。

前項業務，在本行未設分支機構地點，必要時得委託其他金融機構辦理。

第三十七條　本行經理中央政府國內外公債與國庫券之發售及還本付息業務；必要時得委託其他金融機構辦理。

第三十八條　本行依本法賦與之職責，辦理全國金融機構業務之檢查。

前項檢查，得與財政部委託之檢查配合辦理。

信用合作社及農會信用部之檢查，本行得委託公營金融機構辦理。

第三十九條　本行爲配合金融政策之訂定及其業務之執行，應經常蒐集資料，編製金融統計，辦理金融及經濟研究工作。

第四章　預算及決算

第四十條　本行應於會計年度開始前，擬編預算，提經理事會議決後，依預算法規辦理。

第四十一條　本行應於會計年度終了後，辦理決算，提經理事會議決，監事會審核，依決算法規定辦理。

第四十二條　本行每屆決算，於純益項下提百分之五十爲法定盈餘公積。法定盈餘公積達當年度資本額時，經理事會議決，監事會同意，得將定率減低。但不得低於百分之二十。

第四十三條　本行以黃金、白銀、外幣及其他國際準備計算之資産或負債，如其價值因國幣平價之改變，或此類資産、負債對國幣之價值、平價或滙率改變而發生利得或損失，均不得列爲本行年度損益。

前項變動所生之利得，應列入兌換準備帳戶；其損失應由兌換準備帳戶餘額抵冲。

第五章　附　　則

第四十四條　本法自公布日施行。

附錄三　　商業銀行設立標準

中　華　民　國　七　十　九　年　四　月　十　日
財政部臺財融第七九一二五六七四七號令發布

第一條　本標準依銀行法（以下簡稱本法）第五十二條第二項規定訂定之。

第二條　申請設立商業銀行（以下簡稱銀行），其最低實收資本額爲新臺幣一百
億元。發起人及股東之出資以現金爲限。

第三條　銀行發起人應於發起時按銀行實收資本額認足發行股份總額百分之八
十，其餘股份應公開招募。招募後未認足股份及已認而未繳股款者，應由發
起人於本法第二十五條第二項規定範圍內連帶認繳，其已認而經撤回者亦
同。

前項發起人所認股份與公開招募之股份，其發行條件應相同，價格應歸一
律。

依第一項規定公開招募之股份，每一申購人之申購數量不得超過一萬股。

第四條　銀行之設立，有左列情事之一者，不得充任銀行之發起人、董事、監察
人及經理人：

一、限制行爲能力者。

二、曾犯內亂、外患罪，受刑之宣告確定或現在通緝中。

三、曾犯僞造貨幣、僞造有價證券、侵占、詐欺、背信罪，經宣告有期徒刑
以上之刑確定，執行完畢、緩刑期滿或赦免後尚未逾十年者。

四、曾犯僞造文書、妨害秘密、重利、損害債權罪或違反商標法、專利法或
其他工商管理法規，經宣告有期徒刑確定，執行完畢、緩刑期滿或赦免
後尚未逾五年者。

五、曾犯貪污罪，受刑之宣告確定，執行完畢、緩刑期滿或赦免後尚未逾五
年者。

六、違反本法、保險法、證券交易法或管理外滙條例，受刑之宣告確定，執
行完畢、緩刑期滿或赦免後尚未逾五年者。

七、受破產之宣告，尚未復權者。

八、曾任法人宣告破產時之負責人，破產終結尚未逾五年，或調協未履行者。

九、使用票據經拒絕往來尚未期滿者，或期滿後五年內仍有存款不足退票紀錄者。

十、有重大喪失債信情事尚未了結，或了結後尚未逾五年者。

十一、因違反本法或保險法被撤換，或因重大違失受罰鍰處分或致銀行或保險業受罰鍰處分，尚未逾五年者。

十二、犯本法第二十九條第一項之規定，經營收受存款、受託經理信託金、公衆財產或辦理國內外滙兌業務者，受刑之宣告確定，執行完畢、緩刑期滿或赦免後尚未逾五年者。

十三、擔任其他金融機構或證券商之負責人者。

十四、有事實證明從事或涉及其他不誠信或不正當之活動，顯示其不適合擔任銀行負責人者。

發起人、董事或監察人爲法人者，其代表或被指定代表行使職務者，準用前項規定。

第五條 銀行之設立，總經理應具備左列資格之一：

一、國內外專科以上學校畢業或具有同等學歷，銀行工作經驗九年以上，並曾擔任公營銀行總行經理以上或同等職務三年以上或相當規模之民營銀行相當職務三年以上，成績優良者。

二、國內外專科以上學校畢業或具有同等學歷，擔任金融行政或管理工作經驗九年以上，並曾任薦任九職等以上或相當職務三年以上，成績優良者。

三、銀行工作經驗五年以上，並曾擔任公營銀行副總經理以上職務或相當規模民營銀行相當職務三年以上，成績優良者。

四、有其他經歷足資證明其具備主管領導能力、銀行專業知識或銀行經營經驗，可健全有效經營銀行業務者。

第六條 銀行之設立，擔任副總經理、協理、經理應具備左列資格之一：

一、國內外專科以上學校畢業或具有同等學歷，銀行工作經驗五年以上，並

曾擔任公營銀行總行副經理以上或同等職務或相當規模民營銀行相當職
務，成績優良者。

二、國內外專科以上學校畢業或具有同等學歷，擔任金融行政或管理工作經
驗五年以上，並曾任薦任八職等以上或相當職務，成績優良者。

三、銀行工作經驗三年以上，並曾擔任公營銀行總行經理以上或同等職務或
相當規模民營銀行相當職務，成績優良者。

四、有其他事實足資證明其具備銀行專業知識或銀行經營經驗，可健全有效
經營銀行業務者。

第七條　銀行之設立，擔任副經理應具備左列資格之一：

一、國內外專科以上學校畢業或具有同等學歷，銀行工作經驗三年以上，並
曾擔任公營銀行總行襄理以上或同等職務或相當規模民營銀行相當職
務，成績優良者。

二、國內外專科以上學校畢業或具有同等學歷，擔任金融行政或管理工作經
驗三年以上，並曾任薦任七職等以上或相當職務，成績優良者。

三、銀行工作經驗二年以上，並曾擔任公營銀行總行副經理以上或同等職務
或相當規模民營銀行相當職務，成績優良者。

四、有其他事實足資證明其具備銀行專業知識或銀行經營經驗，可健全有效
經營銀行業務者。

第八條　銀行之設立，擔任監察人者，其配偶、二親等以內之血親或一親等姻
親，不得擔任同一銀行之董事、經理人。

第九條　銀行之設立，董事、監察人應具備良好品德，且其中各五分之一以上應
具備第六條第一款至第三款所列資格之一。其設有常務董事者，應有一人以
上具備上述資格。

第十條　銀行經許可設立者，應於開始營業前完成本行存款、放款業務電腦連線
作業設施，並經財政部或其指定機構認定合格。

第十一條　銀行之設立，發起人應於財政部規定之期限內檢附左列書件各三份，
向財政部申請設立許可，並副送財政部證券管理委員會(以下簡稱證管會)，
逾期不予受理：

一、銀行設立許可申請書（格式如附件一）。

二、營業計畫書：載明業務之範圍、業務之原則與方針及具體執行之方法（包括場所設施、內部組織分工、人員招募培訓、業務發展計畫及未來三年財務預測）等。

三、發起人名册及證明文件（格式如附件二）。

四、發起人會議紀錄。

五、發起人等無第四條各款情事之書面聲明（格式如附件三）。

六、發起人已依第十三條第一項規定存入股款至少新臺幣二十億元之證明。

七、發起人之資金來源說明（格式如附件三之一）。

八、招股章程。

九、總經理、副總經理、協理之資格證明。

十、銀行章程。

十一、會計師及律師之審查意見。

十二、其他經財政部規定應提出之文件。

前項書件之記載事項如有不完備或不充分者，駁回其申請案件；其情形可補正，經財政部限期補正而未辦理者，駁回其申請。

第十二條 前條銀行章程應記載左列事項：

一、銀行名稱。

二、營業項目。

三、股份總數及每股金額。

四、本行及分支機構所在地。

五、公告方法。

六、董事及監察人之人數、任期及任免。

七、董事會之職責及與經理部門職權之劃分。

八、訂立章程之年、月、日。

第十三條 銀行之設立，應委託財政部所指定銀行代收股款，並以籌備處名義開立專戶存儲。

前項專戶存儲之股款，於開始營業前不得動支。但於取得設立許可後，有左列情形之一者，不在此限：

一、經發起人或創立會選出之董事及監察人全體同意就發起人所繳股款範圍

內購置營業上必要之固定資產及支付開辦費者。

二、取得公司執照後運用於中央銀行規定之流動準備資產者。

第十四條　銀行之設立，於公司設立登記前，發起人有變更者，財政部得撤銷其許可。但有左列情形之一於事實發生後二週內報請財政部核准變更者，不在此限。

一、發起人失蹤、死亡者。

二、發起人經宣告禁治產者。

三、發起人於提出設立申請後經發現有第四條第一項各款情事之一者。

四、發起人為公司，經法院裁定重整，或有其他重大喪失債信情事者。

發起人以外之事項有變更者，應載明正當理由，事先報請財政部核准。但依其情形不能事先報請核准者，應於事實發生後二週內報請財政部核准。

前二項情形，經財政部核准者，應於銀行總行及分行所在地之日報公告，並刊登於顯著之部位。

第十五條　銀行之設立，發起人應自許可設立之日起二個月內繳足股款，檢附左列書件各三份，申請證管會核准公開招募股份，並副知財政部金融司：

一、募集設立申請書（格式如附件四）。

二、財政部核准銀行設立許可之函件。

三、營業計畫書。

四、發起人名冊。

五、發起人會議紀錄。

六、代收股款之銀行名稱、地址，及發起人已依規定繳足股款之證明。

七、發起人之資金來源說明（格式如附件三之一）。

八、招股章程。

九、證券交易法第三十條規定之公開說明書。

十、證券承銷商就營業計畫書所出具之評估意見書。

十一、包銷或代銷契約草本。

十二、本申請書暨附件所載事項無虛偽、隱匿之聲明。

十三、其他經財政部規定提出之文件。

前項各款，除第七款外，應於證管會通知到達之日起三十日內，加記核准文

號及年、月、日，公告後招募之。

未依第一項規定向證管會提出申請，或未經證管會核准者，財政部得撤銷其許可。但有正當理由，在第一項期限屆滿前得申請財政部延展一個月。

第十六條 設立銀行者，應於辦妥公司設立登記後三個月內，檢同左列書件各三份，向財政部申請核發營業執照：

一、營業執照申請書（格式如附件五）。

二、公司登記證件。

三、中央銀行驗資證明書。

四、銀行章程。

五、創立會會議紀錄。

六、股東名冊及股東會會議紀錄。

七、董事名冊（格式如附件六）及董事會會議紀錄。

八、常務董事名冊（格式如附件六）及常務董事會會議紀錄。

九、監察人名冊（格式如附件六）及監察人會議紀錄。

十、經理人名冊（格式如附件六）。

十一、銀行章則及業務流程。

十二、董事、監察人及經理人無第四條各款情事之書面聲明（格式如附件三）。

十三、兩週以上之模擬營業操作紀錄。

前項規定期限屆滿前，如有正當理由，得申請延展，延展期限不得超過三個月，並以一次為限，未經核准延展者，財政部得撤銷其許可。

第十七條 前條第一項第十一款所稱銀行章則，包括左列項目：

一、組織結構與部門職掌。

二、人員配置、管理與培訓。

三、內部控制制度（包括業務管理及會計制度）。

四、內部稽核制度。

五、營業之原則與政策。

六、作業手冊及權責劃分。

七、其他事項。

第十八條　銀行經設立許可後核發營業執照前有左列情形之一者，財政部不予核發營業執照：

一、股東持股不符合本法第二十五條第二項之規定者。

二、董事、監察人或經理人或法人代表人或被指定代表行使職務者有第四條各款情事之一者。

三、經理人不符合第五條至第八條之規定者。

四、董事、監察人不符合第八條、第九條之規定者。

五、不符合第十條之規定者。

六、未提出應具備之文件者。

七、其他經財政部認為無法健全有效經營銀行業務之虞者。

第十九條　銀行經核發營業執照後滿六個月尚未開始營業者，財政部應撤銷其設立之許可，限期繳銷執照，並通知經濟部。但有正當理由經財政部核准者，得予延展，延展期限不得超過六個月，並以一次爲限。

第二十條　財政部就銀行設立之有關事宜，得隨時派員，或請地方主管機關或適當機構派員查核，並得令申請設立銀行者於限期內提出必要之文件、資料或指定人員前來說明。

第二十一條　財政部得視國內經濟、金融情形，限制銀行設立之家數。

銀行之設立，得同時依本法規定申請設立分行，其家數以五家爲限。

第二十二條　銀行之設立，得同時申請附設儲蓄部，但三年內不得投資公司股票，期滿後得依本法之規定申請核准辦理。

第二十三條　本標準自發布日施行。

附錄四　信託投資公司管理規則

財政部八十二年九月二十二日臺財融字第八二一一五五二八二號令修正

第一章　總　　則

第一條　本規則依銀行法第一百條第二項之規定訂定之。

第二條　本規則所稱生產事業，其範圍由財政部洽商有關機關定之。

第三條　信託投資公司之設立、變更、停業、解散，依銀行法第二章之規定辦理。

華僑或外國人投資於信託投資公司，應於發起人名冊註明其身分及資金來源。

第四條　外國人投資於信託投資公司，應依外國人投資條例之規定辦理。其投資額度，應依銀行法第二十五條有關同一人及同一關係人持股之規定辦理。信託投資公司外國人投資之總額度，不得高於各該公司資本額百分之四十。

第五條　信託投資公司之最低資本額，由財政部視社會經濟情況及信託投資業務發展之需要核定或調整之。其實收資本未達規定之最低資本額者，財政部應指定期限，命其辦理增資，逾期未完成增資者，應撤銷其許可。

第六條　信託投資公司除依信託契約經營者外，不得投資於非自用之不動產。其對自用不動產之投資，不得超過其投資該項不動產時之淨值。

第七條　信託投資公司非經財政部核准，不得就其不動產設定擔保物權或移轉其所有權。

第八條　信託投資公司得將其現金存放於銀行，並得參與銀行同業間之短期資金拆放。

第九條　信託投資公司之會計處理準則，應由其同業協議，報請財政部核定。

第十條　信託投資公司經財政部之核准，得經營左列業務之全部或一部；其業務與外匯有關者，應先經中央銀行核准；有關證券業務部分，應報請證券主管機關許可。

一　信託業務：

㈠收受、經理及運用各種信託資金。

㈡募集共同信託基金。

㈢受託經管各種財產，包括受託管理運用各種年金及其他基金。

㈣擔任債券發行受託人。

㈤受託執行遺囑及管理遺產。

㈥擔任公司重整監督人。

二　投資業務：

㈠投資公債、短期票券、公司債券、金融債券及上市股票。

㈡承銷有價證券。

㈢自營買賣或代客買賣有價證券。

三　授信業務：

㈠辦理中、長期放款。

㈡保證發行公司債券。

㈢辦理國內外保證業務。

四　其他業務：

㈠擔任債券或股票發行簽證人。

㈡代理證券發行、登記、過戶及股息紅利之發放事項。

㈢提供證券發行，募集之顧問服務。

㈣辦理與其業務有關之代理服務事項，包括經營保管箱及倉庫業務。

五　經中央主管機關核准辦理之其他有關業務。

經財政部核准，信託投資公司得以非信託資金辦理對生產事業直接投資
或投資住宅建築及企業建築。

前項所稱對生產事業直接投資，指對原始發起創辦之生產事業或對現存
生產事業直接參與業務經營或監督之投資。

第二章　信託業務

第十一條　信託投資公司經營信託業務，應依銀行法第一百零四條規定訂立信託
契約。

其經營信託業務之手續費率標準，應由同業協議，報請財政部核定。

第十二條　信託投資公司依銀行法第一百零八條第一項但書所爲之交易行爲，應於行爲後一個月內報請財政部核備。

第十三條　信託投資公司處理每一信託戶之會計應予獨立。但由公司確定用途之信託資金，其各信託戶得視爲同種信託而合併爲獨立之會計。

公司會計與其信託會計不得互設往來科目。

第十四條　信託投資公司在未依信託契約營運前，或依約營運收回後尙未繼續營運前，其各信託戶之資金，應以存放商業銀行或專業銀行爲限。

第十五條　信託投資公司除依銀行法第四十九條規定於年度終了提報各種會計報告外，應於每季終了後十五日內，將該季信託業務之會計報告，連同其信託財產之評審報告，分別報請財政部及中央銀行查核。

前項年度終了時，應提報之會計報告，應經政府認可之會計師查核簽證。

第十六條　信託投資公司受託經理指定用途之信託資金，所出給之信託憑證應予記名，並不得轉讓。

信託投資公司受託經理由公司確定用途之信託資金，所出給之信託憑證亦應記名，其轉讓及出質應以記名背書爲之，並應通知原信託投資公司及辦理登記。

第十七條　信託投資公司在受理華僑或外國人之信託資金前，應將其預定匯入總額及運用途徑列入年度業務計畫，報請財政部核備。

前項信託資金之匯入與淨利或孳息之匯出，以及信託契約終了時資金本息之匯出或轉讓，均應報請經濟部華僑及外國人投資審議委員會核准辦理。

第十八條　信託投資公司應依照銀行法第一百零三條規定，向中央銀行繳存信託資金準備。

第十九條　由公司確定用途之信託資金，其營運範圍如左：

一　辦理中、長期放款。

二　投資公債、公司債券、金融債券及上市股票。

三　投資短期票券。

四　其他經財政部依銀行法規定核准辦理之業務。

由信託人指定用途之信託資金，應由信託之指定營運範圍，載明於信託契約。

財政部於必要時，經洽商中央銀行後，得對第一項信託資金之營運標準予以

適當之限制。

第二十條 信託資金之委託期限至少須爲一個月期。

第二十一條 信託投資公司收受由公司確定用途之信託資金，其總額不得超過公司淨值之三十倍。

第二十二條 由信託投資公司確定用途之信託資金，得於信託契約載明，由其負責本金之損失，並得保證最低收益率。

前項保證最低收益率，由財政部核定之。

第二十三條 銀行法第一百十條第四項規定之特別準備金提撥標準，應由信託投資公司同業協議，報請財政部核定。

第二十四條 信託投資公司依銀行法第一百十五條規定募集共同信託資金，其管理辦法另定之。

第二十五條 信託投資公司依銀行法第一百零二條之規定經營證券承銷商或證券自營商業務時，至少應指撥相當於其上年度淨值百分之十專款經營，並應分別報請財政部及證券主管機關核備。

第二十六條 財政部於必要時，經洽商中央銀行後，得對信託投資公司各項投資對其淨值之比率，規定其最高標準。其實際比率高於標準者，財政部得限制其分派現金股利。

第二十七條 信託投資公司辦理保證之總額，不得超過公司淨值之十倍。其中無擔保保證之總額，不得超過公司淨值之二倍。

第二十八條 （刪除）

第三章　附　　則

第二十九條 信託投資公司違反本規則者，依銀行法及有關法令規定辦理。

第三十條 在本規則修正發布前已經核准營業登記之信託投資公司，其章程規定或資金之收受及運用有與本規則抵觸者，應於本規則施行後修正調整，並報財政部核備。

前項修正調整之期限由財政部以命令定之。

第三十一條 本規則自發布日施行。

附錄五　票券商管理辦法

財政部八十二年十月五日臺財融第八二一一三二三二〇號令訂定
發布
財政部八十三年八月二十四日臺財融第八三三一七六七四號令修
正發布將「票券商業務管理辦法」修正爲「票券商管理辦法」,
並修正有關條文

第　一　條　本辦法依銀行法（以下簡稱本法）第四十七條之一規定訂定之。

第　二　條　本辦法所稱短期票券,係指期限在一年期以內之左列票券:

一、國庫券。

二、可轉讓之銀行定期存單。

三、本票或匯票。

四、其他經財政部核准之短期債務憑證。

前項所稱本票或匯票,係指依法登記之公司與政府事業機構所
發行之左列票據:

一、基於交易行爲所產生之本票、銀行承兌匯票及商業承兌匯
票,經受款人背書者。

二、爲籌集資金而發行之左列本票:

㈠經金融機構保證發行之本票。

㈡經證券交易所審定列爲第一類上市股票之發行公司,財
務結構健全,並取得銀行授予信用額度之承諾所發行之
本票。

㈢政府事業機構所發行之本票。

㈣股份有限公司組織、財務結構健全之證券金融事業,所
發行之本票。

第　三　條　本辦法所稱發行人係指前條第二項之本票或匯票之發票人。

第　四　條　本辦法所稱發行,係指發行人依法製作並交付本票或匯票之行
爲。

第　五　條　本辦法所稱簽證,係指票券商接受本票發行人之委託,對於其

發行之本票應記載事項加以審核並予簽章證明。

第　六　條　本辦法所稱承銷，係指票券商接受本票發行人之委託，依約定包銷或代銷本票之行為。

第　七　條　本辦法所稱票券商係指經財政部之許可，得經營左列業務之全部或含第一款以上業務之銀行或票券金融股份有限公司（以下簡稱票券金融公司），但銀行不包括信託投資公司：

一、短期票券之經紀、自營業務。

二、擔任本票之簽證人。

三、擔任本票之承銷人。

四、擔任本票或匯票之保證人或背書人。

五、擔任金融機構同業拆款經紀人。

六、有關企業財務之諮詢服務工作。

七、政府債券之經紀、自營業務。

八、經財政部核准辦理之其他有關業務。

第　八　條　各票券商得經營之業務項目，由財政部就前條所定之範圍內分別核定，並於營業執照上載明之。

第　九　條　票券金融公司須為股份有限公司，其最低實收資本額為新臺幣二十億元。發起人及股東之出資以現金為限。

前項最低實收資本額，財政部得視經濟、金融情況及實際需要調整之。最低實收資本額經修訂後，未達最低實收資本額者，財政部應函告各票券金融公司辦理增資，並限期繳足；逾期未繳足者，財政部得限制其業務項目及業務量。

第　十　條　票券金融公司之設立，發起人應於申請設立許可時，至少繳足二億元之股款，並依第十二條第一項規定專戶存儲。

第 十 一 條　票券金融公司於設立登記前，發起人應檢附左列書件各三份，向財政部申請設立許可：

一、票券金融公司設立許可申請書。

二、營業計畫書：載明業務之範圍、業務之原則與方針及具體執行之方法（包括場所設施、內部組織分工、人力配置、

人員招募培訓、業務發展計畫及未來三年財務預測）等。

三、發起人名冊及證明文件。

四、發起人會議紀錄。

五、發起人等無左列各目情事之書面聲明：

(一)限制行為能力者。

(二)曾犯偽造貨幣、偽造有價證券、侵占、詐欺、背信罪，經宣告有期徒刑以上之刑確定，執行完畢、緩刑期滿或赦免後尚未逾十年者。

(三)曾犯偽造文書、妨害秘密、重利、損害債權罪或違反商標法、專利法或其他工商管理法規，經宣告有期徒刑確定，執行完畢、緩刑期滿或赦免後尚未逾五年者。

(四)曾犯貪污罪，受刑之宣告確定，執行完畢，緩刑期滿或赦免後尚未逾五年者。

(五)違反本法、保險法、證券交易法或管理外匯條例，受刑之宣告確定，執行完畢、緩刑期滿或赦免後尚未逾五年者。

(六)受破產之宣告，尚未復權者。

(七)曾任法人宣告破產時之負責人，破產終結尚未逾五年，或調協未履行者。

(八)使用票據經拒絕往來尚未期滿者，或期滿後五年內仍有存款不足退票紀錄者。

(九)有重大喪失償信情事尚未了結、或了結後尚未逾五年者。

(十)有事實證明從事或涉及其他不誠信或不正當之活動，顯示其不適合擔任票券金融公司發起人者。

六、公司章程。

七、董事會之職責及經理部門職權之劃分。

八、其他經財政部規定應提出之文件。

前項書件之記載事項如有不完備或不充分者，經財政部限期補正而未辦理者，駁回其申請。

第 十 二 條　票券金融公司之設立，應委託銀行代收股款，並以籌備處名義開立專戶存儲。

前項專戶存儲之股款，於開始營業前不得動支。但於取得設立許可後，有左列情形之一者，不在此限：

一、經發起人會議選出之董事及監察人全體同意，就發起人所繳股款範圍內購置營業上必要之固定資產及支付開辦費者。

二、取得公司執照後依第十九條規定繳存保證金之用者或購買政府債券及短期票券者。

第 十 三 條　票券金融公司之設立，於公司設立登記前，發起人有變更者，財政部得撤銷其許可。但有左列情形之一，於事實發生後二週內報請財政部核准變更者，不在此限：

一、發起人失蹤、死亡者。

二、發起人經宣告禁治產者。

三、發起人於提出設立申請後經發現有第十一條第一項第五款各目情事之一者。

四、發起人為公司，經法院裁定重整，或有其他重大喪失債信情事者。

發起人以外之事項有變更者，應載明正當理由，事先報請財政部核准。但依其情形不能事先報請核准者，應於事實發生後二週內報請財政部核准。

第 十 四 條　票券金融公司應自財政部許可設立之日起，於三個月內收足實收資本額全部股款，並應自收足實收資本額全部股款之日起三個月內，依法向經濟部申請公司設立登記。

未依前項規定辦理，或未經經濟部核准者，財政部得撤銷其許可。

但有正當理由，在前項期限屆滿前得申請財政部延展三個月。

第 十 五 條　設立票券金融公司者，應於辦妥公司設立登記後三個月內，檢同左列書件各三份，向財政部申請核發營業執照：

一、營業執照申請書。

二、公司登記證件。

三、中央銀行驗資證明書。

四、已依第十九條規定繳存保證金之證明。

五、公司章程。

六、發起人會議紀錄。

七、股東名冊。

八、董事名冊及董事會會議紀錄。設有常務董事者，其常務董
　　事名冊及常務董事會會議紀錄。

九、監察人名冊及監察人報告書。

十、公司章則及業務流程。

十一、其他經財政部規定提出之文件。

前項規定期限屆滿前，如有正當理由，得申請延展，延展期限
不得超過三個月，並以一次爲限，未經核准延展者，財政部得
撤銷其許可。

第 十 六 條　前條第一項第十款所稱公司章則，包括左列項目：

一、組織結構與部門職掌。

二、人員配置、管理與培訓。

三、內部管理控制制度（包括業務管理及會計制度）。

四、內部稽核制度。

五、營業之原則與政策。

六、作業手冊及權責劃分。

七、其他事項。

第 十 七 條　票券金融公司經核發營業執照後經發覺原申請事項有虛偽情事，
　　　　　　其情節重大者，或滿六個月尚未開始營業者，財政部應撤銷其
　　　　　　設立之許可，限期繳銷執照，並通知經濟部。但有正當理由經
　　　　　　財政部核准者，得予延展開業，延展期限不得超過六個月，並
　　　　　　以一次爲限。

第 十 八 條　票券金融公司營業執照記載項目之變更程序，準用本法第五十
　　　　　　八條及第五十九條之規定。

票券金融公司申請核發及換發營業執照時，應繳納之執照費，準用本法第六十條之規定。

第 十 九 條　票券金融公司應以相當於其資本額百分之五之現金、政府債券、金融債券或金融機構保證之公司債存儲於中央銀行作爲保證金。

第 二 十 條　票券金融公司增設國內外分公司時，應開具分公司營業計畫及所在地，申請財政部核准，並核發營業執照。遷移或裁撤時，亦應申請財政部核准。

第二十一條　票券金融公司接受第三人爲停止給付等請求，及對於與客户往來資料之保密，準用本法第四十八條之規定。

第二十二條　票券金融公司負責人與職員兼業及收受不當利益之禁止，準用本法第三十五條及第三十五條之一之規定。

第二十三條　票券金融公司對自用與非自用不動產、股票或其他企業之投資，及處分其承受之擔保物，準用本法第七十四條至第七十六條，及第八十三條之規定。

第二十四條　票券商不得買賣及持有其負責人爲董事、監察人或經理人之企業所發行之短期票券。但經銀行保證或承兌之短期票券且經其他票券商承銷或買賣者、及銀行發行之可轉讓定期存單不在此限。

第二十五條　票券商擔任本票之簽證、承銷、保證或背書時，須對發行本票之公司辦理徵信調查，查證其發行計畫與償還財源，憑以決定其發行數額，並須對買賣該項票券之客户提供該發行公司之公開說明書。但發行之本票經金融機構保證者，得免辦理徵信調查。

第二十六條　票券商應將代客買賣或自營出售之短期票券立即交付買受人，不得代爲保管。

前項短期票券買受人得委託他銀行或專業集中保管事業代爲保管。

第二十七條　票券商以附買回或賣回條件方式所辦理之交易，應以書面約定交易條件，並訂定買回或賣回之日期。

　　　　　　　前項以附買回條件方式辦理之交易餘額，財政部得會商中央銀行限制之。

第二十八條　票券金融公司得向銀行訂定融資契約，其每次融資期限不得超過六十日，融資總額不得超過其淨值六倍。

　　　　　　　前項融資限額，財政部於必要時得會商中央銀行調整之。

第二十九條　票券金融公司之主要資產與主要負債、主要資產與淨值，應有合理結構，避免承擔過度之風險。

第 三 十 條　票券金融公司辦理票券之保證及背書等授信業務，準用本法第三十二條至第三十三條之三之規定。

第三十一條　票券金融公司保證及背書之本票或匯票餘額之總額，不得超過該公司淨值之二十倍。

　　　　　　　前項限額財政部於必要時得會商中央銀行調整之。

第三十二條　票券金融公司除於經辦承銷業務期間外，持有、保證及背書同一企業所發行之短期票券，其總額不得超過各該公司淨值之百分之二十。

　　　　　　　前項保證與背書以無擔保方式承作者，不得超過各該公司淨值百分之五。

第三十三條　票券商經營票券之買賣，應對顧客同時提出買入、賣出價格及買賣之額度；該商並有依此項價格及額度進行交易之責任。

　　　　　　　票券商對其買賣價格及買賣之額度，除已作承諾者外，得隨時予以調整之。

第三十四條　票券商依本辦法之規定辦理簽證、承銷、保證、承兌及背書等業務及買賣短期票券時，應翔實記載票券之種類、數量、金額及買賣客戶名稱。

第三十五條　票券商應於每月終了，將其營業狀況作成營業報告書，併同資產負債表及損益表於次月十五日前報請財政部及中央銀行備查。

第三十六條　票券商之會計事務，除法令另有規定外，得由同業協商訂定注意事項，報請財政部核備。

第三十七條　票券商經營票券之買賣，以新臺幣十萬元為最低買賣單位。

　　　　　　　前項最低買賣單位，由財政部會商中央銀行視實際情形調整之。

第三十八條　票券金融公司業務之檢查、營業年度終了營業報告書及資產負
　　　　　　債表之查核，準用本法第四十五條與第四十九條之規定。

第三十九條　違反本辦法之規定者，依本法有關規定處罰之。

第 四 十 條　本辦法自發布日施行。

附錄 六　國際金融業務條例及施行細則

中華民國七十二年十二月十二日公布

國際金融業務條例

第一條　為加強國際金融活動，建立區域性金融中心，特許銀行在中華民國境內，設立國際金融業務分行，制定本條例。

第二條　國際金融業務之行政主管機關為財政部；業務主管機關為中央銀行。

第三條　左列銀行，得由其總行申請主管機關特許，在中華民國境內，設立會計獨立之國際金融業務分行，經營國際金融業務：

　　一　經中央銀行指定，在中華民國境內辦理外滙業務之外國銀行。

　　二　經政府核准，設立代表人辦事處之外國銀行。

　　三　經主管機關審查合格之著名外國銀行。

　　四　經中央銀行指定，辦理外滙業務之本國銀行。

第四條　國際金融業務分行，以辦理左列業務為限：

　　一　收受中華民國境外之個人、法人或政府機關之外滙存款。

　　二　收受金融機構之外滙存款。

　　三　透過國際金融市場吸收資金。

　　四　透過國際金融市場運用資金。

　　五　外幣買賣及滙兌。

　　六　對於個人、法人、政府機關或金融機構之放款。

　　七　外幣放款之債務管理及記帳業務。

第五條　國際金融業務分行，辦理前條各款業務，除本條例另有規定者外，不受管理外滙條例、利率管理條例、銀行法及中央銀行法等有關規定之限制。

第六條　中華民國境內之個人、法人、政府機關或金融機構向國際金融業務分行融資時，應依照向國外銀行融資之有關法令辦理。

第七條 國際金融業務分行，辦理外滙存款，不得有左列行為：

　一　收受外幣現金。

　二　准許以外滙存款兌換為新臺幣提取。

第八條 國際金融業務分行，非經中央銀行核准，不得辦理外幣與新臺幣間之交易及滙兌業務。

第九條 國際金融業務分行，不得辦理直接投資及不動產投資業務。

第十條 本國銀行設立之國際金融業務分行，得與其總行同址營業；外國銀行設立之國際金融業務分行，得與其經指定辦理外滙業務之分行同址營業。

第十一條 國際金融業務分行之存款免提存款準備金。

第十二條 國際金融業務分行之存款利率及放款利率，由國際金融業務分行與客戶自行約定。

第十三條 國際金融業務分行之所得，免徵營利事業所得稅。但對中華民國境內之個人、法人、政府機關或金融機構放款之利息，其徵免應依照所得稅法規定辦理。

第十四條 國際金融業務分行之營業額，免徵營業稅。

第十五條 國際金融業務分行所使用之各種憑證，免徵印花稅。

第十六條 國際金融業務分行支付存款利息時，免扣稅款。

第十七條 國際金融業務分行，除其總行所在國法律及其金融主管機關規定，應提之呆帳準備外，免提呆帳準備。

第十八條 國際金融業務分行，除依法院裁判或法律規定者外，對第三人無提供資料之義務。

第十九條 國際金融業務分行與其總行及其他國際金融機構，往來所需自用之通訊設備及資訊系統，得專案引進之。

第二十條 國際金融業務分行每屆營業年度終了，應將營業報告書、資產負債表及損益表，報請主管機關備查。主管機關得隨時令其於限期內，提供業務或財務狀況資料或其他報告。但其資產負債表免予公告。

第二十一條 政府對國際金融業務分行，得按年徵收特許費；標準由主管機關定之。

第二十二條　國際金融業務分行，違反第四條、第七條、第八條、第九條、第二十條或主管機關依本條例所爲之規定者，其負責人處五萬元以上十五萬元以下罰鍰，並得按其情節輕重，停止其一定期間營業或撤銷其特許。

第二十三條　本條例施行細則，由主管機關定之。

第二十四條　本條例自公布日施行。

附錄七　一九九四年臺灣二十大銀行

'94	銀行名稱	總資額 金額(百萬元)	資產 成長率%	資產排名	營業收入 金額(百萬元)	資本額 金額(百萬元)	淨值額 金額(百萬元)
1	中央銀行 THE CENTRAL BANK OF CHINA	3,097,994	5	90	153,130	30,000	145,446
2	郵政儲金匯業局 D.G.P.R.S.B.	2,037,109	12	62	182,407	NA	31,271
3	臺灣銀行 BANK OF TAIWAN	1,303,803	12	63	82,458	16,000	76,806
4	臺灣土地銀行 LAND BANK OF TAIWAN CO., LTD.	976,628	13	60	72,546	15,000	50,058
5	第一商業銀行 FIRST COMMERCIAL BANK CO., LTD.	834,462	8	77	57,385	14,034	33,762
6	華南商業銀行 HUA NAN BANK CO., LTD.	798,244	8	81	54,221	14,225	34,167
7	彰化商業銀行 CHANG HWA BANK CO., LTD.	726,592	-2	98	53,622	12,642	31,338
8	臺灣中小企業銀行 TAIWAN BUSINESS BANK	625,212	13	56	45,984	10,000	22,294
9	臺北銀行 TAIPEI BANK	398,425	6	89	27,229	10,000	20,790
10	中國國際商業銀行 THE INT'L COMMERCIAL BANK OF CHINA	372,900	17	42	24,454	15,255	25,534
11	交通銀行 CHIAO TUNG BANK	363,942	18	40	23,057	10,000	20,738
12	世華聯合商業銀行 UNITED WORLD CHINESE COMMER-CIAL BANK	357,129	18	39	26,228	12,100	25,042
13	中國信託商業銀行 CHINATRUST COMMERCIAL BANK	332,419	19	36	25,791	13,922	21,645
14	中國農民銀行 THE FARMERS BANK OF CHINA	326,589	7	87	23,945	5,000	10,465
15	臺北區中小企業銀行 TAIPEI BUSINESS BANK CO., LTD.	202,798	14	54	16,981	8,563	13,483
16	新竹區中小企業銀行 HSIN CHU BANK	195,716	21	33	16,060	3,896	9,848
17	臺中區中小企業銀行 TAICHUNG BUSINESS BANK CO., LTD.	179,285	16	46	14,255	5,379	9,337
18	華僑商業銀行 OVERSEAS CHINESE BANK	165,964	10	68	11,858	7,583	8,939
19	復華證券金融 FUH HWA SECURITIES FINANCE CO., LTD.	162,682	32	24	11,630	5,350	10,904
20	上海商業銀行 THE SHANGHAI COMMERCIAL & SAVINGS BANK	160,205	25	27	NA	4,500	15,878

資料來源：商業周刊, 1995.5.29。

附錄八　中共公布之「商業銀行法」

第一章　總　　則

第一條　爲了保護商業銀行、存款人和其他客戶的合法權益，規範商業銀行的行爲，提高信貸資產質量，加強監督管理，保障商業銀行的穩健運行，維護金融秩序，促進社會主義市場經濟的發展，制定本法。

第二條　本法所稱的商業銀行是指依照本法和《中華人民共和國公司法》設立的吸收公衆存款、發放貸款、辦理結算等業務的企業法人。

第三條　商業銀行可以經營下列部份或者全部業務：

一　吸收公衆存款；

二　發放短期、中期和長期貸款；

三　辦理國內外結算；

四　辦理票據貼現；

五　發行金融債券；

六　代理發行、代理兌付、承銷政府債券；

七　買賣政府債券；

八　從事同業拆借；

九　買賣、代理買賣外匯；

十　提供信用證服務及擔保；

十一　代理收付款項及代理保險業務；

十二　提供保管箱服務；

十三　經中國人民銀行批准的其他業務。

經營範圍由商業銀行章程規定，報中國人民銀行批准。

第四條　商業銀行以效益性、安全性、流動性爲經營原則，實行自主經營，自擔風險，自負盈虧，自我約束。

商業銀行依法發展業務，不受任何單位和個人的干涉。

商業銀行以其全部法人財產獨立承擔民事責任。

第五條 商業銀行與客戶的業務往來，應當遵循平等、自願、公平和誠實信用的原則。

第六條 商業銀行應當保障存款人的合法權益，不受任何單位和個人的侵犯。

第七條 商業銀行發展信貸業務，應當嚴格審查借款人的資信，實行擔保，保障按期收回貸款。商業銀行依法向借款人收回到期貸款的本金和利息，受法律保護。

第八條 商業銀行發展業務，應當遵守法律、行政法規的有關規定，不得損害國家利益、社會公共利益。

第九條 商業銀行發展業務，應當遵守公平競爭的原則，不得從事不正當競爭。

第十條 商業銀行依法接受中國人民銀行的監督管理。

第二章　商業銀行的設立和組織機構

第十一條 設立商業銀行，應當經中國人民銀行審查批准。未經中國人民銀行批准，任何單位和個人不得從事吸收公衆存款等商業銀行業務，任何單位不得在名稱中使用「銀行」字樣。

第十二條 設立商業銀行，應當具備下列條件:

一　有符合本法和《中華人民共和國公司法》規定的章程;

二　有符合本法規定的註册資本最低限額;

三　有具備任職專業知識和業務工作經驗的董事長（行長）、總經理和其他高級管理人員;

四　有健全的組織機構和管理制度;

五　有符合要求的營業場所、安全防範措施和與業務有關的其他設施。

中國人民銀行審查設立申請時,應當考慮經濟發展的需要和銀行競爭的狀況。

第十三條 設立商業銀行的註册資本最低限額爲十億元十億元人民幣。城市合作商業銀行的註册資本最低限額爲一億元人民幣，農村合作商業銀行的註册資本最低限額爲五千萬元人民幣。註册資本應當是實繳資本。

中國人民銀行根據經濟發展可以調整註册資本最低限額，但不得少於前款規

定的限額。

第十四條　設立商業銀行，申請人應當向中國人民銀行提交下列文件、資料：

一　申請書，申請書應載明擬設立的商業銀行的名稱、所在地、註冊資本、業務範圍等；

二　可行性研究報告；

三　中國人民銀行規定提交的其他文件、資料。

第十五條　設立商業銀行的申請經審查符合本法第十四條規定的，申請人應當填寫正式申請表，並提交下列文件、資料：

一　章程草案；

二　擬任職的高級管理人員的資格證明；

三　法定驗資機構出具的驗資證明；

四　股東名册及其出資額、股份；

五　持有註冊資本百分之十以上的股東的資信證明和有關資料；

六　經營方針和計畫；

七　營業場所、安全防範措施和與業務有關的其他設施的資料；

八　中國人民銀行規定的其他文件、資料。

第十六條　經批准設立的商業銀行，由中國人民銀行頒發經營許可證，並憑該許可證向工商行政管理部門辦理登記，領取營業執照。

第十七條　商業銀行的組織形式、組織機構適用《中華人民共和國公司法》規定的，可以繼續沿用原有的規定，適用前款規定的日期由國務院規定。

第十八條　國有獨資商業銀行設立監事會。監事會由中國人民銀行、政府有關部門的代表、有關專家和本行工作人員的代表組成。監事會的產生辦法由國務院規定。

監事會對國有獨資商業銀行的信貸資產質量、資產負債比例、國有資產保值增值等情況以及高級管理人員違反法律、行政法規或者章程的行爲和損害銀行利益的行爲進行監督。

第十九條　商業銀行根據業務需要可以在中華人民共和國境內外設立分支機構。設立分支機構必須經中國人民銀行審查批准。在中華人民共和國境內的分支機構，不按行政區劃設立。

商業銀行在中華人民共和國境內設立分支機構，應當按照規定撥付與其經營規模相適應的營運資金額。撥付各分支機構營運資金額的總和，不得超過總行資本金總額的百分之六十。

第二十條 設立商業銀行分支機構，申請人應當向中國人民銀行提交下列文件、資料：

一　申請書，申請書應當載明擬設立的分支機構的名稱、營運資金額、業務範圍、總行及分支機構所在地等；

二　申請人最近二年的財務會計報告；

三　擬任職的高級管理人員的資格證明；

四　經營方針和計畫；

五　營業場所、安全防範措施和與業務有關的其他設施的資料；

六　中國人民銀行規定的其他文件、資料。

第二十一條 經批准設立的商業銀行分支機構，由中國人民銀行頒發經營許可證，並憑該許可證向工商行政管理部門辦理登記，領取營業執照。

第二十二條 商業銀行對其分支機構實行全行統一核算，統一調度資金，分級管理的財務制度。

商業銀行分支機構不具有法人資格，在總行授權範圍內依法發展業務，其民事責任由總行承擔。

第二十三條 經批准設立的商業銀行及其分支機構，由中國人民銀行予以公告。

商業銀行及其分支機構自取得營業執照之日起無正當理由超過六個月未開業的，或者開業後自行停業連續六個月以上的，由中國人民銀行吊銷其經營許可證，並予以公告。

第二十四條 商業銀行有下列變更事項之一的，應當經中國人民銀行批准：

一　變更名稱；

二　變更註冊資本；

三　變更總行或者分支行所在地；

四　調整業務範圍；

五　變更持有資本總額或者股份總額百分之十以上的股東；

六　修改章程；

七　中國人民銀行規定的其他變更事項。

更換董事長（行長）、總經理時，應當報經中國人民銀行審查其任職條件。

第二十五條　商業銀行的分立、合併，適用《中華人民共和國公司法》的規定。

商業銀行的分立、合併，應當經中國人民銀行審查批准。

第二十六條　商業銀行應當依照法律、行政法規的規定使用經營許可證。禁止僞造、變更、轉證、出租、出借經營許可證。

第二十七條　有下列情形之一的，不得擔任商業銀行的高級管理人員:

一　因犯有貪污、賄賂、侵占財產、挪用財產罪或者破壞社會經濟秩序罪，被判處刑罰，或者因犯罪被剝奪政治權利的;

二　擔任因經營不善破產清算的公司、企業的董事或者廠長、經理，並對該公司、企業的破產員有個人責任的;

三　擔任因違法被吊銷營業執照的公司、企業的法定代表人，並員有個人責任的;

四　個人所員數額較大的債務到期未清償的。

第二十八條　任何單位和個人購買商業銀行股份總額百分之十以上的，應當事先經中國人民銀行批准。

第三章　對存款人的保護

第二十九條　商業銀行辦理個人儲蓄存款業務，應當遵循存款自願、取款自由、存款有息、爲存款人保密的原則。

對個人儲蓄存款，商業銀行有權拒絕任何單位或者個人查詢、凍結、扣劃，但法律另有規定的除外。

第三十條　對單位存款，商業銀行有權拒絕任何單位或者個人查詢，但法律、行政法規另有規定的除外; 有權拒絕任何單位或者個人凍結、扣劃，但法律另有規定的除外。

第三十一條　商業銀行應當按照中國人民銀行規定的存款利率的上下限，確定存款利率，並予以公告。

第三十二條　商業銀行應當按照中國人民銀行的規定，向中國人民銀行交存存款準備金，留足備付金。

第三十三條 商業銀行應當保證存款本金和利息的支付，不得拖延、拒絕支付存款本金和利息。

第四章　貸款和其他業務的基本規則

第三十四條 商業銀行根據國民經濟和社會發展的需要，在國家產業政策指導下發展貸款業務。

第三十五條 商業銀行貸款，應當對借款人的借款用途、償還能力、還款方式等情況進行嚴格審查。

商業銀行貸款，應當實行審貸分離、分級審批的制度。

第三十六條 商業銀行貸款，借款人應當提供擔保。商業銀行應當對保證人的償還能力，抵押物、質物的權屬和價值以及實現抵押權、質權的可行性進行嚴格審查。

經商業銀行審查、評估，確認借款人資信良好，確能償還貸款的，可以不提供擔保。

第三十七條 商業銀行貸款，應當與借款人訂立書面合同。合同應當約定貸款種類、借款用途、金額、利率、還款期限、還款方式、違約責任和雙方認為需要約定的其他事項。

第三十八條 商業銀行應當按照中國人民銀行規定的貸款利率的上下限，確定貸款利率。

第三十九條 商業銀行貸款，應當遵守下列資產負債比例管理的規定:

一　資本充足率不得低於百分之八;

二　貸款餘額與存款餘額的比例不得超過百分之七十五;

三　流動性資產餘額與流動性負債餘額的比例不得低於百分之二十五;

四　對同一借款人的貸款餘額與商業銀行餘額的比例不得超過百分之十;

五　中國人民銀行對資產負債比例管理的其他規定。

本法施行前設立的商業銀行，在本法施行後，其資產負債比例不符合前款規定的，應當在一定的期限內符合前款規定。具體辦法由國務院規定。

第四十條 商業銀行不得向關係人發放信用貸款; 向關係人發放擔保貸款的條件不得優於其他借款人同類貸款的條件。

前款所稱關係人是指：

一　商業銀行的董事、監事、管理人員、信貸業務人員及其近親屬；

二　前項所列人員投資或者擔任高級管理職務的公司、企業和其他經濟組織。

第四十一條　任何單位和個人不得強令商業銀行發放貸款或者提供擔保。商業銀行有權拒絕任何單位和個人強令要求其發放貸款或者提供擔保。經國務院批准的特定貸款項目，國有獨資商業銀行應當發放貸款。因貸款造成的損失，由國務院採取相應補救措施。具體辦法由國務院規定。

第四十二條　借款人應當按期歸還貸款的本金和利息。

借款人到期不歸還擔保貸款的，商業銀行依法享有要求保證人歸還貸款本金和利息或者就該擔保物優先受償的權利。商業銀行因行使抵押權、質權而取得的不動產或者股票，應當自取得之日起一年內予以處分。

借款人到期不歸還信用貸款的，應當按照合同約定承擔責任。

第四十三條　商業銀行在中華人民共和國境內不得從事信託投資和股票業務，不得投資於非自用不動產。

商業銀行在中華人民共和國境內不得向非銀行金融機構和企業投資，本法施行前，商業銀行已向非銀行金融機構和企業投資的，由國務院另行規定實施辦法。

第四十四條　商業銀行辦理票據承兌、滙兌、委託收款等結算業務，應當按照規定的期限兌現，收付入帳，不得壓單、壓票或者違反規定退票。有關兌現、收付入帳期限的規定應當公布。

第四十五條　商業銀行發行金融債券或者到境外借款，應當依照法律、行政法規的規定報經批准。

第四十六條　同業拆借，應當遵守中國人民銀行規定的期限，拆借的期限最長不得超過四個月。禁止利用拆入資金發放固定資產貸款或者用於投資。

拆出資金限於交足存款準備金、留足備付金和歸還中國人民銀行到期貸款之後的閒置資金。拆入資金用於彌補票據結算、聯行滙差頭寸的不足和解決臨時性週轉資金的需要。

第四十七條　商業銀行不得違反規定提高或者降低利率以及採用其他不正當手

段，吸收存款，發放貸款。

第四十八條　企業事業單位可以自主選擇一家商業銀行的營業場所開立一個辦理日常轉帳結算和現金收付的基本帳戶，不得開立兩個以上基本帳戶。

任何單位和個人不得將單位的資金以個人名義開立帳戶存款。

第四十九條　商業銀行的營業時間應當為方便客戶，並予以公告。商業銀行應當在公告的營業時間內營業，不得擅自停止營業或者縮短營業時間。

第五十條　商業銀行辦理業務，提供服務，按照中國人民銀行的規定收取手續費。

第五十一條　商業銀行應當按照國家有關規定保存財務會計報表、業務合同以及其他資料。

第五十二條　商業銀行的工作人員應當遵守法律、行政法規和其他各項業務管理的規定，不得有下列行為：

一　利用職務上的便利，索取、收受賄賂或者違反國家規定收受各種名義的回扣、手續費；

二　利用職務上的便利，貪污、挪用、侵占本行或者客戶的資金；

三　違反規定徇私向親屬、朋友發放貸款或者提供擔保；

四　在其他經濟組織兼職；

五　違反法律、行政法規和業務管理規定的其他行為。

第五十三條　商業銀行的工作人員不得泄露其在任職期間知悉的國家秘密、商業秘密。

第五章　財務會計

第五十四條　商業銀行應當依照法律和國家統一的會計制度以及中國人民銀行的有關規定，建立、健全本行的財務會計制度。

第五十五條　商業銀行應當依照國家有關規定，真實記錄並全面反映其業務活動和財務狀況，編制年度財務會計報告，及時向中國人民銀行和財政部門報送會計報表。商業銀行不得在法定的會計帳冊外另立會計帳冊。

第五十六條　商業銀行應當於每一會計年度終了三個月內，按照中國人民銀行的規定，公布其上一年度的經營業績和審計報告。

第五十七條　商業銀行應當按照國家有關規定，提取呆帳準備金，沖銷呆帳。

第五十八條　商業銀行的會計年度自公歷 1 月 1 日起至12月31日止。

第六章　監督管理

第五十九條　商業銀行應當按照中國人民銀行的規定，制定本行的業務規則，建立、健全本行的業務管理、現金管理和安全防範制度。

第六十條　商業銀行應當建立、健全本行對存款、貸款、結算、呆帳等各項情況的稽核、檢查制度。

商業銀行對分支機構應當進行經常性的稽核和檢查監督。

第六十一條　商業銀行應當定期向中國人民銀行報送資產負債表、損益表以及其他財務會計報表和資料。

第六十二條　中國人民銀行有權依照本法第三章、第四章、第五章的規定，隨時對商業銀行的存款、貸款、結算、呆帳等情況進行檢查監督。檢查監督時，檢查監督人員應當出示合法的證件。

商業銀行應當按照中國人民銀行的要求，提供財務會計資料、業務合同和有關經營管理方面的其他信息。

第六十三條　商業銀行應當依法接受審計機關的審計監督。

第七章　接管和終止

第六十四條　商業銀行已經或者可能發生信用危機，嚴重影響存款人的利益時，中國人民銀行可以核對銀行實行接管。

接管的目的是對被接管的商業銀行採取必要措施，以保護存款人的利益，恢復商業銀行的正常經營能力。被接管的商業銀行的債權債務關係不因接管而變化。

第六十五條　接管由中國人民銀行決定，並組織實施。中國人民銀行的接管決定應當載明下列內容:

一　被接管的商業銀行名稱;

二　接管理由;

三　接管組織;

四　接管期限。

接管決定由中國人民銀行予以公告。

第六十六條　接管自接管決定實施之日起開始。

自接管開始之日起，由接管組織行使商業銀行的經營管理權力。

第六十七條　接管期限屆滿，中國人民銀行可以決定延期，但接管期限最長不得超過二年。

第六十八條　有下列情形之一的，接管終止：

一　接管決定規定的期限屆滿或者中國人民銀行決定的接管延期屆滿；

二　接管期限屆滿前，該商業銀行已恢復正常經營能力；

三　接管期限屆滿前，該商業銀行被合併或者被依法宣告破產。

第六十九條　商業銀行因分立、合併或者出現公司章程規定的解散事由需要解散的，應當向中國人民銀行提出申請，並附解散的理由和支付存款的本金和利息等債務清償計劃。經中國人民銀行批准後解散。

商業銀行解散的，應當依法成立清算組，進行清算，按照清償計劃及時償還存款本金和利息等債務。中國人民銀行監督清算過程。

第七十條　商業銀行因吊銷經營許可證被撤銷的，中國人民銀行應當依法及時組織成立清算處，進行清算，按照清償計劃及時償還存款本金和利息等債務。

第七十一條　商業銀行不能支付到期債務，經中國人民銀行同意，由人民法院依法宣告期破產。商業銀行被宣告破產的，由人民法院組織中國人民銀行等有關部門和有關人員成立清算組，進行清算。

商業銀行破產清算時，在支付清算費用、所欠職工工資和勞動保險費用後，應當優先支付個人儲蓄存款的本金和利息。

第七十二條　商業銀行因解散、被撤銷和被宣告破產而終止。

第八章　法律責任

第七十三條　商業銀行有下列情形之一，對存款人或者其他客戶造成財產損害的，應當承擔支付退延履行的利息以及其他民事責任：

一　無故拖延、拒絕支付存款本金和利息的；

二　違反票據承兌等結算業務規定，不予兌現，不予收付入帳，壓單、壓票

或者違反規定退票的；

三　非法查詢、凍結、扣劃個人儲蓄存款或者單位存款的；

四　違反本法規定對存款人或者其他客戶造成損害的其他行為。

第七十四條　商業銀行有下列情形之一，由中國人民銀行責令改正，有違法所得的，沒收違法所得，並處以違法所得一倍以上五倍以下罰款；沒有違法所得的，處以十萬元以上五十萬元以下罰款；情節特別嚴重或者逾期不改正的，中國人民銀行可以責令停業整頓或者吊銷其經營許可證；構成犯罪的，依法追究刑事責任：

一　未經批准發行金融債券或者到境外借款的；

二　未經批准買賣政府債券或者買賣、代理買賣外滙的；

三　在境內從事信託投資和股票業務或者投資於非自用不動產的；

四　向境內非銀行金融機構和企業投資的；

五　向關係人發放信用貸款或者發放擔保貸款的條件優於其他借款人同類貸款的條件的；

六　提供虛假的或者隱瞞重要事實的財務會計報表的；

七　拒絕中國人民銀行稽核、檢查監督的；

八　出租、出借經營許可證的。

第七十五條　商業銀行有本法第七十三條規定的情形之一或者有下列情形之一，由中國人民銀行責令改正，有違法所得的，沒收違法所得，並處以違法所得一倍以上三倍以下罰款，沒有違法所得的，處以五萬元以上三十萬元以下罰款：

一　未按照中國人民銀行規定的比例交存存款準備金的；

二　未遵守資本充足率、存貸比例、資產流動性比例、同一借款人貸款比例和中國人民銀行有關資產負債比例管理的其他規定的；

三　未經批准設立分支機構的；

四　未經批准分立、合併的；

五　同業拆借超過規定的期限或者利用拆入資金發放固定資產貸款的；

六　違反規定提高或者降低利率以及採用其他不正當手段，吸收存款，發放貸款的。

第七十六條 商業銀行有本法第七十三條至第七十五條規定的情形的，對直接負責的主管人員和其他直接責任人員，應當給予紀律處分；構成犯罪的，依法追究刑事責任。

第七十七條 有下列情形之一，由中國人民銀行責令改正，有違法所得的，沒收違法所得，可以處以違法所得一倍以上三倍以下罰款，沒有違法所得的，可以處以五萬元以上三十萬元以下罰款：

一 未經批准在名稱中使用「銀行」字樣的；

二 未經批准購買商業銀行股份總額百分之十以上的；

三 將單位的資金以個人名義開立帳戶存儲的。

第七十八條 不按照規定向中國人民銀行報送有關文件、資料或者違反本法第二十四條規定對變更事項不報批的，由中國人民銀行責令改正，逾期不改正的，可以處以一萬元以上十萬元以下罰款。

第七十九條 未經中國人民銀行批准，擅自設立商業銀行，或者非法吸收公眾存款、變相吸收公眾存款的，依法追究刑事責任；並由中國人民銀行予以取締。

第八十條 借款人採取欺詐手段騙取貸款，構成犯罪的，依法追究刑事責任。

第八十一條 商業銀行工作人員利用職務上的便利，索取、收受賄賂或者違反國家規定收受各種名文的回扣、手續費的，依法追究刑事責任。

有前款行為，發放貸款或者提供擔保造成損失的，應當承擔全部或者部份賠償責任。

第八十二條 商業銀行工作人員利用職務上的便利，貪污、挪用、侵占本行或者客戶資金，構成犯罪的，依法追究刑事責任；未構成犯罪的，應當給予紀律處分。

第八十三條 商業銀行工作人員違反本法規定玩忽職守造成損失的，應當給予紀律處分；構成犯罪的，依法追究刑事責任。

違反規定徇私向親屬、朋友發放貸款或者提供擔保造成損失的，應當承擔全部或者部份賠償責任。

第八十四條 商業銀行工作人員洩露在任職期間知悉的國家秘密、商業秘密的，應當給予紀律處分；構成犯罪的，依法追究刑事責任。

第八十五條　單位或者個人強令商業銀行發放貸款或者提供擔保的，應當對直接負責的主管人員和其他直接責任人員或者個人給予紀律處分；造成損失的，應當承擔全部或者部份賠償責任。

第八十六條　商業銀行及其工作人員對中國人民銀行的處罰決定不服的，可以依照《中華人民共和國行政訴訟法》的規定向人民法提起訴訟。

第九章　附　則

第八十七條　本法施行前，按照國務院的規定經批准設立的商業銀行不再辦理審批手續。

第八十八條　外資商業銀行、中外合資商業銀行、外國商業銀行分行適用本法規定，法律、行政法規另有規定的，適用其規定。

第八十九條　城市信用合作社、農村信用合作社辦理存款、貸款和結算等業務，適用本法有關規定。

第九十條　郵政企業辦理郵政儲蓄、滙款業務，適用本法有關規定。

第九十一條　本法自1995年7月1日起施行。

三民大專用書書目——經濟・財政

經濟學新辭典	高 叔 康 編	
經濟學通典	林 華 德 著	臺 灣 大 學
經濟思想史	史 考 特 著	
西洋經濟思想史	林 鐘 雄 著	臺 灣 大 學
歐洲經濟發展史	林 鐘 雄 著	臺 灣 大 學
近代經濟學說	安 格 爾 著	
比較經濟制度	孫 殿 柏 著	政 治 大 學
經濟學原理	密 爾 著	
經濟學原理 (增訂版)	歐 陽 勛 著	政 治 大 學
經濟學導論	徐 育 珠 著	南康乃狄克州立大學
經濟學概要	趙 鳳 培 著	政 治 大 學
經濟學 (增訂版)	歐陽勛、黃仁德 著	政 治 大 學
通俗經濟講話	邢 慕 寰 著	香 港 大 學
經濟學 (新修訂版) (上) (下)	陸 民 仁 著	政 治 大 學
經濟學概論	陸 民 仁 著	政 治 大 學
國際經濟學	白 俊 男 著	東 吳 大 學
國際經濟學	黃 智 輝 著	東 吳 大 學
個體經濟學	劉 盛 男 著	臺 北 商 專
個體經濟分析	趙 鳳 培 著	政 治 大 學
總體經濟分析	趙 鳳 培 著	政 治 大 學
總體經濟學	鐘 甦 生 著	西 雅 圖 銀 行
總體經濟學	張 慶 輝 著	政 治 大 學
總體經濟理論	孫 震 著	國 防 部
數理經濟分析	林 大 侯 著	臺 灣 大 學
計量經濟學導論	林 華 德 著	臺 灣 大 學
計量經濟學	陳 正 澄 著	臺 灣 大 學
經濟政策	湯 俊 湘 著	中 興 大 學
平均地權	王 全 祿 著	內 政 部
運銷合作	湯 俊 湘 著	中 興 大 學
合作經濟概論	尹 樹 生 著	中 興 大 學
農業經濟學	尹 樹 生 著	中 興 大 學
凱因斯經濟學	趙 鳳 培 譯	政 治 大 學
工程經濟	陳 寬 仁 著	中正理工學院
銀行法	金 桐 林 著	中 興 銀 行

銀行法釋義	楊承厚	編著	銘傳管理學院
銀行學概要	林葭蕃	著	
商業銀行之經營及實務	文大熙	著	
商業銀行實務	解宏賓	編著	中 興 大 學
貨幣銀行學	何偉成	著	中正理工學院
貨幣銀行學	白俊男	著	東 吳 大 學
貨幣銀行學	楊樹森	著	文 化 大 學
貨幣銀行學	李穎吾	著	臺 灣 大 學
貨幣銀行學	趙鳳培	著	政 治 大 學
貨幣銀行學	謝德宗	著	臺 灣 大 學
貨幣銀行——理論與實際	謝德宗	著	臺 灣 大 學
現代貨幣銀行學（上）（下）（合）	柳復起著		澳洲新南威爾斯大學
貨幣學概要	楊承厚	著	銘傳管理學院
貨幣銀行學概要	劉盛男	著	臺 北 商 專
金融市場概要	何顯重	著	
金融市場	謝劍平	著	政 治 大 學
現代國際金融	柳復起著		澳洲新南威爾斯大學
國際金融理論與實際	康信鴻	著	成 功 大 學
國際金融理論與制度（修訂版）	歐陽勛、黃仁德	編著	政 治 大 學
金融交換實務	李麗	著	中 央 銀 行
衍生性金融商品	李麗	著	中 央 銀 行
財政學	李厚高	著	行 政 院
財政學	顧書桂	著	
財政學（修訂版）	林華德	著	臺 灣 大 學
財政學	吳家聲	著	財 政 部
財政學原理	魏萼	著	臺 灣 大 學
財政學概要	張則堯	著	政 治 大 學
財政學表解	顧書桂	著	
財務行政（含財務會審法規）	莊義雄	著	成 功 大 學
商用英文	張錦源	著	政 治 大 學
商用英文	程振粵	著	臺 灣 大 學
貿易英文實務習題	張錦源	著	政 治 大 學
貿易契約理論與實務	張錦源	著	政 治 大 學
貿易英文實務	張錦源	著	政 治 大 學
貿易英文實務習題	張錦源	著	政 治 大 學
貿易英文實務題解	張錦源	著	政 治 大 學
信用狀理論與實務	蕭啟賢	著	輔 仁 大 學
信用狀理論與實務	張錦源	著	政 治 大 學

三民大專用書書目──行政・管理

行政學	張潤書	著	政治大學
行政學	左潞生	著	中興大學
行政學	吳瓊恩	著	政治大學
行政學新論	張金鑑	著	政治大學
行政學概要	左潞生	著	中興大學
行政管理學	傅肅良	著	中興大學
行政生態學	彭文賢	著	中興大學
人事行政學	張金鑑	著	政治大學
人事行政學	傅肅良	著	中興大學
各國人事制度	傅肅良	著	中興大學
人事行政的守與變	傅肅良	著	中興大學
各國人事制度概要	張金鑑	著	政治大學
現行考銓制度	陳鑑波	著	
考銓制度	傅肅良	著	中興大學
員工考選學	傅肅良	著	中興大學
員工訓練學	傅肅良	著	中興大學
員工激勵學	傅肅良	著	中興大學
交通行政	劉承漢	著	成功大學
陸空運輸法概要	劉承漢	著	成功大學
運輸學概要（增訂版）	程振粵	著	臺灣大學
兵役理論與實務	顧傳型	著	
行為管理論	林安弘	著	德明商專
組織行為管理	龔平邦	著	逢甲大學
行為科學概論	龔平邦	著	逢甲大學
行為科學概論	徐道鄰	著	
行為科學與管理	徐木蘭	著	臺灣大學
組織行為學	高尚仁、伍錫康	著	香港大學
組織行為學	藍采風 廖榮利	著	美國波里斯大學 臺灣大學
組織原理	彭文賢	著	中興大學
實用企業管理學（增訂版）	解宏賓	著	中興大學
企業管理	蔣靜一	著	逢甲大學
企業管理	陳定國	著	臺灣大學
國際企業論	李蘭甫	著	東吳大學
企業政策	陳光華	著	交通大學